감응의 정치학

트랜스 소시올로지 23

감응의 정치학 : 코뮌주의와 혁명

발행일 초판1쇄 2019년 4월 1일
지은이 최진석
펴낸이 유재건 | **펴낸곳** (주)그린비출판사 | **신고번호** 제2017-000094호
주소 서울시 마포구 와우산로 180, 4층 | **전화** 02-702-2717 | **이메일** editor@greenbee.co.kr

ISBN 978-89-7682-483-7 03300
이 도서의 국립중앙도서관 출판시도서목록(CIP)은 서지정보유통지원시스템 홈페이지(http://seoji.nl.go.kr)와 국가자
료공동목록시스템(http://www.nl.go.kr/kolisnet)에서 이용하실 수 있습니다.(CIP제어번호: CIP2019009605)

철학이 있는 삶 **그린비출판사** www.greenbee.co.kr

트랜스 소시올로지 023
Trans Sociology

코 뮨 주 의 와 혁 명

감응의 정치학

Politics of Affect: Commune-ism and Revolution

최진석 지음

그린비

책머리에

2000년을 전후했을 무렵, 러시아 문학비평사를 주제로 석사논문을 쓸 때만 해도 나는 철저히 근대주의자를 자임하고 있었다. 스스로를 '근대주의자'였노라 감히 부르는 것은, 그때 내가 이성과 합리, 진보의 필연성과 역사성을 신봉하는 연구자였던 동시에, 책에서 보고 배운 것을 진리라고 믿어 의심치 않던 백면서생에 지나지 않았기 때문이다. 지나고 보니 우스운 노릇이지만, 그땐 정말 그랬다. 헤겔과 루카치로 대변되는 근대 서구의 문학과 철학은 나를 깊이 매료시켰고, 그 분위기에 젖어 '때 맞지 않게' 나는 21세기의 벽두에 19세기 러시아 근대성을 공부하는 대학원생이 되었다. 아직은 파릇파릇하게 젊은 나이였건만 회색빛 이론의 각인이라도 찍힌 양, 그렇게 근대주의자를 자처했다. 가령 서구적 근대는 세계사의 불가피한 행로이고, 그 보편성은 의심할 수 없는 필연이기에 역사에는 다른 대안이 있을 수 없다고 굳게 확신할 지경이었다. 러시아 문학을 전공으로 택해 그 사회와 역사, 문화와 정치에 대해 깊이 공부하면 할수록 이런 믿음은 더욱 강화되어 갔다. 17세기에 표트르 대제가 시작해 20세기에 사회주의 혁명으로 정점에 도달한 서구화의 지난한 여정은 19세기 동아시아에서 벌어졌던 근대화와 겹쳐져 그려졌으며, 이 땅의 근현대사와도 분리 불가능한 도정으로 여겨졌다.

　과학과 합리성, 진보와 혁명의 네 단어는 근대성의 핵심적 표징들이었다. 동아시아가 서구에 의해 침탈당하고 식민화될 수밖에 없던 것은 그 네 가지 요소 중 어느 것도 제대로 구비하지 못한 무능력이나 죄책의 결과로 간주되었다. 수탈과 착취의 역사야 억울하고 분하지만, 능력이 그에 미치지 못했으니 비굴한 노예상태를 거쳐서라도 배우고 극복하는 게 당연하지 않느냐는 '당차지만 철없던' 생각에 빠져 있었다. 하지만 머릿속 논리로 만들어진 그 같은 판단이 정말 심중 깊숙이 뿌리내린 것이었는지는 확실치 않다. 동아시아의 변경에서 나고 자란 이십대 청년이 세계사의 큰 물줄기와 자신을 동일시하면서 아무런 분열의 감각도 느끼지 못했다면 그 또한 거짓말 아닐까? 러시아 근대 비평을 러시아적 근대성의 정초 과정으로 분석한 논문을 마무리하고서는 내가 정말 옳은 말을 한 것인지 적이 의심스러워하며 한동안 세상의 눈치를 살폈던 듯싶다. 그 불안의 근저에는 역사와 세계가 결코 논리만으로 성취되지는 않을 것이란 역설적인 믿음이 깔려 있었다.

　대학을 다니던 1990년대는 80년대의 전투적 정서가 자취를 감춰 버린 채, 문화와 감성이 시대의 증표로 한껏 치켜세워지던 때였다. 서태지와 아이들이 몰고 온 어리둥절한 충격과 감흥, 내밀한 개인의 욕망을 문자화하던 장정일의 소설들, 영화 〈접속〉(장윤현 감독, 1997)으로 한껏 부풀려진 온라인 네트워크의 낭만과 환상 등은 전前 세대의 비장했던 시대정신과는 사뭇 다른 것이었다. 책을 펴면 포스트모던의 꼬리표를 단 담론들이 넘쳐났고, 입학 때 구내서점에서 보았던 『변증법적 유물론』이나 『역사적 유물론』 따위의 책들은 졸업할 즈음에는 헌책방에 가득 쌓여 주인 없는 폐지 신세로 전락해 있었다. "이해하지 말고 느껴라!"는 그 시절을 웅변하는 어느 광고 카피의 문구였다. 부드럽게 두 눈을 감은 채 이어폰에서 들려오는 음악에 나른하게 몸을 맡긴 소녀의 이미지는 내 학창 시절을 상징하는 이미지로 여전히 남아 있다. 그런 세상의 흐름과 정반대로 나는 19세기 러시아에서 근대성의 징표를 찾는답시고 헤겔이나 하버마스를 뒤적거리고 있었으니, 대견한 것인지 한심한 것인지…. 아이러니컬하게도, 머리는 근대와 탈근대의 거대 담론에 바짝 매달려 있었으나 몸은 어쩔 수 없이 그 나이에 맞는 감성에 젖어 온갖 엉뚱한 사념들에 결박된 상태였다. 별의별 잡동사니 같은 생각들에 시달리며 매일 밤 동틀 때까지 홀로 동네를 쏘다니던 기억이 아직 생생하다. 그때 날 사로잡았던 기분은 어떤 것이었을까?

수유너머에 온 것은 그즈음이었다. 공익근무요원으로 복무하며 무료함을 달래고자, 또 전공 이외의 영역에도 발을 담가 보자는 욕심으로 열심히 인터넷을 뒤지다 우연히 찾아낸 곳이었다. 대학로 어느 건물의 3, 4층에 자리했던 연구공간 '수유+너머'는 당시 조금씩 유명세를 얻어가며 학교 밖 인문학의 거점으로 성장하던 참이었다. 망설이고 망설이다 한번 가 보기로 했다. 당시는 꽤나 수줍음을 타던 청년이었기에 코앞까지 가서는 세 번이나 발길을 돌렸고, 네번째야 겨우 문을 열고 들어설 수 있었다. 두고두고 놀림감이 된 이야기지만, 낯선 사람들을 만나 무슨 이야기를 나눌지, 이 공간에서 무엇을 할 수 있을지 전혀 감도 못 잡았기 때문이다. 4층 공부방에 들어서니 천장까지 책이 차올라 있었고, 철학이나 문학, 정치, 사회 등 온갖 분야의 서적들이 그득히 꽂힌 모양새가 아득했다. 기대감이 부풀어 오르면서도 반감과 경계심이 스멀스멀 기어올라 왔다. '근대주의자'이자 '백면서생'에 불과하던 나로서는 탈근대를 운위하며 들뢰즈와 푸코를 열심히 공부하던 이곳의 분위기가 마음에 들지 않았다. 나름대로 잡학다식을 뽐내며 세상만사 다 아노라고 자부하던 나였기에, 여기서 색과 향이 다른 '진짜 선수들'을 만나 사정없이 깨지고 비웃음을 당하진 않을까 하는 불안감을 느꼈으리라.

우연히 찾아와 거의 이십 년 가까이 눌러 앉아 버린 이곳에 대한 감상이나 소회를 적을 생각은 없다. 여기를 거쳐 간 많은 친구들과 마찬가지로 내 개인적 경험의 하나로서 그것은 아직 완전히 끝난 게 아니기 때문이다. 그보다는, 백면서생의 근대주의자가 감응이라는 주제에 이끌려 이 책까지 쓰게 된 사연을 짧게나마 적으려 한다.

가장 질색하던 주제는 무의식이었다. 의식적 성찰과 반성을 통해 세계를 관조하고 실천하길 지향했던 나로서는, 인간이 통제할 수 없고 저항하기조차 난감한 무의식이라는 존재를 받아들이기가 쉽지 않았다. 그렇다고 아예 무시해 버릴 수도 없어서 2000년대 초엽 한국 인문학에서 거의 광풍처럼 일어났던 지적 열기에 힘입어 정신분석에 관한 세미나도 열고 강의도 찾아듣곤 했으나, 무의식이라는 주제는 항상 불편한 혹처럼 여겨졌다. 그 어떤 의식적 노력에도 언제나 비껴가고 빠져나가는 힘으로 무의식을 정의한다면, 도대체 어떠한 실천적 노고가 현실을 바꾸는 지혜로 작용할 것인가? 사정은 들뢰즈와 가타리를 공부할 때도 마찬가지였는데, 반反정신분석적 입장에 서 있다는 점만 다를 뿐 그들이 추구했던 길 또한 무의식적 욕망이라는 토대에서 연원했기 때문이다. 의식을 매개로 주체의 관점을 제시하지 못하는 철학은 내내 당혹스럽고 의혹 가득한 대상으로 비쳐질 따름이었다. 그러다 고려대 대학원에서 열린 『천의 고원』*Mille Plateaux: Capitalisme et schizophrénie 2*(1981) 수업에 청강을 가게 되었는데, 이진경 선생님이 본인의 번역으로 이 어렵다는 책을 직접 강의한다 하길래 마지막 기대를 걸어 보기로 했다. 그때는 서울대에서 연구소 조교를 하던 때라 근무시간을 조정해 신림동에서 안암동까지 그먼 길을 오가며 책을 읽었다. 솔직히 말해, 시간이 지날수록 후회막급이었다. 한 글자 한 글자가 그렇게나 머릿속에 들어오지 않는 책은 처음이었다. 학기가 끝날 무렵, 청강생 신분인 걸 다행으로 여기며 다시는 들뢰즈나 무의식적 욕망 같은 소리가 나오는 글은 들여다보지 않겠다는 결심을 굳혔다.

『노마디즘』(2002)은 반전의 책이었다. 그 해 겨울쯤 출간된 이 책을 구입했을 때만 해도 별 기대가 없었다. 역자 직강의 수업을 직전 학기에 들었는데도 소용없던 책이, 다시 해설서를 읽는다고 이해가 될까? 그럴 리 없지, 가던 길이나 마저 가자…. 사람은 혹시나에 속고, 혹시나에 산다. 자청해서 맡은 노마디즘 세미나를 진행하는 동안, 두 가지 사실을 깨닫게 되었다. 하나는 『노마디즘』이 들뢰즈의 사상에 관한 책이되 순수한 그의 것이라기보다 이진경과 접붙여서 만들어진 혼성의 결과라는 점이다. 분명 거기에는 『천의 고원』에 대한 해설이 포함되어 있으나 아카데미의 분과학문으로서 철학이라는 전공의 충실한 해설서는 아니었다. 오히려 순정한 철학 과목이라면 제외시켜야 할, 정치와 사회, 문화에 관한 실제 분석을 포함하기에 이진경과 들뢰즈의 기묘한 결합을 보여 주는 듯했다. 그런데 실상 모든 책이, 사상이 그 같은 혼성과 결합의 산물 아닌가? 다른 하나는, 그러한 혼종의 대화, 어디서부터 어디까지가 누구의 것인지 분명한 저작권의 표석을 세울 수 없는 공-동共-動의 사유는 명석판명한 의식을 통해서는 발생할 수 없는 사건이라는 점이다. 그러므로 여기에는 특정한 주체가 없고, 심지어 인간을 주체성의 척도로 담보할 근거도 없다. 나와 너를 가르고, 주체와 타자를 변별하는 의식 너머, 무의식의 진리란 바로 그런 것일 터. 주체'의' 욕망이라는 소유격에 사로잡힌 나머지 욕망이 주어가, 주체가 될 수 있음을 나는 놓치고 있지 않았을까?

이 같은 감각은 알게 모르게 (무)의식을 잠식해 들어가, 근대와 탈근대라는 또 다른 이분법에 정박해 있던 나를 강제로 일으켜 세워 사유의 다른 고원으로 이끌어 갔다. 마침 박사논문 주제로 탐색하던 바흐친에 대한 관심과 합쳐져, 무의식적 욕망은 러시아의 겨울밤을 버티게 해준 훌륭한 땔감이 되어 주었다. 내가 참조한 사유의 저수지가 프로이트나 라캉의 것이든, 혹은 들뢰즈와 가타리의 것이든 큰 상관 없었다. 거기엔 그들 모두의 이름이 한데 섞여 그 누구의 것도 아닌 상태로 나를 불러내고 있었으니까. 당연히, 오직 '내 것'이라 명명할 것도 존재하지 않는다. 누구의 것도 아니지만 누구의 것도 될 수 있는 그것(들). 감동스러운 대오각성의 극적 순간은 물론 없었다. 때로는 홀로 책을 껴안고 울부짖으며, 때로는 사람들과 (술에 반쯤 취해) 격론을 벌이며, 고심과 무심을 반복하는 가운데 어느새 나는 '다른 곳'에 도착해 버린 셈이니까. 더불어 삶도 변했다. 문을 못 열어 세 번이나 돌아섰던 수줍던 학생은 사라지고, 잡학다식으로 무장한 전공불명의 '인문학 탕아'가 그 자리를 대신하고 있었다. 간혹 자문해 본다. 그런 사건들이 없었다면, 나는 분명 지금보다 더 행복하게, 안정적이고 무탈한 인생을 걷고 있지 않았을까? 이는 후회가 아니라 달라진 삶의 길에 관한 물음이다.

감응의 문제의식은 무의식적 욕망의 연장선에 놓여 있다. 비인간적인 힘의 유동으로서 감응은 무의식의 흐름 속에서 포착되는 까닭이다. 그럼에도 왜 감응인가? 무의식과 욕망이라는 단어가 이제 '한물간' 것이기에 다른 유사한 물건으로 재포장해 내놓는 상술은 아닌가? 실제로 그렇게 묻는 사람도 있었고, 나 역시 자주 던져 본 질문이었다. 정말 그럴지도 모른다. 생뚱맞게 등장한 낯선 개념을 이전과 다르게 변주하고, 그럼으로써 애초의 개념이 놓여 있던 지형을 바꾸지 못한다면, 거기서 어떤 새로운 사유가 생겨나겠는가?

소위 '문화의 시대'로 불리던 1990년대는 이성에 대한 감성의 전도, 감수성으로 특징지어지는 개성의 전면화를 표방했다. 우리는 그때 '각자'가 되어야 했고, 이해하기보다는 '느낄 줄 아는' 존재가 되라고 명령받았다. 하지만 신자유주의가 본격적으로 한국 사회의 지배적 질서로 부각된 2000년대에 접어들면서 90년대의 분위기는 그 섬뜩한 이면을 드러내고 말았다. '감정노동'이나 '열정페이', '노오력', '헬조선', 그리고 각종 '혐오'로 대변되는 우리 시대는 단지 자유로운 개인의 감정적 분출 같은 것으로는 포괄될 수 없는 여러 가지 난제들을 안고 있다. 특히 개인의 자유와 동일시되는 감정의 자유는 사회의 가능성을 의문에 빠뜨리고, 전통적 공동체의 와해를 반증해 준다. 어떻게 공동체를 다시 구성할 것인가라는 물음은 불가피하다. 하지만 그것은 이상적인 이념의 제시로 끝날 일이 아니요, 근대 국가나 시민사회의 형태로 되풀이될 동일자의 집합으로 만족될 일도 아니다. 또한 '뭉쳐야 산다'는 당위나 생존의 무조건적 필요로부터 발의될 수도 없다. 거꾸로, 모든 존재는 본래 집합체로서의 중-생衆-生이며, 그러한 조건을 발판삼아 삶을 구성하려는 요청으로서 공동체는 다시금 문제화되어 있다. 코뮨으로서의 삶에 대한 물음, 그것은 법(국가)도 계약(자본)도 아닌 감응을 구성의 원리로 삼는다.

나는 감응을 타인과 타인이 얽히고 또 세계가 이어지는, 그리하여 존재하는 것 모두가 참여하는 지속적인 관계 구성의 리듬으로 정의한다. 추상적이고 포괄적인 규정이지만, 일종의 사유의 다이어그램으로서 이런 이미지는 마음에 새겨 둘 만하다. 적어도 엄격히 규정되는 법과 규칙,

계산과 계약의 프로그램으로 관계를 고정시키지는 않기 때문이다. 다시 수유너머의 이야기로 돌아가 본다면, 그렇게 똑똑하고 선의로 가득 차 있던, 이상을 실현하고자 열의를 불태우던 '젊은 그들'이 왜 그렇게 격렬히 충돌하고, 그 여파를 견디지 못해 끝내 파열로 치달았는지 나는 늘 궁금해했다. 그리고 지금은 어느 정도 납득할 만한 설명을 스스로 내리게 되었다. 공-동의 리듬으로 만들어진 코뮨의 삶을 단일한 신체 속에 고정시키려 들 때 공동체는 무너진다. 편의적으로 부여했던 자격을 위계의 근거로 삼고, 질서 자체를 위해 질서에 매달리는 활동은 리듬이 갖는 사건성을 포위하고 질식시킴으로써 관계를 해체시켜 버린다. 조직생활은 유연해야 한다거나, 구성원들이 서로에 대한 우정과 배려, 의리를 지키는 게 중요하다는 말이 아니다. 리듬, 혹은 사건의 관계는 이른바 '인간관계'를 넘어서 있다. 인간적인 것, 그 의식의 주체를 에워싼 모든 것들, 비인간과 무의식, 흐름으로서의 욕망… 그 모든 것이 사건을 생성하는 데 개입하고, 사건은 그 효과로서만 표현된다. 이 과정 자체가 감응의 효과이며, 또 다른 감응들로 분기될 것이다. 무의식적 욕망과 마찬가지로, 삶의 지평에서 감응은 공-동성을 구성하여 함께-삶living-in-commune의 형태, 즉 코뮨을 현행화시키는 보이지 않는 고리로 작동한다. 감응에 관한 물음은 궁극적으로 어떻게 공-동체를 구성할 것인가라는 질문에 대한 답변을 포함하고 있다.

탈근대의 분위기에서 오랫동안 강조되었던 것은 '강요된 화해'를 타기하고 '자기만의 생'을 영위해야 한다는 점이었다. 물론 개인의 프라이버시나 주의주장, 만족과 즐거움의 권리 등은 부정될 수 없고, 더욱 진작되어야 한다. 하지만 그러한 개체의 자유와 발전이 반드시 함께-함doing-in-commune의 잠재성을 소거시키는 것은 아니다. 서로를 억압하지 않으면서도 한데 모이게 하고, 손을 맞잡아 함께 행동할 수 있게 만드는 것, 이러한 공-동성을 통해 코뮌은 현행화된다. 국가나 민족, 혹은 사회나 가족처럼 실체적인 것으로 호명되고 표상되었던 과거의 공동체와 달리, 미-래의 코뮌은 아마도 실체 없는 공동체, 그렇기에 공-동성이 발휘되는 한에서만 모습을 드러내는 '명멸하는 집합체'일 것이다. 여기 묶어 놓은 글들은 실재하지만 실체적인 것으로서는 포착되지 않는, 오직 현행성을 통해서만 실존하는 공-동체를 예감해 보려는 시도다. 시뮬라크르와 정치, 촛불과 태극기, 러시아 혁명, 감성교육 등을 경유하면서 그 잠재성을 타진해 보려는 시도는 읽는 이에 따라 충분히 만족스럽지 않을 수도 있다. 아직 도래하지 않은 사건을 미리 느껴 보고, 지금-여기로 당겨 보려는 서툰 몸짓에 가깝기 때문이다. 하지만 출발이 없다면 어떻게 끝이 있으며, 과정의 모험을 기대해 볼 것인가? 불안과 두려움, 환희와 기쁨이 뒤섞인 현재의 감응을 잘 갈무리하여 미-래의 불꽃을 틔워 보려는 손짓만으로도 코뮌을 불러내는 사건은 벌써 시작된 셈이다.

여기 실린 글들은 시간적 편차를 두고 서서히 집필되었기에 용어 선택이나 방향성, 결론 등에서 완벽한 일치를 이루지는 않는 상태로 마무리되었다. 어쩌면 이 책은 감응에 대한 내 감응의 기록이자 이야기라 불러도 좋을 듯하다. 이론적 논의를 먼저 살핀 후 실천적 용례들을 분석했으면 보다 그럴싸해 보였겠지만, 감응의 문제설정 자체가 치밀한 논리적 구상을 따라 나온 게 아니라 매번 촉발받는 대로 형성된 것이기에 굳이 그 순서를 따지지 않았다. 감응에 대한 계보학적 탐구는 다른 책으로 보완할 수 있길 바란다.

*　　*　　*

사물에도 마음이 있다면 무척 서운할 테지만, 이 책을 내겠다는 생각을 처음부터 한 것은 아니었다. 어디선가 청탁을 받거나 혹은 갑작스레 영감이라도 떠오를라치면 그때마다 서로 다른 분야와 주제에 맞춰 글을 써 왔고, 당연히 한데 모을 생각도 하지 않았던 까닭이다. 박사학위 논문을 한국어로 번역하고 새로 고쳐 내는 데도 거의 8년이나 걸렸기에, 새로 책을 낸다면 어쩌면 더 많은 시간이 필요하리란 '태연한 체념'도 한몫하고 있었다. 그러던 중, 드디어 호출이 왔다. 대체 다음 책은 언제 나오느냐는 질타와 함께, 그간 썼던 글의 목록을 대령하라는 엄명이 떨어졌다. 안절부절못하며, 여기저기 흩어져 있던 글들의 제목을 간추려서 가져갔던 날이 떠오른다. 학술지에 게재한 논문도 있고 잡지에 청탁받아 쓴 글도 있으며, 문득 내키는 대로 적었던 정체불명의 원고도 있었다. 꽤 많은 분량이었지만, 하나의 주제로 정연히 줄을 세우기에는 너무나 중구난방인지라 막연하기 짝이 없는 글무더기처럼 보였다. 정말 놀랍게도, 뺄 것은 빼고 넣을 것은 넣는 마술이 펼쳐지더니 잡동사니 같던 글뭉치가 곧 두 개의 묶음으로 (홍해바다가 갈리듯이!) 정리되었다. 눈을 깜빡여 보니 정치사회적인 글 한 무더기와 인문학적인 글 또 한 무더기가 비슷한 크기로 눈앞에 떡하니 놓여 있던 것이다. "오 맙소사! 이것이 정녕 제가 낳은 자식들이란 말입니까?"

　　다소 장난스럽게 들리겠지만, 이것은 실화다. 이진경 선생님은 무질서한 글덩어리들이 한 권의 책이 되게끔 나누고 묶어 준 장본인이다. 글 자체는 내가 쓴 것이지만, 고요한 동조同調를 이루어 하나의 흐름 속에 모아들여지도록 수로를 판 것은 선생님이다. 그저 막연히 스승을 찬양하며 아부나 떨려고 하는 소리가 아니다. 수유너머에 찾아와 함께 공부하고 호흡을 맞춰 온 이래, 나는 그의 사유를 감지하고 그 리듬을 좇으려 애써 왔다. 공동체, 코뮌의 분위기 속에서 활동했으니, 유사한 감각과 스타일을 나누게 된 것은 전혀 이상한 일이 아닐 듯하다. 하지만 이 책을 펴내며 깨닫게 된 것은 단지 내가 그의 영향을 받았다는 사실만은 아니다. 오히려 사유와 글쓰기의 주파수를 같이 하면 할수록 차이는 더욱 뚜렷이 부각되고, 그 다름의 운동을 통해 서로가 서로에게 내재하는 외부로서 작용한다는 점이 보이기 시작했다. 차이나기에 반복될 수밖에 없는 공-동共-動의 관계란 그런 것일 터. 내가 쓴 글들이 이루는 특이한 무늬를 찾아내고, 그것들이 내는 소리를 하나의 선율로 묶어 낼 수 있는 것은 나자신이 아니라 나의 외부에서 타자로 남아 있는 그이다. 복잡하고 어려운 글을 쓸 때일수록 식사 중의 대화나, 복도에서 나누는 잡담, 산책 중에 무의식적으로 맞추는 발걸음을 통해 더 견실한 통찰을 끌어낼 수 있다는 이야기도 그제야 실감이 났다. 외부, 타자를 경유하지 않고는 결코 자신에게 돌아오지 않는 사유의 운동. 비록 '나'라는 저작권자를 상정하고 있음에도, 모든 글은 궁극적으로 타자와 소통하고 외부와 공명하는 미시적 차이의 감응 속에서 생산되는 결과물이다. 그렇다면 이 책은 결국 그와 내가 주고받은 감응의 산물이라 할밖에. 아니, 왜 우리 둘뿐이겠는가?

출간을 빌려 감사를 표하는 수많은 타자들은 그저 겸양 어린 치레의 대상만은 아니다. 다급한 일정임에도 너무나 느릿하게(!) 원고를 넘기는 나를 탓하지 않고 성실하게 읽고 고쳐 준 주승일 편집자님은 그 첫머리에 이름을 올려야 마땅하리라. 또한 흔쾌히 출간의 편의를 보아주신 박태하 편집장님도 자신의 자리를 갖는다. 어려운 출판 환경에도 기꺼이 이 책을 위한 틈새를 허락해 주신 유재건 사장님 역시 당연한 저작권자다. 어디 이들뿐이겠는가? 원고를 쓰고 다듬는 중에 함께 했던 수많은 친구들, 문장 하나하나를 고칠 때마다 음으로 양으로 내게 육박해 들어왔던 모든 이들의 감응에 저자의 이름을 돌려주고 싶다. 하지만 고마움으로 치장될 이 목록의 끝에는 마지막 서명을 통해 모든 책임을 져야 하는 내 이름이 분명히 있다. 바흐친의 말을 빌린다면, "내 존재에는 알리바이가 없다"moego ne alibi v bytii. 글쓰기의 감응, 이 다중적인 흐름과 복합의 운동에는 필경 나만이 마무리지어야 하는 때가 있으니, 이 괴롭고도 홀가분한 머리말의 마지막 순간이 그것일 게다. 그러니 어서 가거라, 이 세계의 감응 속에 태어났으니, 그 감응을 통해 항상 다시 읽힐 수 있길!

서늘한 새벽 공기에 졸음을 쫓으며
최 진 석

차례

1부

감응과 분열분석

1장

/

감응의 이미지

함께-삶의 가능성을 위하여

1. 느낌적 느낌의 낯선 감각

지금 한국의 지식사회에는 하나의 유령이 떠돌고 있다. 감응affect이라는 유령이. 정동情動, 정서情緖, 혹은 또 다른 단어들로 다양하게 번역되던 이 말은 언제부터인가 조심스레 회자되기 시작하더니 이제 철학은 물론이요, 사회비판과 문화분석, 경제와 과학, 예술창작의 영역에 이르기까지 거의 모든 이론적이고 실천적인 분야에서 빼놓지 않고 모습을 드러내면서 뭇사람들을 당황하게 만들고 있다. 이를 테면 인식론적 논제로부터 정치학과 사회학, 경제학과 문화연구, 문학이론과 예술비평, 역사와 인지과학, 생명공학과 포스트휴머니즘 그리고 페미니즘에 이르기까지 전 분야에 걸쳐 감응은 담론의 중심에 놓여 있는 듯하다. 말 그대로 감응은 도처에서 흘러넘치고 있다. 하지만 도대체 감응이란 무엇인가?

아마도 스피노자와 들뢰즈를 경유하여 인문사회과학의 주요 개념으로 등장한 이 용어는, 여느 사변적 개념의 운명이 늘 그러하듯 벌써 두 가지 갈림길 사이로 떠밀린 듯싶다. 하나는 지식사회의 이곳저곳을 떠돌면서 편의적으로 사용되다가 부지불식간에 이론의 박물관에 안치되어 조용히 수명을 다하는 것이다. 유행의 흐름을 따라 전성기를 구가하다가 어느 날 갑자기 자취를 감춰 버린 수많은 이론적 폐기물들을 우리는 얼마나 많이 보았던가! 누렇게 변색된 지난 세기의 책들을 들춰 볼 때마다 얼굴을 내밀던 기이한 단어들, 희끄무레한 기억으로부터 모호하게 돋아나는 그 용어들을 떠올려 보라. 지금은 누구도 사용하지 않는, 그러나 당시에는 (탈)근대적 사유가 도달한 첨단의 표식으로 간주되던 그 마법의 단어들을. 다른 하나는 보다 의미심장한 미래를 향해 열린 길이다. 처음엔 어색했으나 나중엔 그 이상 더 정확히 의미나 관념을 표현할 말이 없다고 여겨지는 개념들도 있다. 어쩌면 감응은 '욕망'과 '무의식', '탈주'나 '해체'와 같이 지난 세기의 끝을 요동치게 만들었던 사유의 흐름이 새로운 분기점에 도달했다는 표지가 될지 모른다. 소위 '인문학의 위기'가 운위된 이래, 이리저리 표류하다가 정체된 우리 시대의 사유가 마침내 새로운 물꼬를 트고 '다르고 낯선' 흐름의 격랑을 형성하게 된 진원지의 이름이 감응일 수도 있다. 그렇다면 대체 감응이란 어떤 것인가?

다양한 번역어들을 둘러싼 논쟁들, 개념의 원천이나 용례에 대한 구구절절한 논의들을 건너뛰어 우리는 곧장 'affect' 곧 감응의 이미지를 그려내 보는 데 집중해 볼까 한다. 정교하고 세밀한 이론적 연원에 대한 설명보다, 어떤 개념이 지닌 이미지의 폭과 깊이, 구체적인 형상을 보여 주는 게 그것의 실제 힘과 기능, 현실성을 따져 보는 데 더욱 도움이 될 수 있는 까닭이다. 거기서 우리는 몹시 낯익은 어떤 장면, 혹은 낯선 관념의 형상을 만날 수도 있다. 어느 쪽이든 나쁘지 않을 듯하다. 어떤 개념도 저 먼 은하계로부터 어느 날 갑자기 떨어진 진귀한 우주석이 아니라, 주변에 흩어져 있었으되 지금-여기의 필요로부터 건져 올려져 새로이 가공되고 의미화된 '익숙하고 낯선' 것이기 때문이다. 겉보기에는 별다른 특색이 없어도 우연히 특정한 배치 속에 놓이게 되면, 그것은 가공할 파괴력을 발휘해 우리의 상식과 통념을 교란시키고 감각과 사유의 장場을 뒤바꿔 놓게 된다. 프로이트의 유명한 언급을 빌리자면, '두려운 낯설음', '섬뜩함'uncanny, unheimlich이야말로 감응이 수반하는 '느낌적 느낌'이다.

그런 점에서 감응은 그 어의의 기원과 영점零點을 찾아내야만 의미론적 힘을 발휘하는 개념이 아닐 것이다. 권위 있는 누군가의 해석에 의존해서만 감응의 힘과 실재를 직관하고 경험하는 것은 아니다. 감응이 17세기 네덜란드의 유리세공사에 의해 제기되었고, 현대 프랑스 철학자들에 의해 연마되었다는 사실이 이 개념의 모든 것을 결정지어 주지는 않는다. 그들은 이 용어를 통해 어떤 모호한 관념과 느낌이 실재하며 움직이고 있음을 이야기해 주었을 따름이다. 그들의 감응은 그들의 삶의 지평에서 유효하게 작용했고, 그것이 그들이 마주친 감응의 효과였을 뿐이다. 지금은 우리가 이 낯설고 두려운 개념이 작동하는 다양한 용법의 지평을 발견해야 할 시간이다. 그 점에서 감응은 아직 다듬어지지 않은 개념의 원석으로서, 그것이 무엇이 되고 어떻게 쓰일지를 미-래에 맡겨 둔 개념이라 할 수 있다.

2. 감정 너머의 공-동적 관계

감응은 라틴어 'affectus'에서 연원했다. 한국어로 정확한 어감을 옮기기는 어렵지만, 대개 느낌feeling이나 감정emotion, 혹은 정서情緖 정도로 새겨도 별문제 없이 통용될 만한 단어다. 평범한 일상어로 대치 가능한 이용어에 특별한 의미를 부여하고, 삶과 사회, 정치와 문화를 가로지르는 역동적 차원에서 다시 조명한 것은 보다 최근의 일이다. 우리 시대에 감응은 의미의 선험적 본질에 기대기보다 실제적인 필요와 사용 및 맥락에 따라 그 의미가 지속적으로 충전되고 규정되어 가는 중이다.

니체와 프로이트를 비롯해 하이데거와 클로소프스키 등도 감응을 주제로 논의한 바 있지만, 무엇보다도 탈근대를 운위하는 21세기에 접어들며 그것은 정치와 사회, 혁명을 사유하는 주요한 이론적 원천으로 부각되고 있다. 스피노자는 감응을 둘러싼 착상의 출발점으로 흔히 거론되고 있으나, 실제로 그의 사상에서 감응이 정확히 무엇을 뜻하는지, 어떻게 사용되어야 하는지는 불명료하게 나타난다는 불만이 제기되어 왔다. 지금 우리가 스피노자 철학 전반의 논제나 최신 쟁점으로서 감응의 논리에 관해 토론할 만한 여유는 없을 듯싶다. 일단은 감응의 이미지를 개괄하는 방식으로 그 일반적 이미지를 그려 보고, 우리의 문제의식에 적용할 만한 개념적 틀거리를 추출하는 데 매진해 보자.

감응은 왜 '느낌'이나 '감정'과 유사하면서도 다른가? 감응은 어떻게 '정서'라는 통상의 관념을 넘어서는가? 2015년에 개봉했던 애니메이션 〈인사이드 아웃〉Inside Out(피트 닥터)을 떠올려 보자. 이 드라마의 등장인물은 인간이 아니라 인간의 감정들이다. '기쁨'joy, '슬픔'sadness, '버럭'(분노)anger, '소심'(공포)fear, '까칠'(혐오)disgust의 다섯 가지 감정은 우리의 마음을 구성하고 일상적 기분을 규정짓는 개별 주체들로 의인화되어 있다. 예를 들어, 기쁨이 조종간을 잡는 날은 무엇을 하든 즐겁고 상쾌하지만, 슬픔이 단독 조종에 나서는 날이면 모든 것이 먹구름이라도 낀 듯 어두운 심상의 지배를 받는다. 이 다섯 감정들은 이름이 곧 본질을 표상하며, 각자는 그 본질을 실현하는 방식으로 자신을 드러낸다. 예컨대 기쁨은 언제나 기쁜 느낌에만 빠져 있으며, 슬픔은 무엇을 해도 슬픈 분위기로부터 벗어나지 못한다. 다른 감정들 역시 자기 이름이 뜻하는 것 이외의 다른 정서적 표현은 갖지 않는다.

이 애니메이션에서 묘사된 다섯 가지 감정은 정확히 말해 감응이 아니다. 굳이 말한다면, 그것들은 감응이 응결된 단면들, 감응의 흐름이 순간적으로 포착되어 형성된 특정한 조각들이다. 어렵게 여겨진다면 조금 방향을 바꿔서 생각해 보자. 언어로 표명되는 우리의 감정 상태들은 모두 동일한가? 출근길에 머리에 새똥을 맞았을 때 느끼는 분노와 국정농단을 규탄하기 위해 광장에 모였을 때 느끼는 분노가 똑같은 것일까? 혹은 사랑하는 연인과 막 헤어졌을 때 느낀 슬픔과 어느 정도 시간이 흘러 그 순간을 되살려 볼 때 지각되는 슬픔이 여전히 같을까? '분노'나 '슬픔'처럼 동일한 단어로 제시할 수밖에 없다 해도, 분명 그때마다 느껴지는 감정의 강도intensity는 서로 다를 것이다. 마치 음악의 선율이 이어지듯이, 감정은 강도의 연속적 파고를 오르내리며 잇달아 지속되는 흐름 가운데 놓여 있다. 이렇게 연이어지는 감정의 흐름, 미시적 느낌의 연속적 운동 자체가 감응이다. 감응은 언어적 규정을 앞서는 동시에 그 이상의 강도를 통해서만 지각되는 감각적인 것the sensible의 유동流動이다. 운동으로서 실재한다는 점에서 감응 자체는 셈할 수 있는 개별적 대상이 아니지만, 감응이 없다면 그 어떤 개별성도 실존할 수 없다. 요컨대 기쁨과 슬픔, 분노와 소심, 까칠 등의 개별적 감정들은 감응의 연속적 흐름으로부터 추출된 특정한 상태의 이름들이다.

감응이 언어를 넘어서는 미시적 강도의 힘이란 사실을 보여 주는 다른 예를 하나 더 들어 보자. 어떤 사내가 옥상정원에서 눈사람을 만들었다. 해가 들면서 눈사람이 녹기 시작하자 그는 눈사람을 산 속의 응달로 옮겼고, 눈사람은 더 이상 녹지 않았다. 그리고 사내는 떠났다. 끝. 이것은 실제로 독일의 TV에서 막간극으로 방영한 단편영화였는데, 서사적으로는 아무런 알맹이가 없는, 또는 별로 흥미를 끌 만한 내용이 없는 작품이라고 한다. 그런데 이 단편이 방송된 후 부모들의 항의가 쏟아졌다. 아이들이 무서워한다는 이유였다. 도대체 왜? 심리 연구팀이 이 작품에 더빙을 입혀 실험을 해 보았다. 실험군은 셋. 첫번째는 본래의 무성영화 판본 그대로이고, 두번째는 영상에 나오는 장면을 사실 그대로 묘사하는 음성을 실은 것, 세번째는 그 사실에 감정적 설명을 덧붙인 것이었다. 시청한 아이들의 반응 가운데 놀람과 두려움의 정도는 무성적 판본에서 가장 높게 나왔다. 심지어 감정적 설명이 더해진 판본보다 아무런 언어적 지시가 없는 최초의 판본이 더 큰 강도의 반응을 끌어냈다고 한다.[1]

언어는 사물과 현상을 지시하고 기술하며 의미를 전달하는 강력한 무기지만, 동시에 형언 불가능한 세계의 변화, 언어의 한계를 뛰어넘는 실재의 운동에는 무능력할 뿐만 아니라 그 강도를 순화하고 무화해 버릴 수 있다. 눈으로 뻔히 보이고 귀로 들을 수 있는 장면일지라도 그에 대해 해설하는 언어적 설명이 붙는다면, 그것은 이성적으로 장악할 수 있는 대상이 되어 버린다. 설령 감정적 묘사가 덧붙여진다 해도, 그때의 감정은 그 언어가 지정하는 정서의 뉘앙스와 편차를 벗어나지 못한다는 점에서 제한적이다. 결국 눈사람과 사내의 몇 가지 장면을 보여 준 이 영화는 주도적 서사의 부재로 인해 의미화되지 않은 모종의 느낌만을 남긴 것이고, 그 느낌이 언어로 이해 가능하도록 의미화되지 않았기에 시청하는 아이들은 불안과 두려움의 기분에 빠져 놀랐던 것이다. 이렇게 언어 이

---

1 Brian Massumi, *Parables for the Virtual: Movement, Affect, Sensation*, Duke University Press, 2002, pp. 23~24.

전에 마음을 움직이고 언어를 넘어서 작동하는 신체와 지각의 영역에 감응이 있다. 인간의 언어는 그와 같은 감각의 흐름을 응결시켜 분리해 낸 다음, 표본으로 떠 놓은 것이라 할 만하다. 그것은 감각의 특정 상태를 지시하는 지표 역할은 할 수 있어도, 시간과 더불어 지속하며 변화하는 운동에 대해서는 무력한 도구이다.

이런 의미에서 감응은 인간학과 정치학의 기본적인 전제이다. 한편으로 인간은 "필연적으로 감응에 예속되어" 있기에 합리성만으로는 설명될 수 없는 존재다. 흔히 이성과 더불어 감성이 인간의 존재 조건이라 부르는 것은 바로 이런 측면을 강조하기 때문이다. 다른 한편으로 인간은 "공통의 감응에 의해 자연적으로 합치"할 수 있기에 정치적 사회체를 구성하는 존재다.[2] 인간이 다른 인간들, 나아가 인간들의 집합체인 사회와 국가로 결속할 수 있는 이유는 인간들 '사이에' 감응의 흐름이라는 접속의 가능성이 있기 때문이다. 인간과 인간의 유대는 이해타산만으로는 이루어질 수 없고, 감응적 관계의 설립을 통한 연대가 필연적이다. 만일 감응을 낱낱의 개별화된 감정과 동치시킨다면, 그와 같은 집합적 연대는 전혀 생각할 수 없을 것이다. 감응은 조각난 감정이 아니라 연속적 흐름 속에서 나타나는 지속의 감각이며, 그로써 개인들의 신체를 관통하고 연관짓는 힘으로서 기능한다. 그러므로 인간이 감응적 존재라면 필연적으로 사회적 존재라고도 말할 수 있다. 이성적 판단뿐만 아니라 정서적인 유대에 있어서도, 감응이라는 존재 조건으로 인해 인간은 사회적 본성을

---

2 베네딕트 데 스피노자, 『정치론』, 김호경 옮김, 갈무리, 2008, 각 26, 101쪽. 영역본 Baruch Spinoza, *Political Treatise*, trans. S. Shirley, Hackett Publishing Company, Inc., 2000을 참조하여 적절히 수정하여 인용한다. 여기서 감응은 정념(passion)과도 상통한다.

갖는 것이다. "사람들은 자연적으로(본성적으로) 사회 상태를 욕망한다. 사람들이 궁극적으로 사회 상태를 해체시키는 일은 불가능하다."[3] 감응이 인간학의 기초이자 정치학의 기저를 이루는 까닭이 그것이다.[4]

3. 사건, 미-래를 여는 열쇠

사회 상태는 제도나 규범, 국가장치 등으로 대변되는 상징적 기구들의 집합이 아니다. 근대 사회계약론에서 통용되는 사회 상태는 자연 상태의 공포와 위험을 벗어난 인공적 생활조건을 뜻하는데, 알다시피 그것은 고립된 개인들이 자신들의 안전과 필요를 위해 자연권의 일부를 주권자에게 양도함으로써 성립한 체제를 가리킨다. 유의하자. 사회나 역사 교과서에서 당연한 사실처럼 공부하는 계약론의 문제설정은 자연 상태에서 우리가 항상 '각자'로서만 존재했으며, 사회와 문명의 상태로 넘어가기 위해서는 '개별적'으로 국가(주권자)와 계약을 맺어야 했음을 시사한다. 여기서 감응을 매개로 한 사람들의 집합, 공동적으로 삶을 영위하는 집단

---

3 스피노자, 『정치론』, 101쪽.
4 인간은 정치적 동물이라는 고대의 진술로 돌아온 것인가? 그렇지 않다. 감응을 통해 인간의 집합성, 정치적 본성을 드러내는 것은 동시에 집합의 계속성과 정치화의 지속성을 입증하는 것이다. 마치 감응이 흐름에 의해 정의되고, 무수한 분기와 종합의 국면들을 통해 표현되는 것처럼, 역사를 통해 인간이 구성하는 집합체는 이합집산의 끊임없는 과정이기에 반(反)정치의 활동들을 포괄하고 있다. 중요한 것은 현행의 체제나 제도를 타파하는 것만큼이나 이질적인 집합으로서 새로운 사회체를 구성하는 정치화의 역동성이 필연적으로 내포되어 있다는 점이다. 그러므로 감응의 정치학은 또한 반정치학의 정치학이라 불러도 틀리지 않겠다. 시야를 더 넓혀 본다면, 그 같은 정치화의 연속체는 인간 사회만의 문제가 아닐 것이다. 세포의 분열과 증식, 생태계의 변전과 지속에서 목격하듯, 감응의 흐름이 창출해 내는 해체와 구성의 사태들은 인간학을 훌쩍 넘어서 있다. 근본적으로 감응의 비인간학에 인간학과 정치학도 포괄될 것이지만, 이 책의 논점은 일단 후자들에 맞추어져 있음을 알려 둔다.

으로서의 대중은 전혀 고려되지 않는다. 토머스 홉스에서 연원한 자연에서 사회로의 이전에 관한 사상은 근대 국가가 대중을 통치하기 위해 동원하는 논리, 즉 '분리하고 지배하라'divide and rule의 원형적 판본에 해당된다. 하지만 독립적인 개인들이 생존과 이해관계를 도모하기 위해 모여 사회가 만들어졌다는 통념과 달리, 인간은 '자연적으로/본성적으로' 집합적인 삶의 형식을 구성해 온 유적 존재類的 存在, Gattungswesen다. 감응이 인간의 실존적 전제라는 것은, 인간이 '감응에 예속되어' 있으며, 감응에 따라 서로 결합하는 경향을 지닌다는 뜻이다.

그렇다면 감응적 존재로서 인간은 어떻게 서로에게 이끌리는가? 감응을 본성으로 삼는 인간은 어떻게 대중이 되는가? 감응은 흐르고, 흐르는 감응은 그것이 관류하는 개별적인 신체들을 서로 공명시킨다. 『에티카』의 제3부 정리27에서 스피노자는 다음과 같이 밝히고 있다.

만일 우리가 우리와 유사하지만 아무런 감응도 느끼지 않던 사물이, 어떤 감응을 겪는 것을 상상하게 된다면, 우리는 그로 인해 유사한 감응을 겪게 된다.[5]

'감정의 모방'으로도 알려진 이 과정은 어떻게 신체적 존재자인 개별적 인간이 서로 유사한 느낌을 공유하게 되며, 심지어 특정한 감정 상태로 함께 이행해 갈 수 있는지 설명해 준다. 거울 뉴런에 관한 현대 과학

---

5 Benedictus de Spinoza, *The Collected Works of Spinoza I*, trans. E. Curley, Princeton University Press, 1988, p. 508(제3부 정리27). 여기서 사물(thing)은 라틴어 'res'에 해당되는 단어로 맥락상 '타인'을 우선 가리킨다. 그 이상의 해석에 관해서는 학자마다 설명이 조금씩 다르다.

의 해명처럼,[6] 우리는 서로를 모방하고 그로써 유사해진다. 외적으로 표명된 행동에서만 비슷해지는 게 아니라 말로 적시할 수 없는 미묘한 감정의 흐름에 함께 휩싸임으로써 순간적으로 동화되는 것이다. 물론, 이는 개별자의 신체들을 관통하는 감응으로 인해 일어나는 현상이다. 가령 고요한 성탄절 아침에 교회 문을 열었을 때 느끼는 숙연함은 종교적 믿음 이외에도, 예배당에 모인 사람들의 경건한 표정과 태도로 인해 영향을 받은 나-주체의 반응적 감응일 것이다. 사회 현안에 별 관심이 없더라도 집회에 모인 대중의 분노와 열정에 자기도 모르게 정서적 동조를 겪으며 함께 분개하고 투쟁의 각오를 다지는 장면도 그와 다르지 않다. 감응은 하나 이상의 집합을 통해 공명하는 감각의 흐름이자 전염이고, 함께 공유함으로써만 작동하는 특정한 분위기이다.

감응의 모방, 또는 공명은 각자의 신체를 변화시킨다. 만일 내게 호감을 갖는 어떤 사람과 마주 앉아 대화를 하다 보면, 나 역시 그에게 호감을 품게 되는 경우가 있다. 그 호감은 그를 만나기 이전에는 작용하지 않았으며, 그런 게 있는지 느낄 수조차 없던 것이었다. 둘 사이의 만남과 접촉을 통해 생겨난 호감은 온전히 누구의 것이라 부를 수 없고, 단지 서로 간의 상호작용에 의해 발생한 촉발적 감응의 효과라 해야 한다. 좋은 느낌, 좋은 기분에 젖어들수록 상대를 대하는 태도와 감정도 달라지며, 더

---

6 "거울 뉴런은 다른 행위자가 행한 행동을 관찰하기만 해도 자신이 그 행위를 직접 할 때와 똑같은 활성을 내는 신경세포다. 우리는 거울 뉴런계를 통해 타인의 행동을 관찰하는 것만으로도 그의 행동을 온몸으로 이해할 수 있으며, 그 행위를 나의 운동계획과 비교해 실행으로 바꾸는 과정을 용이하게 함으로써 타인의 행동을 모방할 수 있다. 전자는 공감에 관한 것이며 후자는 모방 능력에 관한 내용이다. 공감은 도덕성의 기초이고 모방은 문화의 동력이다." 장대익, 『다윈의 정원』, 바다출판사, 2017, 73~74쪽.

많은 만남과 활동을 욕망하게 된다. 이렇게 신체와 감각의 상호 변용적 사태야말로 감응이 낳는 가장 큰 긍정적 효과다. 앞선 정리에 이어 스피노자는 이렇게 덧붙였다.

> 사물의 이미지는 인간 신체의 변용-affection이며, 이 변용의 관념은 외부의 신체가 우리에게 현존하는 것처럼 재현되어 있다. 즉 그러한 변용의 관념은 우리 신체의 본성을 포함하는 동시에 외부 신체의 현재적 본성을 포함한다.(제3부 정리27 증명)

누군가에 의해 촉발된 나의 변화는, 그것이 감정적인 것이든 이성적인 것이든, 또는 신체적인 것이든 모두 상호적 관계의 효과다. '나의 변화'라는 1인칭 소유격을 사용했음에도, 그 누군가가 없었다면 결코 일어나지 않았을 변화이기에 온전한 나의 소유물이 될 수 없다. 따라서 스피노자는 변용의 관념이 '우리 신체의 본성을 포함'할 뿐만 아니라 '외부 신체의 본성'도 포함한다고 단언한 것이다. 변화는 언제나 관계의 소산이며, 타자와 나의 감응적 관계가 빚어낸 결과로 나타난다. 감응은 영향을 주는 동시에 받는to affect and be affected 쌍방향적 운동의 전체 과정에서만 실재하는 힘이다.[7] 당연히 고립적이고 개별적인, 실증적 대상으로서 감응을 증명하려는 시도는 필연코 실패하고 말 것이다. 너에게든 나에게든 감응은 상호 작용의 흔적으로서만 새겨져, 그 효과를 지속적으로 재생산한다. 이런 의미에서 나-주체에게 생긴 타자의 이미지는 그의 것인 동시에 나의 것이고, 누구의 것도 아니라 양자 사이의 감응이 작용하여

---

[7] Spinoza, *The Collected Works of Spinoza I*, p. 493(제3부 정의3).

생산한 공-동적共-動的 산물이 된다. 흔히 허상이나 가상이라는 이름으로 철학사에서 폄하되어 온 시뮬라크르-이미지는 그 자체가 실재하는 힘의 효과라 할 수 있다.[8]

이웃관계에 있는 무엇을 감수感受하는 것은 감응의 실재와 작동을 드러낸다. 물론, 그것은 시각적 표상에만 한정되지 않으며, 우리의 공감각적 지각에 관련된 모든 효과를 포괄한다. 핵심은 그와 같은 감응의 이미지가 획일적인 감각 표상에 의해 박제화되지 않고, 언제나 사건의 특이성을 통해서만 체험된다는 데 있다. 사건이란 무엇인가? 정의상 사건은 유일무이한 일회적 발생이다. 그러나 단독자의 유아독존적 실존이 사건을 일으키지는 못한다. 유일무이하고 일회적인 것은 인접한 다른 것들과의 관계를 통해서만 사건으로서의 특이성을 발산한다. 축구선수가 영예의 결승골을 넣기 위해서는 다른 열 명의 선수들이 일사분란하게 공을 패스해 주고 결정적인 슛을 날릴 만한 위치로 그를 이끌어 주어야 한다. 그가 결승골을 넣는 사건은 그 같은 시공간적 배치 속에서 움직이는 다른 주자들과의 협-조協-調에 의해서만 일어날 수 있다. 러시아어로 사건sobytie은 '함께'를 뜻하는 접두사 'so'와 '존재'를 가리키는 'bytie'가 결합하여 만들어진 단어다. 타자들이 하나의 시공간에 모여들지 않는다면, 특정한 배치를 이루지 않는다면 사건은 일어나지 않는다.[9] 감응이 생산하는 효과는 타자들이 함께-있음being-in-commune으로 인해 유발되는 함께-함doing-in-commune의 사태다. 따라서 감응의 문제의식이 함께-삶living-in-

---

8 Gilles Deleuze, *The Logic of Sense*, trans. Mark Lester, The Athlone Press, 1990, p. 258.

9 Mikhail Bakhtin, "K filosofii postupka", *Sobranie sochinenij*, T. 1「행위의 철학을 향하여」, 『저작집 1』, M., 2003, pp. 38~40.

commune이라는 정치적인 것과 연관되는 것은 불가피하고도 당연한 노릇이다. 감응의 핵심은 '코뮨'에 있다. 어떻게 함께—살 것인가?

현실의 정치적 체제들은 동시에 감각의 체제이기도 하다. 우리가 무엇에 관해 옳고 타당하다고 판단하거나 좋고 아름답다고 느끼는 것, 이성과 아울러 감성에 있어서도 특정한 척도를 제시하는 것은 모두 감각의 문제다. 모든 시대가 사리판별과 선악미추에 관한 고유한 기준을 갖는다는 사실은, 무엇보다도 먼저 감각적인 것을 분할하는 체제가 존립하며 그것에 우리의 감성이 예속되어 있음을 보여 준다.[10] 제도와 규범, 통치 기제로서의 정치적 체제는 그와 같은 판별의 척도를 소유하고, 우리에게 강요한다. 그렇게 분할되기 이전에 존재하는 감각적인 것, 그저 흐름 자체로서만 실재하는 그것의 다른 이름이 감응임을 알아채는 것은 어렵지 않다. 이와 같은 감응의 차원이 무의식과 욕망의 지대와 분리되지 않음은 물론이다. 정치적인 것이란 이렇게 분할되고 관리되기 이전의 감각성 자체로 거슬러 올라가는 것, 현행적인 지배 체제를 무효화시키는 (탈)구성적 활동을 가리킨다. 그로써 다른 감각의 체제, 상이한 방식으로 구성되어 낯설게 작동하는 공—동성의 형식을 발견하는 단초에 다시 감응이 있다. 감응의 정치학, 그것은 일종의 탈정치학이자 반정치학이고, 정치적인 것 자체를 이중으로 긍정함으로써 다시 사유하려는 낯선 정치학의 시도라 할 수 있다. 도래할 코뮨은 바로 그렇게 감응이 열어 보이는 과정을 통해서만 보이기 시작하는 미—래일 것이다.

---

10 자크 랑시에르, 『불화. 정치와 철학』, 진태원 옮김, 길, 2015, 58~59쪽; Jacques Rancière, *The Politics of Aesthetics. the Distribution of the Sensible*, trans. G. Rockhill, Continuum, 2004, pp. 42~45.

2장

아나키와 문화

감응의 윤리학을 위한 시론

1. 아나키스트의 자유와 타자의 몫

휴식시간을 이용해 한가롭게 산책을 즐기던 죄수는 갑작스런 딜레마에
빠졌다. 이웃한 건물 창문에서 마주르카를 켜는 바이올린 선율이 들려왔
기 때문이다. 그것은 탈주를 지시하는 약속된 신호였지만 산책의 흥취에
젖은 죄수는 어느새 정문에서 멀리 떨어진 상태였다. 간수의 시선을 따
돌리며 달리기에는 제법 거리가 멀었다. 지금 빠져나갈 것인지 다음 기
회로 미룰 것인지 선택을 내려야 했다. 상황은 오래전에 어느 동지가 차
입해 준 시계에 암호로 적힌 그대로였다. 일단 정문으로 달리면 그곳에
대기하던 다른 동료가 간수의 주의를 끌어 그가 나올 수 있게 도울 것이
고, 준비해 둔 마차에 재빨리 올라타면 거리마다 잠복해 있는 또 다른 동
료들이 도로의 소통상황을 신호로 알려 줘서 최선의 탈출로를 지시해 줄
것이다. 하지만 망설이다 기회를 놓쳐 버리면, 여러 사람이 오랫동안 준
비했던 계획이 허사로 돌아갈 판이다. 죄수는 벌써 2년째 고독과 질병으
로 고통받고 있었다. 만일 탈주하다 잡히면 여기보다 더욱 나쁜 환경의

감옥으로 보내질지 모를 일이다. 어떻게 해야 할까?

천천히 반대쪽으로 발길을 돌린 죄수는 어느 순간부터 쏜살같이 정문을 향해 내달렸다. 간수가 용을 쓰고 쫓아왔으나 머릿속으로 수천 번도 넘게 예행연습을 했던 죄수를 잡을 도리는 없었다. 잽싸게 정문을 통과한 죄수는 눈에 띄는 마차에 얼른 올라탔다. 신기하게도 거리는 텅 비어 있었고, 그를 실은 마차는 예정된 도주로를 따라 관내에서 빠져나가는 데 성공했다. 그의 동료들이 탈옥을 성사시키기 위해 인근의 모든 마차를 미리 세놓은 덕택이었다. 마침내 죄수는 자유를 되찾게 된다. 일사불란하다 싶을 정도로 잘 짜맞추어진 이 드라마의 주인공은 러시아의 아나키스트 표트르 크로포트킨Peter Kropotkin(1842~1921)이었다. 훗날 이 장면을 회상한 크로포트킨은 탈주의 매 경로마다 애써 주었던 동료들을 가장 먼저 떠올렸다. 시계를 차입해 준 동료와 바이올린 주자, 마차를 몰았던 사람과 그가 탑승하자마자 건강을 체크해 준 의사, 인근 마차들을 세놓아 막힘없이 출로를 열어 주었던 이름 모를 동지들,…… 그의 탈옥은 이 모든 사람들의 협력이 낳은 결과였다. 그들의 헌신적인 도움이 없었다면, 크로포트킨이라는 이름은 이 세상에 남지 못했을지 모른다.[1] 아나

---

1 한나 아렌트의 독일 탈출기에도 이와 유사한 사례가 목격된다. 나치의 체포 위협에 시달리다 자살한 발터 벤야민과 달리, 아렌트는 체포와 고문, 살해의 끊임없는 위기에도 불구하고 여러 차례의 '우연'에 힘입어 미국으로 탈출하는 데 성공했다. 가령 1933년에 체포되어 8일간 조사받았음에도 석방되었고(감옥에서 생을 끝낸 친구들이 여럿이었다), 나치의 프랑스 점령기에는 귀르(Gurs) 수용소에 갇혔다가 빠져나갈 수 있었으며(같이 수감된 여성들 중에는 아우슈비츠로 이송된 사람들도 있었다), 간신히 프랑스를 벗어나 포르투갈에서 석 달을 기다린 끝에 미국행 기선을 탔던 것이다. 아렌트 연구자 번스타인은 이를 '마키아벨리적 포르투나(Fortuna)'라 부르지만, 실상 이토록 드라마틱한 행운에는 남모를 조력자들이 함께 했음이 틀림없다. 리처드 번스타인, 『우리는 왜 한나 아렌트를 읽는가』, 김선욱 옮김, 한길사, 2018, 19~24쪽.

키스트의 자유에는 상호부조라는 강렬한 동지적 우애와 협력이 새겨져 있는 셈이다.

탈옥극의 주인공이 크로포트킨이라는 게 핵심은 아니다. 이 일화를 끄집어내 대중 앞에 선보인 사람은 진화생물학자이자 유전학인 매트 리들리이다. 『이타적 유전자』*The Origins of Virtue, 1996*의 서문은 크로포트킨의 탈옥 이야기로 시작되고 있으며, 리들리는 유전자의 이타성에 대한 자신의 아이디어가 여기서 비롯되었음을 밝히고 있다.[2] 탈옥에 대해 회상했던 크로포트킨이 자신의 자유가 타인들의 도움에 빚지고 있음을 확신했다는 점에서 리들리는 이타성이 유전적으로 내재된 인간의 본능이라고 주장한다. 아쉽게도 책의 본문에서는 크로포트킨의 사례가 더 이상 중점적으로 논의되지 않기에, 우리는 본능이 어떻게 아나키스트의 사상과 연결되고 얽혀 드는지 더 구체적으로 알아볼 수 없다. 하지만 이타성과 사회성, 상호부조를 도덕적 의무나 당위, 마땅히 준수해야 할 덕목이라는 전통적인 관점 바깥에서 사유해 볼 여지는 충분한 듯싶다.

이 글의 목적은 리들리가 자세히 밝히지 않은 지점, 즉 아나키와 본능이 어떻게 상호부조라는 윤리의 영역에서 접목되고 작동하는지 고찰해 보는 데 있다. 물론 우리는 생물학을 통해 이 과제를 수행하진 않을 것이다. 대신 우리는 감응-affect을 통해 이 주제를 탐사해 보려 한다. 감정이나 느낌, 정서와는 또 다르게 감응은 본능과 윤리를 연결짓는 독특한 고리로 기능한다. 인문학의 지평에서 볼 때, 감응은 인간과 사회, 개인과 집단을 이어 주는 무의식과 충동의 힘으로서, 본능은 이를 표현하는 생물학의 어법이다. 결론을 미리 말한다면, 감응은 무의식과 충동을 경유하여

---

2 매트 리들리, 『이타적 유전자』, 신좌섭 옮김, 사이언스북스, 2001, 15쪽 이하.

타자와의 관계를 구성하고, 윤리의 새로운 바탕을 이루는 자원이다. 감응의 윤리는 이해득실이라는 합리적 동기나 의무감 또는 당위의 도덕적 문화와는 구분된다. 그것은 명령과 법을 통해 강제되기는커녕 함께-만드는 삶의 관점에서 제안되는 상호부조의 리듬이다. 이 점에서 감응은 문화의 형식적 규범을 넘어서는 아나키적 운동과 이어지며, 그로써 타자와의 공-동적 관계를 구성하는 실천적 능력이라 할 수 있다.

2. 문화, 혹은 교양이라는 이데올로기

1866년 영국의 사상가이자 시인이며 문학평론가였던 매슈 아널드는 『교양과 무질서』라는 사회평론집을 출판했다. 영문학사뿐만 아니라 근대 지성사에서도 자주 거론되는 이 책은 인간의 정신적 가치를 떠받들고 문화적 유산을 옹호하는 저술로 잘 알려져 있다. 19세기 후반, '무질서'로 표징되는 당대의 정치·사회적 상황에 맞서 아널드는 '교양'을 대안으로 내세워 서구 문명을 지키고자 했다. 그런데 이 책의 원제가 'Culture and Anarchy'라는 사실은 의외로 잘 알려져 있지 않다. 사전적 의미 그대로 새긴다면 '문화와 아나키'가 원제목에 더 가까울 것이다. 동아시아 근대사를 통해 한국에 이 책이 소개되었을 때 '교양과 무질서'라는 제목이 선택된 이유는 지금 우리의 관심사가 아니다. 지금은 왜 아널드가 '문화'와 '아나키'를 상호 대립적인 개념으로 설정했는지, 그 역사적 맥락에 대해 살펴보려 한다.

　아널드가 문예비평적이고 지성사적인 작업을 펼치던 시기는 19세기 중엽 영국의 자본주의가 한참 만개하던 시절이었다.[3] 근대 자본주의는 국가주의적 팽창과 궤를 같이 하며 발전하고 있었고, 영국은 그 선두에 자리잡은 나라였다. 특히 일찍부터 산업혁명을 선도하던 영국은 맑스가 프롤레타리아의 조직화된 힘이 가장 발달한 나라로 부러워했을 만큼 노동자 계급이 성장하던 곳이었다. 가령 18세기 후반 기계제 생산이 처음으로 적용된 랭커셔 지방의 맨체스터나 스코틀랜드의 글래스고 등지에는 거대 규모의 공업단지와 산업시설들이 들어서 있었고, 공장지대 외곽으로는 전국에서 모여든 노동자들이 생활하는 집단적 주거지가 형성되었다. 잘 알려진 대로, 당시 노동자들의 생활상은 대단히 열악하고 비참했다.[4] 삶에 대한 그들의 태도나 감각이 전통은 물론이거니와 지배계급의 것과도 크게 달랐음은 어렵잖게 짐작할 만하다.

화폐가 시장의 '황금신'으로 등극한 이래, 전래의 신념이나 관습, 가치관 따위는 더 이상 민중의 일상생활을 규율하지 못하고 있었다. 특히 가치의 급락을 겪은 것은 종교적 믿음이었다. 그전까지 신앙은 '지저분하고 무지몽매한' 노동자들을 통제할 수 있는 유용한 도구였지만, 사회가 점차 세속화됨에 따라 더 이상 예전과 같은 규범적 기능을 발휘할 수 없게 된 것이다. 이 상황에서 산업화의 결과로 수적으로 급성장한 노동자들은 급기야 '위험한 존재'로 부각되기에 이른다.[5] 자본가들과 정신적

---

3 에릭 홉스봄, 『산업과 제국』, 전철환 외 옮김, 한벗, 1984, 제6장.

4 1845년 엥겔스의 고전적인 보고서가 출판된 이래 맑스가 『자본론』에서 기술한 「이른바 시초축적」의 장은 부르주아지와 근대 국가가 형성되는 과정에서 일어난 착취의 역사를 정확히 묘사하고 있다. 프리드리히 엥겔스, 『영국 노동자계급의 상태』, 박준식 외 옮김, 두리, 1988; 칼 맑스, 『자본론 I(하)』, 김수행 옮김, 비봉출판사, 1989. 산업혁명기 영국 노동계급의 생활사적 측면에 대해서는 다음을 참조하라. 에드워드 톰슨, 『영국 노동계급의 형성 상·하』, 나종일 외 옮김, 창작과비평사, 2000.

5 더 정확히 말해, 19세기 산업화 과정에서 두드러진 현상은 신앙심 자체의 소멸이 아니라 세속적 심성(secular mind)의 증대이다. 영국의 경우 노동계급의 일상생활에서 종교적 감정은 오랫동안 지속되었고, 20세기 전반기까지 꾸준히 표명되는 요소였다. 존 해리슨, 『영국민중

공통분모로서의 신앙심으로부터 멀어진 그들은 자신의 실존 자체로써 이미 사회의 분열과 적대를 표상했던 것이다. 만일 노동자들이 종교적 이데올로기를 통해 사회가 통일되지 않는다는 사실을 깨닫게 된다면, 또 한 적대적 계급으로 나누어진 사회에서 각자가 자기 계급의 이익을 위해 행동하는 게 당연하다는 사실을 알게 된다면, 그들의 저항을 어떻게 감당할 수 있단 말인가? 국가의 부富가 증가할수록 그 이면에서 잠재적 위험요소로서 팽창하던 노동계급은 언제 폭발할지 모르는 시한폭탄이나 마찬가지였다. 노동자들에 대한 지배를 영속화하기 위해서는 신앙심이 빠져나간 그들의 마음속에 다른 무엇인가를 대신 채워 넣어야 했다.

> 오랫동안 복종과 존경이라는 강한 봉건적인 습관이 노동계급에게 계속 영향을 미쳤다. 근대 정신은 이제 거의 완전히 그런 습관을 와해시켰고 […] [노동계급은—인용자] 자기 내키는 대로 행진하고 내키는 곳에서 회합하고 내키는 곳으로 들어가고 내키는 대로 야유하고 내키는 대로 위협하고 내키는 대로 부수고 있다. 이 모든 것은 무질서anarchy를 향하고 있다.[6]

사』, 이영석 옮김, 소나무, 1989, 272~279쪽; 리처드 호가트, 『교양의 효용』, 이규탁 옮김, 오월의봄, 2016, 158~169쪽. 하지만 전근대 사회에서 종교가 차지하고 기능하던 것과는 다른 변화가 노동계급의 마음속에서 생겨났고, 그것은 바로 종교와 일상, 정치를 분리해서 사고하는 세속적 심성의 등장이었다. 믿음이라는 감정은 심중에서 작용하는 무의식적 감각으로 지속되었으며, 알튀세르적 의미에서의 이데올로기가 여기에 해당될 것이다. 루이 알튀세르, 『재생산에 대하여』, 김웅권 옮김, 동문선, 2007, 410~417쪽.
6 매슈 아널드, 『교양과 무질서』, 윤지관 옮김, 한길사, 2006, 93쪽.

종교를 대체하는 의식적인 이데올로기가 필요해진 것은 이 즈음이다. 문학으로 대표되는 근대 교양, 즉 문화가 '마음의 의지처를 잃어버린' 노동자들에 대한 비상약으로 긴급히 처방되었다. 이런 의미에서 1840년대에 토머스 칼라일이 내놓은 저 유명한 말, 셰익스피어는 인도 대륙과도 바꿀 수 없노라는 선언은 선견지명과 같았다.[7] 이에 아널드는 노동자들이 자기들의 계급적 이해관계를 자각하기 전에, 인간의 보편적 가치란 것이 선행하며 더욱 중요하다는 명제를 각인시키려 든다. 문학과 예술, 문화는 바로 그런 보편성의 환각을 일으키는 주요한 이데올로기적 장치들이었다. 그것은 부르주아적 근대 사회의 특수한 이해관계를 은폐하고 일반화시키는 환상을 제공할 것이다.[8] 문학이 정신적 가치를 담지하고, 그로써 문화의 도덕성을 정초한다는 근대 문학의 이데올로기적 허위의식이 이로부터 발생했다. 무질서 곧 아나키는 그 자체로 카오스와 동의어가 아니다. 그것은 지배계급의 이해, 즉 부르주아 사회와 국가 원리에 대립하는 특수한 이해관계로서 노동계급의 상태를 가리키는 용어였다. 부르주아적 보편 원리(arche)가 결여된(a) 상태가 아나키(anarchy) 즉 무질서라는 것이다. 이런 의미에서 아나키의 반대항인 '교양', 즉 문화는 실상 그 자체로 보편성의 준거가 되지 못한다. 그것은 부르주아 사회와 국가의 가치 및 질서를 표상하는 모든 것으로서, 맑스가 언명했던 바와 같이 "지배 계급의 사상" 자체에 다름 아닌 것이다.[9] 아널드에 따르면 교양은, 즉 문화는 아나키의 반대편에 있는 성스러운 가치로서 국가를 대

---

7 토머스 칼라일, 『영웅숭배론』, 박상익 옮김, 한길사, 2003, 189쪽.
8 테리 이글턴, 『문학이론입문』, 김명환 외 옮김, 창작과비평사, 1986, 37쪽.
9 칼 맑스 · 프리드리히 엥겔스, 「독일 이데올로기」, 『맑스 엥겔스 저작선집 1』, 최인호 외 옮김, 박종철출판사, 1991, 226쪽.

신해 보편적 가치를 수호하는 거점이었다. 따라서 아나키에 맞서 문화를 지키는 것은 국가를 지키는 과업과 다르지 않다.

> 누가 국가를 경영하더라도 국가의 틀과 외적인 질서 자체는 신성하다. 그리고 교양은 우리에게 국가에 대한 큰 희망과 계획을 키우라고 가르치기 때문에 아나키의 가장 단호한 적이다.[10]

결국 '교양'과 '무질서', 문화와 아나키는 보편적인 두 힘의 대립이 아니라 근대 사회라는 특수한 조건에서 집단적 이해관계의 충돌을 표상한다. 교양, 즉 문화의 목적은 부르주아 사회와 국가를 보전하는 데 있다. 종래의 귀족층을 대신하여 지배계급으로 등장한 부르주아지는 프롤레타리아트가 계급의식으로 무장하기 전에 미리 해독제를 주입해야 했고, 그것이 계급적 이해를 초월하는 문화라는 가치체계였다. 문화는 옳고 그름을 미리 선점하여 규정짓고 가르치는 지식의 학습과 분리되지 않는다. 이렇듯 근대 교양교육의 이념에는 특수한 계급이해를 내포하는 도덕화된 문화가 자리잡고 있었다. 봉건시대를 규율하던 종교를 대신하여 문화가 근대 사회의 규범적 기제로서 작동하기 시작한 것이다.

'거주하다' 혹은 '경작하다'라는 라틴어 'colere'에서 유래한 것으로 알려진 문화는 인류가 간직한 보편적 인간성의 산물이자 고도로 발전된 정신성의 상징으로 찬양받아 왔다. 또한 낭만주의와 내셔널리즘의 확산과 함께 문화는 특정한 민족과 국민이 오랜 세월 동안 공들여 육성한 사회적 가치로서 우대되어 왔다.[11] 다소 상반되는 듯 보이는 이러한 두 규정

---

10 아널드, 『교양과 무질서』, 234쪽.

은 근대 사회에서 모종의 공통적 기능을 떠맡았는데, 그것은 특정 가치의 보편성과 우월성을 통해 그 사회의 적대와 균열을 은폐하는 것이다. 아널드의 예가 보여 주듯, 근대 사회에서 적대와 균열은 노동계급이 자본가의 이해관계에 합치하지 않은 채 일탈하는 징후, 즉 아나키의 경향을 가리킨다. 그것은 국가라는 가상의 통합체를 벗어나는 힘이었고, 문화는 그러한 아나키에 대한 방어책으로서 고안되고 적용된 이데올로기였다. 인류 전체를 내걸든, 국가나 민족의 특정 집단을 내걸든 문화는 분열적인 운동을 저지하고 통합을 강요하기 위한 권력 장치에 다름 아니다.

요컨대 문화는 근대 사회에서 조형된 특권적 가치이자 개념이다. 또한 국민을 호명하여 근대 국가를 구축하기 위한 정체성의 이데올로기이기도 하다. 특정한 가치 관념과 유무형의 행위규범 및 공적 제도를 통해 '네이션'(국가, 국민, 민족)이라는 내부성을 형성하는 이데올로기적 기제인 것이다. 따라서 근대 문화가 아나키에 적대적이었던 이유는 어렵잖게 짐작할 수 있다. 아나키는 국가와 국민, 민족의 정립을 저지하고 훼손시키는 탈중심화의 근원이기 때문이다.

3. 파열하는 도덕, 분출하는 아나키

어원적으로 아나키는 유일한 원리나 수장을 받아들이지 않는 사상을 말한다. 원리이자 수장은 국가다. 플라톤은 규율을 따르지 않는 어중이떠중이 집단을 데모스demos라 불렀는데, 그들은 원리나 수장 없는 '무리', '떼'이자 '짐승'에 해당되는 자들로서 아나키의 원형적 이미지를 보여 준

---

11 외르크 피쉬, 『문명과 문화』, 안삼환 옮김, 푸른역사, 2010, III, VI장.

다.[12] 프롤레타리아는 로마시대의 천민집단을 가리키는 단어로서, 할 일이라고는 '애를 낳아 번식하는 것'밖에 없는 무리라는 비하적 의미를 지닌다. 간단히 말해, 지배자의 입장에서 볼 때 '개·돼지'나 다름없는 무리가 데모스이자 프롤레타리아이고, 아나키적 집합체다. 그러므로 이들은 문화적 교양을 통해 교화되어야 하고, 도덕과 규범을 익히도록 교육받아야 할 수동적 대중, 군중에 다르지 않다. 문화란 그들이 습득해야 할 도덕 관념이자 태도, 행동양식을 가리킨다.

도덕의 기초는 옳고 그름의 판별에 있다. 무엇이 선하거나 악한 것인지 주어진 지침이 있을 때 도덕은 '정상적으로' 기능한다. 예컨대 사람을 죽이는 것은 왜 옳지 않은가? 종교와 국가가 금지하기 때문이다. 계율과 법, 초개인적인 상위 체계의 명령이 주어져 있을 때 생각하거나 고민할 부담은 덜어진다. 거꾸로, 종교와 국가의 명령만 떨어진다면 살인은 얼마든지 가능한 행위로 의미가 뒤바뀔 수 있다. 그렇게 개인을 초과하는 집단, 곧 가족이나 사회, 국가, 종교 등을 통해 주입된 규제의 체계를 도덕moral이라 부른다.[13] 도덕은 개인이 일상생활에서 사고하고 행위하기 위해 의존하는 가치판단의 총체다. 통념적으로 도덕은 초개인적인 보편 원칙으로 간주된다.

칸트는 그 대표적 사례를 제공한다. 그에 따르면 도덕법칙은 "내 위의 별이 빛나는 하늘"과 마찬가지로 보편적 원리다. "너의 의지의 준칙이 항상 동시에 보편적 법칙 수립의 원리로서 타당할 수 있도록, 그렇게 행

---

12 플라톤, 『국가·정체』, 박종현 옮김, 서광사, 2000, 404쪽 이하. 아나키는 특정하게 규범화된 이데올로기로서의 아나키즘과 다르다. 후자는 근대 사상사에서 특정한 방식으로 척도화되고 가치판단된 이론이나 사상체계를 가리킨다.

13 미셸 푸코, 『성의 역사 2』, 문경자 외 옮김, 나남, 2004, 41쪽.

위하라"는 실천이성은 개인의 행위와 보편 원칙의 일치를 명령하고 있다.[14] 하지만 그 같은 초개인적이고 초역사적인 원칙은 다분히 허구적이다. 칸트의 도덕법칙이란 18세기 부르주아 사회의 도덕률을 반영하고 있다. 사회적 역학 관계를 고려하지 않은 채 초월적 원리만을 앞세운 그의 주장은 지배의 논리를 세련되게 표명할 뿐이다. 생산과정이나 노동의 수고와는 분리된 채 사물은 상품이 되어 화폐의 논리에 복속되고, 교환의 원칙에 종속된다. 그것이 근대 시장의 원리이자 부르주아 사회의 도덕이다.[15] 이렇게 특수한 이해관계를 은폐하기 위해, 칸트의 도덕법칙은 영혼을 볼모 삼아 감정의 공포심에 의존했다.[16] 요컨대 도덕은 그것의 현실적 실행을 위해 언제나 감정 통제의 장치들을 필요로 한다.

프로이트의 초자아와 양심은 도덕이 어떻게 감정과 결합되어 작동하는지를 정확히 보여 준다. 도덕과 자신을 동일시하면 할수록 두려움이나 역겨움의 감정과 자주 마주치게 된다. 타인의 사고나 행위에 대해 우리가 '역겹다'고 느끼는 것은 어떤 경우들인가? 대개 도덕, 즉 공동체의 관습적 규제들을 벗어나는 경우다. 근친상간이나 동성애, 혹은 규범화되지 않은 정서적 충격을 일으키는 도덕적 일탈과 위반이 그 사례들이다.[17]

---

14 임마누엘 칸트, 『실천이성비판』, 백종현 옮김, 아카넷, 2009, 91쪽(A54), 271쪽(A288).
15 테리 이글턴, 『미학사상』, 방대원 옮김, 한신문화사, 1995, 83쪽 이하.
16 유한한 인간의 마음과 영원한 도덕법칙의 일치에 대한 희망은 불일치에 대한 두려움을 이면에 숨기고 있다. 영혼불멸에 대한 요청은 그 결정 불가능한 양가성을 넘어서려는 시도이다. 칸트, 『실천이성비판』, 217~219쪽(A219~223).
17 정신분석의 초기부터 프로이트가 관심을 보인 신경증의 원인은 대부분 역겨움을 수반하는 성적 도덕률의 위반이었다. 이는 또한 수치심이라는 문화적 감정과도 연결된다. 지그문트 프로이트, 『히스테리 연구』, 김미리혜 옮김, 열린책들, 2003, 16쪽; 지그문트 프로이트, 『성욕에 관한 세 편의 에세이』, 김정일 옮김, 열린책들, 2003, 40, 47쪽.

하지만 가령, 고대 그리스에서 동성애가 널리 용인된 사회적 관계의 일환이었다는 점은 잘 알려진 사실이다.[18] 그렇다면 그리스인들, 그리스 문화는 역겨운 것일까? 서구 문명의 뿌리로서 그리스는 수치스런 대상인가? 역겨움이나 수치심은 우리의 감정생활이 옳고 그름의 척도에 의해 미리 전제되어 있다는 사실 이상도 이하도 밝혀 주지 않는다. 감정에 대한 사회적 통념과 의미가 분명하게 정의되어 있을수록, 그것은 역사 및 사회문화적으로 특수한 것으로 나타난다.[19]

기쁨과 슬픔, 동경과 멸시, 분노와 질투, 호의와 적의, 후회와 선망… 언어적으로 명확하게 분절되어 표명되는 감정은 타인과의 소통을 '자연스럽게' 이끌지만, 삶에서 실제로 겪게 되는 온갖 분란과 갈등은 실상 그 같은 소통이 오해와 불통의 과정임을 반증해 준다. 외국어를 번역할 때처럼 일 대 일로 대응되는 투명한 감정이란 존재하지 않는다. 같은 '분노'라는 단어를 써도 길을 걷다 취객의 행패에 놀라고 다쳤을 때 느끼는 분노와 공적 정의가 무시되고 탄압당해서 솟아나는 분노는 같을 수 없다. 동일한 상대에게 느끼는 사랑의 감정이어도 처음 그것이 싹틀 때의 설렘과 어느 정도 안정기에 접어들어 평상의 마음에서 우러나는 기분은 같은 듯 다를 것이다. 더 나아가 흔히 '웃(기고 슬)프다'라고 말하는 착종된 감

---

18 플로랑스 타마뉴, 『동성애의 역사』, 이상빈 옮김, 이마고, 2007, 14쪽; 미셸 푸코, 『성의 역사 2』, 250쪽 이하. 남성 동성애에 비해 제한적이긴 해도 여성 동성애 역시 그리스 문화의 일부였다.

19 문화와 문명의 보편적 규범으로 인식되는 근친상간 역시 역사와 지리에 따라 다르게 분포되고 지속적인 변용의 관계에 놓여 있었다. 특히 근대 서구사회는 근친상간이라는 표상을 통해 문명과 야만을 분절하고 가치화했다는 점에서 문제적이다. 프랑스 혁명기의 사드가 이를 풍자적으로 비판했던 점을 기억해 보자. 최진석, 「"가장 뜨거운 현대": 포르노그라피의 문화정치학」, 『진보평론』 67, 2016년 봄호, 204~215쪽.

각 역시 단순명료하게 정의되는 감정이란 존재하지 않음을 증거한다. 감정은 그 자체로 실존하는 어떤 실체가 아니다. 그것은 연속성을 띤 감각의 한 단면이며, 주변 환경과의 관계에 따라 지속적으로 변형되는 불투명한 감각적 운동의 일부다. 무의식의 흐름이 이에 비견될 만한 상태라 할 수 있으며, 이를 우리는 감응affect이라 부른다.[20] 한 걸음 더 가 보자. 감응은 감정이라는 정적 상태의 동적 연장만이 아니다. 보다 적극적으로 말하자면, 감응이란 우리의 감각이 결정화되어 정적인 상태로 환원되는 순간마다, 즉 특정한 감정으로 언표될 때마다 그와는 다른 것으로 건너뛰고 탈주해 버리는 일탈의 운동에 다름 아니다. 이행하는 감각과 무의식적 욕망의 흐름, 그 아나키적 유동이 감응인 셈이다.

감응은 감정의 아나키적 탈구이자 흐름이다. 이같이 감응을 분열의 감각으로 정의할 때 골치 아픈 철학적 사변을 동원할 필요는 없다. 일상의 무의식적 생활감각이 감응의 운동을 잘 예시해 준다. 언어적으로 명확히 분절되거나 지칭되지 않는, 언어 이전의 혹은 언어를 넘어서는 감성적 분위기를 떠올려 보는 것으로 충분하다. 가령 아들을 가문의 중심으로 삼는 가부장적 환경에서 손위 누나 두 사람이 막내아들보다 홀대받는 이야기는 우리에게 낯설지 않다. 그 차별의 원源장면, 처음으로 그것을 의식하게 될 즈음의 상황이 어떻게 묘사되고 있는지, 소설 속의 한 단락을 읽어 보자.

---

20 Brian Massumi, *Parables for the Virtual: Movement, Affect, Sensation*, Duke University Press, 2002, ch.1. 프로이트에 따르면 감응은 리비도적 충동과 비견될 만한 성적 에너지의 양화된 흐름이다. 지그문트 프로이트, 「억압에 관하여」, 『정신분석학의 근본개념』, 윤희기 외 옮김, 열린책들, 2003, 143~147쪽.

함께 살던 할머니 고순분 여사는 김지영 씨가 남동생 분유를 먹는 것을 끔찍하게 싫어했다. 분유를 얻어먹다 할머니께 들키기라도 하면 김지영 씨는 입과 코로 가루가 다 튀어나오도록 등짝을 맞았다. 김지영 씨보다 두 살 많은 언니 김은영 씨는 한 번 할머니에게 혼난 이후로 절대 분유를 먹지 않았다.

"언니는 분유 맛없어?"

"맛있어."

"근데 왜 안 먹어?"

"치사해서."

"응?"

"치사해서 안 먹어. 절대 안 먹어."

김지영 씨는 치사하다는 단어의 뜻을 정확히 몰랐지만 언니의 기분은 알 수 있었다. 할머니가 혼내는 게 단순히 김지영 씨가 더 이상 분유 먹을 나이가 아니라거나 동생 먹을 게 부족해진다거나 하는 이유만은 아니었기 때문이다. 할머니의 억양과 눈빛, 고개의 각도와 어깨의 높이, 내쉬고 들이쉬는 숨까지 모두 어우러져 만들어 내는 메시지를 한 문장으로 말하기는 힘들지만 그래도 최대한 표현하자면, '감히' 귀한 내 손자 것에 욕심을 내? 하는 느낌이었다.[21]

어린 김지영은 '치사하다'는 단어의 뜻을 명확히 알지 못한다. 하지만 그녀가 동생의 분유에 손댔을 때 할머니가 보인 반응, 그에 대한 언니 김은영의 반응 등을 종합함으로써 그 단어의 의미를 유추해 낸다. 그것

---

21 조남주, 『82년생 김지영』, 민음사, 2016, 24~25쪽.

은 언어에 대한 논리적인 개념 형성이 아니라 특정 단어를 둘러싸고 벌어지는 정서적 복합에 대한 감수感受 과정이라 할 수 있다. '치사하다'의 메시지는 단어 자체에 있지 않다. 발화되고 의미화되는 관계, 타자들 사이에서 공유되고 분유되는 감응의 운동 속에서 그것은 규정된다. "할머니의 억양과 눈빛, 고개의 각도와 어깨의 높이, 내쉬고 들이쉬는 숨까지 모두 어우러져" 만드는 분위기가 바로 차별의 감응인 것이다. 공-동적共-動的이라 부를 만한 이러한 관계의 조형은 기호와 개념, 언어를 넘어서 있으나, 누구나 겪어 봤고 지금도 겪고 있는 체험적 사례일 것이다.

　　김지영의 어린 시절은 부정적 의미형성의 원초적 장면을 보여 준다. 아마도 유사한 방식으로 긍정적 원체험 또한 기술할 수 있으리라. 기쁨의 감응 역시 과정적으로 구성되는 삶의 현상이기 때문이다. 어쩌면 그것은 슬픔의 부정적 감응과 완전히 분리된 것도 아닐 듯싶다. 소설에서 김지영은 한국 사회의 여성차별, 여성혐오의 분위기를 견디고 살아가는 과정에서 비슷하게 억눌려 있던 또 다른 여성들과 만나며 그들의 목소리를 체현하게 된다. 분열증적 광기라 묘사할 만한 파국에 이르면, 역설적으로 우리는 극대화된 슬픔의 감정이 아니라 형언하기 어려운 연대의 기쁨과 그 감응에 마주치게 된다. 착란에 빠진 김지영은 어머니나 직장 동료들과 자신을 동일시하고 그들의 목소리를 흉내낸다. 일반적인 의미에서 그녀는 분명 병증을 앓고 있으며, 자기 동일성이라는 정체성의 혼란에 직면해 있다. 하지만 다른 측면에서 보면 김지영은 정체성의 폭력을 이탈하는 아나키의 감응에 자신을 맡기고 있는 것이다. 아내이자 엄마, 주부, 혹은 여성이라는 특정 정체성을 강요하는 가부장적 억압에 맞서는 유일한 방법은 탈정체화라는 타자-되기의 분열증적 광기, 즉 아나키이다. 아나키의 신체적이고 감각적인 감응은 도덕을 깨뜨리고 자기 표명적인 윤리를 구성하는 삶의 분출인 셈이다.

4. 공-동성과 리듬의 행동학

기독교 신앙이나 부르주아적 문화관념, 또는 칸트의 정언명법과 프로이트의 초자아는 서구문명의 도덕주의를 지탱하는 기둥이 무엇인지 대변해 준다. 선善과 보편적 인류애, 도덕법칙이나 양심과 같은 초월적 원리들이 그 기저에 깔려 있지만, 실상 그것들이 의존하고 있는 것은 죽음과 고통에 대한 두려움, 추상적 논리나 조화에 대한 환상과 허위의식, 그리고 역겨움과 수치심의 감정들이다. 그에 함축된 부정성의 힘은 주체들을 개별화하여 서로 연대할 수 없도록 분열시켜 놓는다. 개인이 느끼는 감정은 서로 공유할 수 없는 각자의 몫이 되고, 자기가 자기를 책임지는 근대 개인주의 도덕으로 함몰된다. 일상과 행위, 타자와의 공통감각 및 공동적 삶의 구성을 위한 감각이 소멸하는 것이다. 우리가 감응과 윤리를 문제삼는 이유가 여기 있다. 만일 감응이 고립되고 분절된 무엇이 아니라 상호 전염되고 연결되며 공-동화共-動化할 수 있는 힘의 흐름이라면, 이로부터 공-동적 연대라는 낯선 윤리적 지평도 열리지 않을까? 만일 그렇다면, 근대 도덕 문화를 벗어나는 아나키의 감응을 통해 새로운 윤리의 단초도 발견될 수 있으리라.

　도덕이 미리 결정된 척도에 따라 사고와 행동을 재단하는 규범이라면, 윤리적인 것the ethical은 그 지평 바깥에 있다. 즉 절대적으로 주어진 척도 없이 그때그때마다 좋음good과 나쁨bad의 상이한 분기와 종합의 선분을 그려 나가는 것이 윤리다.[22] 이는 선험적이라기보다 구성적인 관점을 취하며, 생성되는 관계의 연속적 계열화를 통해 만들어지는 감각의 연결이다. 아나키와 윤리를 연결짓는 근거가 여기 있는 바, 전자는 항상 억압적이고 강제된 도덕의 경계를 넘어서는 힘이며, 그 결과로부터 후자가 생성되기 때문이다.

미하일 바흐친은 칸트적 형식주의와 신칸트주의적 문화철학이 초월적 척도를 통해 일상을 관할하려는 시도임을 간파하고, 그 대안으로 사건의 윤리를 제시했다. 그것은 저 하늘에서 이 땅으로 던져진 절대적 율법이 아니라 현실을 호흡하고 사는 주체가 삶을 통해 자신의 규칙을 직접 설립해 가는 구성적 과정이다.[23] 연역적이기보단 귀납적이고, 초월적이기보단 내재적 활동의 소산이 사건의 윤리인 셈이다. 그런데 사유와 행위의 원칙을 개별 주체가 스스로 만든다는 점에서 사건의 윤리란 결국 주관주의적 환상에 불과하다는 반박도 나올 법하다. 각자마다 제 나름의 관점에서 윤리를 내세운다면, 가치판단의 상대주의나 허무주의에 빠지지 않으리란 보장이 어디 있겠느냐는 것이다. 아나키의 윤리는 어떠한 실제적 윤리도 불가능하게 만들 것이라는 냉소와 절망이 묻어나는 질문이다. 정말 그럴까?

관계에 있어서 좋은 것이 윤리적으로 좋은 것이다. 나-주체만의 좋음이 문제라면 그것은 주관적 자의에 지나지 않는다. 하지만 나-주체뿐만 아니라 타자에 대해서도 좋은 것일 때, 타자와 맺는 공-동의 관계 전체가

---

22 기존의 어법보다 더 확장된 의미를 통해 정의되기에 '윤리적인 것'이라 부를 수도 있으나, 편의상 '윤리'로 통칭하도록 한다. 도덕(moral)과 윤리(ethics)에 대한 우리의 구분은 고증학적이거나 철학사적인 것이라기보다, 최근의 인문학적 사유에 힘입은 것이다. 핵심은 초월적 가치로서의 선과 악이 아니라 초월론적 경험으로서 좋음과 나쁨의 구별에 있다. 질 들뢰즈, 『스피노자의 철학』, 박기순 옮김, 민음사, 1999, 38~39쪽.

23 최진석, 『민중과 그로테스크의 문화정치학: 미하일 바흐친과 생성의 사유』, 그린비, 2017, 제3장.

좋은 것으로 드러날 때, 그리하여 좋음이 일관적일 때 윤리는 호명 가능해진다. 물론 관계는 언제나 가변적이고 상황적이다. 때와 장소라는 조건에 따라 상이한 사건들이 열리듯, 관계도 늘 변용을 겪는다. 그런 관계의 지속 가운데 좋음을 찾아내고 나쁨을 회피하는 것이 윤리의 새로운 출발점이 되어야 한다. 가령 강도의 무리에게는 여행객의 주머니를 털고 생명을 빼앗는 게 좋은 일이 될 것이다. 하지만 이러한 좋음은 오직 그들의 무리라는 제한된 관계 속에서만 유효하고, 관계의 외부 즉 피해를 본 여행객이나 두려움에 떠는 다른 여행자들에게는 나쁜 영향을 끼칠 것이기에 궁극적으로는 좋다고 할 수 없다. 동일한 이유에서, 정규직의 이익을 수호하기 위해 비정규직을 차별하고 배제하는 것은 정규직 내부의 이익을 지키는 좋을 방법일 수 있어도, 노동 운동 전체에 대해서는 나쁜 결과를 빚어낼 것이다. 노동해방의 대의는 정규직과 비정규직의 차이를 구별하지 않을 때, 억압받는 자들의 힘이 집중될 때만 가능해지는 사건일 터이기 때문이다.[24] 그런 점에서 좋음의 일관성이란 내부성의 한계를 넘어서 외부로 확장될 때, 내부와 외부가 공-동의 리듬을 형성하여 함께 작용할 때 실현될 수 있다. '우리'라는 내부성의 경계 안에서는 보이지 않고 셈해지지 않는 타자들에 대해서도 유효한 것이 될 때, 오로지 그 때만 좋은 관계는 윤리적이라 불릴 수 있다. 같은 국가, 같은 국민, 같은 민족, 같은 인종 혹은 같은 계급, 같은 성별 등등 여하한의 '같음'의 내부성으로부터도 벗어나는 아나키는 지금-여기서 생성되는 좋은 관계로서 규정되는 윤리의 출발점이다. 그것은 내부적 정체화를 거부하고 이질적 외부와 만나기 위한 구성적 동력이 된다.

---

24 이진경·신지영 엮고 씀, 『만국의 프레카리아트여, 공모하라!』, 그린비, 2012, 128쪽.

함께-움직이는[共-動] 생성의 관계만이 윤리적이다. "복수의 개체 singular thing가 동시에 동일한 결과의 원인이 되도록 협동한다면, 그것 또한 개체"라는 스피노자의 명법을 떠올려 본다면,[25] 다음과 같은 크로포 트킨의 언급도 충분히 새겨 둘 법하다.

힘의 중심은 모든 곳에 있고 이와 더불어 어느 곳에도 있지 않다. 천문 학자와 함께 우리는 태양계가 무한히 작은 입자들의 결합의 산물이며, 항성계는 서로를 채우고 균형을 유지하며 조직되는 무수한 운동들의 일정한 합력이자 일정한 적응임을 알 수 있다. […] 무수히 작은 원자들 의 운동과 진동. 이 원자들은 모든 방향으로 운동하고, 진동하고, 살아 있으며, 자신의 진동과 충돌과 생명으로 열과 빛과 자력 혹은 전기 현상 을 만든다.[26]

아나키스트의 우주는 '무질서'하거나 '무정부적'이지 않다. 난삽하 고 통제되지 않는 그 현상에는 무수한 개체들이 있고, 그 개체들이 모여 우주라는 전체, 혹은 우주적 개체를 다시 형성한다. 개체를 개체로 만드 는 것은 초월적 원칙이나 법칙이 아니라 내재적 리듬의 통일이다. 여러 구성요소들이 모여들어 특정한 규칙성을 띠는 것, 스피노자 식으로 말해 운동과 정지의 일정한 비율 곧 리듬을 이룬 것이 개체다. 그 리듬이 흐트 러지는 순간 개체성은 파열되고, '다른' 개체로 분화하게 된다. 하지만 이

---

25 Benedict Spinoza, "Ethics", *The Collected Works of Spinoza*, Vol. 1, trans. Edwin Curley, Princeton University Press, 1988, p. 447.

26 크로포트킨, 「아나키의 철학과 이상」, 『아나키즘』, 백용식 옮김, CBNU Press, 2009, 15쪽. 크로포트킨의 모든 저술은 러시아어판을 참조해 개념이나 용어의 맥락을 살려 옮겼다.

같은 파열과 분화는 '또 다른' 생성적 종합으로 이어지면서 크로포트킨의 우주론적 이미지 전체를 만들어 낸다. 그것은 어느 곳에도 중심을 두지 않되 모든 곳을 향해 흐르는 힘이 그려 내는 만화경과 흡사하다.[27] 이렇게 다중적으로 분열하고 종합하는 힘의 일관된 운동이야말로 타자들 사이에서 일어나는 관계의 조형이고, 좋음과 나쁨에 기반한 윤리의 토대가 된다.

우주론적 예시가 시사하듯, 좋음과 나쁨의 범주는 인간에게만 독점적으로 해당되지 않는다. 또한 인간 각자, 사물이나 동물 각각에만 해당되는 것도 아니다. 좋음과 나쁨의 관계와 그로부터 생성하는 윤리는 개별자individual의 범위를 넘어선다. 나와 너, 우리와 그들, 남성과 여성, 인간과 동물, 동물과 사물, 정체성과 규정성을 갖는 것, 이름을 갖고 개념화되는 것, 가시성의 표지를 띠는 것과 그 상징들처럼 대상성의 범주에 들어가는 개체만을 존재자로 인정하는 관점은 윤리가 아니라 도덕을 지지한다. 도덕은 특수하게 제한된 것, 개별화된 것만을 사고와 행위의 대상으로 삼는 탓이다. 이러한 도덕의 범주 바깥에 있는 것, 즉 정체성을 갖지 않고 규정되지 않는 것, 이름 없고 개념을 벗어나는 것, 보이지 않고 상징의 규칙을 이탈하는 것, 대상성을 넘어서는 것은 '무질서'이자 '비도덕'이며, '역겹고' '수치스런' 대상으로 간주될 것이다. 도덕과 문화적 규범, 사회나 국가의 내부적 경계를 교란하는 아나키로 단죄될 것이다. 하지만

---

27 "개체들은 주변 환경으로부터 무수한 영향을 받으며, 자신의 방식에 따라 이 영향에 반응한다. 그리고 종의 특성은 종을 구성하는 개체들의 특성에 의해 결정된다. [⋯] 각각의 개체는 완전한 연합체이며, 그 안에 완전한 우주를 포함한다. [⋯] 그 모든 것들은 서로 연결되어 있고, 서로에게 영향을 준다. 그러나 그들 중 각각의 독립적인 삶을 살고 어떤 중심기관에도, 어떤 정신에도 종속되지 않는다." 크로포트킨, 「아나키의 철학과 이상」, 16~17쪽.

바로 그런 이유에서 윤리는 아나키로부터 나온다. 익숙하고 분별 가능한 개체성을 초과하는 것, 초월적이고 선험적인 척도로써 판단할 수 없는 것에 윤리가 있다.

아나키는 도덕적 심성이 아니다. 김지영에 대해 우리가 느끼는 연대의 감각은 동정이나 연민에서 기인하지 않는다. 그런 태도는 타자와 나-주체 사이의 거리, 분리의 감각에서 유발된 시혜의식에 불과하다.[28] 아나키적 연대는 타자들 사이의 상호 접속이라는 감응의 조우, 전염과 감염에 의한 리듬의 형성에서 발생하는 무의식적 동조다. 나 홀로 수행하는 아나키는 있을 수 없다. 지배적 규율에 의문을 품는 타자가 언제나 있고, 그와 동조함으로써 아나키의 공-동적 리듬이 형성된다. 탈주의 순간조차 나는 타자들과 공-동적 구성의 관계에 있다. 그런 의미에서 타인을 위한 배려심이나 그의 안녕을 걱정하는 마음과 아나키는 혼동되지 않는다. 이타주의라 부르는 헌신과 희생의 정신과도 다르다. 타자와의 관계를 앞세웠다고 아나키를 조화의 원리로 속단해서도 곤란하다. 관계의 해체와 구성이 항상 지속된다는 점에서 아나키는 일종의 행동학적ethological 원칙으로 나타난다.[29]

선악에 대한 관념의 강박이나 강제를 통해 타자를 지배하고 지배받는 규범은 노예의 도덕에 불과하다. 행동학적 원칙이란, 선악미추의 온갖 인간적 가치로부터 벗어나 좋은 관계에 대한 감수성과 그것을 구성하는 능력이 우선 순위가 되는 삶의 양상 속에 구현된다. 윤리는 그렇게 자유

---

28 "우리가 보여 주는 연민은 우리의 무능력함뿐만 아니라 우리의 무고함도 증명해 주는 셈이다." 수전 손택, 『타인의 고통』, 이재원 옮김, 이후, 2004, 154쪽.

29 좋음과 나쁨의 양방향적 운동으로서 관계의 윤리학은 행동학과 동일한 토대에서 출발한다. 들뢰즈, 『스피노자의 철학』, 45쪽.

로운 이합집산의 과정 중에 더 좋은 공-동적 리듬의 조건들을 찾아내기 위해 결합하거나 결렬하는 운동에 붙여진 이름이다. 좋음과 나쁨은 그 효과를 가리키는 말이지 미리 주어지는 절대적 척도의 준수 여부가 아니다. 그러므로 좋은 효과를 발산하는 공-동성의 조건을 찾는 것, 거기에 아나키스트의 상호부조가 갖는 진정한 의미가 있다.

5. 상호부조, 또는 감응의 윤리학

그럼 이제 크로포트킨을 통해 아나키가 공-동적 삶을 만드는 원천이 되고, 이때 윤리는 어떻게 생겨나는지 살펴볼 차례다. 먼저, 그가 아나키스트가 된 이유는 무엇이었을까? 국가나 자본, 사회의 결속이나 통제에 반발하는 반골기질의 투사였기 때문이었을까? 그렇지 않다. 여러 기록들을 잘 읽어 보면, 그가 어릴 적부터 체제가 제공하는 교육과 제도를 무척 잘 따르는 '모범생'이었음을 알 수 있다.[30] 그렇다면 그가 미하일 바쿠닌마냥 사회나 국가에 반항하고 자본에 거역하는 낭만적 기질을 동경했기 때문일까? 그렇지도 않다. 차분하고 단정한 학자적 기질이 다분했던 그는 자신의 이성적인 논리를 신뢰했고, 불합리한 판단에 대해서는 늘 거리를 두었다. 그가 아나키의 이론과 실천에 감명받았던 것은 그것이 충분히 '합리적'이고 '현실적'이었기 때문이다. 물론 그 합리성과 현실성은 역설을 통해 도달하는 삶의 과정으로서 근대적 이성주의의 한계를 넘어선 것

---

30 김나지움 시절에 강압적이던 교사들과 충돌하고 갈등을 빚은 적이 있지만, 크로포트킨은 근본적으로 주어진 임무에 충실하고 자신의 과제를 해결하는 데 열중하는 '모범생' 타입이었던 듯싶다. Martin A. Miller, *Kropotkin*, The University of Chicago Press, 1976, pp. 22~23.

이었다. 예컨대 국가 이성을 통해 사회를 통괄하는 근대적 이상과 달리, 사관학교 졸업 후 관료사회의 출세길을 마다하고 떠났던 시베리아의 오지에서 그가 발견한 것은 '국가 없는 사회'라는 비근대의 잠재력이었다.

시베리아에서 몇 년간 지내면서 다른 곳에서는 얻을 수 없는 교훈을 얻었다. 행정기구는 절대로 민중을 위해 유용하게 사용될 수 없다는 깨달음이었다. 나는 그 같은 환상에서 영원히 벗어났다. 나는 인간과 인간성뿐 아니라 인간 사회의 내적인 원천을 이해하기 시작했다. 문서에는 좀처럼 등장하지 않는 이름 없는 민중의 건설적인 노동이 사회의 발전에 얼마나 중요한 역할을 하는지 눈앞에 또렷이 나타나기 시작했다. 일례로 나는 아무르 지방에 이주된 두호보르파 공동체의 생활방식을 보면서 형제애를 기반으로 한 반半코뮨주의적 조직에서 얻어지는 막대한 이득을 보았다. 러시아 개척민의 정착이 거의 실패하는 상황 속에서 그들의 이민이 성공할 수 있었던 이유를 깨달았다. 그것은 책에서는 배울 수 없는 것이었다. 원주민들과 생활하면서 문명의 영향력이 없이도 복잡한 사회 조직이 만들어질 수 있다는 것을 알게 되었다. 이러한 경험은 책에서 얻은 깨달음 못지않은 각성을 가져다주었다. 이름 없는 민중이 모든 중요한 역사적 사건——전쟁까지 포함해——을 완성하는 것을 목격한 나는 이들의 역할을 실감하게 되었다. 『전쟁과 평화』에서 톨스토이가 표현한 것처럼 지도자와 민중의 관계에 대해 다시 생각하게 되었다. […] 나는 이미 아나키스트가 될 준비를 하고 있었던 것이다.[31]

---

31 표트르 크로포트킨, 『크로포트킨 자서전』, 김유곤 옮김, 우물이있는집, 2003, 289~290쪽.

위에서 아래로 부과된 질서를 벗어나 지금-여기에 타당한 자율적 행위 규칙을 만드는 것은 아나키적 능력의 문제다. 자신을 통제하고 지도해 줄 정부나 수장, 원리가 없을 때 근대인은 혼란에 빠진다. 명령과 이행의 상하관계, 위계적 질서에 적응해 온 탓이다. 국가나 자본의 관점에서 볼 때, 아나키는 분명 위태롭게 보일 수 있다. 그러나 국가와 자본에 의해 제어되는 질서의 바깥에서 형성되는 또 다른 질서, 가부장제와 화폐 물신주의라는 기존 질서의 시야에서는 혼돈과 공황으로밖에는 보이지 않는 그 힘의 운동에 주목한다면, 우리는 아나키를 더 이상 위험하고 무용한 '비도덕'으로 치부할 수 없게 된다. 아나키는 기존의 질서와 도덕을 위반하는 방식으로 또 다른 질서와 도덕을 구성하는 윤리학이기 때문이다. 크로포트킨이 시베리아의 오지에서 마주쳤던 마을은 러시아 제국의 체계에 완전히 복속하지 않았다. 일견 소수 종파의 신앙 공동체처럼 보였던 그 마을은 정부와 시장의 논리를 겉으로만 수용한 채, 실제로는 자급자족적이고 상호부조적인 주민들의 자치지역을 이루고 있었다. 거기서 크로포트킨이 만난 사람들은 권력의 명령이나 화폐의 교환 없이도 나날의 삶을 영위해 가는 자율적인 아나키스트들이었다. 설령 그들이 아나키즘을 내세우지 않았어도, 그들은 이미 삶 속에서 아나키를 실천하고 있었기 때문이다. 그럼 아나키적 삶의 모습은 어떤 것일까?

인류사의 원동력을 경쟁과 반목의 이기심이 아니라 서로 돕고 베풀어 주는 상호협력에서 찾아낸 『상호부조론』은 그 사례의 모음집이다. 동물의 상호부조로부터 야만인과 미개인의 상호부조를 거쳐, 중세인과 근대인의 상호부조에 이르는 장대한 인류사적 드라마를 서술하는 이 책은 '서로 돕는다'는 차원에서 종적種的 구별에 얽매이지 않는다. 동물과 인간은 본능적으로 서로를 도우며, 본능은 흔히 동물성에 부과되는 저급한 기질이나 무자각적인 충동을 가리키지 않는다. 오히려 상호부조는 사회적 본능이라 부를 만한 것으로서, 생명 일반이 갖는 자기 보존과 재생산을 '함께 추구하는' 능력이다. 인간도 동물만큼이나 무의식적으로 상호부조를 지향하며, 동물도 인간처럼 희생정신이나 이타심을 갖는다.

동물계의 이 거대한 부문에서 같은 개미집이나 같은 군체의 구성원들끼리는 경쟁하지 않는다. 서로 다른 종들 사이의 전쟁이 아무리 무시무시해도, 전투 중 어떤 잔혹 행위가 자행되더라고 공동체 내에서의 상호부조, 습성화된 자기 헌신은 반드시 지켜지며, 공동체 복리를 위해 매우 빈번하게 나타나는 자기희생도 반드시 발휘된다.[32]

동물 역시 충분히 개체화되어 있을 뿐만 아니라 자의식을 갖는다. 또한 인간도 충분히 개체화되지 않은 면을 갖고 있다. 인간의 자의식은 자신만의 것이 아니라 타인들에게 비친 자신의 표상이기 십상이다. 자의식 혹은 자기의식이라는 것은 인간만 가진 고도의 정신성의 표징이 아니다. 오히려 인간의 개별성이 얼마나 타자들과 연관되어 있는지, 그 연관성 속에서만 자기라는 관념도 만들어진다는 것을 반증할 뿐이다. 이렇게 타자와 연관짓고, 그로써 다른 개체를 형성할 수 있는 원천이 감응이다.[33] 그렇다면 이타적 상호부조란 결국 타인들과 공-동적으로 맺는 감응의 연대를 말하는 게 아닐까?

32 표트르 크로포트킨, 『만물은 서로 돕는다』, 김영범 옮김, 르네상스, 2005, 40쪽.
33 주체의 욕망은 타자의 욕망이기도 하다. 자기만의 고유한 욕망이란 존재하지 않는다. 모든 욕망은 타자의 욕망에 대한 욕망으로서 발생하고 파생된다. Jacques Lacan, *Écrits*, trans. B. Fink, W.W. Norton & Company, 2006, p. 222.

다윈주의적 진화론이 기승을 부리던 19세기 후반, 인간과 동물의 불연속성이 어느 때보다도 강조되던 시대에 크로포트킨은 거꾸로 동물과 인간의 연속성을 강조함으로써 상호부조의 공-동적 능력에 주목했다. 만약 인간과 동물이 유사하다면, 그리하여 연속적인 평면 위에 놓인 상이한 개체들에 불과하다면, '본능'으로 폄하되었던 동물의 상호부조가 인간에게 적용되지 못할 리 없다. 감응적 존재라는 점에서 인간은 결국 동물과 동등한 존재론적 위상에 놓여 있는 것이다. 의식적으로 수행된 희생과 협력만이 고귀하고 무의식적으로 행해진 것은 저열하거나 무가치하다고 경멸할 이유가 없다. 동물의 세계에서도 협력과 희생의 상호관계가 광범위하게 발견되고, 그로써 이타주의는 인간학적 사실을 넘어 (동물)행동학적 일반성의 원리로 이월하게 된다. 감응적 관계, 즉 공-동성을 구성한다는 점에서 인간과 동물은 평등하고 동등하다.

한마디로 그것은 무의식의 윤리다. 칸트는 도덕적 의무가 자각된 상태에서 수행되는 행동만이 선행이라고 가르쳤다. 선행은 강요될 수 없으며, 수동적이거나 자동적이어서도 안 된다. 선의지에 대한 무조건적 존경심에서 우러난 행위만이 선한 것이고, 따라서 선의지에 대한 명료한 의식이 도덕의 기초라는 것이다.[34] 하지만 현상을 초월해 있는 도덕법칙을 의식하는 것이 과연 가능한지 의심스러우며, 그렇게 의식된 도덕법칙이 정말 순수한지도 의문스럽다. '무조건'을 강제하는 도덕적 명령은 고대인들의 운명관만큼이나 억압적이고 외설적이다. 의식된다는 것은 해석된다는 것이고, 해석은 항상 가치판단을 수반한다. 이해와 타산이 그것이다. 따라서 칸트의 도덕주의는 그 순결한 외관과 상반되게 지극히 편파

---

34 김상봉, 『호모 에티쿠스: 윤리적 인간의 탄생』, 한길사, 1999, 260, 266쪽.

적이고 일방적이다. 그와 반대로 합리적으로 따지면 하지 말아야 함에도 불구하고 하고 싶은 것, 명료한 이유는 몰라도 해야 한다는 충동에 휩싸이는 것, 곧 무의식의 압박으로 인해 할 수밖에 없는 것이 더 중요해진다. 이해타산이나 대의명분과는 무관하게 떠나야 하는 삶의 모험들이 있다. 그것은 무의식이 인도하는 감응의 활동이며 윤리의 초석이 된다.

크로포트킨의 탈출은 치밀한 계획에 따라 실행된 쾌거였다. 누가, 언제, 어디서, 무엇을, 어떻게, 왜라는 육하원칙을 충실히 재현이라도 하는 듯, 탈옥의 과정은 정밀한 기계장치를 만들어 내듯 물리적 결합 법칙에 충실히 따른 결과로 보인다. 제국의 감옥을 벗어나는 숨막히는 긴장감을 고려할 때, 여기에 인간적 요소를 끼워 넣을 틈은 없을지도 모른다. 빈틈 없이 연결되는 논리적 고리들만 고려할 때, 크로포트킨이 동료들의 이타심을 강조한 것은 그저 인간학적 감상주의에 불과할 수도 있다. 인간에 기대다가 실수나 오류, 배반 등으로 인해 망쳐 버린 일을 우리는 얼마나 많이 알고 있는가! 그러나 감응의 관계는 의리나 충성, 결의 등의 정서적 측면만을 가리키지는 않는다. 감응은 인간을 포함해 온갖 사물과 세계가 주고받는to affect and be affected 무의식적 영향관계이며, 가시적인 물리적 인과를 넘어선다. 크로포트킨의 탈주에는 비단 그의 동료들만이 개입했던 것은 아니었다. 바이올린이 자연스럽게 울리도록 잦아든 바람결, 때마침 다른 곳에 머물던 간수의 시선, 마차의 쾌속질주를 도운 도로의 포장상태, 죄수의 긴장감을 병증으로 발전시키지 않은 온도와 습도 등등… '계획'이라 부르되 '우연'에 힘입을 수밖에 없는 다양한 요인들이 탈주에 관여했다. 그때-거기의 시공간적 정황을 구성하는 요소들 전체가 그의 탈옥을 하나의 사건으로 만들어 낸 공-동의 요소로 작용한 것이다.

아나키스트는 이타주의라는 표현을 거부한다. 이기주의와 마찬가지로 이 단어는 주체와 객체의 이분법에 갇혀 관계의 총체를 지워 버린다. 아니, 누가 누구를 도와주었다는, 인간과 인간, 혹은 인간에 종속된 요소들 사이의 가시적이고 일방적인 관계만 남겨 둔다. 하지만 감응은 다방향적으로 열린 영향력의 이행이며, 그 관계에는 인간 외의 다른 것들도 몫을 갖는다. 사건은 상호적 감응의 효과다. 순수한 이타나 이기는 존재하지 않는다. 감응적 사건의 결과가 전체의 관계를 위해 어떻게 작용하는지, 힘의 분배와 배치가 어떻게 바뀌고 그 결과가 어떤 식으로 효과화되는지가 문제일 따름이다. 감응과 사건의 비인간주의가 새로운 윤리의 밑바탕에 있다. 물론 그렇다고 우리가 모든 것을 인간학의 지평 바깥에서 논의해야만 하는 것은 아니다. 사건의 윤리가 인간과 인간, 인간과 비인간의 감응 관계에 기초해 있음을 염두에 둔다면, 희생과 이타성을 바라보는 관점도 달라져야 함을 인식하는 것으로도 충분하다. 누군가의 주체적 결단, 이익이나 공리에 따른 계획이 아니라 무의식적 충동, 그 감응의 힘에 견인되어 행동할 때 새로운 윤리가 개진될 수 있다.

> '자기희생'처럼 '이타주의'는 […] 사회적 유용성 혹은 약속된 개인적 행복에 대한 고려 때문이 아니라, 거부할 수 없는 내적인 힘에 의한 것일 때만 좋은 것이다. 그럴 때만 그 행동들은 진정으로 윤리의 범주에 속한다. 본질상 그것들만이 '윤리적'이라 불릴 자격이 있다.[35]

---

35 크로포트킨, 「정의와 도덕」, 『아나키즘』, 171쪽.

6. 코스모스를 넘어서, 카오스를 향하여

니체는 근대 유럽의 문화적 형식주의와 왜곡된 자의식을 '노예의 도덕'
으로 부르며 질타한 적이 있다.[36] 서구 문화의 화려한 꽃이라 할 만한 기
독교적 겸양과 도덕적 선에 대한 갈망, 약자에 대한 배려의 의무는 스스
로 삶의 규칙을 만들지 못하는 약자들의 자기기만이요 허위적인 변호에
불과하다는 것이다. 같은 논리로 따진다면, 칸트의 도덕률은 조화로운 인
간관계와 사회를 만드는 방법이 아니라 이기심의 폭발로 인한 무질서를
방지하기 위해 쳐둔 심리적 안전장치일 것이다. 무의식과 충동의 위대
한 발견자 프로이트 역시 그와 같은 혐의로부터 자유롭지 않다. 그는 "이
드가 있던 곳에 자아가 있어야 한다"wo Es war, soll Ich werden고 단언하며
욕망의 분출을 경계했는데, 아나키로부터는 그 어떤 긍정적 구성의 원리
도 나올 수 없다고 믿은 탓이다.[37]

칸트와 니체, 프로이트로 이어지는 근대 사상의 변전과 굴곡을 거쳐
우리는 의식적 정체성이나 절제된 욕망이 아니라 타자와의 관계 속에서
조형되는 감응의 운동이야말로 윤리의 근저를 이룬다고 주장한다. 그것
은 임의로 통제하고 조절할 수 없는 욕망의 힘이다. 그런 의미에서 도덕
은 문화적 훈육과 강요를 통해 작동하지만, 윤리는 그럴 수 없다. 감응의

---

36 프리드리히 니체, 『선악의 저편·도덕의 계보』, 김정현 옮김, 책세상, 2002, 275~279쪽.
37 지그문트 프로이트, 『새로운 정신분석 강의』, 임홍빈 외 옮김, 열린책들, 2003, 109쪽. 이드
에 대한 자아의 우위는 전형적인 자아심리학(I-psychology)의 관점이지만, 프로이트 자신
이 그와 전혀 다른 입장을 취했으리라 생각지는 않는다. 관건은 프로이트의 의식이 아니라
무의식일 것이다. 이런 관점에서 통상의 자아심리학적 해석을 뒤집어 프로이트를 욕망의
사상가로 전환시킨 사람은 라캉이었다. 자크 라캉, 『세미나 11. 정신분석의 네 가지 근본 개
념』, 맹정현 외 옮김, 새물결, 2008, 74~75쪽.

윤리는 주어진 상황 속에서 더 좋은 결과를 만들기 위한 자발적인 노력, 무의식적인 압박, 자동적인 지각과 반응의 합력合力에서 나온다. 한 마디로 상황과 신체가 만나서 발생한 사건만이 윤리의 근거가 된다. 아나키가 문화의 장력을 벗어난다고 할 때, 이는 윤리가 의식적인 판단을 벗어나 선악의 피안, 도덕의 척도 너머에서 발생한다는 것과 같은 말이다.

도덕적 감정은 선악의 척도에 의해 분별되어 있고, 따라서 특정하게 규정된 행동의 방침을 갖는다. 나쁜 행동에 복무하고도 떳떳할 수 있거나 심지어 보람마저 느끼는 이유는 그것이 척도에 들어맞기 때문이다.[38] 반면 감응에 따른 윤리는 무엇이 선하고 무엇이 악한가에 대한 답안을 미리 갖지 않은 채 수행된다. 무엇보다도 그것은 "선인가 악인가?"라는 질문 대신, "할 수 있는가 없는가?"라는 물음을 출발점으로 갖는다. 할 수 있는 능력만이 행위의 기준일 뿐,[39] 그것이 선하고 악한지의 여부는 넘어서야 할 장애물로 나타난다. 할 수 있음에도 불구하고 하지 않는 것, 법과 계율의 문제를 거론한다든지 미래의 관점에서 더 나은 조건을 찾는다든지 등의 '합리성'은 오히려 당장 해야만 하고 지금-여기서 실천되어야 하는 사건의 윤리를 저지하는 도덕적 비윤리일 수 있다. 반대로, 지금-여기에서 수행하는 이 행동이 좋은 관계를 만들 것이라는 믿음, 또는 그렇게 해야만 한다는 충동의 이끌림에 따라 첫번째 발걸음을 내딛는 것만으로도 족하다.

2015년 12월 28일, 박근혜 정부가 한일 위안부 문제를 졸속으로 '합

---

38 대량학살의 범죄를 직무에 대한 충실성과 보람으로 대치한 아이히만의 경우를 생각해 보자. 한나 아렌트, 『예루살렘의 아이히만. 악의 평범성에 대한 보고서』, 김선욱 옮김, 한길사, 2006, 제8장.
39 들뢰즈, 『스피노자의 철학』, 148쪽.

의'한 이후 희생자들을 기리기 위해 세워진 평화의 소녀상들은 곳곳에서 철거의 위기에 직면하게 되었다. 미래 지향적인 국제 외교관계를 훼손하리라는 우려 때문이었다. 그때 엄동설한에도 불구하고 비닐장판만 깔고서 소녀상 철거에 반대했던 사람들은 무슨 이유에서 그같이 행동했던 걸까? 반일감정이나 진정한 애국심일 수도 있다. 위안부 할머니들에 대한 인간적 동정심과 연민, 의협심의 감정일지도 모른다. 하지만 무엇보다도 지금-여기서 그렇게 행동하지 않으면 안 된다는, 그렇게 하지 않을 수 없는 강렬한 충동의 이끌림이야말로 진짜 원동력이 아니었을까? 할 수 있는데 하지 않고는 버틸 수 없는, 무의식적인 끌림의 감응이 다른 사람들을 불러 모으고 연대의 대오를 형성하여 감히 국가권력에 맞서도록 추동한 게 아닐까? 그 어떤 대의명분보다도 그들을 맹렬히 사로잡았던 것은 부지불식간에 휘말려 들어가 '저지르도록' 촉발했던 불가항력적인 힘이었다.[40] 특정 개인이나 집단에게 독점되지 않는, 오로지 사건의 연쇄 속에서 조성된 다양한 감응들의 조응이자 합력의 발산이 그것이다. 진정 윤리적이라 부를 만한 것은, 그러므로 그 어떤 동기나 명명으로부터도 벗어나는 감응의 연대 자체라 할 수 있다.

인간 심리에는 [무의식적인—인용자] 동기가 있다. 사람들이 전쟁터에

---

40 "부산 위안부 소녀상 4시간 만에 철거", 『서울신문』 2016년 12월 28일; "'소녀상 지킴이' 노숙농성 1년", 『연합뉴스』 2016년 12월 30일; "소녀상 지킴이 대학생 '나만 잘 살면 된다'는 말이 싫다", 『오마이뉴스』 2017년 2월 2일. 소녀상의 상징적 의의를 보존하기 위해 장기간에 걸쳐 그 자리를 지키기로 결심한 사람들이 있다는 것은 충동의 윤리가 결코 즉흥적인 감상이나 기분에 따라 결행되는 에피소드가 아님을 입증한다. 그것은 타자와 연대하겠다는 감응의 견고한 일관성이다.

서 미치지만 않는다면 그들은 도움을 청하는 호소를 듣고 이에 응답하지 않고는 '견딜 수가 없다'. 영웅들은 행동한다. 모든 사람들은 영웅이 할 일은 자신들도 해야 한다고 생각한다. 머릿속의 궤변으로 상호부조라는 감정을 거스를 수는 없다. 이러한 감정은 수천 년 동안 인간의 사회생활 속에서 그리고 인류가 나타나기 전 수십만 년 동안의 군거 생활 속에서 길러진 것이기 때문이다.[41]

동물과 인간의 연속성, 만물연관의 우주론은 허황된 말놀음이 아니다. 무의식적 충동에 비견할 만한 실재의 힘은 어디에나 있으며, 감응은 그것을 지각하고 감수하는 능력이다. 법과 계율을 통해 그 힘을 통제하기는 불가능하다. 차라리 그 힘의 운동과 흐름을 예민하게 느끼고 따라가며 이합집산의 계기들을 포착하는 것, 거기에 감응의 능력이 소용되고 윤리가 성립한다. 그로써 좋은 관계를 구성하는 것은 궁극적으로 인간과 인간 너머의 지평에서 생명의 확산과 상통하는 과제일 것이다.

용기와 헌신은 자기 고유의 힘에 대한 자각으로부터 나온다. 이것은 충만하고 끝없이 솟아오르는 생명 그 자체다. 인간은 실현할 수 있다는 내적인 자각은 실현해야 한다는 인식을 향한 첫 걸음이다.
모든 인간은 삶 속에서 윤리적 의무감을 알게 되고, 모든 신비적인 수단을 동원하여 그 감정을 설명하려고 했다. 이 의무감은 생명의 잉여이며,

---

41 크로포트킨, 『만물은 서로 돕는다』, 323쪽. 본능이라 불릴 정도로 본성 깊숙이 내재된 충동의 윤리는 일종의 '습관'처럼 인지될 수밖에 없다. 다른 모든 생명과 마찬가지로 진화의 결과로서 상호부조는 신체에 익혀진 힘의 작용이기 때문이다. 크로포트킨, 「아나키즘의 도덕적 기초」, 『아나키즘』, 204쪽.

이것은 사용되고 베풀어지기를 모색한다. 이것은 동시에 자기 힘에 대한 자각이다.

축적된 힘은 이 힘을 가로막은 장애물에 압박을 가한다. 행동할 능력이 있는 사람은 행동할 의무를 갖는다. 악명 높은 도덕적 의무에 대한 개념에서 신비주의를 제거하면 다음과 같은 올바른 결론이 도출된다. 즉 생명은 확산될 때만 보존된다.[42]

당연하게도, 감응의 윤리는 무의식과 충동을 빌미 삼는 즉흥적인 무위를 옹호하지 않는다. 달리 말해, 아나키의 윤리는 아무것도 행하지 않고 내버려 두는 데서 성립하지 않는다. 역으로, 매번 부딪히는 상황 속에서 좋은 관계를 찾고자 부단히 행위할 때만 아나키는 그 윤리적 현행성을 획득한다.[43] 감응을 특정한 척도에 밀폐시키지 않는 것, 선험적으로 규정된 감정과 판단의 규범에 묶어 두지 않는 것, 질서라는 기준 바깥의 무질서에 대해 예민한 지각의 촉수를 열어 두는 것이 필요하다. 근대 문화가 경악했던 것처럼 아나키는 무질서나 무정부의 카오스를 지칭하지 않는다. 오히려 아나키는 모든 방향으로 개방된 감응의 잠재성과 사건의 윤리가 개시되는 가능성을 긍정한다. 국가와 자본, 가부장과 화폐 공리계, 우리의 감각을 포획하여 분류하고 정돈하는 모든 코스모스로부터 벗

---

42 크로포트킨,「아나키즘의 도덕적 기초」,『아나키즘』, 229쪽.

43 내부성의 이익만을 좇거나, 자신에게 할 수 있는 강권이 있으므로 해도 된다는 태도는 타자에 대한 폭력이자, 궁극적으로는 좋은 관계의 파탄을 초래할 것이다. 아이히만의 사례와는 다른 의미에서, 좋은 관계의 문제의식에 대해 알면서도 모른 척하거나, 모름을 가장하는 앎의 행위는 자기 파괴적인 윤리적 불감증에 다를 바 없다. 죙케 나이첼 외,『나치의 병사들. 평범했던 그들은 어떻게 괴물이 되었나』, 김태희 옮김, 민음사, 2015, 98~104쪽.

어나는 힘이란 의미에서 아나키는 카오스적이며, 따라서 윤리적이다. 아나키라는 카오스를 어떻게 긍정할 것인가라는 물음은 비도덕과 탈도덕의 능력, 근대 문화가 보지 못했던 낯선 사건을 마주쳐 공-동의 리듬을 형성하는 감응 능력에 관한 실험과 연결되어 있다.

우리는 지금 탈근대라는 표현 자체도 오래전에 식상해져 버렸을 정도로 불확실한 시대를 살고 있다. 그러나 근대의 문화적 질서가 아직도 잔존하며 우리의 삶을 포박하고 얽어매는 현실을 무시할 수 없다. 과거의 망령이 여전히 우리를 지배하도록 체념할 것인가, 혹은 과감히 새로운 앎과 함, 삶의 지평을 열어 갈 것인가? 이제야말로 감응의 미분화된 흐름에서 발생하는 공-동적 관계, 즉 아나키적 충동으로부터 구성되는 윤리의 가능성에 주목해야지 않을까?

3장

/

우리 시대의 욕망과 분열분석

대중의 유동과 감응의 정치학

1. 시뮬라크르-이미지의 정치극장

"이게 나라냐?" 2016년 가을, 자신이 발 딛고 선 현실이 엉망진창으로 붕괴되고 있다는 데 분노한 대중이 일어섰다. 그 현실은 대한민국이라는 국가, 권력자의 이름은 대통령 박근혜다. 그녀의 실정에 관해 모르는 사람은 없었다. 한 치의 망설임도 없이 집권과 동시에 시작된 일방통행식 불통정치, 세월호 참사에 대한 철저한 변명과 무책임, 창조경제라는 실체 없는 성장 기획 등은 이미 국가에 대한 우리의 상상력을 임계점 아래까지 떨어뜨려 놓았다. 이명박 정부를 희화화하던 문구 중에는 "무엇을 상상하든 그 이하以下를 보게 될 것이다"라는 패러디가 있었는데, 박근혜 정부에 와서는 더 이상 내려갈 '이하'도 남아 있지 않은 가장 밑바닥에 도달한 느낌이었다. 그러나 이 정권은 우리를 한 번 더, 경악의 극한으로 인도하는 저력을 보여 주었으니, 박근혜조차 진짜 권력의 하수인에 지나지 않았다는 경악할 만한 폭로가 그것이다. 최순실이라는, 적어도 2016년 가을 이전까지는 세간에 전혀 알려져 있지 않던 '미지의 존재'야말로 '권력자의 권력자'라는 사실이 알려지면서 우리는 방향감각마저 상실했다. 상상력의 '이하'나 '극한' 정도가 아니라 상상할 수 없는 초월적 지평으로 끌려간 기분이다. 허공에 뜬 이 감각을 무엇이라 불러야 좋을까? 광장에 모인 대중이 개탄과 분노, 환멸과 적의뿐만 아니라 기괴할 정도의 허망함과 민망함, 자기조소에 젖어드는 것도 무리는 아니다. 도대체 진실은 어디에 있는가?

롤랑 바르트의 흑인 병사를 상술하지 않더라도, 현대 사회에서 정치가 이미지의 창조 및 변용과 밀접히 관련되어 있음은 잘 알려진 사실이다.[1] 특정 개인의 인격적 자질이나 업무수행 능력, 이데올로기적 관계망 속에서의 위치 등에 관한 거의 모든 정보를 우리는 이미지로부터 얻는다. 이는 비단 개인에게만 국한된 이야기가 아닐 것이다. 그가 속한 사적인 집단과 공적인 조직, 곧 가족과 친구, 직장과 사회, 민족, 국가의 모든 범위에 걸쳐 우리는 중층적으로 조직된 이미지들의 집합체를 목격한다. 여기에는 어떤 본질적인 실체 같은 것이 없다. 원본 없는 복사물들의 우주, 심층이 부재하는 표층들의 세계. 들뢰즈는 이렇게 구성되는 이미지들의 장場을 시뮬라크르라 불렀다. 하지만 시뮬라크르는 순전한 가짜가 아니다. 시뮬라크르의 작용, 즉 시뮬라시옹은 진짜로서의 효과를 생산하는 능력puissance에 다름 아니다.[2] 진위眞僞와 무관하게 이미지를 실재적으로 경험하게 해 주는 힘이 시뮬라크르에 있다는 뜻이다. 아마도 현실이란 이러한 시뮬라크르-이미지의 평면 위에서 구조화된 기표들의 질서를 가

---

1 롤랑 바르트, 『현대의 신화』, 이화여대 기호학연구소 옮김, 동문선, 1997, 274쪽.

2 Gilles Deleuze, *The Logic of Sense*, trans. Mark Lester, The Athlone Press, 1990, p. 263.

리키는 것이리라.

　이러한 의미에서 정치의 시뮬라크르는 일종의 극장이다. 우리는 거기서 공연하는 배우들의 어떤 얼굴이 진짜이고 가짜인지, 그가 제시하는 정치적 이상이 진정한 것인지 아닌지 가늠할 수 없다. 진보와 보수, 좌파와 우파, 선과 악의 범람하는 이미지들 가운데 우리는 무엇이 실상이고 허상인지 판단하지 못한다. 진실과 허위를 다투는 이미지들의 쟁투는 우리를 쉽게 지치게 하고, 정치로부터 넌더리를 내며 떠나도록 강요한다. 정치란 결국 더럽고 사악한 '진흙탕'이란 이미지를 깊숙이 각인한 채 돌아서는 것이다. '정치판' '정치꾼'이란 단어가 함축하는 부정성과 같이 정치에 대한 이미지, 정치가 만들어 내는 이미지는 우리를 정치적인 것the political으로부터 밀어낸 지 오래다. 이명박에서 박근혜로 이어지는 거의 십 년 가까운 시간, 아니 그 이전의 오래전부터 우리는 계속해서 배제되었고 추방당했다. 하지만 동시에, 우리의 분산된 정치적 리비도를 재충전하고 비워진 정치의 광장으로 지속적으로 재소집해 온 것도 이미지임에 틀림없다.[3] 온갖 비리와 적폐가 빚어내는 혼란스런 감각은 우리를 정치로부터 멀어지게 만들었으나, 바로 그것으로 인해 우리는 오늘도 광장에 모여들고 있지 않은가. 정치극장이 상연하는 시뮬라크르-이미지, 그것은 작동하는 힘이요, 감응affect의 능력이다.

3　프랑스 혁명의 도화선을 당긴 것은 계몽주의 사상도 소수 혁명가들의 결단도 아니었다. 잘 알려져 있다시피, 그것은 왕실을 둘러싼 포르노그라피적 풍문과 바스티유 감옥의 위압적 외관, 그리고 거기에 투옥되어 있다는 시민들에 관한 풍문이었다. 정체 없는 이미지와 소문의 힘이 혁명의 가장 직접적인 동인이었던 셈이다. 린 헌트, 『포르노그라피의 발명』, 조한욱 옮김, 책세상, 1996. 따지고 보면, 한국 현대사의 전환점들, 4·19와 광주민중항쟁, 87년 민주화운동, 2000년대 및 현재의 촛불집회들 역시 사상과 결단이라기보다 그와 같은 감응의 무수한 분기와 흐름 속에서 시발되고 전개되지 않았던가?

'박근혜적인 것'은 정치의 시뮬라크르가 빚어낸 최근의 현상들 가운데 가장 극단적인 부침을 보여 준 사례이다. 세평이 전하는 바와 같이, 박근혜의 인생 역정 자체가 하나의 이미지 극장이라 말해도 과언이 아닐 듯싶다. 하지만 극장의 환상이 무대라는 인공성을 괄호쳐야 성립하듯, 박근혜를 둘러싼 온갖 환영적 이미지들은 박근혜 개인으로부터 연유한 게 아니다. 오히려 박근혜라는 현상, 박근혜의 정치와 경제, 문화와 일상은 '박근혜적인 것'이라 명명할 만한 조건들의 총체로부터 발생한 시뮬라크르-이미지일 것이다. 우리는 이 조건들에 관한 이야기를 감응과 분열분석의 관점으로부터 풀어 보고자 한다.

2. 통치와 정치, 박근혜 현상의 왜상(歪像)

논의를 가동시키기 위해, 일단 박근혜의 인생극장을 잠시 둘러보자. 1952년, 박근혜는 당시 육군 중령 박정희의 맏딸로 태어나 열두 살 무렵부터는 대통령이 된 아버지를 따라 청와대에서 어린 시절을 보내게 된다. 일찍부터 '영애'라는 호칭으로 불리며 안온한 일상을 보내던 그녀는 스물두 살이 되던 1974년 어머니의 비극적 죽음을 맞은 후 '퍼스트레이디'로서 난데없이 국가의 '안주인' 역할을 맡게 되었다. 1979년 유일권력의 정점에 서 있던 아버지마저 불의에 사망한 다음에는 세간의 관심 바깥에서 한 시절을 보내야 했다. 물론, 그것은 '고요한 유폐'의 시기가 아니라 부지런히 자신을 세력화하는 '폭력의 시대'였다는 뒷이야기가 요즘 밝혀진 바이지만.[4] 아무튼 1990년대 후반에 접어들며 돌연 정치의 중심에 화려

---

4 한홍구, 『장물바구니. 정수장학회의 진실』, 돌아온산, 2012, 280~316쪽.

하게 등장한 그녀는 미약한 정치 경력에도 불구하고 순식간에 보수우파의 구심점으로 부각되었다. '독재자의 딸'이라는 후광만이 그녀를 올려세웠던 것은 아니다. 기억하다시피, 그녀를 포장했던 것은 굴곡진 개인적 내력만이 아니라 '선거의 여왕'으로 대변되는 정치적 능력이었다. 의회정치의 무대에 올라선 후 그녀는 김대중 정부의 실정을 가차 없이 질타하며 정치의 '혁신'을 줄곧 주장했고, 2004년에는 노무현 탄핵으로 불어닥친 역풍으로 인해 완패가 예상되던 17대 총선을 지켜 냄으로써 보수우파의 '구원투수'로 추대되었다. 비록 실용주의를 내세운 이명박에게 밀려 2008년 대선에 나서지는 못했으나, 뒤이은 2012년에는 '창조경제'를 무기 삼아 18대 대통령에 당선된 것은 주지의 사실이다.

51 대 49라는 박빙의 승부로 권좌에 오른 박근혜에 대한 대중적 지지는 임기 내내 30퍼센트 아래로는 절대 내려가지 않음으로써 '콘크리트 지지율'이라는 별명을 얻게 만들었다. 1987년의 민주화 이후, 그리고 김대중과 노무현을 거치며 사회적 세력으로서는 입지가 희미하게 줄어들었던 보수우파가 건재하다는 사실을, 그 현실적 존재감을 입증하는 상징적 기표가 박근혜였던 셈이다. 어떤 점에서 보면 보수우파란 그들이 치를 떨며 말하는 '잃어버린 10년'을 통해 진보좌파와 쌍익雙翼처럼 만들어진 세력이었다.[5] 그들은 자신들을 결집시켜 형체화한 박근혜를 '잔 다

---

5 17대 대선에서 이명박에 대한 대중의 투표는 보수우파에 대한 지지가 아니라 노무현 정부에 대한 정치적 실망감과 경제위기에 따른 구제심리가 복합적으로 작용한 결과였다. 이러한 대중적 (무)의식의 흐름이 복합적으로 결정화된 것이 18대 대선, 박근혜의 당선이다. '멀쩡한 정신을 가진' 진보적 지식인이라면 아무도 예상하지 않았지만 '설마하는 마음으로' 투표함을 열어 보았을 때 멘붕이 닥쳤다. "멘붕의 원인은 문재인의 패배였고, 20대의 보수화이며 50대의 배신이었다. 도저히 같은 하늘을 이고 살 수 없는 '무식한' 자들, 사회를 생각하지 않는 '이기적인' 자들이 그들을 정신적 패닉 상태에 빠뜨렸다고 말한다. 이명박 정권과 박근혜

르크'라 부르며 열광과 환호를 마다하지 않았다. 이 모든 정황들을 미루어 볼 때, 설령 그녀의 가계家系와 그녀 자신, 그녀가 키워 놓은 권력집단에 대한 반감이 제아무리 크게 차오르더라도 박근혜는 감히 만만히 볼 수 있는 상대가 아니라는 점, 능수능란한 권모술수와 지략 그리고 과감한 행동력을 겸비한 '정치적 군주'로 인정받았다는 점에는 큰 이견이 없을 것이다. 밑도 끝도 없는 창조경제의 모호함은 신기하게도 곧잘 대중을 홀리는 '요술 방망이'로 여겨졌고, '말이 안통하네뜨'라는 비아냥을 초래한 불통주의는 가증스럽지만 가공할 만한 통치술로 간주되었다.[6] 적어도 2016년 여름까지, 그녀는 '두려운 적'에 다름 아니었던 것이다.

몰락의 날은 '도둑처럼' 다가왔다. 2016년 9월 20일, 『한겨레』 신문이 민간인 최순실을 공공재단 설립과 운영의 실세로 지목한 이래, 점점 모든 언론의 초점은 박근혜 자신이 아니라 박근혜의 '배후'에 맞춰지기 시

정권이 출현할 수 있는 무대를 열심히 준비한 것이 본인들이라는 생각은 추호도 하지 않는다." 서영표, 「황무지 위에 선 진보좌파, '무엇'이 되어야 하는가?」, 『문화/과학』 2013년 봄호, 182쪽.

6 민주화 이후, 어떻게 과거 독재자의 딸이 선출권력의 최상위 자리에 올라설 수 있게 되었는가? 2008년 촛불집회가 보여 주듯, 이명박 정부에 대한 냉담한 시선 뒤편으로 박근혜에 대한 지지율이 꾸준히 상승하며 '차기'를 예고하는 불안한 기운은 진작부터 초미의 관심사가 되었다. '박근혜 현상'이란 곧 '박근혜 파워'에 다르지 않고, 그 객관적 원인을 다각적으로 캐물으려는 시도들이 나온 것도 그 즈음이었다. 결국 박근혜 파워는 지역주의와 종북몰이, 박정희와 산업화에 대한 막연한 동경 등을 이용한 책략에 불과하다는 비판에도 불구하고, 그것의 대중적 영향력과 실제 작용력은 전혀 무시할 수 없는 현실적 힘이었다. "2012년 대선을 2년여 남긴 현 시점(2010년 말—인용자)에서 박근혜에게 쏠리는 관심은 일종의 사회적 신드롬이 되었다. 영향력에서 이미 대통령급이라는 평가가 과하지 않다. […] 혹자는 박근혜가 보여 준 것이 아무것도 없다고 평가하기도 한다. 그러나 지난 행적을 돌이켜 정리하면서 느낀 점은 박근혜가 오히려 많은 말과 많은 행동을 보여 준 정치인 중 한 사람이라는 것이다." 김종욱 외, 『박근혜 현상. 진보논객, 대중 속의 박근혜를 해명하다』, 위즈덤하우스, 2010, 148, 151쪽.

작했다. 사실 처음에 최순실이라는 이름이 거론되었을 때만 해도, 아무도 그녀를 박근혜 정부의 숨은 실세라고 생각하지 않았다. 여느 부패한 정부의 수족과 마찬가지로 최순실 또한 이 정부에서 기생했던 말단의 타락한 세포 정도로 여겨졌거나, 미혼이기에 친인척 비리가 상대적으로 적었던 대통령의 사적인 인맥 정도로 간주되는 정도였다. 그러다 10월 7일경부터 한 언론인이 "앞으로 모든 포스팅에서 '#그런데최순실은?'을 붙이자"고 제안한 후, 이 '미지의 인물'에 대한 본격적인 관심과 추적이 진행되었다.[7] SNS에는 새로이 밝혀진 비리의 터널들이 실시간으로 공개되었고, 이명박 정부 때 '순치'되어 더 이상 정상적인 언론으로 기능하지 못하던 공중파 방송들을 제치고 JTBC 뉴스가 진보적 방송사의 새로운 상징으로 부상했다. 뒤이은 태블릿 PC의 폭로와 국정농단의 진실에 관한 공방, 28년 만에 열린 재벌 청문회 및 2017년 19대 대선까지 이어졌던 촛불집회의 폭발적인 여정에 대해서는 더 이상 자세히 적을 필요도 없겠다.

이 일련의 경과들에서 우리가 놀라는 것은 박근혜 정부의 부정부패나 비리, 국정농단이라는 초유의 사태 때문이 아니다. 사태를 시간적으로 절개할 때 드러나는 낱낱의 사실들이 아니라, 이 사태 전체가 포괄하고 있는 가치의 전도, 그 낙차가 발생시킨 충격이 진정 놀라운 것이다. 연거푸 밝혀지는 정권의 난맥과 그에 얽힌 최순실이라는 이름은 폭로의 강도가 격렬해짐에 따라 그 반대급부인 양 박근혜의 이미지를 여지없이 실추시켜 놓았다. '잔 다르크'이자 '선거의 여왕', 가공할 만한 '두려운 적수'였

---

7 정철운, 『박근혜 무너지다. #한국_명예혁명을_이끈_기자와_시민들의_이야기』, 메디치, 2016, 10~11쪽. 물론, 해시태그 운동은 거대한 촉발의 한 계기였을 뿐이다. 정치와 경제, 문화의 다양한 영역들에서 분기한 계기들에 관해서는 본문에서 후술하겠다.

던 박근혜는 어느새 '생체 아바타'이자 '꼭두각시'로 전락해 버렸다. 그녀의 트레이드 마크처럼 여겨지던 수첩과 '베이비 토크', 대인기피증과 소통에 대한 거부, 신비에 가까울 정도의 '유체이탈 화법' 등은 강력한 주술적 무기에서 정신적 미성숙의 징표로 비웃음을 샀다. 대중을 공포와 무기력에 빠지게 하던 것들이 이젠 조롱거리가 되었고, 아바타 배후의 진정한 본질, 악에 대한 토벌과 처벌만이 명확한 시민적 과제로서 제기된 실정이었다. '박근혜적인 것'이란 그렇게 진행되었던 현상 전체, 곧 박근혜의 신화와 진실, 국정운영의 기이한 행태와 숨은 실세와의 관계, 시민들의 저항과 폭로 및 촛불혁명의 모든 총체를 가리킨다. 시뮬라크르-이미지의 정치극장. 진본 없는 착란의 우주, 표층의 무늬만이 즐비한 환영幻影의 세계에 그보다도 더 적절한 이름이 어디 있을까? 그럼 사태는 이로써 명확해졌는가? 이제 단지 '호화로운 책형'의 결과를 즐기기만 하면 되는 걸까?

왜 박근혜가 아니라 '박근혜적인 것'인가? 개인 박근혜가 아니라 박근혜라는 개인을 형성했고, 그녀를 둘러싼 모든 것, 즉 가족사와 정치적 이력, 한국 현대사와의 관계, 보수우파, 심지어 반대편에서 박근혜와 대결하던 진보와 좌파의 이데올로기, 대중의 사회적 감각과 (무)의식,… 이 전부가 박근혜적인 것이라는 현상을 이룬다. 우리가 여기서 발견하는 것은 단일하고 명징한 개인이나 집단, 제도와 장치, 관행이나 이데올로기 따위가 아니다. 문제는 '박근혜적인 것'이라고밖에는 딱히 명명할 도리가 없는 온갖 착종된 시뮬라크르-이미지들, 비단 시각적인 매체뿐만이 아니라 모호한 감각과 정서, 분위기 등으로 묘사될 수밖에 없는 복합적인 감응의 흐름일 것이다. 박근혜조차 박근혜적인 것, 그 작용적 사태를 구성하는 한 성분일 따름이다. 역설적으로 말해 박근혜를 중심에 두지 않고서도 작동하는 상황의 전체성이 박근혜적인 것이다. 반복하건대 박근혜 개인의 위상이 핵심인 게 아니다. 현재의 정치적 난국이 얼마든지 되풀이되고 파국적 정치가 반복되는 상황의 전체성이 문제시될 때, 우리는 박근혜적인 것이란 어떤 것인지 묻고 사유해야 할 이유를 발견한다. 이를 파악하지 못할 때, 우리는 곧장 적敵과 악惡으로 대변되는 이분법의 진원지를 향해 '자연적이고도 난폭한' 원한감정 내지 증오의 손쉬운 해법에 자신을 맡겨 버릴 것이다. 변혁을 욕망하는 '건전하고도 정의로운' 광장의 모임에 박근혜를 향한 여성혐오적 언사들이 아무렇지도 않게 내뱉어졌던 것처럼.[8] 박근혜를 탄핵하고 박근혜에 부역했던 자들을 일소함으로써 현재의 난맥을 해소시켜 버릴 수 있다는 환상에 유의해야 한다. 하지만 박근혜조차 박근혜적인 것의 현재를 구성하는 하나의 성분이라는 사실을 직시할 필요가 있다. 이런 점에서 박근혜적인 것을 분석하는 방법과 관점은 통상의 분석논리를 벗어난다. 우리가 박근혜와 박근혜적인 것, 그리고 대중의 감응과 분열분석을 논제로 삼는 이유가 여기에 있다. 그것은 통치와 정치 혹은 정치적인 것을 혼동하지 않기 위해, 그 혼란과 착종을 감수하면서도 뚫고 나가기 위한 이론적이고 실천적인 시도가 되어야 한다.

감응과 분열분석에 관한 자세한 논의를 꺼내기 전에, 박근혜 현상에 관한 현행의 분석들, 예컨대 시사평론적이고 사회심리학적인 관점들을 잠깐 일별하는 것도 나쁘진 않을 듯하다. 그래야만 이 문제에 왜 감응의 관점을 제기하고, 분열분석을 방법론으로 꺼내들었는지 더 명확히 알 수 있을 테니까.

---

8 박은하, 「'미스 박' 가사 비판이 검열이 아닌 이유」, 『경향신문』, 2016년 12월 3일.

3. 권력에의 의지, 혹은 근본악의 환상

첫번째로 검토할 것은 저널리즘적 시류감각과 학술적 분석력, 시사평론적 예리함을 고루 갖춘 강준만의 관점이다. 그는 박근혜의 등장에서부터 2016년 12월 9일의 탄핵 직전까지 '박근혜 현상'에 대한 전반적인 관찰을 통해 그 원인을 짚어 낸 책 『박근혜의 권력중독: '의전 대통령'의 재앙』을 출간했다. 흥미롭게도, 이 책의 머리말은 "'선거의 여왕'이 어떻게 '꼭두각시'로 전락할 수 있는가?"라는 제목을 달고 있다. 앞서 언급한 우리의 질문과도 맞닿아 있는 문제설정이다. 민주화의 역정에 맞서, 진보좌파의 약진에 대항하여 박정희의 유신권력과 근대주의 산업화 세력을 수호하는 '잔 다르크' 박근혜는 어떤 연유로 타인의 아바타가 되었는가? 정치를 다루는 그녀의 능력은 정녕 허황된 환상이었을까? 그녀에 반대하는 사람들은 물론이고 옹호하는 사람들조차 이젠 인정할 수밖에 없게 된 '꼭두각시'의 진면목은 우리들에게 모욕감과 더불어 부끄러움까지 안겨 주었다.

다 동의하지만, 그럼에도 도무지 이해하기 어려운 게 있다. 우리는 박근혜가 꼭두각시 수준의 인물이라는 걸 그간 전혀 모르고 살았는가? 극소수 용기 있는 사람들이 오래전부터 그 사실을 폭로하긴 했지만, 그런 목소리를 언론도 외면하고 우리도 외면했다. 왜 그랬을까? 아니 외면한 정도가 아니다. 벌써 기억이 가물가물해진 건지는 모르겠지만, 우리는 박근혜를 '선거의 여왕'으로 칭송했다. 물론 부정적인 의미로 그렇게 말한 사람도 많았지만, 그들 역시 박근혜의 정치적 지능만큼은 높이 평가했다. 그런데 갑자기 그런 평가를 받던 사람이 꼭두각시라니! 왜? 도대체 그게 어떻게 가능했는가? 이건 내가 나 자신에게 던진 물음이었다.[9]

논점을 요약하자면, 강준만과 우리의 질문은 정확히 두 가지 평행하는 명제, 곧 '박근혜는 바보다'와 '박근혜는 바보가 아니다' 사이에서 벌어진 편차를 어떻게 이해할 것인가에 맞추어져 있다. 얼핏 동행하기 어려워 보이는 이 두 명제는 '의전 대통령'이란 꼬리표가 수반하는 사회·역사적인 맥락을 들여다보면 어느 정도 풀리게 된다. 박근혜라는 인물을 둘러싼 저널리즘적 발언과 논평, 기사 등을 꼼꼼하게 훑어볼 때, 우리가 내릴 수 있는 합당한 추론은, 문예학의 논법을 빌리자면 작가론과 문학사회학의 결합에서 찾아낼 수 있다.

박근혜 본인이 인터뷰와 회고적 에세이, 자서전에서 수차례 밝혔기에 항간에는 당연한 '사실'처럼 인식되고 있는 것을 짚어 보자. 그것은 박정희가 피격될 때까지 청소년 시절의 대부분을 보낸 청와대에서 자신은 일종의 '제왕학'을 습득했다는 이야기다. 한편으로는 일반 가정과 다름없는 화목한 가족생활을 영위했지만, 다른 한편으로는 어릴 적부터 아버지의 대통령 업무를 가까이서 접하며 '자연스레' 정치와 외교, 국내 현안들에 관한 식견과 판단력을 갖추게 되었다는 것이다. 박근혜 자신이 진술하는 다음과 같은 일화를 보라.

아버지는 간혹 우리에게 "너희가 만약 정부 어느 부처의 장관이라면 어떤 정책을 펼칠 것인지 말해 보거라" 하는 식의 질문을 하셨다. […] 청와대에는 여러 분야의 전문가들이 많이 방문했는데, 가끔 아버지와 그분들의 토론을 들을 때가 있었다. 그럴 때면 아버지는 손님들이 돌아간 뒤 토론 주제에 대해 나의 의견을 묻곤 하셨다. […] 아마도 아버지는 나

9 강준만, 『박근혜의 권력중독: '의전 대통령'의 재앙』, 인물과사상사, 2016, 7~8쪽.

를 전문인력으로 키우리라 오래전부터 마음먹고 계셨던 것 같았다.[10]

[1979년 지미 카터 미국 대통령의 방한 당시—인용자] 저녁 만찬 자리에서 만난 카터 대통령은 아내에게서 나의 이야기를 들었다고 했다. 그는 만찬 내내 내게 질문을 했다. 계속 나에게만 질문하고 답하니 나중에 우스갯소리로 '근혜-카터 회담'이란 말까지 나왔다고 한다. 이후 카터 대통령의 행동이 달라진 데 대해서 많은 사람이 놀라워했다. 가장 중요한 안건인 주한미군 철수 계획이 결국 없던 일이 되었다. 로잘린 여사가 기자들과의 인터뷰 중에 두 정상의 의견 차이로 대화가 어려웠는데 나와 대화를 한 내용을 카터 대통령에게 전달을 해서 그 문제를 푸는 데 큰 도움이 되었다고 했다. 아버지는 "근혜가 큰일을 했다. 장하다"라며 그 어느 때보다 기뻐하셨다.[11]

강준만에 따르면 박근혜는 '바보'가 아니다. 오히려 수많은 언론과 정치인들이 감탄하며 기술했듯이 그녀에게는 권력에 대한 '정치적 지능'과 '동물적 본능'이 함께 존재한다. 다만, 박근혜가 자서전에서 염치없이 또는 전략적으로 자화자찬을 늘어놓는 데서 짐작할 수 있듯, 그녀의 두 가지 '능력'은 통상적인 정치가들에게 기대되는 국가와 시민에 대한 통찰이나 의무감, 책임의식으로 이어지는 것이 아니다. 의전에 대한 현 정권의 무리할 정도의 관심은 오로지 그녀의 "권력에 대한 동물적 본능"에서 기인한 것이고,[12] 이때 권력 추구는 특정한 목적 실현적인 행위가 아니

---

10 박근혜, 『절망은 나를 단련시키고 희망은 나를 움직인다』, 위즈덤하우스, 2007, 52~53쪽.
11 박근혜, 『절망은 나를 단련시키고 희망은 나를 움직인다』, 122~123쪽.

라 권력의 행사 자체에만 의미를 둔 자기소급적 행위로 규정될 수 있다. 니체 식으로 말해, 권력 자체를 향한 '권력에의 의지'라는 말이다. 요컨대 '권력'에 대한 박근혜의 정의는 일반적인 것과 매우 다르거나, 심지어 상반된다. '국가와 결혼했다'거나 '내게는 애국심 하나'처럼 집권 이전부터 논란이 되어 온 그녀의 어법은 모두 이 권력 개념을 수용해야만 이해할 만한 것이 된다.

전여옥 어록을 다시 음미해 보자면, "대한민국은 우리 아버지가 만든 '나의 나라'My country이었다. 이 나라 국민은 아버지가 긍휼히 여긴 '나의 국민'My people이었다. 물론 청와대는 '나의 집'My house이었다. 그리고 대통령은 '가업', 즉 '마이 패밀리 잡'My family's job이었다. 즉, 박근혜의 애국은 박근혜 개인의 안녕과 분리할 수 없는 개념이다. 박근혜는 '대한민국과 결혼한 여자'인 데다 이혼을 상상조차 해 본 적이 없는 인물이기 때문에, 박근혜에게 애국을 요청하는 것은 그 자리에 계속 머물러 달라는 요청과 다를 바 없다.[13]

의전ritual이 왜 중요한가? 권력이 대상적 목적성을 상실하고 그것의 행사 자체를 목적으로 삼을 때, 다시 말해 자기소급적인 자위自慰에 머무를 때 권력은 순수한 상징적 의례가 된다. 실제적인 공익이나 공리는 전혀 고려의 대상이 되지 않고, 오직 권력의 화려한 외관을 전시하는 것이 권력 행사의 유일한 목적이다. 내용 없는 형식, 권력은 곧 권력이라는 사

---

12 강준만, 『박근혜의 권력중독: '의전 대통령'의 재앙』, 28쪽.
13 강준만, 『박근혜의 권력중독: '의전 대통령'의 재앙』, 188~189쪽.

실 자체만을 확인하게 만드는 의전의 자기 순환적 상징성이야말로, 아이러니컬하게도 현대 정치의 핵심 기제라 할 수 있다.[14] 박근혜 현상은 텅 빈 이데올로기로서의 시뮬라크르-이미지가 상연되는 정치극장을 단적으로 보여 주고 있는 것이다. 따라서 "의전은 단순한 세리모니ceremony나 프로토콜protocol이 아니다. 그 이상이다. […] 오늘날 모든 정치는 '주술 정치'에 불과한 것임을 그 누가 부인할 수 있으랴."[15]

박근혜를 둘러싼 '바보 논쟁'은, 그녀의 권력 개념이 통상적인 것과는 달랐다는 점, 이는 그녀의 개인사로부터 연유한다는 점에서 일단락된다. 박근혜에게 사유화되지 않고서는 권력으로서의 의미를 갖지 않으며, 사유를 확인하고 향유하는 한에서만 권력에 대한 그녀의 본능('중독')은 작동했다는 것이다. 나름대로 명확하고도 유의미한 통찰로 여겨지지만, 이와 같은 현상 분석은 현실의 가시적인 구조에 대한 인과적 추론 이상을 넘어서지 못하는 듯싶다. 박근혜의 가족사에 대한 정보는 이미 널리 알려진 것이고, 그로부터 그녀의 남다른 성격이 형성되었으며 궁극적으로는 권력관에도 영향력을 끼쳤다는 설명은 모든 권력은 그것을 행사하는 특정 개인에게 달려 있다는 근대적 권력이론을 그대로 반복하는 까닭이다. 이른바 근본악의 환상이 그것이다. 정말 박근혜는 자신만의 권력적 본능에 충실한 '권력의 중독자'였고, 그게 현행의 모든 사태를 해명하

---

14 의전이 갖는 정치적 의미는, 그로써 권력의 추상적 성격이 시각화되고 통제의 객관적 힘으로 전유될 수 있다는 점에 있다. 가령 메이지 초기 천황의 전국순행은 존재한다고 믿어지기만 하던 권력을 신민들 앞에 시각적으로 전시함으로써 권력의 실정화를 도모하는 수행적 장치로 기능했다. 다카시 후지타니, 『화려한 군주: 근대 일본의 권력과 국가의례』, 한석정 옮김, 이산, 2003, 49쪽. 요컨대 상징적 행위로서의 의전은 지배의 정치적 조건이다. 피에르 부르디외, 『언어와 상징권력』, 김현경 옮김, 나남, 2014, 185~195쪽.
15 강준만, 『박근혜의 권력중독: '의전 대통령'의 재앙』, 29쪽.

는 원인이 될 수 있을까? 최순실 일가에 의해 수십 년을 조종당한 박근혜가 '정신박약'이라거나 '발달장애'라고 평가하는 격앙된 진술들, 이른바 세뇌론의 강한 어조에도 불구하고, 이는 사태를 해석하는 무능력을 보여줄 뿐 문제의 진정한 핵심을 드러내는 데는 실패하고 말 것이다. 이를 그대로 받아들일 때, 결국 박근혜라는 현상은 권력행사의 목적이나 의미를 상실한 채 무작정 권력 자체만을 추구한 개인의 중독현상에서 연원했으며, 거꾸로 말해 그런 권력의 상연을 멀거니 지켜보기만 한 우리의 집단적 세뇌상태를 반증해 줄 것이기 때문이다.

물론 누구도 '모든 것은 박근혜 탓이야'라고 말하진 않는다. 역으로, 처음부터 우리는 그녀의 정체를 모르지 않았으며, 현재의 정국은 우리의 '의도적 눈감기'로 인해 초래된 것일지 모른다. 하지만 그 해법이 '감은 눈을 뜨면 된다'는 식으로 흘러가도 곤란하다. 예컨대 공익제보를 위한 여건을 조성하는 것, 즉 "국민 스스로 자율성과 능동성을 갖고 살아가는 '삶의 방식'이 뿌리를 내려야 하며, 이것을 방해하고 탄압하는 모든 기제·관행·의식을 제거하거나 바꾸는 것이 가장 우선적인 과업이 되어야 한다"[16]는 사회적 처방이 안고 있는 허점을 짚어 내야 한다. 지극히 온당한 주장임에도 불구하고, 이 역시 자기 결정적인 정치적 주체의 정립이라는 근대적 환상을 되풀이하는 느낌을 지울 수 없기 때문이다. 과연 우리가 악을 몰아내고 스스로 결단하는 주체들의 사회를 몰랐기에, 또는 그에 미치지 못했기에 사태가 이 지경에 이른 것이겠는가? 현행의 악을 발본하기만 한다면 사회라는 전체를 구해 낼 수 있다는 말인가?

---

16 강준만, 『박근혜의 권력중독: '의전 대통령'의 재앙』, 214~215쪽.

4. 현실, 비틀린 실재의 이름

박근혜 현상을 조감하는 또 다른 관점은 보다 이론적이며, 사회의 정신적 구조에 대한 해석을 포괄한다. 흥미롭게도, 정교하고 현학적인 사변과는 거리가 먼, '무학無學의 통찰'을 자임하는 『딴지일보』의 총수 김어준은 18대 대선을 목전에 두었던 2011년에 이미 박근혜 현상에 관한 놀랄 만한 분석을 내놓았다. 그에 따르면 박근혜는 과거를 대변하는 상징체계라 할 수 있다. 아니, '과거'라 불리는 상징적 기표 자체라 해도 좋을 듯하다. 예의 시뮬라크르-이미지란 뜻이다. 1990년대 중후반, 박근혜가 정치인으로 탈바꿈하여 대중 앞에 나섰을 때, 실상 그녀가 했던 것은 아무것도 없었다. 아니, 그녀는 '아무것도 안 하는 것'을 '했다'. 바틀비 식으로 말하면, '하지 않는 것을 한' 셈이다. 그리고 놀랍게도, 이것이 작동했다!

박근혜는 아무것도 하지 않거든. 박근혜는 그냥 존재할 뿐이야. 그래서 그 이미지는 나날이 견고해져 가지. 사실 박근혜는 특별히 뭘 잘할 필요가 없는 삶을 살았어. 자수성가한 것도 아니고 특별한 공부를 한 것도 아니고 다양한 인생 경험을 쌓은 것도 아니고 전문 분야가 따로 있는 것도 아니거든. 스물일곱의 나이까지 대통령의 딸로 살았다는 것도 그냥 주어진 거지, 자신이 성취한 게 아니잖아. 그 후로는 돈 많은 자연인으로, 그것도 세상물정 제대로 겪을 수 없는 대단히 폐쇄적인 환경 속에서 세월을 보낸 40대 여인이 어느 날 갑자기 정치 전면에 나선 거야. 이건 그녀를 폄훼하려고 하는 말이 아니야. 그냥 드라이하게 있는 그대로를 말한 거지. 그녀가 만 스물한 살 되던 해, 불행히도 그녀 모친이 비명에 가고 이후 영부인 역할을 일정 정도 대신했다는 걸, 제왕 수업 받았다고 여기며 이미 대통령 수업은 끝났다고 말하는 사람들이 있는데, 그건 아버지가 말만 하면 세상만사가 무조건 실현되던 무려 30년 전 독재자 시절, 아버지 사무실에서 겪었던 대단히 제한적이고 구시대적인 경험이라고. […] 게다가 겨우 스물한두 살의 대학생이 해낼 수 있는 정치적 역할이란 게 뭐 그리 대단한 거라고. 모친 대신 아버지 옆에 앉고 때로 손님을 접대한 게 어떻게 제왕 수업이야. […] 박근혜 파괴력의 본질은 그렇게 이미지의 힘이라고.[17]

가만히 있는 게 어떻게 정치가 되는가? 이 질문을 뒤집어 본다면 이렇다. 정치적 효과를 발생시키는 무위無爲란 어떤 것인가? 우리는 이로부터 박근혜를 대통령으로 당선시킨 것은 그녀-주체의 정치적 능력이 아니라 바로 우리 자신의 정치적 무능력이라는 명제를 이해할 수 있게 된다. 무위의 포즈, 또는 시뮬라크르-이미지. '고정된 과거'로서 박근혜가 풍기는 '경제성장'과 '국가안보'의 암시를 우리 스스로 받아들였을 때, 즉 그것이 그녀의 정치적 능력이라고 믿어 버렸을 때 우리는 기꺼이 그녀가 대통령의 자리에 앉도록 내버려 두었다. 달리 말해, 아무것도 하지 않은 채 '제왕'의 포즈를 취한 박근혜의 이미지에 '제왕학'의 표지가 인접해 있을 때, 그 둘을 하나로 연결시켜 받아들인 것은 우리 자신이었다. "그래서 박근혜에 대한 대중의 애착은 집단 무의식의 감성적 퇴행"이라 할 만하고, 그 배경에서 실시되는 "선거는 논리가 아니라 정서로 결론나"게 되어 있다.[18] 김어준이 정치의 자원이라고 명명한 대중의 '마음'은 개인들

---

17 김어준, 『닥치고 정치』, 푸른숲, 2011, 261~262쪽.
18 김어준, 『닥치고 정치』, 262, 263쪽. 그것은 당연히 '무의식적' 정서, 곧 감응이다.

로 분별되지 않는 집단의 무의식과 욕망에 다르지 않다.[19] '과거'라는 상징적 기표를 '미래'로 읽은 것은 바로 우리다.

박근혜적인 것의 보다 심층에, 하지만 표층에 이미 명시적으로 전시되어 있고 그럼으로써 역설적으로 대중의 심부를 자극하는 표상은 아버지다.[20] 박근혜에게 정치는, 강준만이 권력에 대한 그녀만의 정의를 지적한 대로, 아버지에 대한 '제사'란 점에서 자기소급적 행위다. 아버지가 국가이고 국가가 아버지일 때, 아버지=국가라는 등식에 자신을 외삽하는 것이야말로 근대적 동일성(정체성, identity) 정치의 전형임은 두 말할 나위가 없다. 박근혜적 무위의 정치, 이는 국가와 민족, 사회와 개인 사이에 만들어진 동일성의 코드를 벗어나지 않는 것만으로도 이미 유의미해지는 무의식의 정치이자 시뮬라크르-이미지의 효과가 아닐 수 없다. 그것은 비단 박근혜라는 개인만이 아니라 우리 각자의 개인들도 (무)의식적으로 이에 동조함으로써 도출되는 근대 국가의 정형화된 공식이기도 하다. 이렇게 내용 없는 형식의 방정식이 박근혜 현상의 핵심에 있고, 이는 '효도'라는 한국 대중의 정서 일반에 '자연스럽게' 감지되고 호응받는 감성의 구조다. 박근혜적인 것의 정치극장을 움직이는 힘은 배우 박근혜와 더불어 관객의 자리에 머물러 있던 우리 주체들이었다.

---

19 "정치에서 중요한 건 사람들 마음을 얻는 건데, 마음은 대단히 제한된 자원이라고. 비슷하다고 생각되는 곳에 여러 번 나눠 줄 만큼 많지가 않아." "지성은 결코 논리만으로는 도달할 수 없어. 논리적 균형이 세상의 균형이 아냐. […] 그건 수학 세계에서나 놀아야 하는 논리 기계의 몫이야. […] 주목해야 할 건 욕망이야." 김어준, 『닥치고 정치』, 186, 213쪽.

20 어느 정도로 직접적 영향을 끼쳤는지 불분명하다는 전제에도 불구하고, 18대 대선에서 박근혜 투표자의 75.4%가 박정희를 긍정 평가했고, 역으로 박정희에 대한 긍정 평가자 중 74.7%가 박근혜에게 투표했다. 장덕진, 「박근혜 정부 지지율의 비밀」, 『황해문화』 2014년 봄호, 38쪽.

라캉의 말대로 아버지를 원한 것은 우리 자신이었다고 해야 할까? 박근혜 현상이 시뮬라크르-이미지에 의존해 있으며, 거울의 이면에 박정희의 초상이 있었다는 식의 설명은 일정 부분 '합리적' 추론일 수는 있어도 충분하지 않으며, 적합하지도 않다. 물론, 기성세대가 간직하고 있는 박정희 시대의 향수로 인한 부대효과를 박근혜가 누리지 않았다고 할 수는 없다. 그녀가 자신의 머리스타일이나 옷차장을 육영수와 비슷하게 만드는 데 꽤나 오랜 공력을 기울였다는 점은 잘 알려져 있으며, 집권 초기부터 전국에 휘날리던 초록색의 '새마을 깃발'이 갖는 신기루 효과를 모를 사람은 없을 것이다. 또한 국정교과서로 야기된 혼란은 사실상 '효도정치'의 파행적 결과로서 널리 공인되어 있다. 그러나 박근혜와 박정희를 가족 삼각형 속에 배치할 때, 우리가 빠지기 쉬운 함정은 사태의 전체 대신 일부만을 보게 된다는 점이다. 곧 박근혜적인 것이 아니라 박근혜(와 그 기원으로서의 박정희)에 초점을 맞춤으로써, 현재의 파국과 혼돈을 개인의 악덕과 부덕으로 치부해 버리고 만다. 이럴 때 우리는 문제의 결과에 사로잡혀 원인을 보지 못한 채, 전체 장을 한번 흔들어 문제를 가려 놓음으로써 '정상화'시킬 수 있다는 환상에 사로잡히게 된다.[21] 박근혜를 탄핵하고 아버지의 신화를 삭제하는 것이 그렇다. 하지만 박근혜의 욕망이 또한 우리 자신의 욕망이었다면 그때는 어떻게 할 것인가? 우리 자신을 탄핵해야 할까?

절차적 민주주의가 도입되고 시민의식이 성장한 이후에도 여전히

---

21 인격체든 제도든 이데올로기든 권력의 문제를 '근본악'의 관점에서 보지 말 것, 이는 권력에 관해 푸코가 남겨 준 중요한 교훈이다. 미셸 푸코, 『사회를 보호해야 한다』, 김상운 옮김, 난장, 2015, 53쪽 이하.

박정희 신화가 잔존하고 박근혜가 당선될 수밖에 없었던 사정을 모순이나 왜곡으로 점철된 '비합리'로 치부하지 말아야 한다. 그렇다고 우리 자신의 본성에 있는 '불가해성' 따위로 미루자는 뜻은 아니다. 관건은 비합리를 관통하는 일관성의 '다른' 논리를 읽어 내는 데 있다. 근대 사회의 합리성은 무엇보다도 경제적 이해타산이다. 정치 영역에서 벌어진 반혁명의 숱한 사례들에도 불구하고, 근대 부르주아 사회는 자본주의 경제라는 측면에서는 꾸준한 합리성의 진척을 보여 왔다. 당연히, 이는 합리성을 내장한 경제적 주체인 자본가에 의해 달성된 업적은 아니다. M-C-M′이라는 간명한 자본증식의 논리가 보여 주듯, 자본주의적 합리성은 말 그대로 자본의 자기순환과 자기증식이라는 자동적 과정에 따른 결과일 뿐이다.[22] 요점은 정치의 비합리성에도 불구하고 자본의 자가발전은 충분히 합리적일 수 있고, 심지어 후자에 의해 전자의 모순이 은폐되거나 합리적인 것으로 오인될 수도 있다는 점이다. 이러한 관점에서 박근혜의 등장과 당선, 파국에 관해 진술하는 다음 문장을 유의해 보라.

> [박근혜를 박정희의 딸로 규정짓고 비판했음에도 그녀가 당선된—인용자] 이런 결과를 놓고 쉽게 단정하자면 '국민들' 수준을 논할 수밖에 없을 것이다. [⋯] 박정희에 대한 향수로 단언하면서 넘어가고 마는 그 '생각하지 않는' 지지의 원인을 분석하는 것이 중요하다. 박정희에 대한 향수라고 쉽게 단정되는 그 정서의 핵심에 도사리고 있는 것은 자본주의

---

22 자본주의는 비합리와 모순, 역설적 요소들을 모두 포함하는 '공진화'(co-evolution)의 합리성을 통해 지속된다. 데이비드 하비, 『자본이라는 수수께끼』, 이강국 옮김, 창비, 2012, 제5장 참조.

를 제대로 작동시켜 달라는 요청이다. 박근혜는 이 요청을 인격화하고 있다. [⋯] '박근혜'라는 이름은 단일한 정치적 스펙트럼을 가지고 있지 않다. '보수'의 특징이 그렇듯, 박근혜를 지탱하고 있는 정치적 지지 기반은 다양하다. 이런 다양성을 만들어 낸 원동력이 단순하게 태생적인 운명에 힘입어 손쉽게 얻어 낸 행운만은 아닌 것이다. 이 문제는 '박근혜'라는 개인에 머무는 것이 아니라 그의 이미지를 통해 드러나는 어떤 현상과 관련 있다. 박근혜가 있다기보다 '박근혜'라는 이름이 있는 것이다.[23]

다시 한번, 논점은 박근혜가 아니라 박근혜적인 것이며, 박근혜 현상을 배태한 (무)의식적 정신 구조와 사회적 차원에 대한 통찰이다. 후광효과가 박근혜를 대통령으로 당선시킨 것은 부분적으로 사실이다. 박정희라는 과거를 장밋빛으로 채색한 모든 것, 경제개발과 새마을, 소위 '창조경제'로 대변되는 경제부흥의 환상이 현실을 만들었다. 하지만 이 모든 것이 허상(시뮬라크르)에 지나지 않았다는 진단은 불충분하다. 박근혜를 둘러싼 신화적 환상을 폭로하고 공박하는 것은, 역으로 말해 박근혜를 당선시킨 시민들의 미성숙을 자인하는 '자학적 개그'에 불과하다. 우리는 정말 그렇게 미성숙한가? 어쩌면 우리의 미성숙이나 무지, 박정희 신화, 혹은 박근혜라는 환상조차 포함시켜 전체를 이해하려는 시도가 필요한 게 아닐까? 박근혜적인 것이란 이 환영적인 성분들을 누락시키고는 결코 해명될 수 없는, 우리의 현재를 구성하는 비틀어진 전체가 아닐

---

23 이택광, 『박근혜는 무엇의 이름인가』, 시대의창, 2014, 201~202쪽.

까?[24] 박근혜적인 것은 진짜와 가짜, 진실과 소문, 실체와 허상 등이 뒤섞여 만들어지는 실재의 이명異名/耳鳴에 다름 아니다.

처절한 반성은 불가피하지만, 환상을 치운다고 진실이 빛을 발하며 등장하진 않는다. 진실은 환상이 현실로 전도될 수밖에 없었던 조건, 그 구조적 과정을 해석할 때 나타난다. 원래 그 자리에 있던 실체로서의 진실이 아니라 지금 우리의 현재를 구성한 진실로서 진실은 구성될 것이다.[25] 그런 의미에서 '박근혜는 환상이다'라는 명제는 과거를 설명하는 근거가 될 수 없다. 오히려 이 명제는 박근혜가 환상임에도 불구하고 현재의 우리를 이루는 진실임을 반증한다. 시뮬라크르-이미지로서 박근혜적인 것을 직시해야만, 지금 우리의 출발점에 엄존하는 박근혜라는 현사실을 가감 없이 받아들일 수 있다. 우리 앞의 미래 또한 박근혜적인 것이라는 현재를 포함하지 않고서는 구성될 수 없을 것이다. 그러므로 박근혜는 환상이 아니고, 오인이나 착시도 아니며, 지금-여기라는 실재의 일부이다.

---

24 박근혜적인 것을 그녀의 개인사뿐만 아니라 근대화와 대중적 욕망의 결집 속에서 파악하려는 이택광의 시도는 아버지 신화로 박근혜를 환원하려는 통상의 (정신분석적) 시도보다 멀리 나아간다. 현재 자본주의의 세계질서를 계급투쟁의 관점에서 재구성하려는 지젝의 관점과 어느 정도 잇닿아 있는 지점이다. 하지만 박근혜적인 것의 기저 동력을 자본과 대중('도시중간계급') 사이의 욕망의 일치에 묶어 둠으로써 현상의 '합리성'을 해명하는 데 멈추는 느낌이 없지 않다. 이택광, 『박근혜는 무엇의 이름인가』, 236~246쪽.

25 "당신이 환영(illusion)을 버리면 진리 그 자체를 상실한다. 진리는 그것을 형성하기 위해서 환영을 통과하는 여행을 할 시간을 필요로 한다." 슬라보예 지젝, 『분명 여기에 뼈 하나가 있다』, 정혁현 옮김, 인간사랑, 2016, 306~307쪽. 진실은 허위나 거짓, 환영을 배제한 순수한 진리가치만으로 구성되지 않기에 언제나 비전체의 전체로서만 성립하게 마련이다. 지금-여기의 현실과 그것의 진리는 언제나 오염된 과거로부터 연유하고, 현재의 오염을 통해 미래를 구성한다. 전체는 구성적이다. 하지만 비전체로서만 전체로 구성된다는 말의 뜻은 그러하다.

5. 욕망의 흐름과 두더지의 전략

박근혜와 탄핵정국을 둘러싼 최근의 논의들은 정치적인 것을 전유할 수 있는 방법론적 매개로서 감응을 적극적으로 분석하고 있다. 이는 물론 박근혜라는 개인, 또는 그녀와 연관된 아버지 표상이나 억압적 국가장치, 사리사욕을 탐하는 관료집단에 초점을 맞춘 정치적 비판의 전략에 제한되지 않는다. 박근혜적인 것, 다시 말해 우리가 감응의 관점에서 서술했던 바와 같이 현재의 사회적 정세 전반을 조성하고 가로지르는 모든 사건적 국면들이 여기에 포함된다. 박근혜라는 통치권력을 사건화한 모든 요소들을 시간적이고 공간적으로 계열화한 총합이 박근혜적인 것이라는 감응의 지형이다. 따라서 박근혜적인 것에 대한 감응의 정치학은 2016년 후반의 탄핵정국뿐만 아니라 박근혜의 집권을 전후하여 발생했던 모든 정치적인 것의 유동을 포괄적으로 관찰하고 개념화할 때 가동시킬 수 있을 듯하다.

가령 2012년 말 박근혜가 대통령에 당선되자마자 연이어 자살을 택했던 노동자들의 비극이나 뒤이은 세월호 참사, 2015년 연말의 기습적인 한일 '위안부' 협정, 최근에 폭로된 블랙리스트와 국정농단의 사실들은 기성 정치의 무대에 올려져 있는 가시적 지표들에 해당된다. 다른 한편, 장애등급제나 진보논객들이 관련된 데이트 성폭력 문제, 강남역 여성혐오 살인사건, 구의역 청년 노동자의 죽음, 문화·예술계의 위계적 성착취 구조 등은 (무)의식적으로는 누구든 감지하고 있었으되 의식적인 현상으로 치부되지 않다가 최근에 와서야 사회적 문제화의 장으로 부상한 정치적인 것들의 징후라 할 수 있다.[26] 이러한 구분은 다분히 개념적인 수준에 있고, 실제로는 서로 뒤섞이고 교차된 점이지대를 형성하지만, 우리 삶에서 정치적인 것으로서 문제화되지 않은 비가시적인 영역이 항존한다는 사실을 알기란 그리 어렵지 않은 일이다.

이렇게 보이지 않는 영역, 누구에게든 일상의 감각 속에는 무의식적으로 알려져 있으나 명확한 의식의 언어로 명시되지 못한 것을 '알고 있음을 모르는 것'unknown knowns, 즉 무의식이라 부른다.[27] 생활 속에 만연해 있으나 누구도 문제삼지 않는 차별과 착취의 구조, 분명한 폭력에 대한 무지나 방관적 태도, 신뢰나 순진함을 가장한 순응과 종속이야말로 정치화되어야 할 무의식의 영역들이다. 그것들은 모르기 때문에 손댈 수 없는 것이 아니라 모른다고 가정하기 때문에, 안다는 사실을 모른다고 믿기 때문에 방기되는 비가시성의 지대들, 곧 감응의 차원을 지시한다. 박근혜 현상에 대해서도 같은 논지로 말할 수 있다. 강준만의 논평대로, 우리는 박근혜에 관해 진짜 몰랐기 때문에 최근의 사태들에 대해 분노하고 허탈해하는 것은 아닐 게다. 오히려 무지했던 척, 속았던 척하고 있기에 더욱 격렬한 분노에 사로잡힐 수 있는 게 아닐까? 박근혜의 본질은 바보였다고, 혹은 최순실에게 알고도 속아준/속아 넘어간 바보였다고 비난하는 것은, 거꾸로 그녀에 의해 알고도 속아준/속아 넘어간 바보는 우리 자신이었음을 감추려는 '정치적' 제스처가 아닌가? 우리야말로 누군가 나서서 그녀의 실정을 비판하고 폭로해 주길, 전복시켜 주길 원하면서도

---

26 정치적인 것의 가시화, 곧 감응의 정치화를 다룬 잡지들의 최근 특집들을 간단히 일별해 보면, 어떤 사안들이 요 1~2년 사이에 급진적으로 문제화되었는지 금세 식별할 수 있다. 『창작과비평』, 『문학과사회』, 『문학동네』를 비롯하여 『더 멀리』와 같은 독립문예지들의 최근 호들과 『여/성이론』, 『문/화과학』, 『진보평론』 등의 인문사회과학지들은 이러한 현안들에 더욱 깊숙이 개입하려 하고 있다.

27 지젝, 『분명 여기에 뼈 하나가 있다』, 337~338쪽.

실상 아무것도 하려 들지 않은 게 아니었을까? 안온하고 상냥한 생활, 하지만 정치적인 것은 방치하고 망각한, 정치의 무임승차야말로 우리가 남몰래 욕망하고 있던 삶이 아닐까?

스피노자는 대중의 능력potentia이 곧 주권과 직결될 수 있음을 강조했음에도 불구하고, 대중이 상호 화합하고 일치할 수 있는 힘, 그리하여 지배 권력을 전복시킬 수 있는 통일된 비판적 능력을 항상 갖는 것은 아니라는 역설을 받아들였다. 어처구니없게도, 이는 인간이 '감응에 예속된 존재'로서 가질 수밖에 없는 유한성에 관한 지적인 바, 정치적인 것은 그렇게 부정적인 극을 향해 질주하는 나락의 행렬로 빠질 수 있다.

우리가 말했던 것처럼, 인간은 본성적으로 적대적인 관계에 있다. 그들이 법으로 연결되고 서로 구속되어 있다고 하더라도, 그들은 자신들의 본성을 여전히 간직하고 있다. 그러므로 민주정이 귀족정으로 바뀌고 귀족정은 마침내 군주정으로 바뀌는 것이라 생각한다. 대부분의 귀족정들은 이전에는 민주정이었다는 것을 나는 충분히 설명했다.[28]

기쁨의 감응이 기쁨을 배가시키고 슬픔의 감응이 슬픔을 강화시킨다는 『에티카』의 진술은 현실의 영역에서 극단적으로 전화되어 파국적 정치의 양상으로 드러나기도 한다. 알다시피 1933년 히틀러의 집권은 무력에 의한 것이 아니라 정당한 선거제도를 통해 이루어진 합법적 결과였으며, 1950년대 미국에서 매카시즘이 광기 어린 간첩사냥을 벌일 수 있던 것도 대중의 암묵적 승인에 따른 것이었다. 멀리 해외의 사례를 돌

---

28 스피노자, 『정치론』, 181~182쪽.

아볼 것도 없이, 한국 현대사의 레드 콤플렉스나 최근 이십여 년간 휘몰아친 종북몰이도 유사한 사회·정신적 구조 속에서 벌어진 현상이었다. 1987년의 절차적 민주주의가 달성되고 민간인 출신의 민주적 정부가 들어섰음에도 불구하고, 과거 독재자의 유산이 다시금 제도정치의 한가운데로 회귀했던 것은 언론과 재벌의 유무형적 공작이나 구습에 젖은 정치인들의 허위공약, 경제위기 및 분단상황을 이용한 선동 때문만은 아니었다. 국가장치와 의회제도, 사법적·행정적 절차들을 '오염된' 정치의 현장으로 받아들임으로써 '알고 있음을 모르는' 영역들, 즉 '눈에 보이되 보이지 않는' 영토들로부터 쉽게 물러나 버린 정치적 퇴각이야말로 정치화를 중단시키고 치안과 타협하며, 스스로를 순종하게 만든 원인일 것이다. 반복하건대, 이런 현상의 원인을 대중의 무지나 맹목, 어리석음으로 돌릴 수는 없고, 또 반대로 근대 정치의 전위로 상정되었던 지식인들의 태만이나 무능력으로 환원할 수도 없다. 대중의 운동, 그것의 동력으로서 감응에 관한 파악 없이 대중의 흐름에 대해 왈가왈부하는 것은 소경이 코끼리 다리 잡는다는 속담을 확인시켜 줄 따름이다.

분노와 열광, 바닥 없는 슬픔과 백치 같은 환희, 맹목적인 충성이나 야만적인 적대… 이 모든 대중의 감응은 길들여지지 않는 힘이며, 그것의 부정성은 종종 '광기'라는 언어로만 표명되는 통제 불가능한 능력으로 인식된다. 논리와 이해, 이성적 판단에 의거하기보다 감정의 격발이나 흥분의 전염, 제어되지 않는 도취와 근거 없는 소문을 따라 대중은 흐르고 흐른다. 더 정확히 말해, 대중은 그 불가피한 인간적 조건에 의하여 "필연적으로 감응에 예속되어" 있다. 사실 근대의 정치 전체는 대중을 국민으로 호명하고 동원하는 한편으로 대중의 감응을 규율하고 제어하여 국가형성의 동력원으로 사용하려는 기술적 체제로서 발전해 왔다. 스피노자가 『정치론』 7장 27절에서 인용한 "대중은 공포에 떨지 않을 때 공포스러운 존재가 된다"terrere, nisi paveant는 타키투스의 문장은 이러한 대중적 힘의 양가성을 정확히 지시한다. 대중의 감응은 국가장치와 사회제도, 일상의 규범에 가두어질 때 순치되고 목적론적으로 사용할 수 있는 자원이 되지만 그만큼 폭발의 위기 또한 증가하게 되고, 그것을 방어하려고 쌓아 올린 제방의 높이만큼 위협적인 힘으로 경계되지 않을 수 없다. 누가 시키거나 물질적으로 지원해 주지 않았음에도 자발적으로 광장에 모여들어 청와대를 에워싸고 행진하는 대중의 운동은 그렇게 기성 정치의 한계점까지 끌어올려진 정념의 표현일 것이다. 이토록 매혹적이며 위험한 대중적 감응을 어떻게 해야 한단 말인가? 또는, 그것으로 무엇을 할 수 있을까? 우리는 어쩌면 이만큼 곤혹스러운 대중의 감응을 통해 정치적인 것의 귀환을, 이전과는 다른 방식으로 그것을 조직화하는 길에 대해 생각해 보아야 하지 않을까? 과연 그것이 가능할까? 어떻게?

탄핵 이후, 그리고 2017년 5월 9일의 제19대 대선까지 보수세력의 맞대응은 점차 확산되었고, 촛불에 대한 비방전과 적대적 대응도 거세져 갔다. 보수여당의 어느 의원은 촛불은 허구이며 소문에 불과하다고 단언할 정도였는데, 촛불대중의 주체나 실체, 실물적 기반을 확인할 수 없다는 점에서 그의 시선은 정확했을지 모른다. 그가 본 것은 (고유명사로 부각되지 않아서) 이름을 알 수 없는 군중들이었고, (수가 지나치게 많아서) 셀 수 없는 사람들의 '떼'에 다름없었다. 바꿔 말해, 촛불을 통해 그와 보수우파가 목격했던 것은 근대 정치의 전형적인 형상을 벗어난, 분절되지 않는 민중의 덩어리('mass'), 계산가능한 척도를 넘어서는 실상 없는 유령, 시뮬라크르-이미지였던 것이다. 문제는 그것이 주체나 실체, 실물이 없어도 작동하는 힘이고, 효과를 일으키는 능력이라는 데 있다. 하지만 매혹과 위험의 양가성 속에서 대중의 감응을 서술한 바와 같이, 이 시뮬라크르-이미지로서의 운동은 일방적으로 배척될 수도 없고 무조건 상찬될 수도 없는 위기의 능력이다. 들뢰즈와 가타리가 말했듯, 무의식적 욕망은 그 자체로는 혁명적이지도 반동적이지도 않다. 관건은 이와 같은 위기적인critical 대중적 감응, 무의식적 욕망의 힘을 어떻게 조직화하여 실재적인 위기crisis로 전화시킬 것인가에 있다. 그것은 생산양식과 사회구성체를 바꾸는 거대한 혁명적 사태일 수도 있고, 감각적인 것의 분할체제를 마비시키는 미시적 사건일 수도 있으며, 짐짓 평온해 보이는 일상에 다수의 구멍을 뚫어서 현존 질서를 누수시키는 두더지의 전략일 수도 있다. 그렇다. 감응은 어디로든 흐르고, 무엇이든 관투하여 해체시키는 능력인 것이다.

6. 분열분석, 대중적 감응의 지도 그리기

분열분석은 정신분석을 대체보충하기 위해 구축된 실천적 방법의 이름이다. 프로이트가 발견한 무의식적 욕망을 아버지의 표상이나 기호, 국가나 사회의 재현으로부터 탈각시켜 자유롭게 풀어놓는 것, 그 분열적 양상을 서술하는 것을 목표로 삼는다. '자유롭다'는 말에 유의하자. 어느 노랫말처럼 원하는 것은 무엇이든 다 할 수 있다는 의미가 아니라, 주체도 목적도 없이 힘 자체의 물질적 논리에 충실하게 유동하는 흐름이 무의식적 욕망, 곧 감응의 자유란 뜻이다. 대중의 집합적 신체에 실려 흔들리는 그것은 본성상 무한히 자신을 생산하는 '자동 공장'과 같은 것이지만, 현실 속에서 그 힘을 재현하는 '극장'의 형식을 빌리지 않을 수 없다. 정치적 극장이라는 비유를 통해 언급한 다양한 정치체제들, 정부형태들, 권력구조들, 사회적 제도들, 곧 모든 가시적 장치들은 대중의 비가시적인 능력이 가시적인 형상으로 전환되어 역사적 세계 속에 펼쳐진 양상들이다.[29] 우리에게 그것들은 현실을 통제하는 권력으로 제시되지만, 실상은 통제되지 않는 것을 통제하기 위해 고안된 불충분한 포획장치들에 지나지 않는다. 왜 불충분한가?

비가시적 힘으로서 감응은 손에 쥐거나 개념적으로 포착할 수 없는 힘의 흐름이다. 우리가 박근혜 정부의 실패와 비리, 부패와 탐욕에 처음에는 어리둥절해 있다가 곧장 슬픔과 분노, 허탈과 적의, 질타의 쾌감과 승리의 즐거움을 맛보고 있는 것처럼, 우리의 신체를 관류하는 감응은 그 자체로 지각되기보다 지나간 흔적을 통해, 감수성의 느린 분석을 통해서만 사후적이고 예후적으로 파악되는 감각적 능력이다. 유령을 보는 듯한 낯선 기분과 이질감, 괴이쩍은 소문을 들었을 때 느껴지는 불쾌하고 이상한 감각이야말로 감응이 흐르고 있음을 깨닫는 순간이다. 촛불대중에 실체가 없는 허상이라거나 소문만 무성한 허위라거나, 백만의 운집한 인파를 보고도 삼만, 사만을 겨우 헤아리는 보수세력의 눈과 귀는, 그러므로 대중의 감응을 매우 '정확히', 하지만 '역설적으로' 진술한 것이라 할 수 있다. 그들이 지닌 '정상적'인 지각능력, 즉 국가와 사회를 가시적인 장치들의 집합 속에서 파악하고, 그것들이 표상하는 형태들을 통해서만 존재와 부재, 실체와 허상, 진짜와 가짜를 판별하는 감수성 속에서 감응으로서의 대중적 운동을 직시하기란 불가능한 노릇이기 때문이다. 분

---

29 Gilles Deleuze et Félix Guattari, *L'Anti-Œdipe: Capitalisme et Schizophrénie*, Les Éditions de Minuit, 1972, p. 64. 무의식적 욕망, 감응의 흐름에 따라 한국 현대사에서 대중의 운동을 고찰한 글로는 이진경, 「대중운동과 정치적 감수성의 몇 가지 체제」, 『마르크스주의연구』, 2014년 11권 3호, 104~140쪽을 보라.

열분석은 바로 이와 같은 비가시적인 힘의 준동, 목적지를 미리 정하지 않은 채 임의의 현실적 지형에 따라 다양한 방향으로 분기하는 대중의 감수성들을 부지런히 뒤쫓아 기록하고 지도로 그리는 과정을 가리킨다. 전염병이 확산된 다음에 사후적 추적을 통해 병리학적pathological 원인을 밝히는 게 정신분석의 방법이라면, 그 목적은 감염의 원인을 재구성하여 병원균을 박멸하는 데 있을 것이다. 반면 분열분석은 추적 불가능한 원인을 향해 소급해 가는 고증학적 학문이 아니다. 차라리 분열분석은 감염의 통로가 뚫리거나 가로막혔던 지점들, 전파의 속도가 완급을 이루었던 지형들, 다양한 감염의 원인 요소들이 합쳐지거나 분리되는 계기들을 찾아냄으로써 더 많은 확산과 더 풍부한 감염, 더 강력한 전염의 미-래적 지리를 발견하는 실천이다. 집합적 파토스pathos(정념 혹은 감응)에 관한 연구가 분열분석인 셈이다.[30]

감응의 분기를 기록하는 실천적 과정인 동시에 분기된 감응의 새로운 조직화를 탐지해 보는 실용적 과정으로서 분열분석은 예시적 정치 prefigurative politics의 사례들을 수집한다. 몰적 정치체에 의해 빈틈없이 포위된 현실의 지형 위에서 그 '외부'를 상상하고 창안해 내는 것, 우리의 논의를 대입한다면, 박근혜 현상이 낳은 현실 정치의 틀 안에서 그 '너머'를 사유하고 구성하는 것. 이는 필연코 지금-여기의 현상적 총체 자체인 박근혜적인 것으로부터 궁구되어야 할 작업이다. 대중도, 대중의 감응도,

---

30 그래서 감응을 통해 대중의 감수성, 그들의 신체와 무의식적 욕망을 분석하는 작업은 자주 우리의 기대와 의지, 희망을 배신한다. 밑도 끝도 없는 희망이나 위안, 낭만적 기분에 사로잡힌 연대나 공감의 이상을 가로지르는, 우리 자신의 현재를 배반하거나 넘어서는 (비)인간적 소통에 감응의 미-래가 있다. 최진석, 「문학과 공감의 미래」, 『내일을 여는 작가』 2016년 상반기호, 44~45쪽.

감응의 흐름도 모두 현실의 지평을 초월하여 실재하는 것은 아니기 때문이다. 분열분석의 과제는 왜곡된 대중의 원형을 찾아내거나 발굴하는 게 아니라 (재)창안하는 데 있다. 이는 없는 존재를 인위적으로 고안하는 것이 아니며, 그림자 놀이를 통해 허영스런 정신승리를 구가하는 것도 아니다. 오히려 대중의 (재)창안은 대중의 보이지 않는 능력으로서의 감응, 무의식적 욕망을 촉발하고 유인하여 현행적인 흐름의 물길을 바꾸고 물살의 세기를 변경시켜 국가와 사회라는 현실의 경계를 무너뜨리는 작업을 지시한다. 분열분석의 과제로서 예시적 정치가 서로 다른 사례들의 무한한 집합으로서 기능할 수 있는 까닭이 여기에 있다.

박근혜적인 것에 대해 이야기하는 가운데 꽤 멀리까지 와 버린 듯하다. 긴박하게 진행되던 탄핵심판과 정치장의 지각변동, 거세게 대립하고 분류하던 대중의 감응은 새로운 정부의 수립에도 결코 완전히 사그라들지 않았다. 어느새 또다시 우리는 어떤 방향과 속도로 대중의 감응이 분기와 종합의 국면에 접어들지 알 수 없는 상황에 처해 있다. 어쩌면 감응의 정치학이나 분열분석에 관한 담론은 추상적이거나 모호하게 느껴질 수 있을 듯하다. 하지만 이 추상과 모호야말로 삶을 관통하는 감응의 실재를 드러내는 징후에 다름 아니다. 명확히 조율되는 듯 보이는 일상의 기저에서 우리가 '알고 있음을 모르는' 영역, 갑작스레 사람들에게 보이고 들리기 시작했으며 자기도 모르게 문제적으로 제기된 정치적인 것의 지대가 열려 버렸기 때문이다. 그것은 2016년의 사건을 통해 우리 앞에 드러난 우리도 모르던 우리 대중의 감응이 흐르는 장면들이다. 따라서 박근혜 현상을 통해, 박근혜적인 것을 분석함으로써 역으로 명확해진 것은 우리가 모르는 우리 자신, 알았지만 모른다고 믿었던 우리 자신에 관한 지식일 것이다. 그 지식의 감응적 지도를 그리는 데 분열분석의 임무가 있다. 지난밤 꿈자리의 악몽이 반복되는 것은 불가피하다. 박근혜를 제거해도 박근혜적인 것의 구조는 삭제되지 않은 채 오래도록 영향을 끼칠 것이다. 악몽을 피하는 방법은 잠을 자지 않는 게 아니라 다른 꿈을 꾸는 것이며, 그렇게 하기 위해서는 계속 잠자리에 들어야 한다. 그와 마찬가지로 정치적인 것의 (재)발명은 실패하지 않는 지도를 구하는 게 아니라 지도에 없는 길을 가 보면서 계속 지도를 그려 나갈 때, 그리하여 다른 실패를 감수하고자 할 때 가능할 것이다. 정치적인 것의 첨점尖點은 늘 뭉툭한 하부로부터, 우리를 좌절시키는 가운데 솟아 나오게 마련이다.

4장

/

진보에 대한 반(反)시대적 고찰

비-진보와 타자의 시간을 기다리며

1. 환희와 불안, 그리고 진보에 대한 물음

21세기도 벌써 20여 년 가까이 경과한 지금, "진보란 무엇인가?"를 묻는 일은 새삼스러워 보인다. 진보라는 개념이 식상해서도 아니고 시대착오적이어서도 아니다. 오히려 진보는 우리 앞에 너무나 선명하게 도래한 현실이다. 불과 몇 년 전의 시점으로 달력을 거꾸로 되돌려 본다면 어떤 구구절절한 설명도 필요 없으리라. 그저 기억해 보자. 언제 인양할 수 있을지 기약조차 없던 세월호의 분노와 비탄, 흙수저나 비정규직이라는 차별과 배제가 낳은 절망, '헬조선'의 자조 섞인 비아냥을 되뇌며 꿈꿀 수 없는 미래를 처연히 바라보기만 하던 젊은이들, 그리고 삶이라는 푸른빛의 언어를 더 이상 간직할 수 없을까봐 불안해하던 이 땅의 민중들. 5년이 10년이 되고, 다시 그 이상의 긴 시간으로 이어질까봐 두려워하던 우리 모두는 갑작스레 어둠의 장막을 찢으며 시대의 흐름을 역전시킨 촛불을 상기하는 것만으로도 진보가 실재하는 힘이라는 사실을 인정하지 않을 수 없다. 그 어떤 날카로운 철학적 논변이나 웅장한 문학적 서사로도 묘파할 수 없는 날것 그대로의 이념을 우리는 현실 속에서 마주쳤던 게 아닌가?

예컨대 대한민국과 등치되던 거대 기업의 총수가 뇌물공여 혐의로 재판정에 올라섰으며, 상명하복의 무풍지대로 철통같이 에워싸여 있던 군부의 사령관이 장병들을 착취하고 모욕했다는 혐의로 조사를 받았다. '나라를 사랑하는 마음'에서 자발적으로 활동한다던 보수단체들이 부패한 정부의 금전적 사주를 받아 왔음이 폭로되었고, "양지를 지향하며 음지에서 일한다"던 국정원은 실제로 대국민 여론전이라는 '어둠의 사업'에 몰두해 왔음이 백일하게 드러났다. 30년을 맞이한 1987년의 함성이 곳곳에서 다시 울려 퍼졌고, 기쁨과 희망의 노래가 감격의 눈물과 뒤섞여 광주민중항쟁 37주년을 맞아 제창되었다. "역사는 진보하는가?"라는 질문에 대해 우리는 기꺼이 고개를 끄덕이며 잃어버린 미래를 다시 상상할 수 있게 된 듯하다.

물론, 이러한 과정이 순전히 장밋빛으로 물들여진 실크로드의 행로는 아닐 것이다. 문재인 정부 출범 3년차를 맞이하는 2019년 현재, 적폐청산을 내걸고 시작되었던 집권 초의 여러 가지 개혁적 조처들은 애초의 활력과 전망을 많이 잃어버린 인상을 준다. 자본은 여전히 국가의 동력원을 자처하며 맹렬히 착취의 기계를 돌리고, 국가는 그러한 자본에 시종하며 예전과 다름없는 모습을 보인다. 어쩌면 역사의 퇴행을 초래했다는 9년간의 적폐가 문제의 근원이 아니었을지 모른다. 한국의 근대성이 뿌리내리기 시작했던 더 이전의 역사로 소급해 보아야 그 진정한 원인을 만날 수 있을 성싶다. 아이러니하게도, 이 과정에서 마주치는 것은 익숙하고도 일그러진 우리 자신의 민낯이다. 가령 높은 도덕성과 지사의식으로 충만하다던 문학은 표절과 성폭력, 뻔뻔스런 범죄로 물들어 있으며,

시장의 논리와 권력의 힘에 휘둘리는 게임판에 충실히 복무하고 있음이 폭로되었다. 또한 최근에는 군사적 권위주의와 개발독재의 그늘에서 억압된 자들을 대변한다고 자부하던 한국문학이 실상 여성혐오라는 반인권적이고 반지성적인 퇴행의 무대와 겹쳐져 있음이 문제화되고 있다. 그리하여 근대 소설의 효시로서 널리 읽히던 이광수의 『무정』(1917)은 가부장적 봉건 사회가 또다시 남성중심적 근대 사회로 재편되는 징표로 다시 읽히고, 한글세대의 심미적 감수성을 선언한다던 김승옥의 「무진기행」(1964)은 과부하 걸린 남성적 자의식을 시대의 자의식으로 은밀히 치환시킨 증표로 재인식되기에 이른다.

비단 문학장의 사례로 한정되지 않는, 페미니즘의 약진을 통해 촉발된 이 새로운 독서가 그 자체로 진보적인 것이란 사실은 부정할 수 없다. 지금 한국 사회 전반은 이전의 진보운동과는 선을 그으며 전적으로 '새로운 진보'를 표방하는 다양한 운동들이 분기하고 있는 형국이다. 하지만 이 '새로운 진보'는 수구와 대결하며 시대를 선도했던 '낡은 진보'와 대립하며 심각한 갈등에 휩싸여 있다. 어느 쪽이 진짜 진보인지 묻는 것은 크게 중요하지 않다. 독점적 권위와 자리, 정체성을 요구하고 고집하는 진보란 그 자체가 끔찍한 보수의 가면에 불과할 테니까. 지금은 무엇이 진보인지에 관한 정체성이 문제가 아니라 진보란 대체 무엇을 할 수 있는가에 관한 능력과 활동에 대한 물음이 문제다. 이에 제대로 답하지 못하는 진보는, 자기 정체성에 대한 위태로운 논란과 대립의 파도에 휩쓸린 채 그 어느 때보다도 더욱 혼돈스러운 위기에 빠질 것이다. 우리는 여전히 진보의 도상 위에 있는 것일까? 이토록 선명하고 분명한 진보의 시대에 우리는 진보에 대한 충분한 물음을 던지며 답을 구하고 있는가?

2. 촛불과 태극기, 우리 시대의 욕망들

진보란 좋은 것, 더 나아지고 개선되는 것이라는 직관적 정의는 우리로 하여금 손쉽게 진보의 편에 서도록 허락한다. 여기에 정의나 평등과 같은 추상적 개념이 덧붙여지고, 젊음과 열정이라는 감성적 가치마저 추가된다면 진보는 누구라도 취하고 싶은 매력적인 구호가 되어 우리의 욕망을 자극할 것이다. 그럼으로써 우리는 흔쾌히 진보와 자신을 동일시하고 자신의 진보성에 대해 확신하며, 진보적이지 않은 모든 타자를 비난과 매도, 질타의 대상으로 격하시켜도 좋다는 환상에 빠진다. 진보의 매혹과 위험이 여기에 있다. '앞서'[進] '나가는'[步] 것이라는 평범한 어휘 뒤켠에서 진보는 우월감에 도취된 채 '뒤처지는 것'에 대한 비판과 저주, 폭력을 휘두르는 것이다. 그런데 앞서 나아가는 자는 과연 뒤에 있는 자가 반대 방향으로 가고 있는지, 정지한 채 머무는 중인지, 혹은 상대적으로 느린 속도로 나아가는지 어떻게 알 수 있단 말인가? 이를 확신할 수 없다면, 진보란 그저 자기 확증적인 망상이나 몽상에 불과하지 않을까? 완보도, 퇴보도, 정지도 모두 비-진보라는 이름으로 한데 묶어 사형선고를 내려 버리는 폭군, 거기에 진보의 아이러니가 있다.

진보가 승리의 환호를 올리며 약진했던 2016년 이후의 자취를 돌아본다면, 그와 같은 진보의 역설이 어느 정도 구체적으로 모습을 드러낸다. '이명박근혜'로 호명되는 보수정권의 무능과 폭압에 맞선 촛불의 대오는 태극기 집회라는 '반동적 세력'과 대비되며 자신의 정의로움을 주장했다. '올바른 지성적 사고'를 할 줄 아는 사람이라면 촛불집회의 대의가 이 시대 민중의 목소리를 대변하고 있으며, 정의와 평등이라는 보편적 가치에 부응한다는 점에 전적으로 수긍할 것이다. 이러한 '당연한' 진실은 반대편의 태극기 집회에 대한 의혹과 격분, 공박과 저주로 곧장 표출되었다. 그래서 집회 참여자들 대다수가 기성세대의 한쪽 끝에 자리한 '지각 없는 노년층'에 불과하며, 무지몽매와 시대착오적인 환상에 사로잡힌 집단으로 격렬한 공박의 대상이 되었다. 이는 단지 보수에 대한 정서적 반감에서 연유한 주관적 판단만은 아니었다. 소수 언론의 탐사보도는 태극기 집회의 금전적 배후로 우파 정권의 핵심부를 지목했고, 이로써 집회 참가들 중 상당수가 동원된 인원이라는 점이 밝혀지기도 했다. 더욱이 지금도 민심에 은밀한 정치적 영향을 끼치는 가짜뉴스는 대개 몽매와 착오에 사로잡힌 특정 세대의 문제로 간주되어 사회적 우려를 자아내고 있다. 이에 따라 '태극기'는 박정희라는 과거의 유령에 사로잡힌 허깨비에 지나지 않고, 그 지지자들은 현실의 요구를 알지 못한 채 우파 선동가들에 의해 불려 나온 '좀비'에 불과하다는 결론이 나오게 된다. 사정이 그러하니, 태극기 집회를 힐난하고 그 동조자들에게 비난을 퍼붓는 것이 무슨 잘못이랴?

반면, 그와 같은 판단이 일면적이고도 안이한 분석이라는 보고도 동시에 제출되는 형편이다. 태극기 집회의 지지자들이 성향상 보수우파에 가깝고 세대적으로 노년층에 속해 있으며, 정치와 경제 및 문화 등 사회생활의 모든 면들로부터 박탈당한 집단이라는 사실이 드러났기 때문이다. 그들이 권력과 자본에 맞물려 있는 접촉면은 대단히 얇고 미소했다. 오히려 그들은 기득권의 수혜자라기보다는 피해자에 더 가까웠다. 확실히 이들은 수구적 선동에 호출되어 '몇 푼의 수고비'로도 기꺼이 동원되었으며, 자신들이 하는 일의 정체를 정확히 알지도 못하는 경우가 다반사였던 것이다. 그럼에도 불구하고 그들이 '좀비'처럼 아무 생각 없이 근시안적 이해득실에 따라 이리저리 부유하는 집단에 불과하다는 단정은 성급하고 부적합하다. 정치와 경제, 문화적 영역에서 소외되어 있던 만큼 그들은 강렬한 자기 표현의 욕구 또한 불태우고 있었다. 인간의 본성에서 이성적 사고보다 더욱 근본적인 욕망을 그들 역시 지니고 있으며, 진보의 주체만큼이나 '욕망하는 주체'로서 자신들의 의지를 내세우고 싶어했던 것이다. 어떤 측면에서 그것은 근대화라는, 보다 넓고 깊은 의미에서 이 사회의 근대성을 추동했던 20세기의 역사적 과정으로부터 체계적으로 소외되고 배제된 자들의 목소리와 크게 다르지 않은 현상이다. 그들은 산업화의 그림자이자 진보가 놓친 그늘일지 모른다.

박정희에 의해 강제된 산업주의가 서구의 오랜 경험을 '압축'하여 주입된 폭력의 과정이고, 그 결과가 왜곡된 시민의식과 정치·경제 및 사회적 불평등 구조란 점은 잘 알려져 있다. '압축 근대'로 알려진 이 역사를 수정하고 올바르게 돌리기 위한 노력은 그 출발점에서부터 꾸준히 시도되어 왔고, 적어도 1987년의 절차적 민주주의의 달성 이후로는 우리 시대 진보의 시좌視座로서 기능해 왔다고 할 만하다. 그런데 시민의식과 정치·경제·사회적 구조의 개혁이란 과제의 이면에는 제대로 성찰하지 못한 전제가 있으니, 산업주의적 근대화의 필연성에 대한 질문과 답변이 그러하다. 노동자와 시민의 권리에 대한 심각한 침해와 억압의 역사는 분명 단죄되어야 하지만, 근대화를 통한 생산력의 증대와 확대는 결코 되물릴 수 없고 부정될 수 없는 진보의 성과라는 것. 빵의 크기를 키우는 데 급급한 나머지 분배를 소홀히 여겼으니, 이제 분배의 정의를 이루어야 한다는 진보의 소망은 '키워진 빵'을 거절하지 않는다. 좌파의 이념이 근대적 사상운동으로부터 연원하는 한에서 빵의 크기는 그 자체로 진보를 표상하기 십상이다. 그렇다면 분배를 문제시할 때 태극기의 '그들'은 과연 더 많은 빵을 가져간 자들이었던가? 오히려 그들 역시 불공평하게 나누어진 빵조각을 두고 아귀다툼을 벌이며 지난 압축의 세월을 연명하고 생존해야 했던 진보의 '그늘'에 있던 자들 아닐까? 한때 진보의 기관차에 강제로 태워졌다가 열차 뒤켠으로 계속해서 밀려났거나, 아예 열차 바깥으로 추방당한 비-진보의 흔적에 그들이 있지 않은가? 자본과 국가의 속도에 적응하지 못해 뒤처졌거나, 정지해 멈춰 버리고 말았거나, 또는 반대 방향으로 떨어져 길을 잃었거나.

만약 진보가 우리 시대의 욕망을 표현한다면, 태극기에 참가했던 그들의 욕망 역시 이 시대의 욕망의 일부란 사실을 부정할 수 없다. 커다랗게 부풀어 오른 빵의 공정한 분배를 외치는 우리들과 그들의 욕망은 본질적으로 다르지 않다. 그들 역시 분배로부터의 소외, 진보의 뒤켠에 내몰린 자들이란 점을 기억해야 한다. 만일 진보가 소외와 배제로부터 해방된 진정한 공동체에 대한 염원이라면, 태극기의 대중을 그 수의 많고 적음을 떠나 소외와 배제라는 격벽 속으로 밀어 넣어서는 안 될 노릇이다.

3. 정의의 절대화, 또는 진보의 도착적 기원

여기서 잠시 진보에 대한 역사적이고 이론적인 해명을 첨부해 보자. 어쩌면 우리의 논지를 풍부하고 심도 있게 만들어 줄 근거가 될지 모르니까. 개념어의 뿌리와 역사적 변화·전개를 고증한 역사가 라인하르트 코젤렉에 따르면, '앞으로'pro '걸어가다'gress라는 일상적 단어에서 유래한 서구어 '진보'는 고대와 중세를 통해 한정된 공간과 시간에 대해서만 사용되었을 뿐 오늘날처럼 통시적 관점을 통해 언명되지는 않았다. 예를 들어 고대 그리스와 로마에서 진보란 특정 장소를 향한 '진행'이나 '경과'를 뜻했고, 중세에 이르러서야 기독교의 영향을 받아 '시간적 진전'을 뜻하게 되었다. 하지만 그 경우에도 종말론적 교의로 인해 '영원한 전진'이란 의미는 전혀 갖지 않았을 뿐 아니라, '역사의 주체'라는 특권화된 자리 역시 신학적 관점에서는 신 이외의 다른 존재에게 위임될 수 없었다. 중세까지 진보란 신의 의지에 자신을 합일시키려는 여정에 지나지 않았고, 인간의 내적인 신성이 점증하는 과정을 비유하는 표현이었다.

사정이 뒤바뀐 것은 근대, 곧 17~18세기를 거쳐 19세기에 접어들면서부터였다. 세속사회가 대두하며 천년왕국을 희원하던 진보의 발걸음은 영원한 시간의 도상 위에 투영되었다. 이즈음 진보는 천국도 지옥도 그 어떤 종말도 도래하지 않는 인간적 시간의 표징으로 기능하기 시작했다. 칸트는 역사를 인간이 정신과 문화의 다방면에서 완성을 향해 나아가는 가능성의 무대로 간주했으며, 그러한 (불가능한) 완성의 종점을 헤겔이 '역사의 종말'이라 불렀다는 사실은 익히 알려진 대로다. 그렇게 역사는 인간이 주체가 되어 자신의 의지를 전유하는 장으로 선언되었고, 인류 전체humanity가 자신의 이상을 구현하는 행위이자 과정으로 선포되었다. 그런데 신으로부터 분리된 인간이 진보를 자신의 것으로 삼기 위해서는 한 가지 치러야 할 치명적인 대가가 있었으니, 그것은 자신의 행위가 절대적으로 옳은 것이라는 믿음이 처음부터 전제되어야 한다는 사실이다. 인간의 행위는 본래적으로 옳은 것이니 행하지 않을 수 없고, 그 결과로서의 진보 또한 필연적으로 옳지 않을 수 없다는 믿음. 결과의 진보가 곧 원인을 진보적인 것으로 투사하여 정당화하는 진보의 도착倒錯, 혹은 아이러니가 여기에 있다. 눈을 부릅뜨지 않으면, 진보적이기에 옳고 옳은 것이기에 진보적이라는 순환논증의 함정을 벗어나기란 쉽지 않은 노릇이다. 그렇게 진보가 맹목으로 돌변하는 역사의 변증법적 도착은 근대 사상 전체를 집어삼켜 버렸던 것이다!

19세기는 이러한 진보가 맹목의 전장戰場을 이룬 시대였다. 다윈주의의 해괴한 변종인 사회진화론과 제국주의 및 식민주의의 공생은 이성의 수치스러운 자기 합리화이며, 문명화 과정으로서의 근대화는 진보는 무조건 옳은 것이라는 자기도취가 초래한 폭력의 또 다른 이름이었다. 빵을 먼저 키워야 한다는 산업주의의 표어나 빵을 제대로 나누어야 한다는 공리주의적 구호나 모두 궁극적으로는 동일한 근대적 환상이란 사실은, 그와 같은 진보의 도착적 기원을 통해 설명할 수 있을 듯하다. 자본주의와 공산주의를 비롯해 근대의 온갖 '주의'들은 근대적 진보의 맹점을 피하지 못한 채 그 전제를 암묵적으로 수용하며 성장했다. '내가 하면 로맨스요 남이 하면 불륜'이라는 눈먼 자기확신과 그만큼 똑같이 가중되는 타자를 향한 적대가 20세기의 자기파멸적 혼돈 속에서 폭발해 버렸다는 사실은 우리가 잘 알고 있다. 이런 상황에서 진보에 대한 한갓된 믿음과 찬사는 순진한 몽상에 지나지 않는다. 그러니 진보에 대한 진정한 열정이 반대자들에 대한 맹렬한 증오로 쉽게 전화된다는 역설은 이해하기 어려운 일이 아니다. 그것은 진보의 근대성 전체 속에 시초부터 내장되어 있던 폭탄이었던 것이다.

가까스로 회복된 진보적 정부에 바치는 환희와 기대 이면에는 보수 진영에 대한 격렬한 적대의 투사뿐만 아니라 자신과는 입장이 다른 진보에 대한 적의, 혹은 같이 발걸음을 맞추지 못하는 진보의 후위後衛에 대한 냉소와 질책도 분분하다. 예컨대 진보의 깃발에 내재한 파벌주의의 계보를 찾아내 그 권력화된 행태를 비판하는 것이나, 민주정부의 기치 아래 용인되었던 젠더 감수성의 마비 및 가부장적 태도 등을 꼬집는 것 등이 있을 것이다. 아마도 타당하고도 결코 무시할 수 없는 지적들이자 우리 시대의 대의가 담겨 있는 목소리일 게다. 다만 그 급진적인 진보의 발걸음은 또 다른 진보의 상대적인 좌표를 간과할 뿐만 아니라, 그러한 상대성의 자리 어딘가에 자신도 역시 처해 있을 가능성에 대해 눈감고 있는 것이 아닐까? 내가 있는 이 자리가 유일무이한 진보의 자리라고, 오직 나만이 진보의 정체성을 확증한다고 자신할 때, 진보란 거꾸로 더 이상 진보할 수 있는 동력을 상실한 채 정체해 버릴 위험에 빠지는 게 아닐까? 물론, 엄혹한 시절을 버티며 진보를 사라지지 않게 했던 힘은 온 세상이 반대하고 적대할지라도 자신의 행동이 옳다는 고독한 믿음과 결의에 있었을 터이기에, 선각자의 목소리가 가질 독야청청한 외로움을 아집과 독선이라고 쉽게 비난할 수는 없다. 그럼에도 불구하고 우리를 불안스레 흔드는 것은, 모든 진보적이지 않은 것, 곧 비-진보를 밀쳐 내며 자신의 진보성을 확신하는 독단과 몽매가 진보의 발꿈치에 항상 매달려 있다는 사실이다.

4. 역사의 천사와 비-진보의 구원

역사의 행정 가운데 가장 앞자리를 자처하는 진보는 하나의 시차時差다. 그것은 뒤처진 시간, 정체되거나 흐름에 역행하는 시간을 거부하거나 무시하고 앞으로 나아가고자 한다. 전진하는 동시에 전진하지 않는 순간을 탄핵하고 조롱하며 지양해 버린다. 또한 진보는 하나의 시차視差다. 영원한 것이 있다면 만물유전의 시간만이 유일할 것이고, 그때 진보는 제각각 상대적인 관점이 차지하는 매번의 장소일 따름이다. 진보는 인류 공통의 경험이 아니라 공통 경험을 향한 소망일 뿐, 시차에 따라 분열하는 감각과 믿음의 자장을 벗어날 수 없다. 진보에 내재하는 기쁨과 행복, 불안과 절망은 이로부터 연유하는 게 아닐까? 진보의 진정한 힘은 그러한 분열의 시좌로부터 그때마다 파생되는 의미에 달려 있지 않을까?

태극기 집회에 대한 지지는 아마도 이 시대의 다수적 현상은 아닐 것이다. 거기에도 물론 수많은 이질적인 욕망과 감응의 흐름들이 혼재해 있으며, 이는 태극기 지지자들이 탄핵의 정치적 사안뿐만 아니라 외교와 경제, 문화의 여러 지점들에서 서로 다른 '혼란스런' 목소리를 내는 데서도 추측할 수 있다. 그러나 태극기 지지를 부정적인 것으로 만드는 주된 이유는 다양성이 아니라 상투성, 즉 틀에 박힌 주장에 쉽게 합류하는 무지각적 태도에서 잘 드러난다. 놀라울 정도로 간단히 가짜뉴스에 현혹되고, 북한과 미국, 박정희와 박근혜, 동성애 이슈 등에 대해 무비판적 동조를 표하는 그들에게서 어떤 진보적인 감각을 찾아내기란 거의 불가능해 보인다. 니체적 의미에서, 대개의 수구적 입장이 그러하듯 그들은 '선악의 저편'을 바라보지 못하며, 그래서 '좋음'이라는 기쁨의 정치학에는 전혀 근접하지 못하고 있다. 그렇다면 태극기의 반대편을 자처하는 진보는 어떻게 좋음에, 기쁨의 정치에 가까이 갈 것인가? 진보라는 꼬리표가 좋음과 기쁨의 징표로 자동적으로 등록되는 게 아니라면?

좋음은 또한 관계를 통해서만 규정되는 실재적 양상이다. 스피노자가 말했듯, 사과가 아담에게 파멸이 된 까닭은 그의 위장이 그것을 긍정적으로 합성할 수 있는 능력이 없었던 탓이지 사과의 독성 탓이 아니었다. 현재의 조건에 적합한 긍정의 만남을 조직하는 것, 그것이 진보를 좋음으로 규정하는 유일한 기준이 될 것이다. 우리가 아무리 스스로를 진보라고 자처한다 해도, 삶이 놓인 각각의 상황에서 때론 보수주의자로 때론 중도주의자로 처신하듯, 우리는 항상 매번의 상황에 적합한 변화를 주며 살아간다. 좋은 것으로서의 삶, 진보는 언제나 상대적으로 좋은 결합을 욕망하고 구성하는 행위이다. 보수, 혹은 비-진보를 절멸시키고 진보의 유일한 색깔로 칠해 놓은 세상은 불가능하다. 양비론이나 절충주의를 내세우려는 게 아니다. 진보는 단일하지 않은 시차들로 구성된 운동인 까닭이다. 제각기 다양한 색깔과 소리들로 구성된 진보의 흐름은 또한 좌우와 상하의 다양한 지층들로 나뉘어 있다. 거기엔 진보를 표방하는 갖가지 무늬와 결들뿐만 아니라 진보를 내세우지 않거나 명확히 대립하는 비-진보의 흐름조차 포함되어 있을 것이다. 관건은 그러한 지층과 흐름의 계보를 이해하고, 선명한 적대의 선이 아니라 함께 구성하는 최선의 관계를 구축하는 데 있지 않을까? 물론 그것은 조화와 협력이라는 순박한 이상을 통해서가 아니라 날선 비판과 검증, 생살을 베어 내는 고통 어린 단련을 통해서일 것이다. 당연하게도 이 과정에는 때로 절단과 분열, 파열의 순간들이 필연적으로 내재해 있다.

한국문학을 예거해 말한다면, 문학사를 다시 읽는 작업도 그 같은 맥락을 충분히 파악하며 수행되어야 하리라 믿는다. 한편으로『무정』이든「무진기행」이든 그 작품들이 만들어지고 읽혔던 시대적 맥락, 즉 대중의 욕망과 감응의 기호를 정확히 파악할 필요가 있다. 감응의 흐름과 반향, 공명의 환경 속에서 그 작품들이 대중의 눈과 귀, 지성과 감성에 포착되었고 감수성의 구조 위에 얹혀졌는지 이해하지 못한다면, 우리는 국외자의 외재적 이점만을 이용해 폭력의 칼날을 휘두르는 어리석음을 면치 못할 것이다. 현재 '우리'라는 진보가 놓인 자리는 과거의 진보, 혹은 비-진보나 퇴행을 경유하여 도착한 일시적 표류지에 다름 아니기 때문이다. 다른 한편으로 우리는 현재의 진보가 절대성의 표지 위에 정박하는 것을 거절하는 만큼이나 과거의 지표 위에 결박되는 것 또한 거부해야 한다. 맑스의 언명을 참조한다면, 중세적 봉건성을 벗어나는 과정에서 부르주아지가 진보적 역할을 담당했다고 병리적 자본주의의 시대에도 부르주아지의 진보성을 주장하는 것은 어리석고도 위험할 것이다. 한국문학의 짧고도 유장한 굴곡 속에 내재한 진보의 표지들은 그 시절의 문맥에서 작동하던 '역사적 과거'라 할 만하다. 그에 관한 재평가와 재표지화를 경유한 재구성 없이 절단과 폭파만으로 선포되는 진보란 허무맹랑한 허언처럼 들리기 십상이다.

저 유명한 벤야민의 역사의 천사는 어디를 바라보는가? 시간의 폭풍은 사정없이 그를 떠밀고 있는데 그의 시선이 향하는 곳은 미래의 반대편, 과거다. 바람과 마주한 채 정신없이 뒤로 밀려나는 천사의 모습은 말 그대로 맹목의 비행에 다를 바 없다. 광풍에 휘말렸을 때는 누구라도 그런 모습이지 않을까? 그 누가 시간의 흐름에 자유롭게 탑승하여 역사의 주체로서 조종간을 잡을 수 있겠는가? 천사는 하염없이 미래를 향해 떠밀려 가지만, 어쩔 수 없이 그의 시선은 바람의 뒤편, 즉 과거를 향한 채 순간적으로 떠오르는 섬광의 이미지를 잡아채려 애쓴다. 그것은 진보도 퇴보도 아닌, 차라리 비–진보의 자취다. 퇴보는 진보에 의해 결정되며, 진보는 오직 믿는 자들, 눈먼 자들의 소유물인 탓이다. 실상 진보는 그것을 주장하는 자에 의해서만 보증되는 기호이며, 벤야민이 단언했듯 진보를 표방하는 모든 문화적 위업은 폭력적 야만을 통해 세워진 기념비에 불과하다. 그러므로 자기 시대에 진보를 주장하는 이들은 마땅히 진보적이다. 하지만 타자의 비–진보를 탄핵하는 딱 그만큼만 진보적인 채 천사의 시선이 머무는 과거 속에 던져져 묻히고 말 운명이다. 진보의 허언을 깨지 못하는 한, 우리는 퇴보의 운명도 회피하지 못할 것이며 비–진보를 구원하려는 천사의 시선으로부터도 비껴날 성싶다.

우리 시대의 진보를 폄훼하거나 부정하려는 뜻은 결코 아니다. 역사는 지나온 시간만큼만, 딱 그 정도만 진보적일 수 있다. 진보의 명명을 벗어나는 것, 퇴보해 있거나 정지해 있는 것, 느린 속도로 뒤처지거나 종잡을 수 없이 파행하는 것, 비-진보로 불리는 모든 것은 과거의 잔해 속에 버려질 테지만 소멸하지는 않는다. 언젠가 역사의 천사가 지나갈 때, 기각된 과거의 잔해로부터 비-진보는 진보의 이름으로 다시 호명될지 모른다. 비-진보라는 타자의 시간은 그래서 중요하다. 그것은 또 다른 언제인가 다시금 내쳐지고 파묻힐 테지만, 영원히 반복되는 주사위 놀이처럼 되풀이하여 다르게 살아나리란 전망을 버릴 필요는 없다. 그런 의미에서 진보는 항상 비-진보의 그늘에서 싹트는 미-래의 운동이고, 절대의 칼날로 재단되지 않는다. 진보에 대한 물음이 미답未踏의 고통에 던져지지 않는다면, 우리의 현재는 증오와 폭력의 영원한 굴레로부터 빠져나가지 못할 것이다.

2부

혁명 이후의 혁명

5장

혁명과 반복, 혹은 마음의 정치학

소비에트 민주주의와 프롤레타리아 독재 사이에서

> 제가 보기에 코뮌주의는 폭력이 아닌 마음의 문제이고,
> 인내가 필요한 기나긴 과정인 듯싶습니다.
> ─1919년 적군사령관 미로노프가 레닌에게 보낸 편지

1. 새로운 '반복'의 실마리를 찾아서

민주주의의 본질이 대중의 자발적인 집합과 운동에 있음을 우리는 잘 알고 있다. 데모스demos의 권력kratia이라는 어원풀이가 말해 주듯, 민주주의를 내세웠던 모든 정치적 격변은 항상 대중권력의 수립이라는 근본적 이상을 추구해 왔다. 혁명은 그와 같은 이상을 향한 대중적 역량의 경주와 전환, 구축적 사건에 붙여진 이름일 것이다. 민주주의를 함축하는 혁명의 이념성과 아울러, 우리는 혁명의 사건성에도 눈길을 돌리지 않을 수 없다. 구체적인 역사적 사건으로서 혁명은 선험적으로 주어진 도식이나 절차를 허용하지 않고, 단일한 표준적 모델도 내세우지 않는다. 우리는 역사의 과정 속에서 발생했고 전개되었던 절단적 국면들과 그 효과에 대해 '혁명적'이라는 수식어를 붙일 따름이다. 따라서 현존하는 체제와

---

* 이 글은 2017년 성공회대학교에서 열린 제8회 맑스코뮌날레에서 처음으로 발표되었다.

제도, 규범적 기구들을 교란시키거나 와해에 이르게 만드는 순간들 모두가 일정 정도 혁명의 이념성과 사건성을 분유하고 있다고 말해도 좋을 것이다. 그런 의미에서 정확히 백 년 전에 일어났던 러시아 혁명은 민주주의의 이념성과 사건성이 현실화되었던 가장 거대하고 중요한 사례로서 기록되어 있다.

1991년 소비에트 연방이 마침내 해체되었을 때, 그 원인에 대한 분석과 아울러 1917년 혁명의 공과功過에 관한 논의가 분분히 일어났다. '세계 최초의 노동자 국가'를 탄생시킨 러시아 혁명은 과연 실패한 것인가? 왜 이렇게 되었는가? 어쩌면 혁명 자체가 '잘못 끼워진 단추'는 아니었을까? 이런 식으로 소비에트 연방의 경험이 정말로 민주주의의 이상에 부합하는 것이었는지, 그 역사적 경과가 혁명의 구호와 이념에 진정 걸맞은 방식으로 구현되었는지에 관한 질문들이 줄을 이었다. 물론 1917년 혁명 자체의 본래적 성격이나 특징, 역사적 구성체로서의 현실 사회주의에 대한 분석들이 오랫동안 이어져 왔던 것도 사실이다. 소비에트 연방이 지속된 70여 년이라는 기간은 동시에 러시아 혁명의 정당성과 현실성, 국가 및 사회 구조에 관한 해석의 역사이기도 했다.[1] 그렇게 혁명은 발생과 소멸이라는 두 시점에서 열띤 담론적 논쟁의 지평을 열었다. 그러나 근 이십여 년 전에 활발하게 제기되었다가 어느새 침묵 속에 잠겨

---

1 국내외의 다양한 논저들을 열거할 수 있겠으나, 대체적인 큰 흐름에 대해서는 한정숙, 「'세계를 뒤흔든 혁명'에 대한 열광, 비판, 성찰: 러시아 혁명 100년, 해석의 역사」, 『다시 돌아보는 러시아 혁명 100년 1』, 정재원·최진석 엮음, 문학과지성사, 2017, 37~132쪽을 참조할 만하다. 이 논문은 러시아 혁명에 관한 해석의 역사를 비판적으로 돌아보고 있는데, 혁명 초기에 이루어진 트로츠키 자신의 해석에서부터 스탈린 시대와 그 이후의 소비에트 내부의 입장들, 서구의 전통적인 소비에트 비판을 경유하여 연방 해체 이후의 관점 및 한국의 최근 동향에 이르기까지 1917년에 관한 다양한 해석의 경로들을 개괄적이고 핵심적으로 정리하고 있다.

버린 러시아 혁명에 관한 물음과 답변은 상당 부분 실패의 귀책론에 사로잡힌 것이기도 했다. 사료의 발굴과 해독, 제도 및 정치이론에 대한 전문 학제적 연구들과는 별개로, 혁명의 현재성과 실천적 동력에 관심을 가졌던 사람들에게 소비에트 연방의 붕괴는 믿기 어려운 역사의 반전反轉이었기에 그 책임의 원천이 명백히 밝혀져야 할 사건이었다.

'누구'에게 잘못이 있고 '언제부터' 문제가 시작되었는지에 대한 비판은 귀책론이 안고 있는 가장 핵심적인 논제이자 함정일 것이다. 이로 인해 레닌이나 스탈린, 트로츠키와 같은 왕년의 혁명 주역들이 새삼스레 다시 호출되고 재평가되는 계기를 맞기도 했다. 하지만 이 '유령 소환'은 그들의 사상이나 실천을 복기하며 '살릴 것은 살리고 버릴 것은 버리는' 온당성의 원칙에 따른 게 아니었다. 재판정에 오른 유령들은 그들이 과연 맑스의 진정한 계승자였는지 심사받았고, 그들 가운데 누가 현재의 파국을 겨냥한 첫번째 방아쇠를 당겼는지 심문당하고 처분되는 소송process이 벌어졌다.[2] 레닌이 성취한 사회주의의 현실이 스탈린 또는 그 후계자들에 의해 망가졌다든지, 애초에 레닌의 방법이나 이론이 맑스의 공산주의와는 다른 것이었다든지,[3] 나아가 맑스의 사상 자체가 19세

---

2 이는 러시아 혁명의 지도자들을 맑스의 사상 본류로부터 벗어난 '변종'이나 '일탈'로 규정함으로써 사회주의 운동사를 구출하려는 서구 맑스주의의 오래된 시도에서 연원한다. 전반적 분위기에 관해서는 John Planametz, *German Marxism and Russian Communism*, Prentice Hall Press, 1965를 참조하라.

3 "모든 공산주의 정권에 퍼지게 된 지배형태를 구축한 진짜 장본인은 사실상 스탈린이었으며 […] 이 정권을 이끈 사람들의 동기가 무엇이었든, 이들의 지배는 사회주의에 대한 끔찍한 왜곡이었다." "[레닌이 살아 있던―인용자] 1919년에는 이미 2월 혁명에서 출현한 소비에트 내지 평의회 제도가 거의 다 시들어 버리고 소비에트는 공산당이 나날이 강화되어 가는 엄격한 지도하에 들어가 있었다." 랠프 밀리반드, 「공산주의 정권의 위기에 관한 성찰」, 로빈 블랙번 편저, 『몰락 이후. 공산권의 패배와 사회주의의 미래』, 김영희 외 옮김, 창작과비평사,

기 근대성의 유물이기에 탈근대의 지형에서 붕괴는 불가피했다는 식의 판단들이 그러하다.[4] 일정한 근거와 성찰의 지점들이 포함되어 있었음을 감안해도, 귀책론은 대개 역사를 향한 '화풀이'에 가깝고, '원한감정'에 사로잡힌 채 소모되는 경우가 많아서 혁명에 대한 객관적인 분석을 가로막는 장애물이 되기 쉽다.

소비에트 연방의 해체를 기화로 1917년 혁명의 의미마저 퇴색시키려는 흐름에 대항하는 시도도 없지 않았다. 이는 주로 혁명가이자 정치가, 이론가로서의 레닌을 재조명하고 되살려 내려는 의도에서 비롯되었던 바, 서구 좌파의 급진적인 정치철학자들이 그 주동이었다. 1991년의 충격 이후 그들은 프랜시스 후쿠야마Francis Fukuyama의 '역사의 종말'과 같은 우파적 관점들이 맑스주의 운동 전체를 일소해 버리려는 기도에 반기를 들었고, 역사상 최초로 사회주의를 내걸어 국가전복을 성공시켰던 러시아 혁명을 다시 분석해야 한다고 주장했다. 비록 스탈린주의의 폐해가 만천하에 공개되고 비판되었지만, 이른바 '좋은 레닌 대 나쁜 스탈린'과 같은 자기 위안적 통념에 머무르지 말고 혁명의 경과를 되돌아볼 것

1994, 23~24, 27쪽. 한편, 레닌 사상의 비(非)맑스적 토대에 대한 논의로는 다음을 보라. 사이먼 클락, 「레닌은 마르크스주의자였는가? 마르크스-레닌주의의 인민주의적 뿌리」, 사이먼 클락 외, 『"레닌에 대해 말하지 않기"』, 김정한 외 옮김, 이후, 2000, 18~58쪽; 한정숙, 「레닌의 사상적 변천: 인민주의 비판에서 볼셰비즘의 형성으로」, 『마르크스주의연구』 2(1), 한울, 2005, 10~15쪽.

4 이런 관점은 맑스에 적대적인 전통적 우파의 해석으로부터 포스트맑스주의 및 네오맑스주의, 그리고 대안맑스주의에 이르기까지 다양한 스펙트럼에서 드러나고 있다. 마지막의 경우는 '거대 서사'로서의 근대적 맑스주의를 포기하고 자본주의의 유연성을 정밀하게 분석하여 맑스를 '맑스적으로' 넘어설 것을 요구하고 있다. 로베르트 쿠르츠 엮음, 『마르크스를 읽다』, 강신준 외 옮김, 창비, 2014, 16~57쪽; 자크 비데 · 제라르 뒤메닐, 『대안 마르크스주의』, 김덕민 옮김, 그린비, 2014, 16~32쪽.

을 주문했던 것이다.[5] 특히 소비에트 연방이 해체된 지 십여 년이 지난 시점에서 어느덧 당연시된 레닌에 관한 침묵을 털어 내고, '진리의 정치'로서 레닌적 실천의 정치학을 재구성하도록 촉구했다. 진보좌파의 행보가 불확실한 세계상황 속에서 맑스주의 운동의 침로를 재설정할 원천으로서 "레닌의 제스처를 현재의 지구적 조건 속에서 반복하는" 게 그 목표라는 것이다.[6] 이와 같은 재평가와 재조명은 맑스주의 운동사뿐만 아니라 러시아 혁명을 새롭게 해석하기 위해 반드시 필요한 요소들임에 틀림없다. 이러한 장점에도 불구하고 정치철학적 해석은 '레닌적 행위'가 어떤 정세 속에서 결정되었고, 어떻게 전개되었으며, 무엇을 초래했는지에 관한 실제적 분석을 미루어 두는 경향이 없지 않다. 정치철학적 해석의 중요한 의의는, 지젝의 표현대로 과거의 혁명을 정당화하거나 똑같이 되풀

---

5 레닌과 스탈린을 분리시키거나 맑스와 러시아 혁명가들을 떼어냄으로써 혁명의 본래적 역동성을 전자에게만 귀속시키려는 입장은 1950년대 이래 서구 맑스주의의 기본적 태도를 이룬다. 메를로-퐁티나 사르트르의 '전향'을 비롯하여, 1970년대 이후 유럽 공산당이 취했던 프롤레타리아 독재 포기 및 의회주의적 전환 등을 예로 들 수 있다. 정명환 외,『프랑스 지식인들과 한국전쟁』, 민음사, 2004, 제3장; 에티엔 발리바르,『민주주의와 독재』, 최인락 옮김, 연구사, 1988, 11~15쪽. 한편, 스탈린주의 이후의 소비에트 사회가 혁명의 '왜곡'이나 '굴절'이라기보다는 내적 논리의 관점에서 정당성을 갖는다는 수정주의도 특기할 만하다. 이에 따르면 스탈린주의는 '악마적 독재'가 아니라 소비에트 민중의 욕망과 지지를 받아 성립한 사회적 현상이었다. 즉 스탈린은 혁명의 '배반자'가 아니라 레닌 이후의 불가피한 대내외적 정세에 부합하는 사회를 조직한 정치가였다. Sheila Fitzpatrick(ed.), *Cultural Revolution in Russia*, Bloomington, 1978.

6 세바스티앙 뷔젱 외, 「서문. 레닌을 반복하기」, 슬라보예 지젝 외,『레닌 재장전』, 이현우 외 옮김, 마티, 2010, 23~24쪽. 정세의 이론가이자 생성의 정치가로서 레닌을 다시 정위시키려는 시도는 레닌이 '비정통적 맑스주의자'라거나 '원시적 맑스주의자'라는 전통적인 우파적 평가를 전복시키고, 그가 구체적인 역사적 과정 속에서 판단하고 행동하던 혁명가였음을 입증한다. 레닌에게 '진리의 정치'는 절대 객관적인 거대 서사로서의 진리가 아니라 정세와 상황에 따른 우발성과 계열화의 구성적 효과라는 것이다. 슬라보예 지젝,「오늘날 레닌주의적 제스처란 무엇인가: 포퓰리즘의 유혹에 맞서」,『레닌 재장전』, 127~157쪽.

이하는 게 아니라 실행되지 않았던 혁명('레닌이 놓친 기회')을 수행('반복')하는 데 있기 때문이다.[7] 이러한 문제의식을 탈각시키지 않으면서, 어떻게 혁명의 이념성과 사건성을 다시 해석해 볼 수 있을까?

이 글에서 짚어 보려는 주제는 러시아 혁명에서 나타난 민주주의와 독재의 문제다. 자유민주주의적 정치체제와 자본주의적 경제구조 안에서 살고 있는 우리에게 민주주의와 독재만큼 적대적이고 화합 불가능한 단어쌍이 또 있을까? 식민주의와 군사주의가 낳은 국민 형성 교육의 그늘에서 우리는 민주주의와 독재를 양립할 수 없는 주제들로 배웠다. 전자는 자유를 최대한 보장하는 긍정적 이념인 반면, 후자는 자유를 억압하는 부정적 반反정치의 기제로 인식되어 온 것이다. 하지만 맑스와 레닌의 사유에서 우리는 민주주의와 독재가 논리적 충돌이나 모순 없이 공존하고 있으며, 심지어 결합하고 있음을 목격한다. 무엇보다도, 맑스 이론의 실제 사용자였던 레닌에게 민주주의와 독재는 혁명의 과정에서 맞물려 작동하는 상호 보충적인 구조를 이루며, 어느 한쪽이 결락되어서는 공산주의의 실현이 전혀 불가능해지는 절합적 관계를 형성했다. 민주주의와 독재의 짝은 골수 극단주의자나 이론가의 책상에서 고안된 모순적 관념들이 아니라 혁명이라는 사건을 지속시키고 역사의 다음 단계로 이행하기 위해 만들어진 실천적 장치들이었다. 하지만 장치, 곧 제도와 제도를 잇는 장치의 논증으로 이 문제가 완전히 풀릴 수 있을까?

소비에트 민주주의와 프롤레타리아 독재를 사이에 둔 문제설정은 대개 이념적 차원이나 사건성, 혹은 현실논리에 의거해 해소되어 왔다. 전자의 경우, 최근까지도 러시아 혁명에 대한 비판적 분석의 상당수는

---

7 슬라보예 지젝 · 블라디미르 레닌, 『지젝이 만난 레닌』, 정영목 옮김, 교양인, 2008, 562~3쪽.

민주주의와 독재, 더 정확히 말해 소비에트 민주주의와 프롤레타리아 독재를 부지불식간에 일종의 완결된 이념형ideal type으로 전제하곤 했다. 그 결과, 러시아 혁명의 과정에서 양자가 공존 불가능했다거나 혹은 처음부터 양자 모두 비현실적인 이상에 다름 아니었다는 식의 부정적 결론이 도출되곤 했다.[8] 후자의 경우는, 혁명 이후의 급박했던 사정을 빌미삼아 레닌과 볼셰비키의 정책들을 임기응변의 소산으로 옹호하는 형편이다. 그 최선의 사례가 레닌을 정세conjuncture에 관한 탁월한 분석가요 조직가라 부르는 것이고, 최악의 사례는 레닌과 볼셰비키를 주먹구구로 현실에 대응했던 이론적 망상가들로 몰아붙이는 것이다. 하지만 '모 아니면 도'라는 양자택일적 귀결은 앞서 언급한 귀책론만큼이나 비생산적인 논의임에 틀림없다. 이론의 이념성에 기반하여 실천의 사건성을 재단하고, 후자의 실패로부터 전자의 비일관성과 불가능성을 손쉽게 끌어내는 탓이다. 역사에는 가정이 없다는 말은 역사를 되물릴 수 없으며, 따라서 가정법으로 다른 경로를 상상해 보는 것은 어디까지나 잠재성의 영역에만 머물러 있다는 뜻일 게다. 역으로 현실 중에서 우리가 놓친 것이 무엇일지, 보이는데도 불구하고 보지 못한 것은 어떤 것일지, 그에 대한 탐침을 부지런히 굴려 보는 게 이 글의 진정한 목표다.

이를 위해, 우선 러시아 혁명의 과정에서 나타난 두 가지 제도적 문

---

8 소비에트 민주주의와 프롤레타리아 독재의 대립과 파국에 대응하여 혁명을 옹호하려는 입장들은 대개 '그때 그 상황에서는 어쩔 수 없었다'는 식의 상황론적 변호에 몰두하곤 한다. 예의 '러시아적 특수성'에 대한 관점이 그것이다. 사건의 실제 정황에 대한 고려는 필수적이지만, 이를 전면화할 경우 우리는 이론과 실천의 무맥락적인 비일관성에 빠지거나 '레닌은 모든 점에서 전략과 전술의 천재였다'는 식의 냉전시대의 구태의연한 소극을 감상하게 될 뿐이다.

제설정, 즉 소비에트 민주주의와 프롤레타리아 독재에 관해 살펴보고 양자의 충돌이 어떻게 역사적으로 사건화되었는지 탐문해 보겠다. 그다음으로 이 문제를 파열시킨 양극적 계기로서 코뮨과 국가를 문제화할 것이다. 마지막으로 코뮨과 국가 사이의 양자택일이 아닌, 이론적 개념의 문제설정 너머에 있는 비가시적인 차원으로서의 마음의 문제에 대해 간략히 언급하며 논의를 마치려 한다. 어쩌면 이로부터 우리는 '수행되지 않았던' 레닌적 정치, 혹은 러시아 혁명의 미-래가 어떤 식으로 '반복'되어야 할지에 관한 실마리를 찾을 수 있을지도 모른다.

2. 소비에트 민주주의와 「4월 테제」

소비에트 연방, 혹은 한국어로 '소련'蘇聯으로 더 잘 알려진 정치체제의 정식 명칭은 '소비에트 사회주의 공화국 연방'USSR, Union of Soviet Socialist Republics; SSSR, Sojuz Sovetskikh Sotsialisticheskikh Respublik이다. 이름이 직설적으로 드러내듯, 현실 사회주의의 실존 형태는 '사회주의 공화국들의 소비에트들이 연합한 체제'로 번역된다. 먼저 제기하고 싶은 질문은 두 가지다. 우선, 'Respublic'을 통상적인 관습대로 '공화국'이라고 번역해도 괜찮을까? 공화주의의 전통은 기원 이전으로까지 거슬러 올라가는 오랜 역사를 갖지만, 그것이 우리가 일반적으로 사용하는 근대적 의미의 '국가'state와 통용될 수 있는지는 조금 다른 문제다.[9] 이에 대해서는 차

---

9 '공화'(共和, republic)란, 동양에서는 기원전 841년 폭정을 일삼던 서주(西周)의 려왕(厲王)이 축출된 후 제후[共伯] 화(和)가 왕을 대신했던 고사에서, 서양에서는 기원전 509년 왕을 몰아낸 로마인들이 국가를 '공공의 것'(res publica)이라 부른 데서 기원한 것으로 알려져 있다. 이는 군주가 지배하지 않는 국가로, 이후 정부 형태나 정치체와 무관하게 국가 일반을 가

차 상술하도록 하자. 다른 하나의 질문은 'Soviet'에 관한 것이다. 연방체제 전체와 거의 등가처럼 사용되는 이 단어는 본래 '충고'나 '조언'을 뜻하는 러시아어 명사로서[10] 혁명 전에는 노동파업이나 사회운동을 지도하는 위원회의 이름으로 등장했다. 보다 익숙한 유럽어로 바꾸자면 '코뮨'commune이 이에 해당하는 바, '평의회'와도 서로 상통하는 용어이다.[11] 연방 최고 소비에트Sovet Respublik Verkhovnogo Soveta SSSR(소연방 최고회의)는 혁명이 성공한 후 소비에트 연방에서 최고 의결 기관으로 자리잡았으며, 1991년 12월 26일 고르바초프의 대통령직 사임과 더불어 연방해체 선언을 승인하기도 했다. 그렇다면 공산당은 소비에트와 어떤 관계에 있었을까? 우리는 흔히 공산주의 체제를 일당독재라 부르며, 당이 모든 것을 좌지우지하는 정치형태라고 알고 있지 않은가?

소비에트 민주주의에 대한 질문은 이로부터 시작된다. 잘 알려져 있듯, 1917년 4월 3일 독일을 통해 러시아로 돌아온 레닌은 다음날 소비에트 볼셰비키 집회와 볼셰비키-멘셰비키 합동 집회에 참석해 그 유명한 「4월 테제」를 제출했다. "모든 권력을 소비에트로!"라는 구호로 잘 알려

리키는 용어로 사용되었다. 조승래, 『공화국을 위하여』, 길, 2010, 15쪽 이하. 물론 우리는 고대국가와 근대국가가 정치질서나 통치형태, 개념적 정의에 있어서 엄연히 다른 정치적 구성체라는 점을 감안해야 한다.

10 러시아어 자모로는 'совет'(sovet)지만, 라틴문자로 음차하면서 발음상 'i'가 덧붙여졌다.

11 넓은 의미에서 '협의체'를 가리키는 평의회(council)가 파리코뮨 시기의 코뮨이나 러시아 혁명에서의 소비에트와 어떤 역사적 연결성을 갖는지에 대해서는 단언할 수 없다. 각각의 조건에 따라 서로 다른 기능과 목적을 실행했기 때문이다. 기원과 역사를 찾으려는 시도는 자칫 현실 없는 이념에 함몰되기 십상이기에 경계해야 할 테지만, 사건적 양상들을 미루어 보건대 평의회와 코뮨, 소비에트는 '대중의 자기통치'라는 점에서 이념적 공통성을 갖는 게 틀림없다. 오스카 안바일러, 『노동자 농민 병사 소비에트』, 박경옥 옮김, 지양사, 1986, 12~14쪽. 소비에트의 역사적 연원을 찾는 일은 흥미롭지만, 그것은 사건성이라는 관점에서 특수한 역사적 배치를 경유해 고찰되어야 할 것이다.

진 선언이 그것이다. 여기서 소비에트는 1905년 1차 혁명 때부터 자생적으로 결성되어 노동운동을 이끌던 공장 평의회 기구를 가리킨다. 그해 10월에 총파업이 발발하며 창설되었던 노동자대표 소비에트는 이후 1917년 2차 혁명 전까지 러시아 노동운동사의 큰 줄기를 형성하는 조직체가 되었으며, 비非당파성을 내걸었으되 실제 행동 강령에서는 계급적 연대와 사회주의 실현을 위한 정치적 요구들을 포괄한 현장 조직이었다.[12] 당시 지도부가 해외에 있었고 볼셰비키와 멘셰비키로 내부갈등을 겪던 러시아사회민주노동당은 본토의 노동현장에서 이루어진 자발적인 소비에트 결사체에 큰 영향력을 끼칠 수 없었다. 노동자들 자신에 의한 혁명적 창의성이 십분 발휘된 결과가 소비에트였던 것이다.

1차 혁명 이후, 중앙입법기관이나 지방자치단체가 유명무실했던 제정 러시아에서 공장평의회 형식으로 창설된 소비에트는 거의 유일무이한 민주적 자치제도로 기능했다. 소비에트 선거구는 공장이나 군부대에 국한된 지역적 단위가 아니라 농촌이나 군대, 함대 등 장소를 가리지 않고 공동체적 분위기가 가동되는 곳이라면 어디든 적용될 수 있는 자생적 공동자치 기구였기 때문이다.[13] 특히 진보적 지식인들의 직접적 도움을 받기 어려웠던 문맹자가 대부분이던 러시아에서 소비에트는 민주주의적 경험을 확산시키는 데 결정적인 '학교'로 자리잡게 된다. 혁명 이전의 러시아에서 민주주의는 제도적 지식으로서 교육되거나 주입된 게 아

---

12 제헌의회의 소집과 민주공화국 수립, 전국 공장 및 소규모 작업장의 8시간 노동제 확립 등이 그 실천 목표로 제기되었다. 세르게이 튜린, 『러시아 노동운동사』, 강철훈 옮김, 녹두, 1986, 91~92쪽.

13 권세은, 『'Soviet'의 비판적 고찰: 프롤레타리아 독재의 러시아적 권력형태와 적용의 한계』, 경희대 석사학위논문, 1993, 12쪽 이하.

니라 생활을 통해 훈련되고 수행되었던 것이다. 맨 처음 수도 페테르부르크를 중심으로 나타났던 노동자 소비에트는 점차 지방 곳곳으로 확산되며 유사한 조직체들로 증식되어 나갔고, 드물지만 병사와 농민들의 소비에트도 등장하기 시작했다. 때에 따라서는 노동자와 병사, 또는 농민이 연합한 형태의 소비에트도 나타났는데, 1905년 12월 크라스노야르스크에서 만들어진 노동자 병사 소비에트가 그것이다.[14] 수적으로 병사 소비에트가 훨씬 드물 수밖에 없었지만, 무기를 손에 쥔 병사들의 목소리가 더 크게 울려퍼진 것은 당연한 일이었다. 비록 1차 혁명은 부르주아 민주주의 대의 체제를 일부 획득하는 데 머물고 말았지만, 실제 정치체제의 변동보다 더욱 중요했던 것은 억압받던 대중이 스스로의 힘으로 자기 통치적 정치조직을 형성했다는 점이었다.

1917년 2월 혁명으로 나타난 '이중권력'은 부르주아지를 대변하는 임시정부와 노동자 및 병사의 대의기구인 페트로그라드 소비에트로 이루어졌다. 이를 계기로 1905년 이후 축소되었던 지방의 소비에트들이 다시 활성화되고, 그해 3월 29일부터 4월 3일 사이에는 '제1차 전체 러시아 노동자 병사 소비에트 협의회'가 조직되기에 이른다. 이제 소비에트는 몇몇 발전된 공업지대의 특수 직업군의 결사체가 아니라 전 러시아의 대중적 자치기구로서 임시정부의 공식적 권력기구와 대등한 세력을 겨루게 되었던 것이다. 같은 해 6월에 열린 소비에트 대회는 전국에서 운집한 지방 소비에트 대의원들로 이루어진 것으로, 자유보통선거가 존재하지 않던 동시대 러시아에서 가장 민주적이고 광범위한 규모의 대의기구에 다름 아니었다. 이렇게 국내에서 활발히 작동하던 소비에트의 조직과

---

14 안바일러, 『노동자 농민 병사 소비에트』, 59~60쪽.

힘에 관해 레닌은 충분히 숙지하고 있었다. 그가 4월 3일 페트로그라드로 도착하자마자 「4월 테제」를 발표해 소비에트 권력집중을 요구했던 것은 바로 이러한 조직력을 잘 알고 있었기 때문이었다. 하지만 레닌이 처음부터 소비에트를 지지하고 있던 것은 아니었다. 오히려 그는 소비에트가 체제를 전복시키고 사회주의로 나아가기 위한 혁명의 결정적 전위는 될 수 없다고 판단했다. 일종의 전략전술론이자 볼셰비키 조직론이라 부를 수 있는 『무엇을 할 것인가?』(1902)에서 레닌은 다음과 같이 말한 바 있다.

[앞선 논의에서―인용자] 우리는 노동자들만으로는 사회민주주의적 의식을 갖지 못할 수도 있었다라고 말했다. 사회민주주의 의식은 외부로부터 노동자들에게 주입되어야 했던 것이다. 모든 나라의 역사는 노동자 계급이 전적으로 자신의 노력으로는 노동조합 의식 ― 노동조합으로 단결하고, 사용자들과 싸우고, 정부로 하여금 필요한 노동입법을 제정하도록 다그치는 것이 필요하다는 의식 ― 만을 발전시킬 수 있음을 보여 준다. 그러나 사회민주주의 이론은 유산계급의 교육받은 대표자들, 즉 지식인들이 만든 철학적·역사적·경제적 이론으로부터 성장하였다. 현대의 과학적 사회주의의 창시자인 맑스와 엥겔스도 그 사회적 지위로 따지면 부르주아 지식인에 속했다. 마찬가지로 러시아에서 사회민주주의의 이론적 원리는 노동계급운동의 자연발생적인 성장과는 완전히 독립적으로 생성되었다. 사회민주주의 이론은 혁명적인 사회주의 인텔리겐치아들 사이에서 사상발전의 당연하고 필연적인 결과로서 생성되었다.[15]

인간은 자신이 귀속된 환경에 의해 좌우될 수밖에 없다는 유물론적 관점은 사회적 존재로서의 노동자를 경제주의라는 그물에 포획되게 만든다. 노동자가 노동자로 실존하는 한, 그는 사회혁명적 관점을 스스로 창안해 내기 어렵다는 뜻이다. 사회운동에서 자생성과 자발성이 중요함에도 불구하고, 그 자체로는 이론적으로나 실천적으로나 혁명의 대의를 충족시킬 수 없다. 레닌에게 민주주의는 어디까지나 사회주의적 민주주의이며, 그것은 노동자 자신의 역량이 아니라 외부로부터 주어진 전위적 지식계층의 사상에 의지해야만 도달 가능한 의식 수준이었다. 이런 의미에서 소비에트의 세력이 아무리 견고하게 다져져 있다 할지라도, 전위당의 지휘를 받지 않는다면 혁명을 향한 전국적 정치투쟁에는 한계가 있을 수밖에 없다는 판단이 나온다.

전위당에 관한 이와 같은 테제는 러시아에서 아직 노동운동이 미미하던 1902년의 상황에서 나온 것이었고, 당시로서는 사회민주노동당의 지도가 불가결하다는 판단에 반박하기가 어려웠을 듯하다. 그 이후 1905년과 1917년을 경과하며 러시아 노동운동에서 획기적인 발전이 목도되었던 것도 사실이다. 하지만 레닌의 기본적인 입장이 큰 변화를 겪지는 않았다. 그에게 소비에트는 조합주의적 자치기구에 지나지 않았고, 따라서 체제변혁을 위한 결정적 행동을 위해서는 볼셰비키의 지도를 받아야 할 대상임이 명확했다.[16] 이런 점들을 고려할 때, 「4월 테제」는 레닌이 정치·사회적 분위기뿐만 아니라 운동권 내의 정세에 대해서도 전략적 판단을 내린 후 도출된 주장임을 알 수 있다. 그가 갓 귀국했을 무렵 임시정

---

15 블라디미르 레닌, 『무엇을 할 것인가?: 우리 운동의 긴급한 문제』, 김민호 옮김, 백두, 1988, 39쪽. 문맥에 맞게 수정해 인용했다.

부와 이원 권력을 구성하며 실질적 대세를 이루었던 소비에트는 아직 볼셰비키에 의해 완전히 장악되지 않았기 때문이다.

부르주아지와 권력을 합법적으로 반분하는 형태의 정치체제는 그 자체가 멘셰비키적 발상이었다. 유럽령 러시아의 일부 도시들에서 대공업의 현격한 발전이 이루어졌음에도 불구하고, 전체 러시아는 유럽에 비해 아직 자본주의의 미성숙한 초기 단계 내지 갓 성장기에 접어든 상태였기에 사회주의로 진일보하기 위해서는 자본주의를 더욱 가속화시켜야 한다는 주장이 나온 것은 그 때문이었다. 이 주장의 요지는 의회제 입헌 공화국을 수립하고, 부르주아 민주주의 혁명의 대의에 따라 프롤레타리아는 이를 보조하며 의회 바깥의 '급진적 반대당(야당)'으로 남아 있어야 한다는 데 있었다.[17] 소비에트의 노동자들 상당수는 이러한 멘셰비키

---

16 노동자들에 대한 지식인 전위의 외부성과 우월성이야말로 후일 당중심적 사회주의의 초석이 되었다. 조정환, 「레닌의 카이로스」, 『마르크스주의연구』 1(2), 2004, 35~43쪽. 노동운동의 자발성 및 자생성 테제를 둘러싸고 레닌이 로자 룩셈부르크와 벌인 논쟁에 관해서는 이진경, 『맑스주의와 근대성』, 그린비, 2014, 280~317쪽을 보라. 또한 1917년 혁명 전까지 러시아 사회 및 노동운동의 진전에 대한 레닌의 저평가는 『러시아에 있어서 자본주의의 발전』(1899/1908)에서 채택된 그의 관점이 생산관계보다 생산력에 크게 비중을 둔 것이었음을 반증한다. 동일한 사안에 관해서도 정세에 따라 다양한 관점과 평가를 능수능란하게 활용했던 점을 고려해 볼 때, 레닌은 「4월 테제」 전까지의 러시아 산업자본주의의 양적 성장을 긍정하면서도 소비에트가 이룩한 생산관계와 정치적 능력의 비약적 신장에 관해서는 다소 유보적인 태도를 취했던 듯싶다. 즉 한편으로 소비에트를 지지하여 권력의 중심으로 끌어안으면서도, 다른 한편으로는 소비에트가 볼셰비키와 연합하여 지도를 받아야 한다고 여지를 두었던 것이다.

17 부르주아 혁명을 지원할 것인가, 직접 권력을 탈취할 것인가를 두고 벌어진 멘셰비키와 레닌의 논전은 1905년 혁명 때부터 시작된 것이었다. "급진적 반대당이라는 말은 의회투쟁에만, 게다가 아무도 '결정적 승리'를 당면 투쟁목표로 삼고 있지 않는 시기에만 적용된다." 블라디미르 레닌, 『민주주의 혁명에서의 사회민주주의의 두 가지 전술』(1905), 이채욱 외 옮김, 돌베개, 1992, 93쪽.

를 지지하는 형편이었고, 농민층에서 주로 징집되었던 병사들의 경우는 인민주의 계열의 사회혁명당과 깊이 관련되어 있었다. 더구나 사회혁명당 지도부는 멘셰비키와 우호적인 관계를 맺고 있었으므로 볼셰비키는 비록 세력이 점진적으로 강화되고는 있었지만 여전히 소수적 목소리를 낼 수밖에 없었다. 1917년 2월은 이렇게 '부르주아 혁명 이후 사회주의 혁명'이라는 2단계 혁명론이 득세하는 형국이었다. 레닌이 이를 돌파하기 위해서는 급진적 반대당 역할에 충실하라는 요구에 만족해야 했던 소비에트로 하여금 직접 권력을 쟁취하라고 주문하는 수밖에 없었다.

하지만 「4월 테제」는 프롤레타리아가 주도하는 혁명이 아니라 폭넓은 의미에서의 계급동맹을 요구했다. 소비에트의 노동자 단위들은 조직 구성의 통일성이란 점에서 생각보다 강력한 힘을 발휘하지 못했고,[18] 따라서 노동자를 중심으로 곧장 사회주의로 이행하는 것은 아직 불가능해 보였다. 실제로 2월 혁명 당시 페트로그라드 소비에트의 파업과 시위에는 탈주병들이 상당수 가담하고 있었고, 수도 근교의 항만이나 군부대에서도 소비에트가 결성되어 병사들이 노동자들의 반정부 투쟁에 적극 호응하는 형국이었다. 수도를 제외한 지방에서는 농민들의 협조 없이 소비에트를 구성하기가 쉽지 않았다. 그래서 레닌은 1905년에 이어 빈농과의 광범위한 연대를 통한 혁명적 민주주의 독재를 테제에 포함시키지 않을 수 없었다.[19] 이는 「4월 테제」가 사회주의 자체가 아니라 사회주의를 향한 '이행기 테제'에 해당되며, 혁명의 과정에서 광범위한 사회계급들

---

18 제1차 전체 러시아 노동자 병사 소비에트 협의회 이후, 소비에트는 전국적으로 단일한 조직체를 구성해 가고 있었으나 전반적으로 볼 때 일사불란한 조직력을 확보하지는 못한 상태였다. 지방 소비에트들은 대체로 완전히 자율적인 권한을 행사하면서 중앙 소비에트에 자주 반기를 들곤 했다. 안바일러, 『노동자 농민 병사 소비에트』, 140쪽 이하.

의 협력이 불가피하다는 점을 적시한 것이다. 달리 말해, 사회주의를 전제하는 한에서의 부르주아 민주주의에 대한 승인이 「4월 테제」였던 셈이다.[20] 그렇다면 소비에트 민주주의는 볼셰비키 혁명이론과 일정하게 거리를 두고 있었다고 말해도 좋을까? 소비에트 민주주의는 볼셰비키 당의 일원주의와는 다른 면모를 보이고 있었으며 레닌도 이를 알고 있었던 게 아닐까? 과연 그렇다면 레닌에게 민주주의란 무엇이었을까?

3. 레닌의 정치학과 민주주의 전략

3-1. 농민, 계급동맹의 불안한 동반자

레닌의 정치학에서 민주주의 이론은 단일하지 않다. 이는 러시아 국내외의 정치사회적 상황에 따라 그가 상이한 전략과 전술을 구상했고 실행했기 때문이기도 하지만, 근본적으로는 민주주의라는 말 자체가 그에게 명확한 외연을 통해 규정되지 않았기 때문이다. 대중권력이라는 민주주의의 이념 자체는, 레닌에게 정치 행위의 확고한 지향과 목적으로서 항존했을지 모른다. 하지만 전술과 연동된 전략의 차원에서 민주주의는 그에게 정치 행위의 일원적인 목표나 지침으로 주어지지 않았다. 우리는 러

---

19 Vladimir Lenin, "O zadachakh proletariata v dannoj revoljutsii", *Sochinenija*, Tom 24, Gosudarstvennoe izdatel'stvo politicheskoj literatury, 1949[「당면한 혁명에 있어서 프롤레타리아트의 과제에 대하여」(1917, 이른바 '4월 테제'), 『저작집』 24권], pp. 1~7.

20 "노동자 대표 소비에트가 혁명정부의 유일하게 가능한 형태이며, 따라서 우리의 과제는 대중의 전술적 오류를 설명하고, 특히 그들의 실천적 요구에 대해 끈기 있고 체계적이며 확고한 설명을 제출하는 데 있다." Lenin, "O zadachakh proletariata v dannoj revoljutsii", pp. 6~7. 한정숙, 「레닌의 사상적 변천: 인민주의 비판에서 볼셰비즘의 형성으로」, 54~55쪽도 참조.

시아 혁명의 여러 단계에 따라 레닌이 민주주의를 어떻게 정의했는지, 그리고 그에 따라 정치 행위의 수준이나 범위, 방식 등을 어떻게 상이하게 밟아 나갔는지를 면밀히 고찰해야 한다. 레닌에게 민주주의는 항상 '어떤' 민주주의로서, '어떻게' 작동하는지를 통해서만 실재적일 수 있었다. 이제 살펴볼 농민과의 부르주아 민주주의적 연대는 이와 같은 입장을 잘 예시해 준다.

19세기 말까지 맑스 사상의 세례를 받은 러시아 혁명운동가들은 스스로를 '맑스주의자'라고 부르기보다 '사회민주주의자'라 부르는 게 관례적이었다.[21] 일반 대중에게 여전히 생소했던 독일 사상가의 이름을 따오는 것보다 사회민주주의라는 정치적 이데올로기를 자신들의 정체성으로 수용하여 선전하는 게 대중정치의 차원에서 더 효율적이었던 탓이다. 하지만 이유가 그뿐만은 아니었다. 19세기 중반 이후 러시아 인텔리겐치아의 자발적인 대중계몽운동이자 혁명운동이었던 인민주의 전통과의 경합관계에서 사회민주주의는 특정한 사상적 경향을 나타내는 것을 넘어 하나의 정치적 체제를 전시할 수 있는 이름이 되었다. 요컨대 러시아의 미래는 인민에게 수탈된 토지를 되돌려주는 농민적 공동체주의가 아니라 사회주의적 민주정체 혹은 민주주의적 사회주의 체제에 있다는 뜻이다.

인민주의는 1860년대 이전의 전통적 인텔리겐치아의 이념을 통해 성장했고, 1880년대 이후로는 아나키즘적 테러리즘을 받아들임으로써 19세기 후반의 급진적 혁명세력으로 부상했다. 이와 대결하던 레닌의 초

---

21 Leopold Haimson, *The Russian Marxists and the Origins of Bolshevism*, Beacon Press, 1966, pp. 103~104.

기 입장은 상대방과 논전하는 가운데 그 장점을 적극 수용하여 자신의 무기로 삼자는 데 있었다. 예컨대 '부르주아적 농민 민주주의'를 지향하던 인민주의는 비록 맑스주의의 과학성과 근대성을 거부하는 시대착오성과 부르주아 혁명이라는 계급적 한계를 내포하고 있었지만, 여전한 전근대성과 전제주의적 지배 하에 시름하던 러시아 상황에서는 충분히 '진보적'이라 할 수 있었다. 더구나 19세기 말까지 전체 인구의 85%가 농민들이던 상황에서 혁명의 실현 가능성은 단지 노동자 계급의 역량만으로는 요원한 꿈에 불과해 보였다.[22] 러시아의 사회·정치적 상황에 대한 면밀한 분석은 혁명이 노동자를 비롯한 다른 계급과의 연대를 통하지 않으면 불가능하다는 사실을 절실하게 깨닫게 해 주었으며, 특히 농민과의 결합은 필수불가결한 요소로 인식되었다. 앞 절에서 언급했듯, 노동자와 농민 사이의 이러한 전술적 동맹은 1905년경부터 레닌에 의해 직접적으로 언명되고 있다.

---

22 따찌야나 미하일로브나 찌모쉬나, 『러시아 경제사』, 이재영 옮김, 한길사, 2006, 196~197쪽. 반면 19세기 말까지 유럽령 러시아를 중심으로 근대적 산업자본주의의 물결이 러시아 제국에 '충분히' 스며들었다는 통계적 자료도 제출되어 있다. 가령 1865년 70만 6,000명 정도이던 금속노동자의 숫자는 1890년에 이미 143만 3,000명으로 증가하였고, 이에 레닌은 러시아가 아직 후발 자본주의적 단계일망정 세계 자본주의 체제에 깊숙이 진입해 있다고 호언한 바 있다. 한정숙, 「레닌의 사상적 변천: 인민주의 비판에서 볼셰비즘의 형성으로」, 12쪽. 레닌이 인민주의를 비판한 것은 이른바 자본주의 초월론, 즉 러시아 농촌은 미르(mir)와 같은 전(前)사회주의적 공동체를 이미 관습적으로 보유하고 있기에 자본주의를 건너뛰어 사회주의로 직행할 수 있다는 '순진함' 때문이었다. 오히려 러시아는 더욱 '충분히' 자본주의로 성장해야만 했다. 완연한 자본주의적 토대 위에서만 사회주의 혁명은 비로소 성취될 수 있었다. 이에 따라 그는 러시아 경제가 기계제 대공업 단계에 돌입하여 자본주의의 '최고 수준'에 올라섰음을 여러 차례 강조하지 않을 수 없었다. 블라디미르 레닌, 『러시아에 있어서 자본주의의 발전 II』(1899/1908), 김진수 옮김, 태백, 1988, 489~499쪽. 단, 16번 각주에서 밝혔듯, 이는 생산관계의 변전을 위한 생산력의 준비라는 차원에 국한된 논리였다.

성공적인 러시아 혁명에서의 농민의 역할을 진정으로 이해하는 사람이라면 부르주아지가 혁명에서 물러설 경우 혁명의 기세가 꺾일 것이라고 말할 생각은 꿈에도 없을 것이다. 왜냐하면 실제로는 부르주아지가 혁명에서 물러설 때 그리고 농민 대중들이 프롤레타리아트와 나란히 적극적인 혁명가로 나설 때만 비로소 러시아 혁명은 그 참된 기세를 과시하기 시작할 것이며, 부르주아 민주주의 혁명기에 있을 수 있는 가장 막강한 혁명적 기세를 진정으로 과시하게 될 것이기 때문이다. 일관성 있게 끝까지 완수되려면 우리의 민주주의 혁명은 부르주아지의 불가피한 동요를 마비시킬 수 있는 세력들에 의존해야만 한다.[23]

이렇듯 1905년에 레닌이 제시한 노동자와 농민의 혁명적 민주주의 독재는 최소강령으로서의 민주주의였다. 즉 자본주의가 완전히 성숙하지 못한 러시아적 조건에서 노동자의 단일한 대오로는 혁명을 일으키기 어렵기 때문에 최소한 농민과의 연대가 필수적이라는 것이다. 이 말을 반대로 뒤집어 보면, 언제든 여건이 갖추어진다면 농민과의 연대는 사회주의 혁명에서 반드시 필요한 것이 아닐 수도 있다는 뜻이 된다. 멘셰비키뿐만 아니라 다른 볼셰비키들에 비해서도 레닌은 초기부터 농민문제에 깊은 관심을 기울이고 농민과의 동맹을 사회주의 혁명의 조건으로 제출해 왔는데, 이는 농민에 대한 동정심이나 유대감이 아니라 바로 이러한 러시아적 '정세'에 대한 정치한 분석의 결과였던 것이다. 그래서 농민들에 대한 그의 관심은 언제나 반反혁명에 대한 경계심을 은밀하게 감춰 둔 상태에서 표명되었다.

---

23 블라디미르 레닌, 『민주주의 혁명에서의 사회민주주의의 두 가지 전술』(1905), 123쪽.

우리는 농민들에게 이렇게 말해 두어야 한다. 토지를 획득한 이후에도 당신들은 전진해야 한다. 그렇지 않으면 당신들은 필연코 패배할 것이며, 지주들과 대부르주아지 앞에 내던져질 것이다. […] 민주주의적 전환(이는 자연히 부르주아지를 강화할 것이다) 이후에는 강력해진 부르주아지가 노동자와 농민 대중의 전리품을 전부 빼앗아 가든지, 또는 프롤레타리아트와 농민 대중이 투쟁하며 전진하든지 둘 중의 하나만 있을 뿐이다. 후자가 바로 공화국이자 인민의 전면적 권력[인민주권—인용자]이다.[24]

일견 지주와 대부르주아지에 맞서 노동자와 농민 사이의 연대를 강조하는 문구처럼 보이지만,[25] 잠재적인 소부르주아로서의 농민들에 대한 압박이 동시에 행해지고 있음은 어렵잖게 눈치챌 수 있다.[26] 적들에게 탈취한 토지를 농민들에게 분배하겠다고 약속하면서 그들의 동의와 지지를 이끌어 내는 전술이 필요하지만, 이는 그 약속이 실현되는 순간부터 다음의 '골칫거리'를 필연코 배태할 것이기 때문이다. 하지만 반反혁명에 대한 이러한 의혹과 불안은 1917년의 단계까지도 아직 표면화되지 않았다. 오히려 그즈음 농민운동의 사회주의적 전화에 대한 레닌의 믿음은

---

24 Vladimir Lenin, "Peresmotr agrarnoj programmy rabochej partii"(1906), *Sochinenija*, Tom 10[「[사회민주]노동당의 농업강령에 관한 재검토」, 『저작집』 10권], p. 168.

25 러시아 혁명사에서 이 논문은 도시 노동자가 농업 노동자와 동맹을 맺어야 하고, 특히 빈농(반半프롤레타리아트)을 혁명에 적극 끌어들여야 한다고 주장한 것으로 의미부여 받고 있다. 이노 류이치(井野隆一), 『레닌의 농업이론』, 편집부 옮김, 미래사, 1986, 107~108쪽.

26 「재검토」에서는 소(小)소유자를 비롯한 일체의 소유자들에 대한 불신으로 표방되었다. 빈농이 여기서 제외되는 만큼, 거꾸로 말한다면 중농들이 여기에 포함될 여지가 있을 것이다. Lenin, "Peresmotr agrarnoj programmy rabochej partii"(1906), pp. 168~170.

최고조에 도달해 있었다. 물론 그것은 혁명을 통해 권력이 최종적으로 프롤레타리아의 손에 쥐어질 것이며, 이로써 완전히 산업화된 사회주의가 성취될 것이란 전제에서 생겨난 낙관주의를 기반으로 하고 있었다.[27]

3-2. 지식인, 연대와 포섭의 전위세력

농민과의 연대에 이르는 레닌의 관점을 살펴본 이유는, 그의 민주주의 이론이 폭넓은 의미에서의 계급동맹에 기초해 있으며, 앞으로 살펴볼 프롤레타리아 독재나 사회주의와는 사뭇 다른 색채를 띠기 때문이다. 대중권력이라는 이념에도 불구하고 민주주의는 사회주의에 도달하기 위한 연합과 동맹의 필요에 따라 시기별로 다르게 제기되었고, 부르주아적 뉘앙스로부터 완전히 자유롭지도 않았다. 지주나 대부르주아지를 겨냥한 총공세를 펴기 위해 노동계급은 농민과 손을 잡아야 하지만 그것은 어디까지나 농민들이 소부르주아적 반혁명의 자원이 되지 못하도록 통제할 수 있을 때만 가능한 일이다. 계급동맹으로서의 민주주의라는 테제를 입증하는 또 다른 사례를 우리는 지식인에 대한 레닌의 관계에서 확인해 볼 수 있다.

고전적 맑스주의 이론에 비추어 볼 때, 지식인 계층 그 자체는 하나의 사회적 계급이라 할 수 없다. 그러나 러시아의 역사적 상황에서 지식인이 갖는 특수한 위치로 인해 레닌은 그들을 유사 계급동맹의 관점에서

---

27 "만일 농민들이 소(小)토지 소유자가 되길 원하면 그렇게 해 줘라. 토지재산의 몰수는 자본주의적 경제를 약화시킬 것이며, '프롤레타리아트가 중심적 위치에서 지배력을 행사한다면' 나머지는 저절로 잘 될 것이다. 정치권력을 프롤레타리아트에게로 이전하는 것이 가장 근본적인 문제이다. 그 이후에야 본질적인 농민의 요구를 들어 주는 것이 가능하다." 에스더 킹스턴-만, 『레닌과 농민혁명』, 고광재 옮김, 녹두, 1986, 255쪽에서 재인용.

접근했다. 인텔리겐치아가 바로 이 계층을 지칭하는 단어이다. 멀리는 18세기부터 가깝게는 19세기 이래 러시아의 혁명적 민주주의 운동에서 인텔리겐치아의 역할은 부정할 수 없는 위상을 차지하고 있었다.[28] 대중의 집단적 감각과 기억에 각인된 지식인들의 모습을 고려할 때, 이들을 서구적 기준에서 손쉽게 배제하는 것은 정세에 대한 명민한 판단이라 할 수 없을 것이다. 레닌으로서는 어떻게든 이 계층과의 관계를 정리할 필요가 있었다.

1902년 『무엇을 할 것인가?』를 출판했을 때, 레닌은 노동자들이 자생적으로 사회민주주의적 의식성을 획득할 수 없다고 단단히 못 박았다. 작업장 민주주의를 넘어서는 전면적이고 전체적인 혁명적 입장은 어디까지나 계급의 경계 외부로부터만 주어질 수 있으며, 비非노동자 계급으로부터 주입되어야 한다는 것이다. 노동자 대중의 계급적 각성은 선진적 이론으로 무장한 전위당에 의해 견인되는 것이고, 이로써 사회주의는 한갓된 믿음이나 열망을 넘어서 '과학'의 지위에 올라서게 된다.[29] 흥미로운 점은 직업적 혁명가이자 이론가의 외부성이 영구히 지속되지는 않는다는 사실이다. 노동자들은 전체를 바라보는 시야를 외부에서 유입된 전위의 도움으로 확보하겠지만, 궁극적으로는 스스로 전위적 지식인의 관점을 획득하게 될 것이다.

---

28 Vladimir Lenin, "Iz proshlogo rabochej pechati v Rossii"(1914), *Sochinenija*, Tom 20[「러시아 노동자 출판의 지난 역사로부터」, 『저작집』 20권], p. 223. 이 글에서 레닌은 귀족층 및 프롤레타리아트와 함께 잡계급(raznochintsy)을 '러시아 사회의 세 주요계급'이라 호명한다. 중간 지식인들로서 잡계급은 부르주아 민주주의에도 넓게 걸쳐 있었으며, 19세기 이래 인텔리겐치아의 주류를 이루었다. 최진석, 「인텔리겐치아와 문화, 지식-권력의 문제설정」, 『진보평론』 69, 2016, 15~43쪽.
29 레닌, 『무엇을 할 것인가?』(1902), 35쪽.

우리 스스로 떠맡아야 하는 임무는 우리 당의 지도력 아래 모든 전면적인 정치투쟁을 조직화하는 것이며, 모든 반정부적 계층이 그 정치투쟁과 우리 당에 최대한의 지지를 보낼 수 있는 그러한 방식으로 투쟁을 조직화해야 하는 것이다. 우리는 사회민주주의적인 실제적 노동자들이 정치적 지도자가 되도록 […] 훈련시켜야 한다.[30]

레닌에게 지식인과 노동계급의 차이는 그다지 결정적이지 않았다. 그가 상찬했던 막심 고리키의 소설 『어머니』(1906)에 나오는 주인공 파벨 블라소프처럼, 노동자들은 언제나 전위적 혁명가들의 이론적 지도를 받을 준비가 되어 있으며 스스로 깨우칠 자질 또한 충분하다.

정치적 폭로를 위한 이상적인 청중은 노동계급이며, 노동계급이야말로 무엇보다도 전면적이고 생생한 정치적 지식을 필요로 한다. 그리고 '감지할 수 있는 결과물'을 약속하지 않을 때조차도 그 정치적 지식을 적극적인 투쟁으로 전환할 수 있다.[31]

세간의 악평과 달리, 전위당 이론은 노동자와 지식인을 구분하여 위계를 설정하는 논리가 아니다. 거꾸로 상이한 두 집단이 어떻게 서로 접속하고 동조할 수 있는지에 관한 실천적 강령에 가깝다. 레닌이 요청하는 선전과 선동의 체계화 및 조직화, 그리고 전국신문의 발간 등은 혁명적 지식을 전파하고 생산하기 위한 방법론이며, 그 궁극 목적 중 하나는

---

30 레닌, 『무엇을 할 것인가?』(1902), 96쪽.
31 레닌, 『무엇을 할 것인가?』(1902), 99쪽.

노동자 계급으로부터 혁명적 전위를 직접 추출해 내는 데 있었다. 따라서 러시아 사회주의 운동의 역사에서 볼 때 지식인들과의 연대는 전통적 인텔리겐치아와 현대적 프롤레타리아트 사이의 연결고리를 만드는 과정이었으며, 양자 간의 '동일화' 과정이었다고도 할 만하다. 이것이 단지 논리적 정당화만은 아니었는데, 왜냐하면 이런 식으로 노동자 계급과 동화되지 않는 구舊 인텔리겐치아에 대해 레닌은 가차 없는 '처분'을 결정했기 때문이다.[32]

원대한 이념과는 별도로, 사건적 국면마다 조금씩 변화된 형태로 도출된 민주주의의 테제들은 레닌에게 전략이자 전술의 지위를 가졌다.[33] 거시적으로 볼 때, 소비에트 민주주의 역시 이러한 지평을 크게 넘어서지는 못했다. 앞서 언급했듯, 노동자 및 병사 소비에트 자체가 레닌이 주도하던 볼셰비키와는 다른 정파조직을 이루고 있었고, 「4월 테제」는 힘의 역학을 충분히 고려한 끝에 내려진 동맹제의에 가까웠던 까닭이다. 레닌이 보기에 10월 혁명 이전의 소비에트 민주주의는 아직 충분히 사회주의적이지 않았고, 이에 따라 사회주의적 전환은 또 다른 방법을 통해 보충되어야 했다. 프롤레타리아 독재가 바로 그것이다.

---

32 Lesley Chamberlain, *Lenin's Private War. The Voyage of the Philosophy Steamer and the Exile of the Intelligentsia*, St. Martin's Press, 2006.

33 1917년에 이르기까지 오랫동안 레닌의 민주주의는 사실상 '부르주아 민주주의'를 가리켰다. 이때 동맹자가 누구인지 여부가 민주주의의 전략적 가치를 평가하는 기준이 되었다. 마르셀 리브만, 『레닌주의 연구』, 안택원 옮김, 미래사, 1985, 63쪽 이하.

4. 프롤레타리아 독재와 이행의 방법론

4-1. 맑스와 파리코뮨의 이상

19세기 프랑스의 블랑키주의자들이 처음으로 사용했던 프롤레타리아 독재라는 용어를 맑스가 차용했을 때는 엄밀한 검토를 거치지 않은 상태였다고 한다.[34] 그 이후 1871년 파리코뮨을 목격하여 그에 관한 글을 작성하고, 다시 1875년 「고타 강령 초안 비판」을 제출하는 가운데 프롤레타리아 독재의 개념이 어느 정도 완성되었다. 우리의 주안점은 러시아 혁명에서 등장한 프롤레타리아 독재의 형태를 소비에트 민주주의와 연결지어 보는 것이지만, 먼저 맑스의 관점을 일별함으로써 전반적인 논의의 가닥을 잡아 보려 한다.

맑스가 착목했던 파리코뮨의 중대한 의의는, 코뮨이 나폴레옹이 표방했던 부르주아 민주주의에 대립할 뿐만 아니라 이를 뛰어넘는 형식을 창안했다는 데 있었다. 물론, 1870년 프로이센과의 전쟁에서 패배할 당시 프랑스는 나폴레옹 3세가 지배하는 제2제정이었다. 그러나 샤를 루이 나폴레옹의 프랑스 제국은 러시아와 같은 전제주의 체제가 아니었고, 수차례의 입헌적 개혁을 거치며 자유주의적 성향을 드러내던 와중이었다.[35] 1848년 이래 금융과 산업 부문에서 부르주아지의 약진이 두드러졌고, 그 결과 프랑스 제국은 강력한 중앙집권적 자본주의 국가의 형태를 갖추어 가고 있던 것이다. 이런 와중에 패전과 제3공화국의 선포, 그리고 파리코뮨의 성립에 이어지는 연속적인 과정은 국가가 자신의 대립물로 급격히

---

34 David McLellan, *Karl Marx: His Life and Thought*, Palgrave Macmillan, 1973, p.118.
35 노명식, 『프랑스 혁명에서 파리 코뮌까지, 1789-1871』, 책과함께, 2011, 362~378쪽.

전화하는 극적 무대를 제공했다. 맑스에 따르면, 1789년의 혁명은 근대 국가의 정치적이고 물질적인 능력을 모조리 빼앗아 더욱 발전시켰으며, 1871년의 파리코뮌은 바로 그 국가의 진정한 대립물로서 역사 속에 나타난 것이었다.

> 코뮌 —— 그것은 사회를 통제하고 제압하는 대신에 사회 자신의 살아 있는 힘으로서 사회가 국가 권력을 다시 흡수하는 것이다. 그것은 억압의 조직된 힘 대신에 자기 자신들의 힘을 형성하는 인민 대중 자신이 국가 권력을 다시 흡수하는 것이다. 그것은 인민 대중의 적이 인민 대중을 억압하기 위하여 휘둘러 온 사회의 인위적 힘(인민 대중의 억압자들이 전유하고 있는)(인민 대중에 대립되고 반대하여 조직된 인민 대중 자신의 힘)을 대신할 인민 대중의 사회적 해방의 정치적 형태이다. […] 코뮌, 즉 사회적 해방의 정치적 형태 […] 노동 해방의 정치적 형태. […] 코뮌은 노동자 계급의 사회 운동, 따라서 인류의 전반적 재생의 사회 운동이 아니라 그 행동의 조직화된 수단이다.[36]

여러 차례에 걸쳐 맑스는 코뮌을 '사회 공화국'soziale Republik이라 명명한다(이를 '공화제'로 번역하는 게 더욱 타당하다는 점은 다시 언급하도록 하자). 하지만 요점은 코뮌이 공화국이라는 정치체제의 이름을 수여받는 게 아니라 계급해방이 수행되는 '조직화된 수단'으로 작동한다는 사실이다. 즉 국가를 '대체'하는 '다른' 조직화다. 예를 들어, 파리코뮌

---

36 칼 맑스, 「『프랑스에서의 내전』 첫번째 초고」(1871), 『맑스 엥겔스 저작선집 4』, 최인호 외 옮김, 박종철출판사, 1995, 18, 20쪽.

이 내린 첫번째 훈령은 상비군을 폐지하고 그것을 인민의 무장으로 대체하는 것이었다. 정부의 억압기구이던 경찰과 군대는 이로써 인민의 자기 방어적 수단으로 전환되고, 코뮌을 지속시키는 물적 수단의 지위에 오르게 된다. 이것은 인민무력의 원리다(무장의 권리). 이와 나란히 인민권력의 원리 역시 제출되었다(주권의 권리). 다양한 공적 사안들에 관해 시민들의 직접 참여나 선출권이 보장받았고, 맡은 바 직무에 대해서는 추후 소환을 통해 책임도 질 것이 요구되었다. 모든 공직에 대해서는 노동자의 임금에 준해 급여가 책정되었고, 임기 중에는 다른 시민들에 의한 통제로부터 자유로워야 한다는 원칙도 수용되었다. 무엇보다도 코뮌은 부르주아 대의제의 의회적 기능을 넘어섰는데, 이는 코뮌이 입법과 행정을 함께 수행하도록 구성되어 있었기 때문이다. 권력분립과 같은 부르주아 의회주의의 허울뿐인 원칙은 가볍게 기각되었다. 코뮌의 노동은 분업화된 소외의 대상이 아니었고, 이것이 '코뮌적 사물의 질서'였던 셈이다.[37]

이와 같은 코뮌의 원리를 이론적으로 정식화한 것이 고타 강령에 대한 맑스의 비판이었다. 그가 이끌던 사회민주주의 노동자당과 페르디난트 라살레Ferdinand Lassalle의 전 독일 노동자협회가 통합하는 과정에서 도출된 강령에 대해 논평하며, 맑스는 공산주의(코뮌주의) 사회의 미래적 이미지를 제시하고 있다. 그 이미지란 "각자는 능력에 따라" 일하고, "각자에게 필요에 따라" 분배한다는 원리가 지켜지는 사회로서, "방금 생겨난 공산주의 사회의 첫번째 단계에서는" 곧장 실현되기 어려운 "공산주의의 더 높은 단계"를 가리킨다.[38] 이를 더 정확하고 자세히 풀면 다음과 같다. 부르주아지가 지배하는 자본주의는 국가가 사회를 지배하는

---

37 칼 맑스, 「프랑스에서의 내전」(1871), 『맑스 엥겔스 저작선집 4』, 64~65쪽.

형태이며, 따라서 자유로운 노동과 그 생산물의 자유로운 처분이 완전히 이루어질 수 없다. 공산주의는 사회를 국가 위에 올려놓는 단계를 뜻하며, 이러한 역전과정은 순식간에 완벽히 이루어지지 않는다. 이로부터 바로 이행의 문제가 제기되는 바, 자본주의가 공산주의로 도약하기 위한 현실적 받침대가 요청된다.

> 자본주의 사회와 공산주의 사회 사이에는 전자에서 후자로의 혁명적 전환의 시기가 놓여 있다. 또한 이 시기에 상응하는 정치적 이행기가 있으니, 이때의 국가는 프롤레타리아트의 혁명적 독재 이외에 다른 것일 수가 없다.[39]

맑스가 언급하는 공산주의가 곧 코뮌에 의한 인민의 자기통치라는 점은 쉽게 알 만하다. 파리코뮌을 통해 그는 이러한 정치형태의 가능성을 충분히 엿보았으며, 더 큰 지역적·국민적 단위에서도 이를 실현할 가능성을 타진하고 있었다. 이행기 강령인 「고타 강령 초안 비판」은 그 구체적 방법론이자 수단으로서 프롤레타리아 독재를 제안한 것이다. 하지만 파리코뮌은 그 자체가 공산주의는 아니었다. 파리코뮌의 구성원들은 중간계급부터 사회주의자들까지 다양했으며, 조직과 구성은 일정하게 '민주주의적' 절차주의를 준수하고 있었기에 '프롤레타리아적'이지도 않았고, 일원적 계급의 '독재'에 근접하지도 않았다.[40] 파리코뮌의 구성원들

---

38 칼 맑스, 「고타 강령 초안 비판」(1875), 『맑스 엥겔스 저작선집 4』, 377쪽. 미래 공산주의의 전(前) 단계로서 '사회주의'라는 이름이 공식화된 것은 스탈린 시대의 일이다. 레닌만 해도 사회주의와 공산주의를 혼용해 발언하는 경우가 많았다.

39 맑스, 「고타 강령 초안 비판」(1875), 386쪽.

은 부르주아 민주주의의 원칙들을 거부했을 뿐, 민주주의 자체의 장점과 원리를 자신들의 운영방식에 무리 없이 도입해 사용하고 있었다. 그런 점에서 파리코뮌은 '인민 민주주의적 대의체'라 할 만하고, 따라서 1917년 이전의 러시아 소비에트 민주주의에 더욱 유사해 보인다. 이는 맑스가 민주주의 공화국을 공산주의와 등치시키지 않고, 역으로 부르주아 사회에서 발달한 마지막 국가 형태로 간주하여 계급투쟁의 전장으로 묘사한 점에서 잘 드러난다.[41] 그 역시 민주주의를 공산주의와 전적으로 부합하는 정치이념으로 받아들이기보다 일종의 이행기적 과정 속에서 이해하고 있었을지 모른다. 이제 그 구체적인 판단은 1917년의 레닌에게 맡겨진다.

4-2. 레닌과 코뮌-국가의 현실

1917년 7~8월 사이에 집필된 『국가와 혁명』에서 레닌은 1848년 이래 프랑스 혁명의 경과를 분석하면서 파리코뮌에 이르러 마침내 이렇게 단언한다.

> 코뮌은 프롤레타리아 혁명에 의해서 '최종적으로 발견된' 정치형태이며, 그 정치형태 하에서 노동의 경제적 해방이 가능하게 될 것이다.
> 코뮌은 프롤레타리아 혁명에 의해 시도된 부르주아 국가기구를 타도하려는 최초의 시도이며, 타도된 국가기구를 대체할 수 있고, 대체해야 하

---

40 George Lichtheim, *Marxism. An Historical and Critical Study*, Praeger, 1961, pp. 112~121.
41 맑스, 「고타 강령 초안 비판」(1875), 386~387쪽.

는 '최종적으로 발견된' 정치형태이다.

좀더 나아가 1905년에서 1917년의 러시아 혁명이 서로 다른 환경과 서로 다른 조건 속에서도 코뮨을 결성하는 작업을 계속하고 있으며, 이로써 맑스의 찬란한 역사적 분석을 확증해 주고 있다.[42]

맑스의 논지에 따라 레닌은 파리코뮨이 상비군을 폐지하고 국민소환에 관료를 복종하게 함으로써 국가라는 조직을 "근본적으로 상이한 형태를 지닌 또 다른 조직으로 방대하게 대체하였다"고 설명한다. 코뮨의 등장은 일종의 '양질전화'에 비견될 만한 전환으로서 "부르주아 민주주의로부터 프롤레타리아 민주주의로 전화"한 결과란 것이다. "국가는 더 이상 기존의 국가가 아닌 것으로 전화했다."[43] 국가를 넘어선 조직, 프롤레타리아 민주주의를 표방하는 이 정치형태의 이름은 코뮨이자 프롤레타리아 독재이다. 그렇다면 레닌이 프랑스 혁명사의 사건적 경험과 맑스의 국가 이론으로부터 추출해 냈다고 주장하는 프롤레타리아 독재란 무엇인가?

맑스 국가론의 본질은 단일 계급에 의한 독재가 모든 계급사회 일반을 위해서나 부르주아지를 타도한 프롤레타리아트를 위해서뿐만 아니라, 자본주의와 '무계급사회'인 공산주의를 분리시키는 완전한 역사적 시기를 위해서도 필요하다는 사실을 인식하고 이해하는 사람들에 의해서

---

42 블라디미르 레닌, 『국가와 혁명』(1917), 김영철 옮김, 논장, 1988, 74쪽. 이하 러시아어판을 대조해 번역에 수정을 가해 인용한다.
43 레닌, 『국가와 혁명』(1917), 59쪽.

만 완성된다. […] 자본주의에서 공산주의로의 이행은 풍부하고 아주 다양한 정치적 형태들을 창출하는 것과 밀접하게 관련되어 있지만, 그 본질은 필연적으로 동일하게 될 것이다.[44]

프롤레타리아 독재는 자본주의와 공산주의를 절단하는 역사적 시기이며, 단일 계급의 지배를 허락하는 이행기라 할 수 있다. 이 문구를 잘 따져 보면 이행기에는 여전히 다른 계급들이 공존하고 있고, 그들은 새로운 지배계급인 프롤레타리아의 독단적 지배를 받아야 한다는 점을 알 수 있다. 이것은 "억압자에 대한 억압"을 뜻하는 것으로, "국가를 재조직하고 사회를 순수하게 정치적으로 재조직하는" "국가의 사회주의적 재조직화"인 프롤레타리아 독재의 특징이 여기 있다.[45] 프롤레타리아 독재의 이와 같은 성격은 레닌이 이 단계를 경제적으로는 자본주의의 연속선상에서 파악하고 정치적으로는 민주주의 공화국의 연장선에서 이해하고 있음을 뜻한다. 자본주의의 발전된 생산력을 프롤레타리아가 전유함으로써 생산관계에 일신을 기하고, 부르주아 공화국을 민주주의적으로 변경시킴으로써 정치적 역학관계를 뒤바꾸는 것이다. 아직 "더 높은 단계"로서의 공산주의는 아닌, "공산주의의 첫째 또는 낮은 국면"에서 그렇다는 뜻이다.

첫번째 국면이나 단계에서의 공산주의는 아직 경제적으로 충분히 완성된 것이 아니며, 자본주의적인 전통과 유산에서 완전히 자유로울 수도

---

44 레닌, 『국가와 혁명』(1917), 51쪽.
45 레닌, 『국가와 혁명』(1917), 61쪽.

없다. 따라서 첫째 국면에서의 공산주의는 '부르주아적 권리의 편협한 지평'을 여전히 유지하고 있는 현상을 보인다. [⋯] 자신의 해방을 위해 자본가들을 대상으로 투쟁하고 있는 노동계급에게 민주주의는 대단히 중요하다. 그러나 민주주의는 뛰어넘지 못하는 경계가 결코 아니며, 그것은 봉건제에서 자본주의로, 자본주의에서 공산주의로 이행하는 과정상의 한 단계에 불과할 뿐이다.[46]

레닌의 이론적 기획에 따르면, 프롤레타리아 독재는 불가피하지만 매우 짧은 기간 동안 진행될 것이었다.[47] 러시아는 이미 제국시절에 발달된 선진적 산업자본주의의 생산력에 도달하였고, 진전된 노동의식의 각성으로 말미암아 파리코뮌과 유사한 혁명적 사건의 경험을 보유하고 있었기 때문이다. 다만 남겨진 질문은 국가, 곧 프롤레타리아 독재기의 국가란 무엇인가에 대한 물음이다. 만약 프롤레타리아 독재가 더 높은 공산주의의 전前 단계이고, 엥겔스가 말하듯 국가가 소멸하는 단계라면, 독재 시기의 조직 곧 코뮌이란 대체 어떤 정치체를 뜻하는가? 이로부터 저 유명한 준-국가의 테제가 나온다.

국가의 사멸에 대한 엥겔스의 논제는 러시아 혁명을 전후한 시기 유럽 좌파들에게 일종의 대기주의적 환상을 심어 주었다. 자본주의가 발전하고 공산주의 혁명의 분위기가 무르익을수록 부르주아 국가는 스스

---

46 레닌, 『국가와 혁명』(1917), 122~123쪽.
47 맑스 역시 프롤레타리아 독재는 시기적으로 짧고 도덕적인 성격이어야 한다는 점을 시사했다. Hal Draper, "Marx and the Dictatorship of Proletariat", Bob Jessop & Russel Wheatley(ed), *Karl Marx's Social and Political Thoughts: Critical Assessment III*, Routledge, 1999, pp. 289~315.

로 사멸하고 말 테니 그것을 파괴하기 위해 애쓸 필요가 없다는 주장이 그것이다.[48] 부분적으로 레닌조차 이런 입장을 취한 적이 있었지만,[49] 「4 월 테제」에서 보았듯이 1917년에 이르러 그는 프롤레타리아의 적극적인 권력의지를 강조하고 나선다. 제반조건이 성숙한 단계에서 프롤레타리아트의 임무는 국가가 저절로 죽어 없어지길 기다리는 게 아니라 적극적으로 파괴하고 제거하는 데 있다는 것이다. "부르주아 국가는 '사멸'되는 것이 아니라 혁명과정에서 프롤레타리아트에 의해서 '폐지'되는 것이다. 혁명 후에 사멸되는 것은 프롤레타리아 국가, 또는 준-국가semi-state; polugosudarstvo(반半국가)이다."[50] 부르주아 국가를 인위적으로 폐기하는 것이 폭력혁명이다. 오직 이 방법을 거치지 않고는 발달된 자본주의 경제체제와 고도화된 부르주아 정치질서를 한순간에 장악할 수 없다. 그런데 이 과정은 아나키스트 일반이 주장하는 것처럼 국가라는 적의 실체를 실존적으로 삭제하는 것으로 이루어지지 않는다. 레닌이 수차례 강조하듯, 사회주의는 무無에서 생겨나는 게 아니라 자본주의라는 역사적 토양으로부터 자라는 것이기 때문이다. 자본주의적 국가를 폐지한 이후에도 계속해서 국가의 형태가 '존속'하고 그것을 '이용'해야 하는 문제는 이로부터 비롯된다. 이와 같이 이행기의 진정한 의미는 "지배계급으로 조직된 프롤레타리아트"가 운영하는 프롤레타리아 준-국가, 프롤레타리아

---

48 베른슈타인과 카우츠키의 이런 관점이 전위적 혁명가들의 당과 같은 레닌적 명제를 반대했던 것은 당연하다. 그들은 프롤레타리아 독재를 폐기하고 의회주의적 전환을 꾀했으며, 이에 대해 레닌은 지속적으로 공박을 가했다. 블라디미르 레닌, 『프롤레타리아 혁명과 배신자 카우츠키』(1918), 허교진 옮김, 소나무, 1988.

49 레닌, 『무엇을 할 것인가?』, 191쪽. 하지만 이 진술은 러시아 노동계급이 전위의 도움을 받아 혁명적 계급이 되기까지의 준비기간을 지시하는 것이었다.

50 레닌, 『국가와 혁명』, 30쪽.

국가의 성격을 규명하고 현실적으로 전유하는 데 있다.[51] 이것이 그가 프랑스 혁명 이후의 정치사와 부르주아 민주주의 및 국가의 제거를 역사적으로 설명하며, 그 마지막 단계로서 '최종적으로 발견된' 정치형태를 코뮌에서 찾는 이유다. 레닌에게 코뮌은 곧 프롤레타리아 독재였고, 국가 아닌 국가("무無국가")이자 국가 이상의 국가였기 때문이다.

이러한 관점은 「4월 테제」에서도 어느 정도 제시된 것이었다. 모든 권력을 소비에트로 이양하라고 주장했던 레닌은 부르주아적인 의회제 공화국 대신 파리코뮌을 모델로 삼은 코뮌-국가gosudarstvo-kommuna를 강령에 포함시켰기 때문이다. 그런데 문제는 이제부터 시작된다. 파리코뮌을 프롤레타리아 독재 단계로 규정짓고, 혁명기 러시아의 실천적 강령들을 파리코뮌의 사례로부터 복기한 레닌은 맑스가 '발견하지 못한' 사건의 시공간을 열어젖힐 필요가 있었다. 파리라는 지역적 단위의 코뮌이 만약 러시아처럼 광대한 영토와 국가적 지배체제가 유지되는 곳에서 실현되려면 어떤 조치들을 취해야 하는가? 파리에서의 프롤레타리아 독재와 러시아에서의 프롤레타리아 독재는 절대 같을 수 없을 터이다. '인민권력'과 '인민무력'이라는 차원에서 파리코뮌은 국가를 대체하는 인민의 자기통제적 자치기구를 구성하는 데 성공했다. 하지만 러시아로 지리를 옮기자 여기에는 필수불가결한 하나의 차원이 추가되었다. 바로 '인민국가'의 문제였다. 즉 국가를 완전히 폐기할 수 없을 때, 인민 곧 프롤레타리아트는 어떻게 국가를 자신의 것으로 접수할 것인가?

---

51 레닌에 따르면 맑스는 부르주아 국가의 소멸 이후에 나타나는 단계에 대해서는 "발견하려고 하지 않았다"고 주장한다. 프롤레타리아 독재라는 정치형태가 '준-국가'적 상태임을 규명한 것은 바로 자신이라는 뜻이다. 레닌, 『국가와 혁명』(1917), 73~74쪽.

"[파리—인용자]코뮌이 시간상의 한계로 발전시키지 못했던 전국적 조직"의 문제, "전국적인 통일체의 조직"이라는 문제는 레닌이 직면했던 고유한 과제였다. 파리코뮌을 외부에서 관찰하며 그 경과와 구성에 대해 논평했던 맑스는 국가 단위의 코뮌이 어떻게 조직되어야 할지에 대해 충분히 생각하지 못했다. 코뮌의 전체 구성원이 직접 참여하고 운영하는 파리의 경험은 1917년의 러시아에서는 곧이곧대로 적용되기 어려웠다. 레닌은 맑스의 동의를 끌어오며 자신의 조직론을 여기에 보태어 프롤레타리아 독재의 러시아적 판본을 완성해 낸다.

맑스는 의도적으로 다음과 같은 말을 사용했다. 즉 부르주아적이고 군사적이며 관료적인 중앙집권제에 대항하고, 의식적이고 민주적이며 프롤레타리아적인 중앙집권제를 위해서 '전국적인 통일체가 구성되어야 한다'.[52]

그렇다면 이렇게 제출된 러시아판 프롤레타리아 독재는 동시대의 소비에트 민주주의와 어떻게 결합하여 실천적으로 수행되었을까?

5. 민주주의와 독재의 (불)가능한 변증법

5-1. 코뮌주의 공화제의 탄생

『국가와 혁명』을 쓸 당시 레닌은 어찌된 영문인지 프랑스어 '코뮌'에 해당하는 러시아어 단어가 없다고 지적하며, 엥겔스가 그것을 독일어 '공

---

52 레닌, 『국가와 혁명』(1917), 71쪽.

동체'Gemeinwesen로 옮겼듯 러시아어로도 '공동체'obshchina로 대체할
만하다고 제안한다. 사전적으로 정확한 번역어가 없다는 의미일 수도 있
으나, 1917년 당시 임시정부에 대항할 유일한 세력이었던 소비에트를 전
혀 거론하지 않은 것은 몹시 이상한 노릇이다.[53] 4월에 모든 권력을 소비
에트로 넘기라고 주장한 이후, 러시아 사회에는 어떤 변화가 생겨난 것
일까?

　　1914년 이래 1차 세계대전에 대한 레닌의 입장은 일관된 반전투쟁
이었고, 오직 이 기준에 의거해 정치적 적군과 아군을 나눌 정도였다. 이
에 따라 부르주아 민주주의 혁명론을 조건적으로 찬성하는 듯 보였던 그
의 입장도 임시정부의 수권정당인 입헌민주당과의 제휴만은 절대 받아
들이지 않는 쪽으로 정해졌다. 입헌민주당이 러시아 제국의 전쟁정책을
계승해 전쟁고수를 견지하고 있었기 때문이다. 전쟁에 지쳐 있고 연일
거듭되는 패전소식에 찌들어 있던 러시아 대중이 입헌민주당의 정책을
지지할 리가 없었다. 인민을 대변하던 소비에트는 반전을 다시 내세우는
가운데 전쟁이 영토획득과 같은 국가주의적 목적에 종속될 수 없음을 분
명히 선포했다. 하지만 외무장관 파벨 밀류코프Pavel Milyukov가 영토를
대가로 전쟁 계속을 약속한 사실이 폭로되면서 사태는 급진전을 맞게 되
어 1차 내각이 사임하고 2차 내각을 구성하게 된다. 2월 혁명 초기에는
부르주아 입헌내각에 참여하지 않겠다고 결의했던 멘셰비키와 사회혁

53　더구나 'obshchina'는 제정시대의 'mir'에 상당하는 단어로서 산업 프롤레타리아트가 주
　　역이 된 사회주의적으로 의식화된 공동체와는 거리가 먼 단어였다. 그것은 농노해방 이후
　　농촌공동체가 전래의 토지공동체를 유지하기 위한 수단이었던 것이다. Vincent Barnett,
　　"The Russian Obshchina as an Economic Institution", *Journal of Economic Issues*,
　　38(4), 2004, pp. 1037~1039.

명당의 지도부는 새로운 조각組閣에는 참여하여 국가운영의 주체로 등장하게 되었다. 소비에트의 강력한 지지를 받으며 진보적인 정책을 수행하여 사회주의적 국가로 연착륙하길 기대했던 것이다. 하지만 이는 오판으로 드러났는데, 여전히 입헌민주당이 주도하고 있던 새로운 내각에서 그들이 할 수 있는 일이라고는 1차 내각이 추진했던 정책들을 소비에트가 지지하도록 돕는 데 제한되어 있었던 까닭이다.[54] 즉각적인 전쟁 중단을 촉구하던 대중의 소비에트와 정치적 지도부 역할을 맡던 멘셰비키 및 사회혁명당 사이에 분열이 생겨났고, 이는 소비에트에 대한 레닌의 신뢰를 감소시키는 동시에 권력이양을 통한 체제전환에 회의를 불러일으켰다. 『국가와 혁명』은 이런 정세 속에서 집필된 책이었다.

폭력혁명에 대한 레닌의 강조는 그 같은 맥락을 고려하며 재조명되어야 한다. 그는 소비에트의 민주적인 의사결정과 내각 및 의회에 대한 참여를 통해 자본주의 국가가 사회주의로 순조롭게 돌아서리라 믿기 어려웠던 듯싶다. 폭력에 의해 의회를 전복시키고 무력투쟁으로 행정부를 장악하는 전술은 책상머리에서 즉흥적으로 도출된 구상이 아니었던 것이다. 사회주의는 내재적 동력만으로 성장할 수 있는 나무가 아니었다. 마치 노동자들에 대해 전위당이 그러하듯, 사회주의는 정부와 의회의 바깥으로부터 강제적으로 도입되고 이식되어야 하는 폭력의 목표다. 무장봉기에 대한 레닌의 의사는 볼셰비키 지도부에서도 격렬한 논란의 대상이었고, 처음에는 누구도 선뜻 동의할 수 없었던 극단적 선택으로 비춰졌다. 그러나 무장봉기론 역시 어쩌다 운 좋게 들어맞은 '신의 한 수' 같은 게 아니었다. 같은 해 3월, 볼셰비키는 전체 인구 1억 6,500만 명 중 대

---

54 존 M. 톰슨, 『20세기 러시아 현대사』, 김남섭 옮김, 사회평론, 2004, 169쪽 이하.

략 2만 5,000명에서 4만 명 정도의 지지를 받고 있었고, 가을 무렵에는 26만 명을 헤아리는 거대 정파로 부상하는 와중이었다. 소비에트 조직과 어느 정도 겹쳐지긴 했지만, 하급 활동가들의 열성적인 노력에 힘입어 기층 민중의 마음과 생활로부터 전적인 공감을 얻었던 볼셰비키는 이미 국가의 실질적인 경영권을 행사하고 있었다.[55] 이런 상황에서 1917년 10월 25~26일(신력 11월 7~8일) 사이에 볼셰비키 군사혁명위원회의 지도를 받은 무장집단이 임시정부에 난입하여 국가기구를 일거에 점령해 버리는 사태가 발생했다. 이것이 10월 혁명이다. 그렇다면 이 혁명의 결과는 무엇이었을까? 이 혁명으로 본격적인 프롤레타리아 독재가 시작되었을까? 한편 소비에트는 어떤 역할을 맡게 되었을까?

임시정부는 원래 1917년 11월 12일(신력 25일) 헌법제정의회의 선거를 치르기로 정해 두고 있었다. 정권을 장악한 볼셰비키로서는 이 선거를 예정대로 치르게 놔두기도 난감했고 취소시키기도 여론상 좋지 않았다. 선거 결과는 불리하게 나왔고, 마치 볼셰비키 혁명을 불신임하는 듯 비쳐졌다. 이에 레닌은 12월 1일(신력 14일) 전체 러시아 중앙집행위원회에서 아래와 같이 연설했다.

2. 헌법제정의회의 소집 요구를 제기하면서, 혁명적 사회민주주의당은 1917년 혁명의 초기부터 다음과 같이 수차례 강조해 왔다. 헌법제정의회를 가진 통상적인 부르주아 공화제보다 소비에트 공화제respublika

---

55 톰슨, 『20세기 러시아 현대사』, 178~179쪽. "대부분의 사람들이 볼셰비키를 지지한 것은 그들이 사회주의자여서가 아니라 볼셰비키가 자신들이 갈망하는 좀더 나은 삶을 가져다줄 것을 약속했기 때문이다."

Sovetov가 민주주의의 더 높은 형식이다.

3. 부르주아적 구조로부터 사회주의적 구조로의 이행에 있어, (왕관을 쓴 헌법제정의회가 주도하는 통상적인 부르주아 공화제보다) 노동자와 병사, 농민 대표들로 이루어진 소비에트 공화제는 민주주의적 제도의 더 높은 형식일 뿐만 아니라 사회주의로 향하는 더욱 건강한 이행의 통로를 보장하는 유일한 형식이다.[56]

10월 혁명은 비록 일순간에 임시정부를 무력화하고 볼셰비키의 전권 장악을 이루어 낸 사건이었지만, 엄밀히 말하자면 그것은 파리코뮌과 같은 지역적인 봉기에 지나지 않았다. 수도 페트로그라드는 확실히 볼셰비키의 통제에 있었지만, 그 이외의 지역은 여전히 의문스런 상태에 놓여 있었다. 봉기가 일어나자마자 2차 임시정부 수반이던 알렉산드르 케렌스키Aleksandr Kerensky의 사주 하에 반혁명 세력이 페트로그라드에 진입하였으며, 서부전선에 운집한 군부대의 동향도 아직은 믿을 만한 게 아니었다. 이 상황에서 임시정부의 '잔당들'이 의회의 다수를 차지하여 부르주아 민주주의를 계속해서 끌고 가게 내버려 둘 수는 없었던 것이다.

1918년 1월 5일 '대망의' 헌법제정의회가 개회했으나, 현실과는 무관한 토론과 휴회를 거듭하며 이른 폐회를 하게 되고, 당일 오후 전체 러시아 중앙집행위원회의 해산결의에 따라 이후 다시는 열리지 않았다. 그

---

56 Vladimir Lenin, "Tezis ob Uchreditel'nom sobranii", *Sochinenija*, Tom 26[「헌법제정의회에 관한 테제들」, 『저작집』 26권], p. 340. 테제는 총 19가지로 구성되어 있다. 2절의 문제제기를 다루기 위해, 지금부터는 'respublika/republic'을 '공화제'로 옮기겠다. 같은 의미에서 맑스가 파리코뮌에 대해 붙였던 '사회 공화국'이란 명칭 역시 '사회 공화제'로 옮기는 게 타당하다는 점을 밝혀 둔다.

리고 1월 8일에는 제3차 전체 러시아 소비에트 대회가 개최되어 피착취 근로인민의 권리선언이 의결됨으로써 소비에트는 명실상부하게 새로운 정부의 최고회의체로 자신을 드러내게 되었다. 여기서 결정된 주요한 의제들을 살펴보면, 최고권력은 전체 러시아 소비에트에 있으며, 이는 인구 2만 5천 명 당 1명의 대의원을 뽑는 도시대표 소비에트와 인구 12만 5천 명 당 1명을 뽑는 지방대표 소비에트로 구성하기로 했다. 한편 회기 밖 평상시 업무를 맡아볼 전체 러시아 중앙집행위원회는 200명을 초과할 수 없었으며, 여기서 인민위원회sovnarkom를 임명하기로 했다. 또한 인민위원회는 각종 법령을 제안하는 한편, 지역 단위의 소비에트 조직과 구성에 대해 규정할 수 있게 해 두었다. 이렇게 혁명 이후의 새로운 정부에서 소비에트는 헌법적 기관으로 등록되어, 공식적인 국가사무에 개입하게 된 것이다. 그러나 여기에는 은밀하지만 첨예한 긴장관계가 내포되어 있다. 전체 소비에트 대표자 회의와 중앙집행위원회 및 인민위원회 사이에는 서로를 견제할 역할이 주어져 있을 뿐만 아니라, 이러한 상호관계에는 '소비에트 권력 대 국가 권력'의 이원적 대립이 내포되어 있던 까닭이다.[57] 볼셰비키로서는 한편으로 1917년 혁명을 지지하고 협력했던 인민

---

57 권세은, 「'Soviet'의 비판적 고찰: 프롤레타리아 독재의 러시아적 권력형태와 적용의 한계」, 27~28쪽. 다른 한편, 1918년 소비에트 최고회의는 사실상 사회주의적 헌정의 시발점을 표시했으며, 이를 계기로 코뮨과 국가의 평행적인 공존과 상호 협력, 민주주의적 공화제로의 이행 가능성이 최대치로 고양된 순간이 도래했다는 평가도 있다. 코뮨과 국가 사이에서 이루어진 역사의 변증법적 도약의 지점이자 전도의 시점으로서 1918년의 상황에 관해서는 Richard Sakwa, "The Commune State in Moscow in 1918", *Slavic Review*, Vol. 46, No. 3/4(Autumn-Winter, 1987), pp. 429~449. 코뮨과 국가 사이의 평행적 공존이 나타났던 이 짧았던 시기는 소비에트 민주주의와 프롤레타리아 독재가 서로 적대적이지 않으며, 상호 보충적이자 절합적인 관계 속에서 움직이는 두 항이란 점을 강력히 시사한다. 데리다식으로 말해, 양자는 (불)가능한 변증법의 작동적 계기들로서 실존했다는 뜻이다.

대중의 소비에트를 권력의 일부로 인정하는 동시에, 다른 한편으로 부르주아 국가를 막 전복시킨 상태에서 어떻게든 힘의 누수를 막아서 강력한 국가 장악력을 펼칠 수 있어야 했던 것이다. 그러나 새로 창설된 이 '국가 아닌 국가'는 상당히 불안하고 미약한 모습을 띠고 있어 그 장래를 보장하기 어려워 보였다.

프롤레타리아 독재는 이 불안정한 정치적·경제적 사태를 타개하기 위한 방법으로 다시 한번 호출되었다. 혁명 전에 집필된 『국가와 혁명』에서 프롤레타리아 독재가 이상적으로 그려졌던 반면, 혁명 후의 현실에서 프롤레타리아 독재는 현재의 위기를 넘어서는 실제적인 능력을 발휘하도록 주문받았다. 공화제 코뮌이 "프롤레타리아 국가"로서의 "준-국가"로 변모하게 되는 지점이 여기서부터다. 엥겔스를 이어받아 레닌은 국가 사멸론에 전혀 다른 이견이 있을 수 없다고 못 박았다. 프롤레타리아 혁명이 일어나게 되면 더 이상 과거의 국가는 그 형태와 기능을 유지할 수 없게 될 것이다. 하지만 그렇게 폐지된 국가는 자본주의 국가로서 부르주아 민주주의 공화국을 지시할 따름이다. 따라서 레닌은 "소위 국가의 사멸은 민주주의의 사멸을 의미하며, 국가의 폐지는 곧 민주주의의 폐지를 의미한다"고 강조할 수 있었던 것이다.[58] 물론 이런 식으로 폐기처분되는 민주주의는 부르주아적 공화주의라고 단서를 달 수 있겠지만, 한 걸음 더 나아가 본다면 소비에트 민주주의도 일정 정도 그에 해당된다고 말하지 않을 수 없다. 볼셰비키 당과 통합되지 않는 이상 소비에트는 볼셰비키의 외부이며, 멘셰비키나 사회혁명당을 비롯한 이종적 종파의 집합일 수도 있기 때문이다. 문제는 부르주아 민주주의의 잔재를 소탕하는

---

58 레닌, 『국가와 혁명』(1917), 103쪽.

과정에서 불가피하게 소비에트 민주주의 역시 결박되고 추방될 운명에 놓여 있다는 사실이었다. 이 구도를 우리는 코뮌 대 국가의 대결이라 불러야 하지 않을까?

5-2. 전시 공산주의, 또는 코뮌과 국가의 전도

코뮌이 국가에 의해 잠식되고 포로가 된 이유를 분석하는 과정에서는 내적 요인보다 외적 요인에 의지하는 경우가 많다. 혁명 초기 소비에트-러시아가 맞이했던 다양한 외부의 위기를 거론하는 것이 전형적인 외인론外因論적 해석이라 할 수 있다. 1918년 5-6월부터 본격적으로 불이 붙은 내전은 가장 중요한 외적 요인들 중 하나였다. 독일과 계속되던 전쟁에 이어 프랑스와 영국, 일본과 미국이 군대를 보내 볼셰비키의 정통성과 제국시절의 이권을 주장했다. 무엇보다도 항복하지 않은 전제주의의 잔여세력이 백군을 결성해 소비에트-러시아의 변경을 압박해 들어왔다. 전쟁은 비단 국경에서만 벌어진 게 아니었다. 전국 도처에서 소수민족들이 권력의 공백기를 파고들어 독자적 행보를 선언했고, 대부분은 지역할거주의적인 군벌의 형태를 띠고 있었다. 러시아 제국의 과거 영토를 신생 볼셰비키 정부로서는 온전히 제어할 수가 없었던 것이다. 때마침 만연한 대기근으로 인해 소비에트-러시아는 완전히 고사해 버릴 지경이었다. 이 시기의 피폐함은 통계적으로도 입증되는데, 1917년부터 1921년 사이의 사망자는 제1차 세계대전의 4배인 700~800만 명 정도로 추산된다. 그 가운데 민간인이 500만 명이고 대다수가 기아와 질병으로 죽었다고 보고되는 형편이다. 국외망명자도 200만 명에 달했다. 이로 인해 전체 인구는 1억 6,000만 명에서 1억 3,500만 명으로 줄어들었던 바, 당시까지 인류사 최대의 재난으로 기록되어 있다.[59] 그만큼 생산력의 최대 저하가 목전에 도달해 있었다.

하지만 외인론에만 의거하여 코뮨과 국가의 관계가 전도되었다고 설명하는 것은, 거꾸로 3년이나 지속된 내전에서 볼셰비키가 승리했던 이유를 설명하지 못한다.[60] 외적 요인들이 소비에트-러시아의 구조 바깥에서 정치·경제·사회의 전 분야에 걸쳐 미친 영향력은 엄청나게 막대해서 권력의 형태를 변화시키는 데 분명 작지 않은 부분을 맡았지만, 본질적으로는 내적 원인들이 더욱 중추적 역할을 했다. 레닌의 철학적 신념과는 별개로,[61] 현실 국가를 운용하는 입장에서 볼셰비키 정부는 내전과 기근에 맞서는 과정에서 코뮨의 자율적 자치주의 곧 소비에트 민주주의를 국가주의의 권역 내부로 끌어들이지 않을 수 없었다. 공화제가 공화국의 국가적 형태로 변용되고, 인민의 자기결정적 대의기구인 소비에트가 '전위적' 정치가들과 관료집단으로 꾸며진 당으로 흡수되는 과정은 여기에서 비롯된 것이었다.

---

59 톰슨, 『20세기 러시아 현대사』, 231쪽.

60 볼셰비키가 승리한 주요한 원인은 '적의 취약성'에 있었다. 우파와 멘셰비키 등 내부의 적들은 분열되어 있었고 대중의 호응도 얻을 수 없었다. 백군 역시 소수민족들과 반(反)볼셰비키 전선을 형성하는 데 실패하였고, 각자의 이익을 좇아 분리되고 무기력했던 외국세력들도 큰 역할을 하지 못했다. 더구나 볼셰비키가 차지한 지역은 정치나 군사 등 모든 면에서 러시아의 중심부였기에 장기전에서 우월한 역량을 발휘할 수밖에 없었다. 톰슨, 『20세기 러시아 현대사』, 230쪽 이하; Evan Mawdsley, *The Russian Civil War*, Allen & Unwin, 1987, pp. 272~290.

61 내인론적 해석의 대부분은 레닌의 정치학 자체가 국가주의적 경향을 띠고 있었고, 프롤레타리아 독재로 말미암아 그것이 첨예화되었다는 주장들이다. 이는 『국가와 혁명』을 비롯한 레닌의 정치철학적 저술들과 1918년 이래의 산업주의 정책, 신경제정책(NEP) 시기의 노동자통제와 국유화론 등에 근거를 두고 있으며, 상당한 설득력을 갖는다. 하지만 우리는 혁명과 그 이후의 정치가 단지 물질적이고 제도적인 여건들에 의해서만 좌우되는 게 아니라 비가시적인 마음의 차원에도 연결되어 있다고 생각하기에, 내인론과 외인론의 잔여지대를 조심스럽게 탐사해 보고자 한다.

여기서 분명히 짚고 넘어가야 할 점이 하나 있다. 마치 '좋은 레닌 대 나쁜 스탈린'의 구도가 역사적 사건에 대한 정치적 해석에 있어 무의미한 것처럼, '좋은 소비에트 민주주의 대 나쁜 볼셰비키 당'이나 '좋은 코뮌 대 나쁜 국가'의 전형적인 구도 역시 그다지 유용한 해석적 범주가 되지 못한다는 사실이다. 앞서 살펴보았듯, 소비에트와 볼셰비키는 각자 기원은 다르지만 1917년의 대혁명에 접근하는 과정에서 상당 부분 겹쳐 있으며, 볼셰비키는 소비에트의 원조가 없었다면 결코 10월의 권력장악을 성취해 내지 못했을 것이다. 비록 소비에트가 멘셰비키나 사회혁명당 등을 품고 있어서 완전히 볼셰비키와 일치하지 않았다고 할지라도 말이다. 소비에트는 자발적이고 자생적으로 생겨나 혁명을 예비해 왔던 인민의 기층적 조직으로서의 장점과 선차성을 분명 갖고 있긴 했지만, 전위당이 부여하는 전체적인 통일적 관점을 제공한 것은 역시 볼셰비키였다. 코뮌과 국가 사이의 관계는 이와 같은 현실의 복합적 운동 속에서 어느 사이에 전도되고 우리 앞에 전달되었다. 우리가 이념적 차원과 더불어 사건적 차원에 관심을 기울이고 역사 과정을 추적해야 하는 이유다.

전시 공산주의는 코뮌과 국가의 관계를 갈라놓는 데 결정적인 전환점을 제공했다. 흥미로운 점은, 이 지점에서 충돌한 주요한 대립의 하나는 볼셰비키 당과 소비에트 민주주의의 이념적 차원이 아니라 볼셰비키 국가와 농민들 사이에 벌어진 실제 대결이었다는 사실이다. 혁명 이전의 레닌은 러시아의 사회주의 혁명은 언제나 농민의 지지를 얻을 때만 가능하다는 것을 공공연하게 역설하고 다녔다. 그가 전략적으로 부르주아 민주주의를 주장할 때도 연대의 가장 중요한 대상은 바로 농민이었다. 심지어 『국가와 혁명』에서 프롤레타리아 독재를 통해 노동자 중심주의를 설파했을 때조차도 농민은 항상 협력의 제1순위로 거론되었다. 이는 러시아 전체 인구의 85퍼센트를 상회하는 농민들의 현실이 작용한 압력이기도 했지만, 이론적으로는 1861년의 농노해방 이래 농촌의 피폐화가 가속화되었고 이로 인해 빈농과 부농(쿨라크) 사이의 계급적 적대가 강고해졌다는 판단이 있었기 때문이었다. 아마도 빈곤에 허덕이는 가난한 농민들은 부를 축적하여 소부르주아적 소유욕에 사로잡힌 부농들에 대해 격렬한 반감을 갖고 있을 터였으므로 이를 잘 이용하면 빈농들을 볼셰비키의 의도대로 사회주의를 향한 열차에 올라타게 할 수 있으리란 믿음을 가졌던 것이다.

하지만 사태는 반대로 흘러갔다. 니콜라이 부하린Nikolai Bukharin이나 예브게니 프레오브라젠스키Yevgeni Preobrazhensky와 같은 이론가들은 전시 공산주의가 사회주의로의 이행을 위한 일관된 정책이라고 강변했으나, 이 시기의 수많은 정책적인 판단과 결정들은 전시 공산주의가 사태의 추이에 맞춰 그때그때마다 비일관적인 모습으로 '실용주의'를 광범위하게 채택한 것으로 보게 만든다.[62] 국가라는 거대 단위의 행정을 맡아보며 난관에 봉착했던 레닌과 볼셰비키는 내전을 맞이하여 보다 급진적인 정책들로 급선회하기 시작했고, 이는 중앙정부의 통제를 훨씬 넘어서는 부수적 효과들을 발생시키기 시작했다. 산업이나 공업 부문의 논의는 일단 제외하고, 농민들과의 문제를 살펴보도록 하자.

발단은 도시의 식량난이었다. 기근과 전쟁으로 작황이 불안정해지고 농산물의 유통이 대폭 축소되자 화폐의 가치는 땅에 떨어졌고 물물교

---

62 쉴라 피츠패트릭, 『러시아 혁명 1917~1932』, 김부기 옮김, 대왕사, 1990, 109쪽: Lewis H. Siegelbaum, *Soviet State and Society between Revolutions, 1918-1929*, Cambridge University Press, 1992, pp. 63~64.

역이 교환의 기본 방침이 되었다. 경제 상황이 유동적일수록 생계의 불안도 격심해졌고, 이에 볼셰비키는 현물로 급여를 지불하기 시작했지만 이 역시 물품의 부족으로 인해 제대로 지켜지지 못했다. 농민들은 식량을 선뜻 내놓으려 들지 않았다. 이전까지 국가는 식량의 교환물로 도시의 공산품을 제공했으나, 도시 경제가 마비됨에 따라 더 이상 그럴 수가 없게 되자 농민들도 식량 납부에 미온적인 태도를 취했던 것이다. 도시 주민과 적군을 책임지는 입장에서 정부는 농민들을 설득도 하고 협박도 하는 갖은 방법을 취해 보았지만 별 소용이 없었다. 그러자 마침내 노동자 병사 징발대를 구성하여 강제적 '약탈'에 들어가기로 결정했다. 볼셰비키는 이러한 강제 징발이 빈농과 부농 사이의 '계급전쟁'을 유발해 궁극적으로는 농촌지역을 프롤레타리아화하리라 기대했지만, 실제 사정은 도시와 농촌 사이의 '약탈 전쟁'에 더욱 가깝게 비화되었다.[63]

현실적 조건에 따른 불가피한 선택이었든 혹은 사회주의로의 이행을 위한 규정된 절차였든, 내전 및 전시 공산주의를 거치며 레닌과 볼셰비키는 프롤레타리아 독재를 더욱 협소하게 규정할 수밖에 없었다. 애초에 그것은 농민과의 연대를 통한 독재로 표방되었지만, 점차 농민을 독재의 대상으로 바라보고 적대의 분명한 분할선을 그어 프롤레타리아트의 정체성을 선명히 확보하는 방식으로 '전화'하게 된다. '코뮌주의 국가', 즉 혁명 이후의 소비에트-러시아는 비록 부르주아 민주주의 형태의 지배체제는 '폐지'했으되, 사회주의적 원리와 방법으로 무장한 준-국가를 통해 서구 근대 국가의 형성과정을 반복하는 양상마저 띠었던 것이

---

63 피츠패트릭, 『러시아 혁명 1917~1932』, 113~4쪽; 보리스 카갈리츠키, 「레닌과 러시아 자본주의의 문제」, 박노자 외, 『레닌과 미래의 혁명』, 최진석 외 옮김, 그린비, 2008, 262~264쪽.

다. 프롤레타리아 독재로 표지되는 반半국가이자 반反국가의 첫번째 계급전쟁은 부르주아지의 잔당을 소탕하는 일이었고, 두번째 계급전쟁은 바로 최초의 동맹자였던 농민들을 구축하는 일이었다.

5-3. 배반당한 마음, 혹은 혁명의 '얼룩'

내전은 백군과 외세뿐만 아니라 농민들과의 전투로도 점철되어 있었다. 볼셰비키는 부농을 목표로 삼아 강제 징발 작전을 수행하면 다수의 빈농들이 이에 호응하리라 예상했지만 실제로는 대다수의 농민들이 그런 작전에 저항하는 형편이었다. 아무런 교환의 대가도 주어지지 않은 채 식량을 강제로 빼앗기게 된 농민들은 볼셰비키에 적대감을 나타내며 각지에서 봉기에 들어갔고, 실제적 이유에는 무관심한 채 '현실 논리'만을 앞세운 볼셰비키들은 농민들을 무력으로 진압했던 것이다. 놀랍게도, 폭동에 대한 이 시기의 볼셰비키 보고서들은 그 원인이 소부르주아적 정신상태에 오염된 농민들의 무장반란이라고 기술하는 경향이 짙었다.[64] 기본적으로 도시의 정당인 볼셰비키는 농민을 동맹을 위한 수단으로만 바라보았을 뿐,[65] 코뮨의 실질적 동반자로 여기지는 않았던 듯싶다. 내전 이후 최대 규모로 봉기했던 무장 농민군은 탐보프와 보로네이 지역의 알렉산드르 안토노프Aleksandr Antonov가 이끄는 집단이었는데, 1921년 당시 5만 명이 넘을 정도였다. 볼셰비키는 유럽 전역戰域의 명장이던 미하일 투하쳅스키Mikhail Tukhachevskii를 급파해 잔인하게 격퇴해 버렸다. 프롤레타리아의 적들에 대한 잔인한 독재의 방법이었던 것이다.

---

64 미셸 헬러 외, 『권력의 유토피아 I. 소비에트 러시아사 1917-1940』, 김영식 외 옮김, 청계연구소, 1988, 100쪽.

이런 경향은 병사들에 대한 관계에서도 극명히 드러난다. 1917년 10월의 무장봉기가 볼셰비키의 승리로 이루어질 수 있던 요인에는 병사들이 적극적으로 가담하여 선두에 나섰던 이유가 컸다. 파리코뮌의 경험에 대해 레닌이 정확히 독파해 냈듯이 인민무력은 부르주아 국가와 단절하는 확실하고도 최선인 방법이었다. 하지만 병사들은 대개 농민들의 자식이었다. 고향의 부모집이 볼셰비키에 의해 약탈당하고 있다는 흉흉한 소문은 이데올로기적으로 확고한 신념을 갖지 못한 병사들을 충동질했고, 그들은 혁명 정부가 과연 자신들을 지지해 주는 권력의 주체인지 심각한 의문을 표하기 시작했다. 때마침 이런 의혹을 행동으로 옮기게 할 도화선에 불이 붙었다.

오랜 내전의 끝 무렵에는 노동현실도 결코 순탄하지 않았다. '혁명의 요람'이었던 페트로그라드에서조차 노동자들의 파업과 태업이 속출했으며, 볼셰비키는 이에 강경한 태도로 응수했다. 노동자 국가에서 노동자들이 파업을 일으키는 것은 절대로 용납할 수 없는 반역으로 간주되었고, 노동자의 자격을 박탈하는 극단적 조치를 취하곤 했던 것이다. 이와 같은 조치가 해당 노동자의 생계를 위협할 것은 분명했다. 노동자들은

---

65 레오나르드 샤피로, 『소련공산당사』, 양홍모 옮김, 문학예술사, 1982, 56~57쪽; 피츠패트릭, 『러시아 혁명 1917~1932』, 115~116쪽; 헬러 외, 『권력의 유토피아 I. 소비에트 러시아사 1917-1940』, 101쪽. 쿨라크와의 계급전쟁은 일종의 '허구'에 가까웠다. 어느 정도 수준의 부(富)가 쿨라크를 결정하는 기준인지 모호했으며, 쿨라크의 통계 역시 시기별로 들쭉날쭉했다. 가령 전체 농가에서 쿨라크가 차지하던 비중은 1924년의 보고서에는 2~3%였던 반면, 1964년에는 15%로 기술되는 형편이었다. 또한 100~200만 명 정도로 보고되던 쿨라크의 수는 당시 러시아 농촌거주자가 1억 1천만 명을 상회하는 수준에서는 큰 의미를 갖지 못했다. '쿨라크는 적이다'라는 표어는 결국 '적은 쿨라크이다'로 반전되며, 농촌수탈과 공격의 빌미로 적용될 뿐이었다.

정부의 통제 정책에 점차 탈진 상태에 빠지며 마지막 저항의 기력을 끌어 모으는 듯했다. 1921년 1월 22일 빵 배급량을 3분의 1로 줄이는 법안이 통과된 것은 격발의 첫 신호였다. 페트로그라드와 근교의 주요 공장들, 곧 푸틸로프, 발틱, 트루보츠니 등에서 잇달아 파업이 벌어졌다. 노동자들과 똑같이 불만 가득한 정규군을 신뢰할 수 없던 볼셰비키는 사관학교 생도들을 동원해 무력 해산을 시도했지만 역부족이었고, 2월 24일에는 페트로그라드 당위원회가 도시방어 소비에트를 구성하기에 이른다. 하지만 적군이 시위대에 합세할 것을 두려워한 당위원회는 군대에 군장을 지급하지 않았으므로 실질적인 저지력을 행사할 수 없었다.[66] 그야말로 풍전등화의 상황이 벌어진 것이다.

크론슈타트는 페트로그라드에 인접한 군항이었다. 군함 페트로파블로프스크호와 세바스토폴호, 공화국호 등이 여기 정박해 있었는데, 이 군함들은 볼셰비키 무력의 상징적인 존재였다. 페트로그라드의 노동자들에 호응한 수병들은 3월 1일 수비대와 시민들의 공동 회합에서 소비에트의 쇄신을 목표로 삼은 결의안을 채택하게 된다. 이 결의안은 비밀투표와 언론 및 출판의 자유, 정치범 석방과 감옥에서 정부가 저지른 범죄 사실 조사, 헌병대 폐지, 농민들의 노동과 소유에 대한 권리 등을 담은 요구로서, 곧장 페트로그라드의 당위원회로 전달되었다. 하지만 3월 2일 레닌과 트로츠키는 크론슈타트 사태를 전혀 다른 방향에서 진단하고 조처하고 만다. 그들은 수병들 사이에 프랑스 스파이 조직이 개입했다고 언

---

66 헬러 외, 『권력의 유토피아 I. 소비에트 러시아사 1917-1940』, 109쪽. 크론슈타트 봉기의 개략적 경과에 대해서는 110쪽 이하를 참조했다. 더 자세한 사항은 안바일러, 『노동자 농민 병사 소비에트』, 266~275쪽을 보라.

급하는 동시에 전제주의의 잔당이 끼어 있다고도 주장했으며, 페트로그라드 전역에 계엄령을 선포해 버렸다. 이런 조치는 불난 집에 기름을 끼 얹는 격으로 수병들의 반발심을 불러일으켰다. 소비에트의 민주주의를 내걸었던 슬로건들이 일거에 반볼셰비키적인 성격으로 뒤바뀌게 되었던 것이다. "모든 권력을 당이 아닌 소비에트로!" "좌파와 우파의 반혁명을 타도하라!" "소비에트 정부는 공산주의의 속박으로부터 노동농민을 해방시켜라!" 아이러니컬하게도, 수병들이 진심으로 원한다고 주장한 것은 세번째 혁명, 즉 '볼셰비키로부터의 혁명'이었다.

다시 서부전선의 명장 투하쳅스키가 투입되었고, 반란은 잔혹하게 마무리되고 말았다. 1921년 3월 18일을 끝으로 크론슈타트의 수병 방위대는 완전 항복을 선언했다. 수백 명이 끌려나와 즉석에서 총살당했고, 다른 수백 명은 페트로그라드 감옥으로 이송되었으며, 나머지 수천 명은 핀란드로 아예 망명을 떠나 버렸다. 비록 레닌을 비롯한 지도부는 이 반란을 외국의 사주를 받았으며 '엄중한 시기'에 벌어진 '부적절한 사건'으로 간주했지만, 전반적으로 볼 때 이 사건은 프롤레타리아 독재의 가혹한 무게 앞에서 소비에트 민주주의가 외친 마지막 절규나 마찬가지였다.[67] 농민들과 마찬가지로 병사들 역시 자신들의 생활조건에 대한 참을 수 없는 압박을 견뎌야 했으며, 마치 1917년에 그들이 전제주의에 대항

---

67 크론슈타트 사건을 프롤레타리아 독재에 의한 소비에트 민주주의의 최종적 패배로 보는 해석으로는 안바일러의 책과 Paul Avrich, *Kronstadt 1921*, Princeton University Press, 1991; Israel Getzler, *Kronstadt 1917-1921. The Fate of a Soviet Democracy*, Cambridge University Press, 1983 등을 보라. 반면, 크론슈타트와 탐보프 등의 무장봉기가 스탈린 집권기의 크레믈린 권력투쟁으로 전환되어 1920년대 중후반 무렵 소비에트 민주주의가 마지막으로 소진되었다는 견해도 있다. Samuel Farber, *Before Stalinism. The Rise and Fall of Soviet Democracy*, Polity Press, 1990.

해 그랬던 것처럼 이번에는 볼셰비키에게 반기를 들었던 것이다. 이렇게 극적인 파국을 통해 혁명은 어쨌든 '무사히' 지켜졌다. 하지만 이로써 '코뮨주의 공화제'를 내걸었던 소비에트 민주주의의 꿈은 영원히 사라지게 되었고, '공산주의 공화국' 즉 볼셰비즘을 통한 코뮨-국가의 현실이 견고하게 건설되기 시작했다. 공산주의로 이행하기 위한 방법론으로 설정되었던 프롤레타리아 독재는 당 독재이자 국가 독재의 '위험한 경착륙'에 성공한 것이며, 이것이 우리가 알고 있는 '소비에트 사회주의 공화국 연방'의 진정한 출발점인 셈이다.

6. 마음의 영토와 혁명의 미-래

크론슈타트의 수병봉기를 끝으로 더 이상 소비에트-러시아 내에서 굵직한 반란 사건은 벌어지지 않았다. 레닌은 이 주제를 다룬 어느 대화에서 크론슈타트의 병사들뿐만 아니라 소비에트의 권리 회복을 지지했던 대중들을 볼셰비키가 설득하는 데 실패한 듯하다고 술회했다고 한다. 그의 고백이 진실한 것이었다면, 크론슈타트는 탐보프와 마찬가지로 러시아 혁명사에 묻은 '얼룩'과 같다고 말해도 과하지 않을 듯하다.[68] 당시 레닌을 비롯한 볼셰비키의 지도자들은 혁명의 동맹군이던 농민과 병사들의 저항 앞에 혁명 자체가 붕괴될 수도 있다는 위기감에 사로잡혀 있었다. 자본가와 부르주아, 혁명의 적들을 일소해야 새로운 사회가 태어날

---

68 소비에트 연방 시대 내내 크론슈타트 봉기는 반볼셰비키적 반역사건으로 낙인찍혔지만, 해체 이후 1994년 보리스 옐친 대통령에 의해 복권되었다. V. Naumov(ed.), *Kronshtadt 1921*, Fond Demokratija, 1997, pp. 6~16.

수 있다는 '긍정적 믿음'에서 출발한 프롤레타리아 독재가 '부정적 예감' 속에 칼끝을 자기 내부로 돌려야 했던 것은 어쩌면 정말로 불가피한 사정 때문이었을지 모른다. 하지만 긴박한 정세에 대응한 비상조처였음을 십분 감안해도 크론슈타트로 상징되는 소비에트 민주주의를 압살한 것은 혁명의 대의에 비추어 볼 때 명백한 오점이자 오류이지 않을 수 없다. 문제는 이런 오점과 오류 없이 1917년의 혁명이 보전되었을지에 관해서는 아무도 장담할 수 없다는 사실이다. 우리가 인민 봉기에 대한 볼셰비키의 탄압을 '얼룩'이라는 라캉적 용어로 표기한 이유는 그것이다.

만일 탐보프와 크론슈타트의 진압에 실패했다면, 그리하여 볼셰비키에 반대하는 인민의 봉기가 꼬리에 꼬리를 무는 또 다른 반역의 행진으로 폭발하고, 마침내 모스크바의 볼셰비키 정부를 무너뜨렸다면 어떤 일이 벌어졌을까? 역사의 강물은 전혀 다른 방향으로 흘러가 우리가 알고 있는 러시아 혁명의 이미지가 완전히 뒤바뀌었을 수도 있다. 이 글의 논조를 충실히 따른다면 소비에트 민주주의의 '위대한 승리'로 나아가고, 결국 모두가 염원하던 공산주의적 미래를 앞당겼을 수도 있다. 하지만 그와 동시에 또 다른 가능성도 충분히 열려 있다. 즉 공산주의의 미래를 대신하여 자본주의 열강의 침탈에 의한 유라시아 식민지의 재현이나 더욱 폭압적인 전제주의의 귀환, 혹은 유라시아 대륙에서 벌어지는 3차 세계대전의 '대혼란'이 도래했을지도 모른다. 이런 상상을 해 보는 이유는 역사에는 가정이 있을 수 없고, 우리는 주어진 과거의 사실들로부터 상황을 최대한 분석하고 이해하며, 새로운 지도를 그려야 하기 때문이다. '반복'의 의미는 가 보지 않은 길을 찾아내 가 볼 계획을 세우는 것이지, 가 보지 않은 길을 통해 목적지에 도달할 것을 미리 낙관하는 게 아닐 것이다.[69] 이 점에서 프롤레타리아 독재가 소비에트 민주주의를 반反코문적인 국가주의로 돌려놓았다고 비판하는 것은 적절치 않아 보인다. 가 보지 않은 길의 가치는 가 보았을 때 비로소 입증되는 것이기 때문이다.

애초에 프롤레타리아 독재는 과도기 국가의 방법론으로 설정된 것이었다. 레닌은 프롤레타리아 독재를 반¥국가이자 반反국가의 행정 장치에 국한시켜 생각했고, 준-국가가 소멸할 때 함께 작동을 멈출 것이라 예상했다. 하지만 내전과 기근, 외세의 개입 그리고 내부 반란의 여러 급박한 요인들로 인해 이 과도기적 장치는 수명의 한도를 계속 연장시켜 나갔고, 권력을 집중시키는 방식으로 더욱 강화되었다. 칼 슈미트Carl Schmitt 식으로 말해 프롤레타리아 독재는 예외상태의 무한지속이나 마찬가지였으며, 이는 예외상태를 결정짓는 주권의 문제를 부각시켰다.[70] 1921년부터 시작된 신경제정책 시대는 계속되는 정책혼선과 정치적 불안정으로 표징된다. 그런 절박한 상황에도 불구하고 소비에트-러시아가 더욱 강화된 관료제 조직을 구축할 수 있었던 원인은 당이 소비에트를 대신하여 주권의 중심으로서 결정화結晶化되었기 때문이 아니었을까? 1924년 레닌이 사망한 후 가속화된 스탈린의 당권 장악이 연방을 근대주의적 국가 체제로 완성시키고 말았다는 지적은 십분 타당하지만, 여기에는 스탈린 개인의 문제로 환원시킬 수 없는 국가장치의 근대적 타성과 관성의 요소가 깊숙이 개입해 있다.[71] 우리는 프롤레타리아 독재라는 장

---

69 실제 역사 속에서 구현된 사실(fact)이 아니라 잠재적인 것으로서 항상-이미 실재하는 사건화의 다른 경로를 탐색하고, 그 수행의 조건을 발견하는 것이야말로 타자로서의 미래와 타자로서의 우리 자신을 만나는 방법이다. 미-래란 그렇게 도래하게 될 예측 불가능한 시간이라 할 수 있다. 최진석, 「슬라보예 지젝과 공산주의의 (불)가능성: 가설과 이념의 정치적 동력학」, 『마르크스주의 연구』 11(3), 2014, 166~167쪽.

70 칼 슈미트, 『정치신학』, 김항 옮김, 그린비, 2010, 24~25쪽; 조르조 아감벤, 『예외상태』, 김항 옮김, 새물결, 2009, 63~65쪽.

치가 관료제 국가장치의 씨앗이라는 일반적 통설을 뒤집어, 관료제 국가장치에 의해 프롤레타리아 독재가 견인되었고, 그 추력으로 인해 소비에트 민주주의가 압살되었다고 말해야 한다. 1917년의 혁명이 완전히 절단하지 못한 근대 국가주의의 이념, 원국가Urstaat[72]의 힘이 살아남아 코뮌주의 공화제의 두 기축인 소비에트 민주주의와 프롤레타리아 독재를 흡인했고, 후자가 전자를 집어삼키게 만든 것이다. 그렇다면 근대 국가주의를 회피하지 못했기에 결국 러시아 혁명의 이상은 패배하고 말았다고 선언해야 할까?

이러한 진단의 진실을 수용하는 한편으로, 우리는 한 걸음 더 나아가 다음과 같은 물음과 만나야 할 필요가 있다. 근대적 국가주의의 장력을 벗어나지 못했기에 필연적으로 놓쳐 버리고 만 장소는 어디인가? 마음의 문제란 이로부터 제기되는 바, 근대 사회의 제도와 규범, 정치·경제·사회·문화의 온갖 기제들로 포착되지 않는 심성mentality의 비가시적 지대를 가리킨다. 소비에트 민주주의가 프롤레타리아 독재에 의해 질식해 버렸고, 프롤레타리아 독재는 볼셰비키 공화국으로 귀결되었다고 단정지을 때, 대부분 염두에 두는 것은 제도와 장치의 차원들이다. 이 과정의 인과관계를 따져 본 제법 정밀한 역사적 분석들이 없지 않으나, 대개는 마음의 차원을 간과하거나 부차적인 것으로 치부하여 혁명 이데올로기의 진정성이나 정치 형태의 과실 여부에만 초점을 맞추어 왔다. 그런데 마음의 지대는 정부에 대한 환호나 찬사, 또는 불평불만이나 거부감,

---

71 칼 슈미트, 『독재론』, 김효전 옮김, 법원사, 1996, 176~177쪽.
72 Gilles Deleuze et Félix Guattari, *L'Anti-Œdipe: Capitalisme et Schizophrénie*, Les Éditions de Minuit, 1972, pp. 257~263.

적대감 등으로 표지되는 것만은 아니다. 오히려 마음은 인민이 통치 질서와 관계하는 가운데 집단적 주체로 형성되는 심성적 장치라 할 수 있다.[73] 무의식과 욕망, 감응affect의 차원이 여기에 속하는 것으로,[74] 근대 정치학의 외부에서 작동하던 모든 잔여적인 것들의 영토가 그것이라 할 만하다.

예컨대 프랑스 혁명을 시발시켰던 주요한 계기 가운데 하나는 1789년 당시 바스티유 감옥에 수백 명의 정치범들이 수감되어 있다는 소문이었다. 당시 성난 군중들이 몰려가 수비대장을 살해하고 감옥문을 열어 보았지만 실제 수감자는 몇 명 없었다는 이야기는 잘 알려져 있다. 이는 하나의 '해프닝'처럼 여겨지지만, 온순한 신민을 분노한 대중으로 묶음으로써 물리적 힘을 행사하게 했다는 점에서 해프닝 이상의 해프닝이다. 바꿔 말해, 에피소드를 사건으로 뒤집어 놓은 전환의 힘이 여기 있는 것이다. 그 주된 원동력은 바스티유 습격 이전부터 대중 사이에서 출몰하던 소문의 유령이었다. 그것은 단지 허황된 낭설이 아니라 대중의 잠재의식 속에 불안과 공포, 저항의 감각으로 움직이던 무엇인가를 격발시킨 계기이기도 했다. 대중을 물들이는 집단적 정서를 흔히 '비합리적'이라 부르며 경멸하거나 적대하는 경우가 있다. 하지만 낱낱의 개인들을 하나의 공통된 감각으로 한데 묶으며, 그들로 하여금 시대변환의 역사役使에 뛰어들게 만드는 근원은 이성적 논리를 넘어서는 감각의 힘이다. 옳고 그름에 대한 사회적 통념과 금지, 처벌의 협박과 위험을 감수하고서

---

73 김홍중, 『마음의 사회학』, 문학동네, 2009, 22~24쪽.
74 이진경, 『맑스주의와 근대성』, 288~289쪽; 심광현, 『맑스와 마음의 정치학』, 문화과학사, 2014, 421~431쪽.

라도 '너와 나'를 함께 엮어 행동하도록 추동하는 힘은 사변적 합리성이 아니라 무의식적인 감성, 곧 마음에서 연원한다. 이른바 마음의 연대, 그 것은 정치조직이나 제도, 규범 등으로는 포착되거나 장악되지 않는 감응적 결합이라 할 수 있다. 왕가를 둘러싼 추잡한 소문이나 고문과 살해, 탈옥과 도주에 대한 뜬소문들, 혁명기 프랑스를 관류하던 그 모든 세간의 이야기들은 저급한 하층민 취향의 반영이 아니라 억압에 대한 불만과 분노, 봉기를 욕망하는 대중의 마음에 대한 감응적 표상들이었던 것이다.

러시아 혁명에서도 사정은 다르지 않았다. 사건의 길목마다 전제주의 비밀경찰의 위협에 항상 노출된 채 동물적 본능과 세간의 소문에 따라 생존하던 대중이 있었다. 또한 쏟아지는 정보들 가운데 충동적으로 행동을 선택해야 하는 감각의 혁명가들도 적지 않았다. 필경 그 모든 것이 1917년의 10월을 향한 화살을 쏘았다고 말할 순 없을 것이다. 혁명의 가능성에 대한 환희와 열망 못지않게 그 불가능성에 관한 암담한 전망과 포기, 절망의 한숨도 있었으리라. 뭇사람들을 실의에 빠뜨리고 동료를 배신하며, 빛나는 이상理想을 한순간에 소진시키는 합리적 이성이 허무맹랑한 뜬소문 못지않게 발설되고도 있었을 것이다. 고매한 인품과 높은 학덕學德, 오랜 시간 혁명에 투신하여 얻은 대중적 신망을 지닌 채 혁명이란 다만 기만의 환영에 지나지 않다고 단언하는 현자들도 없진 않았을 성싶다. 당연하게도, 그 가운데서도 필연코 '그날'의 도래를 예감하며 전단지를 뿌리고 소식을 전하는 사람도, 경찰의 고문과 학살을 감수하며 시간의 지리地理를 탐색하는 사람도 있었겠다. 사후적 관점에서 그 중 어느 쪽이 옳았노라고 판정하는 것은 어리석다. 관건은 합리적 논리에 의거해 어느 쪽이 더 가능한 것이었는지를 따지는 게 아니라 그러한 상황을 둘러싼 마음의 정향, 대중의 경향이 어디에 있었는가를 세심히 살펴는 데 있을 것이다. '정세의 혁명가'란 명명은 이성적 전망 못지않게 세상을 떠도는 감각과 충동, 감응의 흐름, 곧 대중의 마음을 지각하고 진단하며 판단하는 능력이야말로 혁명의 열쇠였음을 시사하고 있다. 이는 백년 전의 혁명을 이해하는 통로가 레닌이나 트로츠키, 스탈린 혹은 그 누구든 '영웅'을 소환하는 방식으로는 이루어질 수 없음을 강력히 반증한다. 가장 중요한 문제는 감응의 흐름을 감수感受하는 능력, 곧 대중의 마음과 만나는 힘에 있다.

농민 반란에 대해 공식적 역사의 판단은 그들이 소부르주아 의식에 감염되었다는 것이었다. 즉 볼셰비키의 정당성을 합리적으로 파악하지도 못했으며, 땅에 대한 욕망과 왕당파의 근거 없는 소문에 놀아났다는 것이었다. 과연 그것뿐이었을까? 반동적인 어리석음이 수만 수천 명의 농민들로 하여금 전제주의를 전복시킨 볼셰비키에게 반대하도록 추동했을까? 크론슈타트에 대해서도 다르지 않다. 당시 레닌이 전달받은 상황 보고서에는 수병들이 고향 농촌의 소식에 대해 왜곡된 소문을 믿고 있으며, 반유대주의적 감정에 사로잡혔고, 사회주의에 대한 그릇된 오해에 빠져 있다는 내용이 적혀 있었다. 이에 대한 볼셰비키의 대응은, 사실을 알았든 고의로 무시했든, 외국의 스파이가 침투해 수병들을 조종했거나 그들 중에 반혁명분자가 섞여 있을 것이라는 '놀라운' 망상이었다. 만일 1921년에 최대치에 도달했던 반볼셰비키적 봉기들이 그저 비합리적인 대중심리나 사적 욕망, 몽매주의의 소산에 불과했다면, 그로 인해 혁명이 붕괴할지도 모른다는 위기감은 그저 근거 없는 우려에 그쳤을지 모른다. 오히려 논리적으로 분석되지 않는 섬뜩한 분위기, 대중 사이에 떠돌던 불안과 분노의 감응이야말로 볼셰비키를 두려워하게 만들었고, 정규군에게까지 군장 지급을 미루는 부적합한 대응을 낳았던 것이다. 이 모든 것은 혁명 이후 레닌과 볼셰비키의 정치학이 마음의 문제를 간과했거나 돌보지 못했기에 벌어진 사태가 아니었을까?

지금까지 우리는 소비에트 민주주의와 프롤레타리아 독재의 문제를 코뮨과 국가 사이의 줄다리기, 이념과 현실의 대립과 충돌의 차원에서 고찰하였다. 사상과 제도, 이데올로기와 정치의 복잡다단한 역학이 여기에 작용했으며, 역사의 방향을 결정짓는 데 중요한 역할을 했음에 틀림없다. 그러나 이런 접근은 피치 못하게 코뮨과 국가를 역사의 이념형으로 설정하여 연구하는 오류로 이끌기 쉽다. 그 결과는 '좋은 코뮨 대 나쁜 국가'와 같은 이분법적 결론일 것이다. 이 글의 제사로 인용한 적군 사령관 필리프 미로노프Filipp Mironov가 레닌에게 보낸 서한이 보여 주는 것처럼, 코뮨주의는 지나간 역사를 강권에 의해 철폐하고 철의 규율에 따라 새로 건설하는 '기술적' 공정은 아닐 것이다. 바로 그 '지나간 역사'에는 현재의 삶을 살아가는 대중의 감응과 욕망, 무의식적 습관과 믿음, 곧 마음이 항존해 있는 까닭이다. 알다시피, 마음의 문제에는 국가에 의지하고 국가를 희구하는 대중의 '반동적' 욕망도 포함되어 있다. 민주주의는 대중의 자기통치적 권력이라는 정의에서 은밀히 '대중'을 지워 버릴 속셈이 아니라면, 우리는 대중으로부터 발원한 보이지 않는 손짓과 들리지 않는 목소리에 더욱 가까이 다가가야 한다. 그 손짓과 목소리야말로 소비에트 민주주의와 프롤레타리아 독재, 코뮨과 국가 사이에 무한히 넓게 펼쳐져 있는 인민의 마음의 영토를 채우는 질료들일 것이다. 코뮨주의 공화제의 미-래는 그곳으로부터 비롯되어야 한다. 혁명의 이념과 사건을 끌어당기는 우리의 '반복'은 바로 그 마음이라는 영토를 분주하고도 성실하게 주파할 때 다시 시작될 것이다.

6장

/

프롤레타리아 문화는 불가능한가?

보그다노프와 프롤레트쿨트 논쟁

1. 공산주의 또는 마음의 문제

1917년 러시아 혁명이 성공한 직후, 곧바로 이어진 내전은 신생 사회주의 체제의 물질적이고 정신적인 토대를 뒤흔들어 놓기에 충분했다. 인간과 삶을 위한 새로운 공동체 건설이라는 기치를 높이 쳐들기도 전에 전쟁은 우연히도 겹친 대기근과 함께 혁명을 곧장 절체절명의 위기로 내몰았고, 사회의 변혁보다 생존이라는 과제에 매달리도록 강제했다.

최초의 불씨는 혁명과 동시적으로 발화했다. 1917년 12월 라브르 코르닐로프 장군을 등에 업은 고위 장교들이 휘하 부대를 무장시켜 궐기했던 것이다. 그러나 反볼셰비키 의용군으로 구성된 백군의 위세는 초기엔 미약하기 짝이 없어서 급조된 적군에 의해 1918년 2월까지 패주를 거듭할 지경이었다. 상황은 독일과 소비에트 정부가 브레스트-리토프스크 조약을 맺은 3월부터 급변하게 된다. 러시아 내에서 훈련받던 동유럽 슬라브인들은 독일과 강화한 소비에트 정부에 반감을 품어 백군에 합류했고, 유럽의 연합국들은 재빨리 백군에 대한 공개적인 원조에 나섰다. 1918년 7월께 미군과 일본군이 블라디보스토크에 상륙했고, 영국군은 아르한겔스크와 무르만스크에 진주해 볼셰비키의 위기감은 날로 가중되었다. 전란은 전국적으로 퍼져 나가 그렇지 않아도 허약하던 구 러시아 제국의 산업시설을 정지시키거나 파괴해 버렸다. 공업 생산은 전쟁 전 4분의 1 수준으로 급감했고, 농산물 출하량은 1914년에 비해 60퍼센트 정도로 떨어졌다. 철도수송 총량도 전전戰前의 20퍼센트대로 곤두박질쳤다.[1]

비단 물질적 생산만이 곤경에 처한 것은 아니었다. 차르의 철권통치와 반대파의 분열적 책동에도 굳건히 유지되던 볼셰비키의 대중적 지반이 내전의 폭풍 속에서 점차 와해되어 갔다. 도시에서 혁명을 주도했던 산업 노동자 계급은 적군에 징집되거나 고향으로 흩어져 버려 급속히 감소했다. 내전이 끝날 즈음 그 숫자는 1917년의 3분의 1 수준인 백만 명 정도로 줄어들었는데, 이 과정에서 그들이 지녔던 프롤레타리아 정체성역시 심각한 굴절을 피할 수 없었다. 혁명 전 노동자들은 소비에트를 통해 자치적 정치기구를 조직했고, 제도 정치권에 대해 계급적 이해에 기반한 목소리를 높여 가던 참이었다.[2] 그러나 내전은 이 모든 상황을 일거에 뒤집어 놓았다. 집단으로서 노동자들의 수적 우위는 허물어져 갔고, 계급 정체성을 유지할 만한 일상도 완전히 망가져 버린 상태였다. 무엇보다도 미숙련공이나 사무직 노동자들이 대거 프롤레타리아 계급으로 호명되어 결핍된 계급구성을 메꾸어 나가자 '생산과 혁명의 주체'라는

---

1 존 M. 톰슨, 『20세기 러시아 현대사』, 김남섭 옮김, 사회평론, 2004, 233쪽 이하.
2 오스카 안바일러, 『노동자 농민 병사 소비에트』, 박경옥 옮김, 지양사, 1986, 제2장.

노동자의 자의식은 크게 훼손되지 않을 수 없었다.[3] 혁명은 궁지에 몰리고 있었다.

아이러니컬하게도, 볼셰비키 내부에서는 내전과 대기근, 그로 인한 생산력의 저하와 노동자들의 열세화 등을 점진적으로 해결 가능한 문제로 낙관하는 경향이 있었다.[4] 전제정과 농노제의 갖은 역경에도 불구하고 마침내 성취했던 혁명의 위업에 비하면, 그런 문제들은 어떻게든 극복할 만한 일시적 장애물로 보였을지 모른다. 이런 안이한 태도는 볼셰비키로 하여금 전시 공산주의 체제를 밀어붙이게 만든 동인이 되었다. 레닌은 한때 '인민 민주주의적 독재'를 주장하며 농민과 노동자의 연대가 혁명의 불가피한 조건임을 강조했지만,[5] 1918년부터 추진된 전시 공산주의는 농민에 대한 강제 징발과 억압을 정책적으로 묵인했고, 급기야 무력을 통해 그들의 저항을 진압할 정도로 폭력적이 되었다.

이런 점에서 군주제 잔당파 및 외세와의 투쟁이 마무리될 무렵인 1920~21년간 남부 러시아에서 벌어졌던 농민전쟁은 또 다른 의미에서의 진정한 내전이었다. 전체 국토의 극히 일부분만이 '발달된' 산업주의의 영향권에 놓여 있던 러시아에서 농민들과의 관계는 기층 민중 전체와 맺는 관계의 뿌리에 해당하는 것이었다. 도시 노동자나 병사들의 고향이 농촌이었기에 농민과의 대립은 당과 민중의 분리를 파국에 도달하게 만

---

3 Sheila Fitzpatrick, "Class, Culture and Politics in the Early Soviet Years", *Slavic Review*, Vol. 47, No. 4, 1988, pp. 610~611.

4 쉴라 피츠패트릭, 『러시아 혁명(1917-1932)』, 김부기 옮김, 대왕사, 1990, 109~110쪽; 리하르트 로렌쯔, 『소련 사회사 I. 1917-1945』, 윤근식 외 옮김, 성균관대출판부, 1987, 96~99쪽.

5 Vladimir Lenin, "Dve Taktiki sotsial-demokratii v demokraticheskoj revoljutsii", *Sochinenija*, T. 9, OGIZ, 1947[「민주주의 혁명에서 사회민주주의의 두 가지 전술」, 『저작집』 제9권], p. 81.

들 것이기 때문이다. 1921년 초 크론슈타트 군항에서 터져 나온 수병들의 봉기는 그 절정의 한 광경을 연출했다. "모든 권력을 당이 아닌 소비에트로!"를 외쳤던 병사와 노동자들은 이 무렵 볼셰비키의 초기 정책이 얼마나 대중과 이반하고 있었는지 여실히 보여 준다.[6] 당면한 정치적이고 군사적인 위협에 맞서며 혁명을 보위하는 와중에 제대로 챙기지 못했던 것은 혁명 자체를 응원하고 지탱했던 민중의 마음이었다. 1919년 적군 사령관 필리프 미로노프가 레닌에게 보낸 서한에서 밝혔듯,[7] 공산주의는 폭력적 전복의 문제라기보다 장기간에 걸쳐 민중의 마음을 얻는 문제였던 것이다.

2. 혁명과 문화의 정치학

혁명과 정치에서 마음은 어떻게 문제화되는가? 여기서 마음은 합리적인 사고능력에 초점을 맞춘 '마인드'mind라기보다 이를 포함하는 동시에 인지와 정서, 감정적이고 의지적인 차원을 포괄하는 심리적 지대로서 '하

---

6 Israel Getzler, *Kronstadt 1917-1921. The Fate of a Soviet Democracy*, Cambridge University Press, 1983, ch. 5. 크론슈타트 봉기의 직접적 원인은 페트로그라드 노동자들의 파업에 대한 연대적 차원에 있었고, 민주주의에 대한 요구가 가장 큰 원인이었다. 그 외에도 수병 대부분의 고향이 농촌이었기에 "부모가 약탈당하고 있다"는 소문은 그들을 격앙시켜 봉기하도록 부추겼다.

7 Petr Aleshkin & Jurij Vasil'ev, *Krest'janskaja vojna za Sovety protiv kommunistov* (1918-1922 gg.), Izdatel'skie reshenija, 2016[『공산주의자들에 대항하여 소비에트를 방어하기 위한 농민들의 전쟁(1918-1922)』]. 소부르주아로서 농민들은 오랫동안 자신들의 심성을 자연적인 것으로 알고 생활해 왔는데, '공산주의자들'이 하루아침에 새로운 세상을 건설하겠다고 모조리 징발해 가는 것은 이념적으로는 그럴듯해 보여도 실제적으로는 민중의 마음을 전혀 헤아리지 못한 탁상공론에 가깝다는 판단이 그것이다.

트'heart에 가깝다.[8] 즉 마음은 군중대회에서 확인되는 가시적인 지지표명이나 선거의 투표율과 같은 통계적 수치로 환산되지 않는 비가시적 동의와 공감의 영토를 말한다. 하지만 그것은 개별 심리의 모호한 영역이나 집단이 겪는 비합리적 동요나 혼란을 지시하지는 않는다. 오히려 푸코의 에피스테메epistème나 최근의 감응affect 이론이 시사하는 바와 같이, 마음은 대체로 인간의 집합적 관계에서 작동하는 포괄적인 (무)의식적 감수성의 지대로 묘사할 수 있다.

　　마음은 인간과 사회의 상호작용을 통해 형성되는 감성적 세계상을 이루며, 나아가 그와 같은 세계감각과 연동되어 있는 욕망하는 힘의 차원을 내포한다. 따라서 마음은 논리적으로 규정되거나 통계적으로 계량화되지 않는 집합적인 감정의 흐름으로 나타나고, 개인과 집단의 사고와 지각, 행동 등을 작성하는 역사적 아프리오리와 상관적으로 기능한다.[9] 간단히 풀어서 설명한다면 다음과 같다. 마음은 비가시적인 감응의 운동이지만, '물질적'이고 '제도적'으로 작동하는 힘이라는 점에서 추상적 관념이 아니다. 마음은 하나의 '사회적 사실'로서 특정 사회에서 길러진 집합적 심성의 구조를 지칭한다.[10] 마치 몸에 밴 습관이 의식생활을 규정하

8　김홍중, 『사회학적 파상력』, 문학동네, 2016, 505쪽 이하. 현대 정치철학에서 마음은 사회로부터 배제된 자들, 곧 '마음이 부서진 자들'(the brokenhearted)과의 관계를 통해 사회를 (재)구성하는 과제와 연결되어 있다. 피터 파머, 『비통한 자들을 위한 정치학』, 김찬호 옮김, 글항아리, 2012, 31~44쪽.

9　Michel Foucault, *The Archaeology of Knowledge*, Tavistock Publications, 1972, pp. 126~131. 전(前)의식적 심성구조로서 이론과 실천, 현실과 상상, 이성과 감성을 매개하는 마음은 레이먼드 윌리엄스가 언명했던 감정의 구조(structures of feeling)와 유사한 기능을 수행한다. Raymond Williams, *Marxism and Literature*, Oxford University Press, 1977, pp. 128~135.

10　김홍중, 『마음의 사회학』, 문학동네, 2009, 43~45쪽.

고 견인하는 것처럼, 마음은 선과 악이나 좌파나 우파와 같은 사회적인 명제들의 근저를 관류하여 우리들을 특정한 행위와 사고로 인도한다. 쉽게 말해, 합리적인 판단 이전에 형성된 감각이나 믿음, 욕망이 사회적 관계 속에서 작용하도록 만드는 바탕이 마음이다.

예를 들어, 종교적 신앙을 타파하고 사회주의적 무신론으로 무장했던 소비에트 사회에서 레닌의 초상은 왜 과거에 성상화가 모셔져 있던 곳krasnyj ugol에 안치되었는가? 1920년대 말, 비록 현실적으로 종교는 더 이상 지배적인 표상이 아니었으나 수백 년간 민중의 마음에 스며든 믿음의 형식은 그대로 잔존했기 때문에 레닌 초상의 위치는 성상화의 바로 그 자리가 아닐 수 없었다. 다른 한편, 혁명이 일어난 후 공식적으로 여성의 지위는 급격히 향상되었으나, 제도적 변동과 달리 일상생활에서 여성은 예전과 크게 다르지 않은 역할을 수행해야 했다. 법제적으로 명문화된 여성의 지위는 남성과 대칭적인 형태로 대중의 (무)의식 속에 아직 새겨져 있지 않았던 까닭이다.[11] 사회 변동의 공식적 부면은 민중적 삶의 비공식적 차원에 스며들어야 한다. 마음이란 그와 같은 비공식적 심부에서 유동하는 사회적 힘이다.

러시아 혁명의 주역들은 사회혁명의 성패가 이와 같은 민중의 마음에 달려 있음을 정확히 인식하고 있었다. 예컨대 레닌은 사회주의에 걸맞은 '새로운 인간'의 창출은 민중이 낡은 믿음으로부터 얼마나 멀리 벗어날 수 있는가에 달려 있다고 보았다. 민중의 마음에 깊이 달라붙어 있는 무의식적인 신념과 욕망으로서의 습관을 바꾸어야 한다는 것, 그것을

---

11 스티브 스미스, 『러시아 혁명. 1917년에서 네프까지』, 류한수 옮김, 박종철출판사, 2007, 185~186, 204쪽 이하.

뿌리째 뽑아내 새롭게 조형하지 않으면 새로운 사회 역시 불가능하다는 것이다.[12] 전위적 혁명당의 선도성을 강력히 주문했음에도 불구하고, 레닌은 새로운 사회의 건설이란 민중의 무의식적 욕망, 즉 마음의 터전을 새로이 경작하는 데서 비롯된다고 믿었다. 트로츠키 또한 이러한 문제의식을 공유하고 있었다. 스탈린과의 당권경쟁이 치열하게 벌어지던 1923년을 전후한 시기, 그가 몰두했던 문제는 러시아 대중의 음주습성과 예의범절, 언어문화나 가정교육 등의 생활관습에 관한 것이었다. 이는 새로운 사회구성체가 수립되고 난 이후, 구체제의 일상형식이 소거된 빈 자리를 어떤 사회주의적 의례들로 채워 넣을 것인지에 대한 연구에 다름 아니었다.[13] 트로츠키는 민중의 마음을 조형할 새로운 형식들을 제공하는 것이야말로 공산주의적 미래를 쟁취할 결정적 계기라고 판단했다. 비록 당권투쟁에서 패배하고 추방당하고 말았으나, 마음의 문제가 혁명에서 얼마나 중요한지 그가 정확히 통찰했다는 점은 염두에 둘 만하다.

문화는 여기서 관건적인 열쇠어가 된다. 혁명 전후의 러시아 사회상이나 레닌, 트로츠키의 사례가 보여 주듯, 문화는 특정한 역사와 지역을 공유하는 공동체의 생활 형태라는 사전적 정의에 그치지 않는다. 역으로 문화는 공적이고 사적인 차원을 포괄하여 일상생활을 구성하는 발생론적 힘으로서 정의할 만하다. 바꿔 말해, 문화는 사회를 형성하는 능동적인 형식으로 기능하며, 공식 영역에 있는 관습과 규범, 제도와 체제뿐만

---

12 Vladimir Lenin, "Detskaja bolezn' 'Lebizny' v kommunizme", *Sochinenija*, Tom 31, Polizdat, 1950[「공산주의에서의 '좌익' 소아병」, 『저작집』 제31권], pp. 26~27.

13 Lev Trotskij, *Problemy kul'tury. Kul'tura perekhodnogo perioda*, M., 2012[『문화의 문제. 이행기의 문화』], pp. 296~298.

아니라 그 하부의 비공식적 생활세계마저 통괄하는 토대의 명칭이다.[14] 정치와 혁명에서 마음이 관건이 되는 문화란 후자를 가리키며, 이는 새로운 문화를 어떻게 창안하여 가동시키는가에 관한 문제설정으로 이어진다. 혁명과 마음, 문화는 분리 불가능하게 결합하여 정치적인 것의 장을 가로지르고 있다.[15]

혁명기 러시아에서 이 문제에 대해 주의 깊게 천착했던 이론가들 중에는 알렉산드르 보그다노프Alexander Bogdanov(1873~1928)가 포함된다. 극좌적이고 몽상적인 프롤레타리아 문화론을 내세워 레닌, 트로츠키와 반목했다고 알려진 것과 달리, 그는 문화의 역할이 민중의 마음을 조형하는 형식에 있다는 점을 발견한 명민한 통찰자였다. 마음의 문제로부터 그를 조명하지 않는 이상, 그의 프롤레타리아 문화론은 비현실적인 몽상으로 치부되어 폐기될 운명을 피할 수 없다. 이 글의 목적은 보그다노프의 문화이론을 역사적 논쟁과 발생사적 맥락에서 살펴보면서, 그것이 어떤 점에서 마음의 정치학과 관련되어 있으며 궁극적으로는 프롤레타리아 혁명과 정치의 핵심적 고리로서 기능하는지 검토하는 데 있다.

---

14 같은 시기에 미하일 바흐친도 민중의 비공식적 생활세계에서 발원하는 문화의 생성적 힘에 관해 심도 있는 사유를 펼쳤다. 그 역시 제도나 규범의 근저에서 작동하는 마음의 영역에 관심을 기울였고, 이는 기성의 문화를 파괴하며 새로이 창안되는 낯선 문화에 대한 형식의 탐구라 할 만하다. 최진석, 『민중과 그로테스크의 문화정치학』, 그린비, 2017, 제2장 참조.
15 정치적인 것(the political)이란 물론 치안(police)에 대립하는 랑시에르의 개념이다. 후자가 제도와 체제를 통해 가시적으로 표방되는 이념적 분할선을 뜻한다면, 전자는 비가시적인 감각적 미분할 지대에 넓게 걸쳐져 있으며 대중의 마음을 움직이는 정치적인 효과화의 장이다. 자크 랑시에르, 『정치적인 것의 가장자리에서』, 양창렬 옮김, 길, 2013, 제1부.

3. 프롤레트쿨트와 문화혁명의 과제

혁명과 정치의 문제를 보그다노프의 이름과 함께 거론하는 것은 어딘지 낯설고도 낯익다. '낯설다'고 말하는 까닭은 그가 소비에트 시대를 관통해 레닌과 대립했던 적대적 사상가로 낙인찍혀 배척받아 왔기 때문이다. 그에 관한 소비에트 문헌의 공식적 평가는 철학적으로는 '관념론자'이고 정치적으로는 '소환주의자'로서 레닌에게 대립한 반동적 사상가이자 활동가라는 것이었다.[16] 특히 혁명 후에 볼셰비키 이론가들 사이에서 대논쟁으로까지 번진 프롤레타리아 문화론은 그의 이력에 치명적인 오점을 남겼다. 이로 인해 그의 주저는 물론이고 다양한 분야의 저술들은 문서고에 오랫동안 봉인된 채 망각되고 말았다. 반면 '낯익다'고 언급한 이유는, 그가 소비에트 연방의 해체 이후 일종의 '사회주의적 대안'의 사상가로 부각되면서 한동안 집중적인 조명을 받았던 탓이다. 정치경제학과 사회심리학, 철학적 저술과 문화예술론을 비롯하여 수혈과 생명연장에 대한 재기발랄한 발상들이 발굴되어 소개되었고, 다시 출판되기도 했다. 그러나 전반적으로 보그다노프의 사상은 이해하기 어려우며 일반적으로 수용될 수 없다는 식으로 선언되었고, 포스트-소비에트 시대를 맞아 '빛바랜 추억'으로 정리되어 버린 게 사실이다. 흡사 빌헬름 라이히의 경력에 비견할 만한 보그다노프의 이력은 이토록 놀랄 만한 부침을 거듭하면

---

16 이런 낙인의 결정적 증표로서 레닌의 비판은 소비에트 시대 내내 회자되었다. "보그다노프는 맑스주의에 대하여 전혀 연구하지 않았다. 그가 한 일이란 단지 이 연구에 의하여 획득된 결과에 생물학적, 에너지론적 용어의 옷을 입히는 일이었을 뿐이다. 이 모든 시도는 처음부터 끝까지 아무런 소용도 없는 것이다." 블라디미르 레닌, 『유물론과 경험비판론』, 정광희 옮김, 아침, 1988, 350쪽.

서 역사의 그늘 속으로 사라져 버렸다.

보그다노프에게 '악명'을 안겨다 준 프롤레타리아 문화론이란 무엇인가? 도대체 어떤 점이 레닌과 그의 후계자들로 하여금 보그다노프를 '이단자'로 몰아 배척하게 만들었을까? 그의 사유에서 그토록 '위험한' 요소로 여겨진 것은 무엇이었을까? 일단 논쟁의 발단이 된 프롤레타리아 문화론이 제기된 계기와 그 내용을 점검해 보자.

1917년 이전부터 보그다노프는 정신의학자이자 노동자를 위한 경제학 저술가, 철학 연구자, 심지어 소설가로도 활약함으로써 대중적 인지도를 널리 얻고 있었다. 그러다 2월 혁명이 일어나자 그는 노동계급의 문화운동 단체인 프롤레타리아 문화계몽 조직Proletarskie kul'turno-prosvetitel'nye organizatsii, 약칭 '프롤레트쿨트'를 조직하게 된다.[17] 문화 영역에서 독자적인 혁명투쟁을 수행할 것을 주된 목표로 삼았지만, 10월 이전에 세워진 단체였기에 부르주아 우파의 임시정부나 볼셰비키를 비롯한 좌파 혁명주의로부터 일정한 독립성을 확보하고 있었다. 그러나 10월 혁명이 일어나고 사회 전 분야에 걸친 볼셰비키의 통제정책이 운위되자 프롤레트쿨트는 어떤 식으로든 국가와의 관계를 설정하지 않을 수 없었다.

실제로 볼셰비키는 1917년 11월 9일자 법령을 통해 국가교육위원회

---

17 러시아 혁명 이전까지 보그다노프의 생애와 활동에 관해서는 다음을 참조하라. Tat'jana Kul'seeva, *Teoreticheskie osnovanija empiriomonizma A.A. Bagdanova*, Dissertation in Ph.D., SPb, 1995[『A. A. 보그다노프 경험일원론의 이론적 기반』], ch. 1; Zenovia A. Sochor, *Revolutions and Culture. The Bogdanov-Lenin Controversy*, Cornell University Press, 1988, pp. 6~12. 상세한 저술목록은 다음 책을 통해 일별할 수 있다. John Biggart et al., *Bogdanov and His Work*, Ashgate, 1998.

를 구성하여 제정시대의 교육기관들을 통합하였으며, 곧이어 교육인민위원회Narkompros를 설치해 소비에트 러시아 내의 모든 문화적 문제들에 대한 중앙통제업무를 관장할 것을 지시했다. 총 25개 분과로 구성된 교육인민위원회는 교육 일반뿐만 아니라 다양한 문화예술적 활동에 있어서도 볼셰비키의 정책을 수용하고 이행하도록 조치했다. 대중적 문화사업에서 혁명적 임무를 완수하겠다고 공언했던 프롤레트쿨트는 국가의 정치·경제적 주요 의제들에 대해 개입할 필요가 없었다. 자신들의 과업을 문화라는 특정 영역에 한정시킨 프롤레트쿨트는 공식적으로는 당의 정치적 통제를 받아들이는 데 이견이 없었고, 기꺼이 교육인민위원회의 산하기관으로서 활동하고자 했다. 하지만 이는 국가의 정치적 지도를 문화사업에 그대로 적용하는 일은 아니었다. 보그다노프는 문화사업을 펼치는 데 있어서 프롤레트쿨트가 당으로부터 자율적인 행보를 밟아야 한다고 요구했다. 공산주의 사회의 한 기관으로서 복무하되, 활동의 전망과 구체적 과제는 독자적으로 설계하고 수행할 것이란 뜻이다.

이와 같은 주장은 일견 '문화'의 이름으로 일반적으로 규정되는 국부적 영역에서만 프롤레트쿨트의 자율성을 내세움으로써 역으로 정치적 영역에 대한 거리를 두고, 개입하지 않으려는 불간섭주의를 표방한 것처럼 보인다. 정치경제학이 담당하는 토대와 상부구조의 민감한 영역은 남겨 둔 채 예술과 일상규범만을 프롤레트쿨트의 고유한 관장범위로 스스로 제한하는 듯한 인상을 주는 것이다. 문화혁명의 대상은 '정치'도 아니고 '경제'도 아니며 다만 '문화'라는 좁은 울타리에 제한된다. 과연 프롤레트쿨트의 기관지 『프롤레타리아 문화』 창간호에 실린 보그다노프의 권두언은 그와 같은 제한을 통해 문화적 자율성과 독립성을 확보하려는 선언처럼 읽힐 수 있다.

집합적인 의지와 사상을 지속적으로 관철시킬 총체적인 교육을 계급에게 부여하는 것은 바로 독립적 정신문화의 성취에 의해서만 가능하다. 부르주아 계급은 이러한 자신의 문화를 가지고 있으며 여기에 그들의 강점이 있다. 프롤레타리아트에게는 아직 자신들의 문화가 없으며 바로 여기에 그들의 약점이 있다. […] 노동계급의 문화운동은 그들의 경제·정치운동보다 뒤늦게 출발하였다. 지금 우리는 우리 시대의 이런 사정이 노동계급의 역사적 운명에 얼마나 큰 어려움을 안겨 주는지 목도하는 중이다. […] 노동계급으로 하여금 그들이 결여하고 있는 문화의 창조에 전력을 기울이게 하자. 문화적 독립의 달성을 금후의 지속적인 슬로건으로 설정하자.[18]

프롤레타리아의 '문화적 독립'이라는 테제를 피상적으로 이해할 때, 그것은 문학이나 미술, 음악, 영화와 같은 예술활동 및 일상 에티켓의 발명과 훈련 등으로 간주될 것이고, 문화의 창안과 교육이란 과제는 사회적 질서와 규범의 형성에 무리 없이 겹쳐지게 된다. 풀어 말해, 볼셰비키의 당정치에 전혀 위배가 되지 않는 순응주의적인 이미지를 통해 문화혁명이 규정되는 것이다. 문화를 일종의 당의정糖衣錠으로 바라보는 시각이 여기 속하는 바, 그럴 때 문화는 사회의 외적인 의장意匠에 지나지 않는다. 하지만 이어지는 다음 문장들을 곰곰이 따져 보면, 문화적 독립이라는 테제의 심대한 목표는 '볼셰비키 당-국가의 한계 안에서의 문화'라는

---

18 이한화 엮음, 『러시아 프로문학운동론 I』, 화다, 1988, 28쪽. Aleksandr Bogdanov, "1918", *O proletarskoj kul'ture*, Kniga, 1925[「1918」, 『프롤레타리아 문화에 관하여』], pp. 100~103을 참조해 문맥에 맞게 수정하여 인용한다.

장식적 역할을 돌파하는 데 있음을 금세 알 수 있다.

새로운 문화는 생활과 창조의 모든 범위를 포함하여야 한다. 표면적이 거나 부분적인 게 아니고 깊고 모든 범위에 걸친 전면적인 것이어야 한 다. 우리는 이미 프롤레타리아 정치가 현존하고 있음을 알고 있다. 그러 나 거기에는 그것을 방해하는 정신적으로 부르주아적인 정책이 얼마나 많이 혼합되어 있는가! 동지적 결합과 동지적 훈련이 있어야 한다. 그 속에서야말로 계급적 조직의 정신과 힘이 존재하는 것이다. 그러나 우 리는 소小에고이즘과 개인적 야심이 종종 그것을 방해하고 있음을 목도 하지 않는가! 한편으로는 권력에의 열망, 다른 한편으로는 맹목적인 믿 음과 의식 없는 예속——바로 이것은 개인과 개인의 고립, 경쟁에 근거 하는 낡은 사회의 유물이다. 맑스의 시대로부터 프롤레타리아 과학이 발달하고 있으나 대중에 대한 침투는 아직도 미미한 실정이다. 또한 대 중은 많은 종교적 미신과 과거의 어두운 사상의 잔재 속에 놓여 있다. […] 그렇다! 동지들이여, 프롤레타리아에게는 문화적 해방이 필요하 다. 이제 그것을 위해 싸워야 할 때가 왔다. 이것이야말로 계급의 현실 적이고 완전한 자기규정을 위한 싸움이다.[19]

'프롤레타리아 문화'의 정당성과 사회적 권리, 독자 노선 확립에 대 한 의지를 표출하는 이 권두언은 통상적인 창간사의 수준을 훨씬 넘어선 다. 보그다노프는 문화혁명이 정치혁명이나 경제혁명에 귀속되는 종속 적 범주이거나 그것들로부터 분리된 제3의 분과라고 생각지 않았다. 오

---

19 Bogdanov, "1918", *O proletarskoj kul'ture*.

히려 문화혁명은 정치와 경제 영역에서의 혁명보다 더욱 근본적인 위상을 차지한다. 문화는 모든 것의 출발점이자 본원적 바탕이라는 사실이야말로 권두언의 진정한 핵심이다.

10월 혁명과 더불어 러시아의 정치적이고 사회적인 전환이 시작되었다. 구 체제의 정치제도는 폐절되었고 생산의 노동자 중심주의가 원칙적으로 선포되었다. 하지만 사회의 급진적 변화들은 삶의 근저에까지 도달하지 못한 채 아직 구호에 머물러 있다. "프롤레타리아 정치"의 "현존"에도 불구하고, 사회 기층의 뿌리는 과거와 크게 달라지지 않은 것이다. 이는 "정신적" 차원의 문제로 지적되는데, 소부르주아적 에고이즘과 탐욕, 무지몽매의 여러 부정적 현상들을 포함한다는 점에서 단지 피상적 차원에 머물지 않는다. 관건은 삶의 비공식적 부면, 일상생활의 태도와 습관, 무의식적 시선과 행위라는 체감의 차원에 있다. 제도와 체제보다 더욱 밑바닥에서 민중의 관습과 자의식, 믿음이나 의례를 지배하는 삶의 형식, 즉 문화가 낡은 형태 그대로 남아 있는 탓이다. 문화의 새로운 형식을 고안하고 제시하지 않는 이상, 어떤 수사로 치장한다 해도 혁명은 공허한 한담에 불과할 것이다. 그러므로 프롤레타리아의 "문화적 해방"은 정치·경제적 혁명이 완수된 후에 시작되어도 무방한 장식물이 아니라 혁명 자체의 성공을 담보하기 위해서는 '지금 당장' 시도하지 않을 수 없는 긴급한 당면 과제가 아닐 수 없다. 프롤레타리아 문화론은 정치나 경제에 비해 홀대받는 문화의 중요성을 각성해야 한다는 볼멘 호소가 아니다. 보그다노프는 문화의 혁명 없이는 정치적이고 경제적인 혁명, 진정 새로운 사회의 구성이란 불가능하다고 소리친 것이다.

하지만 이러한 외침은 즉각 반격의 포문에 노출되었다. 게다가 논쟁의 흐름은 보그다노프가 의도했던 주제로부터도 방향을 살짝 튼 채 진행되고 말았다. 즉 국가-당으로부터 통제받지 않는 프롤레타리아 문화운동이 정당한가에 대한 실천적 문제와 더불어, 독자적인 프롤레타리아 문화의 가능성에 대한 이론적 논쟁이 불붙어 버린 것이다.

4. 프롤레타리아 문화론의 쟁점들

혁명을 '신의 심판'과 같은 신화적 서사나 추상적 논리규정의 묶음으로 파악하지 않는다면, '어느 날 갑자기' 몰아친 혁명의 파도가 기성 세계를 송두리째 쓸어버려 즉각 새 세상이 열릴 것이란 희망은 망상에 지나지 않는다. 국가 전복의 거대 사건을 통해 체제와 규범, 법과 질서는 즉시 다른 것으로 교체될 수 있지만, 그것들이 실제로 작용하는 일상의 현실은 장기지속적인 과정을 통해서만 변형될 수 있는 불투명성의 지대이다. 전자는 상대적으로 쉽게 바뀌지만, 후자는 대단히 느리고 고통스런 과정을 통과하고서야 미미한 변화를 드러내기 시작한다.

통치권력을 장악한 볼셰비키 상층부의 기획과 의지가 기층 민중에게 전달되고 작동하기 위해서는 그것들을 일상의 하부에서 조율하고 조정하는 하급당원들 및 실천가들의 노력이 끊임없이 보태어져야 했다.[20] 프롤레타리아 문화조직의 강령과 사업 또한 대개 그러한 일상생활의 다양한 국면들과 만나서 변화를 일구어 내는 데 역점을 두었다. 그 과정은

---

20 스탈린주의 관료제가 정착하기 이전, 1920년대 초 소비에트 사회의 일상생활은 하위직 볼셰비키 당원들의 헌신적인 노력에 의해 어렵사리 유지되었다. 가족과 교육, 주거와 식생의 거의 모든 영역에서 하급당원들은 사적인 것을 지워 내고 공적인 주체로서, 즉 공산주의적 인간으로서 자신의 도덕성을 시험하였고, 이러한 헌신이 사회의 '발본적인 개조'를 위한 발판이 되었던 것이다. 올랜도 파이지스, 『속삭이는 사회 1』, 김남섭 옮김, 교양인, 2013, 제1장.

민중의 신체와 감각을 경유하여 점진적으로 효과화되는 사건의 시간에 해당된다.[21] 바흐친이라면 '비공식적 문화'라 불렀을 이 삶의 차원에서 프롤레트쿨트가 더 많은 힘을 요구하면 할수록, 점차 제도정치에 안착하고 있던 볼셰비키는 더욱 불편하고도 불안한 기분에 휩싸이지 않을 수 없었다. 혁명 이후로부터 1920년대 초엽까지 소비에트 러시아의 정세는 아직 스탈린주의적인 경직성이 표면화되진 않았으나, 대기근과 내전의 폭풍을 견디는 가운데 신경제정책이 발의되고 노동자통제가 당-국가의 정책적 의지로서 부상하던 참이었다.[22] 프롤레타리아 문화론에 대한 레닌과 트로츠키의 거부는 일정 정도 이러한 정세와 연관시켜 살펴볼 필요가 있다.

4-1. 레닌: 순전한 정치의 한계 안에서의 문화

1908년의 결렬을 계기로 레닌과 보그다노프가 적대적 관계에 돌입했으며, 내내 원만하지 못한 상태를 유지했음은 잘 알려져 있다.[23] 그러나 프

---

21 1930년대를 전후하여 전개된 구축주의 건축운동은 대중의 일상생활에 침투하여 사회주의적인 삶의 방식을 훈련하려던 문화운동적 시도였다. 이념적 교시나 훈육보다 몸에 새겨지는 관습과 의례를 바꿈으로써 민중을 공산주의적인 '새로운 인간'으로 개조하려던 시도가 그것이다.

22 레닌이 『국가와 혁명』(1917)에서 예견했던 것과 달리, 혁명 후 볼셰비키 당은 국가를 폐지하기는커녕 거꾸로 흡수하여 권력을 확대해 가던 참이었다. 농민전쟁과 크론슈타트 봉기를 겪으며 프롤레타리아 독재의 임시적 형태였던 코뮨-국가는 급속히 당-국가의 형태로 변모했고, 민중의 자발적 정치를 봉쇄하고 말았다.

23 1903년 러시아사회민주노동당 제2차 당대회에서 볼셰비키와 멘셰비키가 분열한 이래, 레닌과 보그다노프는 '전략적 제휴관계'를 유지해 오다 1908년 노선문제로 갈등을 빚는다. 같은 해 중반 레닌은 기관지 『프롤레타리아트』 편집진에서 보그다노프를 제외시켰고, 다음 해 초엔 볼셰비키로부터도 축출함으로써 완전히 갈라서게 된다. 레오나르드 샤피로, 『소련공산당사』, 양홍모 옮김, 문학예술사, 1982, 120쪽. 더 자세하게는 천호강, 「레닌과 보그다

롤레타리아 문화론의 부정이 단지 두 사람 사이의 개인적 원한으로부터 연유했다고 설명하는 것은 정치의 동학을 제대로 이해하지 못한 무지의 소산일 따름이다. 오히려 레닌과 보그다노프는 당을 통해 직접 만나고 설전을 주고받던 시절부터, 소속이 분리되어 간접적이고 상이한 관계를 통해 대립했을 때조차 은밀하게는 서로를 의식하며 이론적이고 실천적인 논쟁을 이어갔다.[24] 우리는 인간관계 너머에서 작용하던 정세적 차이를 판별함으로써 그러한 논쟁이 작동했던 대립의 지형도에 주목해야 한다.

부르주아지를 몰아낸 새로운 사회에서 문화적 주도권이 프롤레타리아의 손에 넘어갔으며, 여기서 노동자의 자의식, 곧 이데올로기에 충실한 문화창설이 긴요한 과제로 부각되었다는 점에는 레닌도 큰 이견이 없었다. 그런데 그가 염두에 둔 문화의 개념은 보그다노프나 여타 다른 볼셰비키 이론가들과도 다른 의미와 범위를 가리키는 것이었다. 레닌 사후, 그에 관한 신격화가 진행되면서 소비에트 지식사회에서는 '레닌의 문학예술론'과 같은 정전적 지침서들이 제작되어 유포되긴 했으나, 그 경우에도 레닌의 문화 개념은 사뭇 색다른 뉘앙스로 채색되곤 했다. 그가 '문화'라는 용어를 즐겨 사용하고 그 중요성을 수시로 강조하곤 했지만, '문

노프」, 『현대사상』 제10호, 현대사상연구소, 2012, 13~33쪽; 이득재, 「레닌과 보그다노프」, 『현대사상』 제4호, 현대사상연구소, 2009, 21~36쪽을 보라. 이들의 연구는 양자 사이의 철학적 입장차에 대한 설명에 주안점을 두고 있다.

24 예컨대 1909년에 출간된 『유물론과 경험비판론』은 당대 철학적 쟁점에 대한 레닌의 개입을 표방하고 있으나, 주요하게는 보그다노프라는 논적을 염두에 둔 저작이었음이 분명하다. 흥미롭게도 그 전해에 간행된 보그다노프의 소설 『붉은 별』(1908)은 비록 창작의 형식을 취하고 있음에도, 레닌과의 이론적 논쟁을 문학적 상상력을 통해 지속하고자 했던 시도로 볼 수 있다. 최진석, 「혁명, 혹은 배반의 유토피아: 보그다노프의 『붉은 별』에 나타난 정치적 무의식」, 『인문논총』 74(4), 2017, 97~142쪽. 그들은 언제나 (무)의식적으로 상대방을 겨냥한 상태로 각자의 영역에서 대결을 이어가고 있었던 것이다.

화혁명'이라는 단어는 상대적으로 적은 빈도로 사용했으며 그 의미역도 정치혁명이나 경제혁명에 비해 중요하게 다루어지지 않았다. 바꿔 말해, 그에게 문화는 일반적으로 '혁명'이 함축하는 거대한 시대사적 의미를 지닌 게 아니었다. 왜 그런가?

레닌은 문화를 세 가지 차원에서 정의한 바 있다. 첫번째는 서구적 문명으로서, 두번째는 이데올로기로서, 그리고 세번째는 지식으로서 문화가 규정되었다.[25] 여기서 문명과 지식은 긴밀히 연관되어 운위되는데, 물질적 발전을 선도하기 위해 습득해야 할 기술적 체계의 총체가 문화라는 점에서 그렇다. 일차적으로 문화는 기계를 조립하고 생산하며 공장을 운영하는 전문적인 지식을 가리키고, 나아가 근면성실하게 규율에 복종하며 건전한 생활태도를 체득하는 노동윤리를 포함한다. 계급의식으로서의 이데올로기는 차라리 부차적인 의미였다. 레닌은 볼셰비키가 권력을 획득하고 국가를 장악하고 나면 이데올로기의 문제는 저절로 해결될 사안이라 믿어 의심치 않았다. 그러므로 체제 전복을 성취한 다음의 과제는 당연히 문명과 지식으로서의 문화를 창설하는 것이고, 이는 발달된 서구의 문화를 수용하는 문제에 직결된다. 요컨대 혁명 이후 문화의 과제는 근대적 지식을 어떻게 배우고 자기화하느냐에 달려 있었다.

분명히, 프롤레타리아트는 자신들의 고유한 문화를 창출할 권리를 갖는다. 표면적으로 이러한 기조는 프롤레트쿨트의 노선과도 잘 어울리는 듯 보였다. 노동자들은 선진 자본주의의 기술을 사회건설을 위한 자양분으로 받아들여야 했고, 그런 지식을 문명화된 관습으로서 몸에 새겨

---

25 Carmen Claudin-Urondo, *Lenin and the Cultural Revolution*, The Harvester Press, 1977, pp. 13~14.

둘 필요가 있었다. 특히 러시아 노동자들의 '후진적' 노동관을 뜯어고치는 데 안달하던 레닌에게 후자는 더욱 급박한 과제로서 제기되었다. 그에게 프롤레타리아 문화란 새로운 사회에도 잔존하는 낡은 습관, 즉 전제정과 농노제 하에서 타성화된 무기력과 게으른 습벽, 불규칙적인 노동윤리를 대신하여 산업사회에 적합한 노동자 의식의 함양에 다름 아니었다. 하지만 프롤레트쿨트가 새로운 문화를 창조하는 주체를 자임하고, 당의 통제를 벗어나려 하자 볼셰비키의 입장은 급선회하지 않을 수 없었다. 이유는 명료했다. 보그다노프의 권두언에서 확인했듯 프롤레트쿨트의 독립성은 문화라는 특정 영역에서의 독자적 활동에 그치지 않고 문화를 통해 사회주의 체제 전반을 재구성하려는 총체적인 기획을 내포하는데, 레닌의 견지에서 이는 불가능할 뿐만 아니라 오도誤導될 위험이 있는 태도였기 때문이다. 레닌에게 문화는 기술적 지식의 습득이자, 선진 노동윤리의 주입에 해당되는 사안이었기에 자율적인 정치적 판단의 대상이 아니었다. 문화의 습득과 창조에서 무엇이 필요하고 어떤 방향이 옳은 것인지는 전적으로 당에 위임하고, 프롤레타리아트는 그 결정을 준행하기만 하면 될 일이었다.

이런 입장의 뿌리는 1902년에 집필된 『무엇을 할 것인가?』에서 연원한다. 여기서 레닌은 크고 작은 작업장에서 '자연스럽게' 나타나는 노동자 집단의 자발성을 부정하고, '외부'로부터 유입되는 전위적 지식인-혁명가들의 지도를 통해 노동운동이 조직되어야 한다고 주장했다. 현장에서 (무)의식적으로 형성되는 투쟁의 의지는 강렬한 것이기는 해도 상황적 요인에 휘둘리기 십상이며, 전국을 무대삼아 펼쳐지는 전략적인 정치 수준을 담보하기 어려운 탓이다. 노동자들에게서 자발적으로 나타나는 "'자연발생적 요소'란 그 본질상 발생기적 형태의 의식에 다름 아니"고,

따라서 이를 극복하기 위해 "사회민주주의적 의식이 외부로부터 노동자들에게 제시되어야" 한다.[26] 이 논리는 보그다노프와 프롤레타리아 문화론에도 그대로 적용된다. 노동자들이 자신들의 역량을 통해 독자적인 문화를 형성한다는 것은 어불성설일 뿐만 아니라, 그로써 새로운 사회의 정치경제적 지반을 배양하겠다는 프롤레트쿨트의 기도는 대단히 위험스런 시도에 다름 아니었다.

레닌이 보기에 러시아 프롤레타리아트는 아직도 더 지도받아야 하며, 정치적 역량을 온전히 전수받은 다음에야 비로소 독자적인 문화창출에 나설 수 있는 미숙한 상태에 놓여 있었다. 이에 레닌은 '프롤레타리아 문화'라는 표현을 '사회주의 문화'라는 용어로 대체해야 한다고 강조했고, 1920년 가을 무렵에는 프롤레트쿨트가 교육인민위원회에 복속되어야 한다는 결의안을 채택하도록 종용한다.[27] 나아가 같은 해 12월에는 당중앙위원회로 하여금 프롤레타리아 문화 창출이라는 프롤레트쿨트의 과제를 맑스주의적 교의에 이반한다고 결정하게 만듦으로써 프롤레트쿨트의 지도부를 전원 교체하도록 조처했다. 보그다노프가 문화적 조직사업에서 완전히 배제된 것은 이즈음의 일이다.

하지만 볼셰비키와 보그다노프 및 그의 세력 사이에서 벌어진 팽팽한 긴장관계는 금세 해소되지 않았다. 역으로 그것은 이론적 논쟁을 통해 더욱 예각화되었는데, 1922년을 정점으로 프롤레트쿨트 조직이 완전히 볼셰비키에 복속된 다음에도 멈추지 않고 계속될 정도였다. 보그다노

---

26 블라디미르 레닌, 『무엇을 할 것인가?』, 백두, 김민호 옮김, 1988, 38~39쪽.

27 블라디미르 슐긴 외, 『러시아 문화사』, 김정훈 외 옮김, 후마니타스, 2002, 298쪽 이하; Sheila Fitzpatrick, *The Cultural Front. Power and Culture in Revolutionary Russia*, Cornell University Press, 1992, pp. 22~23.

프의 문화혁명론은 맑스주의적 교의에 어긋난다는 레닌의 비판이 이론적인 공세로 전환된 시점이 여기다. 사태를 에두를 게 아니라 포연의 한 가운데로 직접 들어가 보자.

4-2. 트로츠키: 역사의 변증법과 프롤레타리아 문화의 불가능성

1923년 트로츠키의 『문학과 혁명』이 출간되었다. 이 책은 처음부터 단행본으로 기획되어 집필된 게 아니라 1907년경부터 그가 작성했던 문학과 예술 및 사회문화적 현상에 대한 여러 단편들을 모으고 정리해 발간한 시사평론집이었다. 혁명을 전후한 시기에 러시아의 문학과 문화, 사회와 일상에 대해 다양하게 고찰하고 비평하고 있는 이 책은 혁명가이자 정치가였던 트로츠키의 심미안과 문화사회학적 식견을 보여 주는 수작이라 부를 만하다. 우리의 주목을 끄는 부분은 제1부 제6장 '프롤레타리아 문화와 프롤레타리아 예술'이다. 책자 전반에 걸쳐 프롤레타리아 문학예술의 정체성과 형성과정에 대한 기획, 의의와 성과 등에 관한 진취적인 포부와 신랄한 품평을 펼쳐 내고 있지만, 특히 이 장에서 트로츠키는 보그다노프의 프롤레타리아 문화론을 염두에 둔 듯한 서술을 이어감으로써 그것을 논박하고 있다.

"한 시대의 지배적 사상은 늘 지배계급의 사상이다"라는 맑스·엥겔스의 명제를 이어받아,[28] 트로츠키는 "모든 지배계급은 그들의 문화와 그에 따르는 자신들의 예술을 창조한다"고 천명한다.[29] 역사의 각 단계마다 경제적 토대는 그 단계에 조응하는 상부구조를 창출해 내며, 문화는

---

28 칼 맑스·프리드리히 엥겔스, 「공산주의당 선언」, 『맑스 엥겔스 저작선집 1』, 최인호 외 옮김, 박종철출판사, 1991, 419쪽.

그것을 배태한 토대에 적합한 내용과 형식으로 구성된 결과물이다. 토대와 상부구조는 긴밀하게 얽혀 상관적으로 발전하며, 후자가 전자에 의해 규정된다는 것은 맑스주의 역사유물론의 상식이다. 따라서 경제적 토대의 결절이 있는 곳에는 필연적으로 상부구조, 곧 문화의 결절 또한 발생하게 마련이다. 그런 의미에서 부르주아지의 지배가 종식된 공산주의 사회에서 문화는 이전과는 현격히 다른 내용과 형식을 띠지 않을 수 없다. 문화적 양식을 생산하는 경제적 기반이 달라졌고, 그것을 향유하는 주체 역시 바뀌었기 때문이다. 그러나 이러한 도식은 실제 역사적 과정을 따져 볼 때 그렇게 간단히 정리되지 않는다. 어떤 계급이든 생산양식의 주도권을 쥐고 지배적 위치에 오르게 되면 시간적 과정을 경유해 새로운 문화를 형성하게 마련이다. 부르주아지의 경우 르네상스 이래 줄곧 지배적 위치를 점유해 왔지만, 자신만의 고유한 문화적 양식을 완성하는 데는 거의 5세기의 기간이 필요했다. 그러므로 혁명이 일어났다고 해서 곧장 프롤레타리아의 독자적인 문화양식이 출현할 것이라 기대하는 것은 역사법칙에 어긋나는 망상에 다름 아니다. 달리 말해, 새로운 시대가 도래했고 프롤레타리아트가 지배계급으로 부상했으니 마땅히 프롤레타리아만의 고유한 문화를 창설해야 한다는 보그다노프의 주장은 지나치게 섣부른 것이고, 역사의 논리에 대한 무지를 드러낼 따름이다.

혁명이 열어젖힌 사회는 곧바로 사회주의나 공산주의라는 목적지가 아니라 다만 '이행기'라 지칭할 수 있는 과도기적 단계이다.[30] 그렇다면

---

29 레프 트로츠키, 『문학과 혁명』, 공지영 외 옮김, 한겨레, 1989, 167쪽. 러시아어판 Lev Trotskij, *Literatura i revoljutsija*, Izd. politicheskoj literatury, 1991에 준거하여 수정해 인용한다.

이행기의 과업은 어떤 것인가? 트로츠키는 그것을 혁명을 완수하는 것, 끝나지 않은 혁명을 마지막까지 수행하는 것이라 단언한다. 이른바 프롤레타리아 독재가 이행의 정치적 형태다. 이행기는 격렬한 계급투쟁이 여전히 벌어지는 '유예된 시간'이기에, 새로운 것들을 만들어 내기보다 기존의 것들을 파괴하고 치우는 데 더 많은 노력을 기울여야 할 때이다. 계급투쟁의 종국에는 계급의 해방과 아울러 계급의 소멸이 도래한다. 바꿔 말해, 혁명이 종결되는 공산주의 사회는 프롤레타리아트가 지배적 계급으로 '등극'하는 단계가 아니라 모든 계급적 구별이 '소거'되는 역사적 단계를 가리킨다. 그렇다면 프롤레타리아 문화는 어떻게 될까? 트로츠키에 따르면 그것은 불가능한 관념에 다름 아니다. 왜냐면 모든 계급적 구별이 사라진다면 프롤레타리아트만의 '독자적' 문화란 것도 존재하지 않는다고 보는 게 타당하기 때문이다.

> 프롤레타리아는 점점 더 사회주의 공동체 속으로 용해되어서 마침내 자신들의 계급적 특성으로부터도 해방되어 프롤레타리아가 아니게 될 것이다. 다른 말로 해서, 프롤레타리아 독재의 시기에 새로운 문화의 창조, 즉 대대적인 역사적 규모의 건설이라는 문제는 있을 수 없다는 이야기다. 역사상 필적할 만한 것을 찾아볼 수 없는 철통 같은 독재의 필요

---

30 지금 상술할 수는 없으나, 혁명 이후의 러시아가 사회주의적 단계인지 공산주의적 단계인지에 대해서는 엄밀한 개념적 정의가 내려지지 않았다. 다만 과도기로서 사회주의가 설정되고 미래의 공산주의적 사회를 향해 나아가고 있다는 일반론만이 받아들여질 뿐이었는데, 이조차도 레닌이나 여러 정치가들에 의해 상황적으로 혼용되는 형편이었다. 이 글에서는 이행기로서의 사회주의와 목표지로서의 공산주의가 개념상으로는 구분되지만 실천적으로는 연결되어 있다는 정도로 용어상의 혼란을 접어 두도록 하자.

가 사라질 때 시작될 문화의 재건은 계급적 성격을 갖지 않게 될 것이다. 이는 다음과 같은 결론으로 이끄는 듯이 보인다. 즉, 프롤레타리아 문화는 없으며 그러한 것은 앞으로도 없을 것이고 또한 이러한 사실을 유감으로 생각할 이유도 없다는 것이다. 프롤레타리아는 계급적 문화를 영원히 소멸시키기 위하여 그리고 인간의 문화를 발전시키기 위하여 권력을 잡는다. 우리는 빈번히 이 점을 잊는 것 같다.[31]

당연하게도, 이행기의 성격은 프롤레타리아 문화의 건설 자체를 봉쇄하는 게 아니다. 책의 여러 페이지에 걸쳐 트로츠키는 전제주의 시대의 낡은 인습과 단절하고 새로운 사회에 걸맞은 문화적 양식들, 특히 예술적 표현방법들을 찾아낼 것을 요구하고 있다. 그러나 지난 사회의 모든 유산들을 '폐습'으로 규정지어 소각시킴으로써 온전히 프롤레타리아트 고유의 특성만을 추출하여 '독자적'이고 '독립적'인 문화를 세울 수 있다는 보그다노프의 가정에는 명확한 반대를 표명하고 있다. 기술적 발전 수준에 있어 현대는 부르주아 문화와 공산주의 문화 사이의 간극, 즉 이행기를 순식간에 단축시킬 수 없는데, 이는 역사의 발전법칙 그 자체이기 때문이다. 불균등 발전이론의 지지자로서 트로츠키는 역사적 시간의 압축에 대해 말할 뿐, 그 시간의 소거는 불가능하다고 단정짓는다. 혁명의 완수는 충분한 시간을 요구하며, 역사의 압축은 정치·경제적 혁명의 시간적 한계 안에서만 가능한 일이다.

이행기, 즉 프롤레타리아 독재의 특징은 앞서 말했듯 과거 사회의 청산에 있다. 이는 현재 진행중인 혁명이 정치와 경제적 혁명의 시간이지

---

31 트로츠키, 『문학과 혁명』, 168쪽.

문화창설의 시간은 아니라는 뜻으로 해석된다.[32] 더욱이 지나간 과거의 청산이란 무조건 쓸어내 없애 버린다는 게 아니라 낡은 문화를 비판적으로 해체하여 다시 직조하는 작업을 뜻한다. 부르주아 문화는 타도해서 매장해야 할 시신이 아니라 새로운 문화를 만들기 위해서는 반드시 배우고 참조해야 할 미래 문화의 자산이 된다. 역사 유물론의 원리란 낡은 것과 새로운 것의 변증법적 운동에 있다는 논리가 여기에 있다. 인텔리겐치아는 구습에 물든 적폐로서 배제되어서는 안 된다. 오히려 프롤레타리아트는 부르주아 문화의 계승자인 인텔리겐치아로부터 지나간 문화의 진보적 요소를 찾아내 전수받아야 한다. 이는 당위적 테제나 관념적인 희망이 아니라 역사발전의 법칙에 부합하는 절차란 점에서 이론적 타당성을 갖는다.

사실 문화의 구조는 어떤 계급의 인텔리겐치아와 그 계급 자체의 관계와 상호 작용들이 만나는 지점에서 짜여진다. […] 세대들의 연속성은 퇴폐적이지 않고 발전하고 있는 사회를 가정한다면 각 세대가 과거의 문화적 축적물에 자신들의 재산을 첨가한다는 사실로 나타난다. 그러나 그러한 능력이 있기 전에, 각각의 새로운 세대들은 도제의 단계를 거쳐야만 한다. 현존하는 문화를 익히고 그것을 자신들의 고유한 방식으로 변형하여, 그 문화를 앞의 세대의 문화와는 다소 다른 것으로 만든다. 그러나 문화를 이렇게 전유하는 것이 아직은 새로운 창조, 즉 새로운 문화적 가치의 창조인 것은 아니다. 이것은 단지 새로운 문화적 가치를 창조하기 위한 전제일 뿐이다.[33]

---

32 트로츠키, 『문학과 혁명』, 170~172쪽.

마침내 트로츠키는 프롤레타리아트의 과제를 부르주아 문화의 "도제" 역할로 상정하기에 이른다. 다수의 노동자들이 희망하는 것과 달리, 이행기의 프롤레타리아트는 결코 새로운 문화를 창조하는 데 성공할 수 없다. 물질적이고 정신적인 모든 것이 그러하듯, 문화도 이전의 토양으로부터 자라난 결과물이며 그것을 잘 배우고 익혀 다음 세대로 이전시키는 것만이 "변증법적으로" 가능하기 때문이다. 레닌이 문화를 서구의 발달된 산업 자본주의적 지식으로 규정짓고, 그것을 '배우고 또 배우라'고 다그치던 대목을 연상케 하는 장면이다.[34] 그렇게 전수된 기술적 지식으로서의 문화는 어느새 소비에트 프롤레타리아트의 노동윤리로 자리잡을 것이며, 이와 같은 정치적이고 경제적인 단계를 넘어설 때 보그다노프가 말하는 문화적 독립도 가능할지 모른다. 문화혁명은 정치와 경제적 혁명의 일부에 불과하다.[35] 모든 계급이 사멸한 미래 사회에서 프롤레타리아트의 문화는 더 이상 '프롤레타리아 문화'라 부를 만한 실체를 갖지 않을 것이고, 이 점에서 그것은 "사회주의 문화"란 명칭이 더 적합할 것이다.[36] 이로써 비-계급으로서의 유일한 인류 집단인 프롤레타리아트는 단 하나의 보편적인 문화를 전유하게 된다. 이렇게 보그다노프의 프롤레

---

33 트로츠키, 『문학과 혁명』, 174~175쪽.

34 Vladimir Lenin, "O 'levom' rebjachestve i o melkoburzhuaznosti", *Sochinenija*, Tom 27, OGIZ, 1950[「'좌익' 소아병과 소부르주아지에 관하여」, 『저작집』 제27권], pp. 316~317.

35 1920년 레닌은 프롤레트쿨트의 과제를 프롤레타리아 독재라는 임무의 일부분으로 한정지어 수행하도록 명령한 바 있다. Vladimir Lenin, "O proletarskoj kul'ture", *Sochinenija*, Tom 31, OGIZ, 1950[「프롤레타리아 문화에 관하여」, 『저작집』 제31권], p. 292. 레닌과는 별개로, 트로츠키는 문화를 정치와 경제에 부속적인 차원으로 사유하지는 않았다. 그는 공산주의적 의례를 발명하여 민중생활에 제공하는 것이 혁명의 완결이라 보았고, 그것이 문화정치학 즉 문화혁명의 과제였다. 자세한 내용은 이 책 제7장을 참조하라.

타리아 문화론은 역사유물론의 변증법적인 논리에 의해 이론적으로 부정당한다.

*   *   *

그간의 평가대로 보그다노프의 프롤레타리아 문화론이 극좌적 몽상주의의 산물인지는 분명하지 않다. 『프롤레타리아 문화』 창간호에 실린 권두언에서 그는 "프롤레타리아야말로 과거의 풍요로운 문화가 남긴, 정신적이고 물질적인 모든 가치 있는 전리품의 합법적인 계승자다. 그들은 이 유산을 거절할 수도 없고, 해서도 안 된다"라고 주장했음에도 불구하고,[37] 오랫동안 부르주아 문화의 가차 없는 폐기론자로 지목받아 왔다. 아마도 이러한 해석의 배경에는 레베제프-폴랸스키나 플레트뇨프를 비롯한 동료들의 극단적인 발언 및 볼셰비키와 대립각을 세웠던 정치적 구도가 맞물려 있었을 것이다.[38] 또한 프롤레타리아 문화론의 직접적인 적대자는 부르주아적 유산을 담지하고 있던 동반자 작가군이었다는 점도 고

---

36 트로츠키, 『문학과 혁명』, 181쪽. 미래 공산주의 사회는 오직 프롤레타리아 계급만이 문화를 전유하게 될 것이므로 '프롤레타리아 문화'라 호명되지 않는 프롤레타리 문화를 갖는다는 역설을 이해해야 한다. 비-계급이자 모든 계급으로서의 프롤레타리아트의 문화는 그 자체로 보편적이고 인류적이며 사회주의적일 수밖에 없다.

37 Bogdanov, "1918", *O proletarskoj kul'ture*, p. 102.

38 창립기의 프롤레트쿨트를 지지했던 루나차르스키는 1921년 파벨 레베제프-폴랸스키를 이어받아 프롤레트쿨트의 의장직을 맡은 발레리안 플레트뇨프를 '혁명적 열정이 끓어오르는' 인물로 묘사하며, '문화의 10월 혁명'을 추진하고 있다고 보고한 바 있다. 1920년경부터 보그다노프는 이미 프롤레트쿨트의 주요한 임무로부터 배제되고 있었지만, 그의 동지들과 후임자들에 의해 계속되던 문화혁명의 과업은 볼셰비키 지도자들에게 여전히 위험스럽게 인지되고 있었다. Sheila Fitzpatrick, *The Commissariat of Enlightenment. Soviet Organization of Education and the Arts under Lunacharsky*, Cambridge University Press, 1970, pp. 239~240.

려해야 한다. 문학창작과 예술미학의 형식적 장치와 내용적 요소들을 부르주아 문화로부터 승계하던 동반자 작가들은 프롤레타리아 문화가 자립하기 위해서는 가장 먼저 타격해야 할 상대였으며, 그런 만큼 프롤레트쿨트의 '독립성'에 대한 발언권은 더욱 강화되지 않을 수 없던 형편이었다.[39] 하지만 이런 전술적 요인들을 제거하고 살펴본다면, 보그다노프가 과거 문화를 절대적으로 말살시켜야 한다고 강변했던 것은 아니었다. 다만 프롤레타리아 문화 창조를 정치나 경제적 혁명의 차후 과제로 연기하기보다, 지금 당장 수행해야 할 시급한 당면 과제로서 강조했던 것이고, 이는 그 자신의 문화이론적 전제로부터 도출한 필연적인 결론이었다. 이제 그 주제에 대해 파고들어 보자.

5. 공산주의로의 이행과 마음의 공동체

앞서 우리는 혁명과 정치의 과제가 마음의 문제에 잇닿아 있으며, 이것이 프롤레타리아 문화론이 제기된 주요한 근거라고 전제했다. 역사의 흐

---

39 동일한 이유에서 『초소에서』(Na postu) 진영이 채택한 문화예술적 강령이 볼셰비키의 강력한 정치적 지원을 요청하고 있었던 점을 설명할 수 있다. 이 잡지는 '모스크바 프롤레타리아 작가협회' 즉 마프(MAPP, Moskovskaja assotsiatsija proletarskikh pisatelej)의 기관지로서 순수한 노동계급 출신의 작가들로 결성되었으며, 동반자 작가들의 문학적 우세를 견제하고 타도하는 데 주요한 목적을 두고 있었다. 볼셰비키에 대해 동반자 작가들을 정치적으로 억압해 달라는 이들의 요구는 역효과를 낳아, 트로츠키로 하여금 『문학과 혁명』의 제7장에서 "당은 프롤레타리아 계급을 지도하지만 역사적 과정들을 지도하지는 않는다. [...] 예술 영역은 당의 지도가 요구되는 영역이 아니다"라는 발언을 하게 만든다(트로츠키, 같은 책, 197쪽). 아이러니컬하게도, 프롤레타리아 독자 문화를 주장하던 프롤레트쿨트가 당의 지도를 거부했던 데 반해 마프는 그것을 요구했고, 그 결과는 적어도 1920년대 중반까지 볼셰비키의 '중립'을 얻어 냈다는 점에 있었다.

름을 끊고 새로 출범한 사회구성체에서 문화는 정치혁명과 경제혁명을 보좌하는 부차적 차원이 아니라 대중의 신체와 (무)의식, 감각과 습관, 그리고 믿음과 판단을 심리적 저변으로부터 떠받치는 근본 토대가 되기 때문이다.

하지만 레닌과 트로츠키는 두 가지 지점에서 보그다노프의 오류를 지적했고, 이는 동시대에 프롤레타리아 문화론의 불가능성을 확고히 뒷받침해 주는 근거로서 제출되었다. 첫번째 오류는 프롤레트쿨트의 독립성을 지나치게 강조한 나머지 레닌주의적인 전위의 지침을 이탈해 버렸다는 점이었다. 레닌은 혁명적 전위당에 의해 노동자들이 조직되고 전투적인 계급의식을 훈련받아야 한다고 주장했지만, 보그다노프는 그러한 전위의 힘을 빌리지 않은 채 노동자 조직 자체의 역량에 의해 문화혁명을 성취해야 한다고 믿었다. 두번째 오류는 이론적 차원에서 나타났는데, 역사의 변증법적 발전을 무시한 채 '무로부터 유를 창출하듯' 부르주아 문화를 제거한 상태에서 프롤레타리아 문화를 구성해야 한다고 역설했던 점이었다. 트로츠키는 문화적 과정이란 시간을 필요로 하며, 정치적이고 경제적인 토대가 완성된 다음에야 실현 가능한 영역으로 한정지으려 했다.

그렇다면 보그다노프는 이들의 비판에 대해 어떤 반론을 펼쳤을까? 불행하게도, 1920년을 끝으로 프롤레트쿨트의 공직에서 물러난 이후 그가 직접 이 논쟁에 개입하여 치열한 논전을 이어갔다는 공식적 기록은 그다지 눈에 띄지 않는다. 더구나 이 시기는 볼셰비키의 정치적 입김이 강력히 작용하고 있던 시점인지라 그가 반론을 펼쳤던들 중차대한 무게감을 갖고 반향되었을지도 의문스럽다. 실증적 전거를 찾는 대신, 우리는 그의 문화이론을 발생적 맥락에서 재구성해 봄으로써 프롤레타리아 문화론이 어떻게 정당화될 수 있으며 그 비판자들에 대해 반박 가능한지 검토해 보려 한다.

5-1. 경험일원론과 사회적 조직화의 문제설정

1904년부터 출간을 시작해 1908년에 완결된 3부작 『경험일원론』은 청년기 보그다노프의 주저이자 대작으로 간주되곤 한다. 제목이 시사하는 바와 같이, 이 책은 당대 유럽에서 널리 명성을 얻었던 에른스트 마흐의 경험비판론을 자기 식으로 재정립한 사상적 결산이었다. 이 책으로 인해 보그다노프는 청년기에 이미 러시아 최고의 이론가로서 자신의 위상을 다져 놓았지만, 동시에 레닌과의 충돌을 예정해 놓은 것이나 다름 없었다. 물론 그가 러시아사회민주당에 입당할 무렵부터 결정적인 결렬이 있기 전까지, 당 내에서 양자 간의 철학적이고 이론적인 차이는 모호하게 은폐된 상태였다. 하지만 1909년 2월 보그다노프가 볼셰비키로부터 배제되자마자 레닌은 곧장 그를 향한 비판의 포문을 열어젖혔다.

소비에트 시대에 보그다노프를 '실증주의자'라 호명했을 때, 그 의도는 레닌이 『유물론과 경험비판론』(1909)에서 지적했던 대로 그를 당대의 실증주의 철학의 러시아적 분파로서 비난하기 위해서였다. 그것은 사물과 사태의 변증법적 운동을 이해하지 못한 채 세계의 현상적 사실에 고착된 인식론자라는 뜻이기도 했다.[40] 마흐를 집중적으로 참조했던 청년기의 보그다노프가 맑스주의 변증법과 어느 정도 거리를 둔 것은 사실이

---

40 보그다노프를 콩트의 러시아적 후계자로 보는 관점이 그런데, 포스트-소비에트 시대의 초기에도 이런 시선이 남아 있었다. Stanislav Gusev(ed.), "Padadoks pozitivizma", *Russkij pozitivizm*, Nauka, 1995「실증주의의 역설」, 『러시아 실증주의』], pp. 5~14.

었다. 그러나 이 단어의 사전적 의미가 지시하는 것처럼 '사실' 그 자체를 논리적 판단의 근거로 동원하여 역사와 사회, 인식과 감각을 재단하는 것은 보그다노프의 관심사가 아니었다. 오히려 실증적 인식을 넘어서는 지점에 그의 사유의 특징과 거기에 수원水源을 둔 문화이론적 체계, 그리고 마음의 문제설정이 세워져 있다.

경험일원론의 목표는 경험비판론과 맑스주의의 결합에 있다. 그것은 역사과학으로서의 맑스주의를 실천의 프리즘을 통해 재해석하는 작업을 뜻했다. 알다시피 레닌은 철학사를 유물론과 관념론의 전장으로 해석했는데, 전자와 후자에 각각 객관적 사물의 세계와 주관적 인식 및 표상의 세계를 배치했다. 레닌이 강조한 유물론의 정의는 객관적 사물의 세계가 그 어떤 복합적인 인식세계보다도 우선하며, 후자는 결국 전자의 반영된 표상에 불과하다는 점을 인정하는 데서 성립한다. 이런 입장에서 볼 때, 물질적 세계와 정신적 세계의 대립은 한낱 가상假像에 다름 아니다. 물질의 반영태인 정신은 관념적 허상에 불과하기에 비-존재이고, 따라서 대립의 한 축을 구성할 수 없는 탓이다.

마흐의 영향을 받은 보그다노프는 『경험일원론』에서 '경험'의 범주를 동원해 물질과 정신의 전통적 대립을 해소시키려 들었다. 물질이든 정신이든 인간의 경험에 의해 매개된 형성물에 불과하다는 것이다. 레닌은 보그다노프가 이 지점에서 관념론적 허구에 빠졌다고 비난했다. 존재하는 것은 오직 물질이며 정신은 2차적 모상이라면, 경험이 매개하는 것은 원칙적으로 물질 이외의 것일 수 없다. 비-존재인 정신이 존재하는 물질과 뒤섞여 경험 속에서 조직될 수는 없는 일이다.[41] 그럼에도 불구하고 보그다노프가 물질과 정신을 공통적으로 경험의 산물로 다룬 것은 그가 자신도 모르게 정신을 물질과 동등한 실체로 간주했다는 증거였다.

우리는 여기서 흥미로운 역전 현상을 발견한다. 보그다노프는 경험을 통해 물질과 정신을 '동일시'하려 했던 게 아니라 '매개'하려 했다. 그가 관심을 가진 것은 기원으로서의 물질이나 정신이 아니라 현재적 경험의 대상이자 산물인 물질과 정신의 표상이었다. 레닌은 이를 관념론이 유물론을 교묘하게 "밀수입"한 것에 지나지 않는다고 냉소했지만, 그런 관점이야말로 물질과 정신 사이의 이분법적 환원의 혐의가 있다. 보그다노프에게 경험의 범주적 기능은 '조직화'에 있다. 즉 물질적 세계를 사회적인 것으로 변형시키는 데 필요한 노동의 범주로서 경험이 제시되어 있고, 정신은 그 변화의 산물로서 필연적으로 생성되는 것이다. 반대로, 물질 역시 경험이 낳은 사회적 변형의 결과로서 정신에 의해서 생산된다. 요컨대 경험의 진정한 의미는 사회적 조직화에 있다. 변치 않는 선험적 범주로서 물질과 정신을 영원한 진리로 전제하는 한, '물질이냐 정신이냐?'와 같은 "비변증법적인 대립"만이 영원히 반복될 따름이다.[42] 이에 보그다노프는 결론 내린다.

철학적 세계상의 생생한 의미는 그것이 최종적이고 최고의 조직적인 인식형식이라는 점에 있다. 모든 가능한 내용을 파악해 볼 때, 철학적 세계상은 전일적이라 할 만한 물질적 자료로부터 구축되어 있음에 틀림없다. 전일성은 사회의 발전 과정에서 '정신'이나 '물질' 같은 용어들로 표지되는 인위적 조합으로 만들어지지 않는다. […] 시작점에는 가

---

41 레닌, 『유물론과 경험비판론』, 59~61쪽. 당시 철학의 언어로는 물리적 세계와 심리적 세계의 관계가 문제였다.

42 Aleksandr Bogdanov, *Empiriomonizm*, Respublika, 2003[『경험일원론』], p. 224.

장 원시적이고 구체적인 사유에 고유한 물질이 있게 마련이다. 모든 추상적 사유는 그 이상의 사회적 발전의 산물임이 분명하다. 따라서 경험의 직접적인 요소만이 유일하게 접근 가능한 물질적 자료가 되는 셈이다. 이 지점에서 우리는 경험비판론의 반½부르주아 실증철학이 제시하는 것을 평온한 심정으로 받아들이게 된다. 예전에 부르주아 헤겔철학으로부터 변증법을 수용하고, 부르주아 고전주의자들로부터 노동가치설을 배웠던 것처럼.[43]

레닌의 유물론적 공식은 물질을 유일한 실체로 승인하고 정신은 비-존재로 격하시키지만, 이를 부정했다고 보그다노프를 곧장 '관념론자'라 매도할 수는 없다. 그가 거부한 것은 선험적 이분법으로서의 물질과 정신의 대립이다. 물 자체Ding an sich에 관한 칸트의 전제를 끌어들일 필요도 없이,[44] 물질과 정신 사이의 변증법적 과정에만 주목해 보자. 만일 우리가 물질과 정신 중 어느 쪽이 먼저냐를 묻는다면, 그것은 닭이냐 달걀이냐와 같은 영원한 순환적 기원의 딜레마에 봉착하고 말 것이다. 관건은 세계의 운동적 과정 자체에 있다. 현상 세계에서 물질과 정신은 상호과정을 통해 변전의 운동을 거듭하며, 서로가 서로를 산출하며 지속하고 있다.[45] 이러한 운동적 과정은 사회적이고, 사회적인 양상이 표현되는

---

43 Bogdanov, *Empiriomonizm*, p. 233.

44 레닌은 보그다노프가 정신을 물질의 지위로 승격시킴으로써 칸트적 물 자체로 귀환했다고 비난했지만, 보그다노프의 입장에서는 레닌이 물질을 선험적 실체로 상정함으로써 칸트적 물 자체를 인정한 셈이다. 경험의 매개에 유의하지 않은 채 정신의 비-존재성을 논증하는 지난한 과정은 결국 정신을 물질만큼이나 중요한 대상적 범주로 되돌려 놓는 역설을 낳는다. Bogdanov, *Empiriomonizm*, p. 226~227.

한 여기엔 필연적으로 조직화라는 경험의 문제가 개입하지 않을 도리가 없다.

조직화는 물질과 정신을 경험 속에 통합하여 특정한 목표를 달성하는 기술이며, 집합적 주체로서의 인간이 역사 속에서 자신을 표명하는 고유한 방법이다. 정신적 인식과 육체적 노동은 공통적으로 경험을 조직하는 기술적 능력인 것이다.[46] 흥미롭게도, 맑스주의 교의가 계급을 생산수단의 보유 유무에 따라 나누는 것과 달리, 보그다노프는 조직화라는 경험의 능력에 따라 계급의 정의를 새롭게 제안한다. 즉 경험을 조직하는 능력을 갖는다면 "조직자"로서 사회의 지배적 위치를 점유하지만, 조직된 것을 다만 수행하기만 한다면 "실행자"의 지위에 머문다는 것이다. 이것을 '능력'이라는 육체적이거나 정신적 자원에 의거한 인류의 분할이라 터부시하기엔 이르다. 보그다노프는 경험의 조직화가 인간을 개별자로 남겨 두기보단 집합체sobranie로 묶어 낸다는 점에 방점을 찍는다.[47] 달리 말해, 조직자와 실행자라는 기준에 따른 인류의 계급적 분할은 동시에 인간의 새로운 집합을 창출해 내는 것이다. 이는 자연적 집합체로부터 사회적 집합체로의 인류사적 전화의 계기를 형성하고, 그로써 역사라는 집합적 인류의 시간적 과정이 본격적으로 무대화될 수 있게 된다.

---

45 보그다노프는 지속적 변형의 관계로서 세계 전체라는 개념이 맑스의 포이에르바흐에 관한 테제에서 처음 표현되었다고 단언한다. Aleksandr Bogdanov, *Filosofija zhivogo opyta*, 2-e, Pb., 1914[『살아 있는 경험의 철학』], p. 237.

46 Bogdanov, *Filosofija zhivogo opyta*, p. 160.

47 Aleksandr Bogdanov, *Novyj mir / Voprosy sotsializma*, M., 2014[『새로운 세계 / 사회주의의 제문제』], pp. 4~5.

'상위' 계급의 조직화 기능은 '하위' 계급의 삶을 조직화할 수 있게 만든다. 설령 하위 계급의 생활 조건에 부합하지 않는 척도를 제시해서라도 말이다. 종속된 계급에게 그와 같은 척도는 사회 외부의 자연력이나 적대적이지만 반드시 획득해야만 하는 우월한 힘을 뜻한다. 모든 계급투쟁이 풀려 나가는 실마리는 그와 같은 원초적이고 근본적인 계급적 대립에 있다.[48]

요컨대 특정 시대를 지배하는 계급의 특징은 생산수단의 독점적 소유라기보다, 그 계급이 사회적 경험의 조직화 능력을 얼마나 전유하는가에 달려 있다. 계급투쟁은 그와 같은 조직화의 능력을 얼마나 획득하여 더 진전된 사회를 구성할 수 있는가를 둘러싼 싸움이다.

5-2. 인류의 집합적 삶과 사회의 역사

원시 인류의 군집생활로부터 점차 계급분화가 일어나 지배와 피지배 관계가 성립하고, 집단으로부터 독립한 개인들의 역할이 과중해짐에 따라 정신노동과 육체노동의 분할도 생겨났으며, 생산체계의 복잡화 및 분업의 확장으로 인해 사회가 '진화'해 왔다는 주장은 맑스주의의 이론적 공리이다. 예컨대 원시 공산주의로부터 노예제, 봉건제, 자본주의를 거쳐 사회주의로 이행하는 이른바 '역사의 5단계설'이 그것인데, 이 도식이 불변의 역사적 진리처럼 정식화된 것은 스탈린 시대의 일이지만 맑스 자신도 유사한 논리를 갖고 있었다.[49] 만일 공산주의가 분리된 개인들을 집합적 삶의 형태로 끌어 모으고 발달된 생산력을 보다 진화된 생산관계 속

---

48 Bogdanov, *Empiriomonizm*, p. 328.

에 통합하는 운동이라면, 계급분화와 분업, 개인화로 표징되는 근대 사회를 극복하기 위해 '당위' 이상의 명제를 제시하는 것은 불가피한 노릇이다. 달리 말해, 더 나은 세계에 대한 이상은 지금까지의 역사적 과정 전체를 설명할 수 있을 뿐만 아니라 미래 사회의 이상이 어떤 식으로 성취될 것인지에 관한 비전을 보여 주어야 한다.

1905년 처음 발표된 『새로운 세계』는 보그다노프의 사유체계에서 일종의 역사사회학적이고 문화인류학적인 매듭을 형성하고 있다. 전반적으로 그는 5단계로 구성된 맑스주의의 역사이론적 도식을 받아들이되, 경험에 대한 사회적 조직화 능력이라는 관점에 따라 인류사를 원시 사회와 권위주의 및 개인주의적 사회, 그리고 집합적 사회의 형태로 분류하고 있다. 이 관점에 따른 사회형태들의 역사적 변천을 일별해 봄으로써 우리는 보그다노프가 인류의 집합적 삶과 문화의 문제를 어떻게 구상했는지 추론할 수 있다.[50]

원시 사회로부터 공산주의까지 인류사의 긴 역정을 개괄하기 전에, 보그다노프는 가장 원초적이고 존재론적인 질문을 던진다. 왜 인간은 타자와 함께 살 수밖에 없는가? 공동의 생활형태를 창안하고 집합적인 존

---

49 Joseph Stalin, *The Essential Stalin. Major Theoretical Writings 1905-52*, Croom Helm, 1973, p. 323; 맑스·엥겔스, 「독일 이데올로기」, 『맑스 엥겔스 저작선집 1』, 230~253쪽. 느슨한 형식으로나마 맑스는 생산력과 생산관계에 따른 인류사의 전화에 대해 서술하고 있다.

50 자기 기준에 따른 인류사의 재구성은 보그다노프가 청년기부터 여러 저작들을 통해 변주하던 역사철학적 구상이었다. 특히 원시 사회와 권위주의적 사회에 대해서는 『경제학 단기과정』(*Kratkij kurs ekonomicheskoj nauki*, 1897)과 『자본주의 이전 시대의 정치경제적 과정』(*Kurs politicheskoj ekonomii dokapitalisticheskoj epokhi*, 1910) 등에서 방대한 분량으로 피력한 바 있다.

재로서 역사에 발을 딛는 이유는 어디에 있는가? 간단히 말해, 왜 인간은 단독자가 아니라 집합적 존재자인가? 간단하고도 심원한 이 질문이야말로 인류사라는 거대한 숙제를 풀어 나가는 첫번째 실마리가 되어야 한다.

인간은 세계다. 하지만 부분적인 세계이고 대우주가 아니라 소우주일 따름이다. 전체가 아니라 거대한 총체의 일부분이며 반영태일 따름이다. [⋯] 다른 존재자들과의 소통, 바로 그것이 인간을 소우주로 만든다. 오직 이러한 소통만이 인간으로 하여금 그 자신의 경험에 속하지 않는 사물이 있다는 것을 배우게 한다. 자신이 겪어 보지 못한 체험은 타자의 경험에 속하여 '존재한다'. 그것들은 타자의 의식 안으로 스며들어가 '실재한다'. 경험의 흐름은 단 하나가 아니며 복수적이다. 그런 경험들은 무한한 대양大洋을 이루며, 자연이라 불린다. 이렇게 경험의 개별적 세계인 '인간'과 보편적 세계인 '자연' 사이의 관계는 소통의 환경적 연관을 통해 만들어지며, 그것은 문자 그대로의 의미에서 사회적 연관이다. 만일 우리가 전일적全一的인 세계적 과정 가운데 인간이란 무엇인지에 관한 질문에 답하고자 한다면, 해답은 다음과 같은 질문의 변형을 통해서만 도출될 것이다. 다른 살아 있는 존재자들의 경험에 대한 개별적 인간의 경험은 어떤 관계에 놓여 있는가?[51]

만일 인간이 이 세계에서 유일하게 실존하는 존재자라면 그의 경험은 무용할 터인데, 왜냐면 경험의 주체와 대상이 일치할 것이기에 인식적이든 물질적이든 어떠한 생산적 추가도 일어나지 않을 것이기 때문이

---

51 Bogdanov, *Novyj mir / Voprosy sotsializma*, p. 5.

다. 경험이 인간에게 무엇인가를 가져다주기 위해서는 그 경험의 주체인 인간이 세계 전체로서의 대우주와 일치해서는 안 된다. 인간은 곧 세계지만 부분적 세계이며, 우주이되 소우주라는 유한한 조건으로 인해 그는 불가피하게 타자와 함께 존재한다. 더 정확히 말해 타자의 경험과 자신의 경험이 소통하는 환경적 연관 속에 놓이게 된다. 여기서 타자는 물론 다른 사람들을 가리키지만, 넓게 보면 자연 전체에 비견되는 외적 세계의 총체를 뜻한다. 결국 인간의 실존적인 제약, 즉 그의 부분성이야말로 실상 인간이 경험을 통해 자신을 세계로 확장시킬 수 있는 기회가 되는 셈이다. 인간의 집합적 삶과 공동성은 그의 타고난 유한성으로 인해 존재론적으로 이미 정초되어 있다.

원시적 세계에서 인간은 한정된 세계를 전체처럼 받아들이며 살아간다. 경험은 동질적으로 공유되며, 아직 낯선 세계의 외부로까지 확장되지 않았다. "종족집단의 어떤 성원이 경험하여 획득한 모든 것은 다른 모든 성원들에게도 획득된다. 한 사람이 할 수 있고 행할 수 있는 것은 다른 모든 사람들도 할 수 있고 행할 수 있는 것이다."[52] 소통을 통해 양적으로 증대되는 경험치는 아직 질적인 분화로 전화하지 않았다. 하지만 어떤 순간에 이르러 더 많은 경험을 보유한 일부와 그렇지 못한 일부 사이의 분리가 나타나면, 이는 권위주의적인 사회형태로 이행하는 계기가 된다. 이른바 '조직자'와 '실행자'의 구별이 그것이다. 조직자는 보다 큰 개인적 주도권을 쥐고 집단을 관리하지만, 실행자는 개인적 역량을 발휘하지 못하며 조직자에 종속되고 지시를 수행하는 역할만을 떠안는다. 우리가 익히 알고 있는 계급적 차별과 예속의 역사가 이로부터 펼쳐진다.

---

52 Bogdanov, *Novyj mir / Voprosy sotsializma*, p. 6.

개인주의 사회는 집단이 전문화의 길을 통해 각자의 삶을 살아가는 형태로 분화하는 과정이다. 이는 집합적 경험의 해체일 뿐만 아니라 관계의 해체이기도 하다. 이로써 인류 집단은 경험의 차이를 힘의 차이로 받아들이고, 권력관계를 수직적 위계로서 수용하게 된다. 가령 가족은 아버지의 가부장적 지배에 순종하고, 기업은 기업가의 경제적 지배를 용인하며, 관료제는 관료의 정치적 조직화라는 역할에 순응하고, 이데올로기의 측면에서는 이념적인 조직화의 역할에 복종한다.[53] 권위주의적 단계와 개인주의적 단계는 별개의 것들로서 구분되기보다 인류사의 복잡한 진전을 통해 서로 얽혀들며 진행되는 양상들이다. 보그다노프는 이와 같은 분화의 과정을 특정 시기들로 섬세하게 분류하지 않는다. 마치 한 편의 파노라마를 관람하듯, 인류의 역사는 자연적 발생에서 인위적 질서로 이전되고, 조화롭고 평화롭던 공동생활에서 파편화된 개인들의 지배구조로 변화되어 간다고 한다. 이때 "전문가"라 불리는 조직하는 개인의 역할은 결정적으로 보인다. "나"라는 자아의 형성이라는 점에서 그것은 인간의 자의식적 각성을 표지하지만, 동시에 집합적 인류의 총체성은 회복할 수 없이 변질되었기 때문이다.

각각의 집단의 중심은 개별적인 '전문가'가 된다. 그는 사회적 삶에 완전히 독자적인 단위체로 참여하며, 어느 누구도 그의 노동활동의 수단과 방법에 대해 간섭할 수 없다. 총체로서의 사회는 조직화의 와해를 겪으며, 아나키적 체계로 변이하고, 완전히 모순적인 것이 되고 만다. […] 그러면 집합적 세계는 경쟁과 이해관계의 투쟁, 만인에 대한 만인의 전

---

53 Bogdanov, *Novyj mir / Voprosy sotsializma*, pp. 10~11.

쟁상태로 돌변해 버린다.[54]

당연하게도, 모든 개인주의가 다 나쁜 것은 아니다. 보그다노프는 소규모 생산자들의 집합체, 곧 맑스 식으로 말해 매뉴팩처적 단계에서의 집합체를 개인주의 사회가 도달할 수 있는 가장 나은 선택지로 간주한다. 그러나 이러한 집합성은 대공업으로 이행하기 이전 단계까지만 이상적일 수 있으며, 그 너머에서는 또 다른 질곡을 피할 수 없다. 매뉴팩처는 대공업적 집합성을 감당할 만한 조직화의 능력을 확보하지 못하는 탓이다. 개인주의는 비록 인류사적 확장의 한 계기이지만, 일정 규모를 넘어서면 즉시 생산질서의 해체에 직면하고 아나키적 혼돈을 벗어나지 못한다. 공장제 대량생산의 단계, 곧 자본주의의 도래는 인류사적 규모의 조직화가 운위되고 수행되는 역사적 단계이며 개인들 사이의 인적 연결로는 풀 수 없는 문제들을 초래한다. 그 해결책은 법 체계와 제도적 규범이라는 외적인 강제력으로서, 맑스가 말했듯 '철의 규율'을 통해 자본주의는 사회적 생산을 통제하는 체제이다. "협력체계 내에 아나키적 구조를 담지한 근대 사회는 강제적 규범을 그 온전한 내용으로 갖는다. 소유권과 계약적 예속이라는 규범은 자본주의의 영혼을 구성하는 것이다."[55]

인류사의 최후 단계인 집합적 사회는 자본주의적 대공업이자 공산주의의 문턱이다. 여기서 관건은 생산의 아나키적 비조직성을 탈피하여 전일적인 합리적 조직화를 달성하는 데 있다. 물론 생산의 합리성은 곧 생활형태의 합리성과 맞닿아 있고, 이는 집합적인 삶의 조직화와도 무관

---

54 Bogdanov, *Novyj mir / Voprosy sotsializma*, pp. 11~12.

55 Bogdanov, *Novyj mir / Voprosy sotsializma*, p. 29.

하지 않다. 이제 문제는 어떻게 하면 대중을 조직자와 실행자로 분리시키지 않고, 소규모의 공동체를 대규모의 사회적 형태로 전이시킬 수 있는가에 있다. 여기서 근대 공업에서 기계의 출현은 의미심장하다. 실행자, 즉 노동자는 여전히 조직자 곧 자본가의 생산수단과 같은 열악한 지위에 놓여 있으나 기계를 작동시키고 통제하는 방법을 획득함에 따라 점차 조직자의 모습을 닮아 가기 때문이다. 기계제 대공업이 발달하면서 발생한 이러한 변화는 노동의 실행자들이 동시에 기계제 생산의 조직자로서 등장하도록 독려함으로써 분리되지 않은 경험의 소통이라는 과거의 이상을 되찾아 간다. 즉, 원시 사회에서 공유되었던 집합적인 경험이 다시금 사회적 생산의 양태로 자리잡아 가는 것이다.

자본은 민중을 공동의 노동을 수행하기 위한 거대한 대중으로 결합시킨다. 그들은 자기의 경험을 상호 간에 확장하고 심화시키기 위해 서로를 이해하기만 하면 될 뿐이다. 이와 같은 상호적인 이해에는 이전과 같은 방해요소가 존재하지 않는다. 여기 우리 앞에는 매뉴팩처 단계의 전문화된 기계류가 아니라 사람이 있기 때문이다. 기계 노동자들에게 어떤 다양한 기계들이 있다 할지라도, 그들의 노동은 공동적인 특징과 내용이란 점에서 언제나 서로 유사할 따름이다. 기계가 점점 더 완전해지고 자동화된 메커니즘이라는 이상에 가까워질수록 그와 같은 유사성은 더욱 증대될 것이다. 그렇게 경험의 공동성은 소통의 상호 이해를 위해 충분해질 것이다. 그리하여 소통 역시 발전하게 될 것이다.[56]

---

56 Bogdanov, *Novyj mir* / *Voprosy sotsializma*, p. 16.

전문화로 표징되는 개인주의 및 그것의 부정적 양태로서 자본주의적 대량생산이 대공업과 기술과학의 발전에 의해 극복될 수 있으리라는 보그다노프의 단언은 아직 미흡해 보인다. 도대체 어떤 점에서 자본주의가 공산주의로 도약할 수 있는지, 그 전환의 계기가 명확히 밝혀지지 않는다면 그의 논리는 치명적인 결함을 피할 수 없을 듯하다. 원시 사회로부터 권위주의와 개인주의를 넘어서 집합적 사회에 도달했을 때, 그리고 이 마지막 단계가 자본주의와 공산주의라는 '지옥'과 '천국'을 가르는 결정적인 단초를 품고 있다면, 어떤 식으로 전자가 후자로 전화할 수 있는지 해명하는 것이야말로 프롤레타리아트의 사상가 보그다노프의 통찰을 보여 줄 것이다. 민중의 집합적 마음과 문화의 조직화는 그 최후의 관건이 된다.

5-3. 마음과 문화, 동지적 협력의 공동체

보그다노프는 원시 사회의 구성원들이 공동 노동의 경험을 공유하고 있었고, 이는 집단 내부의 균열과 차이, 위계화를 저지하는 중요한 요소임을 지적했다. 전문 영역들로 나누어지지 않은 경험의 구조는 민중으로 하여금 세계와 사물을 하나의 동일한 관점에서 파악하게 만들고, 그들 각자의 경험을 공통적으로 사용되도록 조정한다. 경험의 균등한 일치는 심리적 동형성을 형성하는 바, 사회를 구성하기 위한 밑바탕으로서 공동의 노동을 가능하게 만드는 것이다. 문제는 조직자와 실행자의 구별이 나타난 후, 노동을 지휘하는 사람과 그에게 복종하는 사람 간의 경험적 차이가 동일한 사태를 다르게 지각하는 분열을 노정한다는 데 있다. 어떠한 경험이든 그것이 위계별로 다른 식으로 수용된다면 그렇게 분열된 집단은 서로를 이해하지 못한 채 불화의 질곡에 빠지고 만다. 계급의 분화와 권위주의적인 차별 및 배제는 심리적 동형성이 무너진 자리에서 생겨나는 법이다. 이로써 공동체를 유지하기 위한 공동의 노동은 더 이상 수행될 수 없고, 생산력의 진작을 위해 강제력을 동원할 수밖에 없는 단계로 넘어간다. 그것이 규범이 발생하는 역사적 장면이다.

물론 원시 사회에서도 규범의 단초는 존재했을 것이다. 그러나 '모두가 한 마음'이라는 심리적 동형성은 타자에 대한 폭력과 강압을 필요로 하지 않기에 규범은 노동행위의 공통적 리듬을 만들고 일상을 순조롭게 지속하는 정도로만 작용할 따름이었다. 공동체의 의례, 혹은 관습이 그것인 바, 보그다노프는 민중의 마음속에 깃들인 이 "반半무의식적 창조물"을 자연적 삶과 사회적 삶 사이에 놓인 "타협"으로 자리매김한다. 곧 무의식적 자연상태와 의식적이고 조직적인 사회상태 사이에서 최초로 등장한 규범의 형태가 관습이라는 뜻이다.[57] 이러한 관습은 그것이 의식되지 않고 지켜질수록 공동체의 조화를 보장하지만, 어느 순간부터 의식될 것을 강요받고 불이행시 처벌이 내려진다면 사회적 억압으로 군림하게 된다. 사회가 복잡해질수록, 즉 계급이 출현하여 집단으로부터 개인의 분리가 생겨나고, 육체적 노동과 정신적 노동이 분별되며, 집합적 삶이 서로 이해 불가능한 것으로 변모할 때 관습은 폭력적 규범이 된다. 공동체의 관습ethos은 민중의 마음속에 무의식적으로 배어든 윤리적ethical 감각이다. 하지만 강제화된 규범은 끊임없이 의식될 것을 요구하고 불이익을 통해 일상생활을 규제한다.[58] 공동의 경험을 통해 공유되던 일상적 감각,

---

57 Bogdanov, *Novyj mir / Voprosy sotsializma*, pp. 23~24.
58 규범의 물신화에 관해서는 Aleksandr Bogdanov, *Padenie velikogo fetishizma*, M.: Krasand, 2010[『거대한 물신주의의 몰락』], ch. II를 보라. 원서는 1910년에 쓰여졌다.

즉 감응을 따라 유동하던 민중의 마음은 규칙과 질서, 규범과 법률에 의해 재단되고 소통 불가능한 것들로 분할된다. 관습법으로부터 도덕률로, 성문화된 법조문으로의 이행은 사회의 진화와 더불어 나타난 집합적 삶의 왜곡과 굴절의 역사를 시사한다.

사회적 노동의 조직화가 그에 대응하는 양면성을 갖는다. 한편으로 조직화가 체계적이면 체계적일수록, 전일적이면 전일적일수록 그것은 더 큰 생산력을 보장할 것이다. 자본주의 대공업의 발달과 근대 국가체계의 발전은 대표적 사례라 할 수 있다. 하지만 그 반대급부로 조직화는 집단을 개인들로 쪼개고 노동을 위계적으로 차등화하며, 사회적 불평등과 질곡의 확산에 기여한다. 맑스에게 있어서나 보그다노프에게 있어서나 사회적 삶의 조직화는 '불가피한 비극'으로서 인류사적 발전을 위해서는 감당해야 할 짐에 다르지 않다. 거대 규모로 확장된 생산력과 그것을 조율하는 생산관계에서 규범체계는 인류사의 긍정적이고도 부정적인 두 극을 향해 열려 있다. 자본주의와 공산주의의 길들이 그것이다. 이 문제는 더욱 강력한 외적 규범을 만들어 주입하는 것으로 해결되지 않을 것이다. 보그다노프가 보기에 원시 사회로부터 공산주의로 이르는 인류사적 도정은 사회적 질서의 조직화와 더불어 마음의 사회적 조직화라는 숙제를 풀어야 할 시점에 도착해 있었다.

핵심은 경험의 공동성을 다시 회복하는 데 있다. 즉 공동 노동을 통해 획득되는 경험이 조직자와 실행자라는 계급적 구별로 변형되지 않은 채 모두에게 공평하게 분배되는 게 중요하다. 이는 집합적 사회를 조화롭게 유지하기 위해서는 반드시 요청되는 전제로서 민중의 심리적 동형성, 곧 마음의 공동적 토대를 회복하는 데 기여할 것이다. 당연하게도, 이런 처방이 원시 사회에서나 가능하던 무매개적 경험의 일치를 되찾자는 식의 순진한 발상을 뜻하지는 않는다. 질문의 초점은 어떻게 진전된 미래 사회, 공산주의 사회에서 경험의 공동성을 회복할 수 있을 것인가, 복잡다단해진 사회적 형태에 적합한 매개의 형태를 통해 성취할 것인가에 있다. 심리적 동형성은 이데올로기 교육을 통해 인위적으로 만들어지지 않는다. 이데올로기적 동일성이 아니라 감응의 리듬을 형성하여 협력적 관계를 만드는 게 관건이다. 그리하여 민중의 무의식적인 욕망과 공산주의적 미래를 부단히 근접시킬 수 있어야 한다. 공산주의적 생활양식에 적합하도록 민중의 마음을 자극하고 촉발하여 상호 결합의 지반을 넓혀야 하는 것이다.

조직자적 관점과 실행자적 관점을 하나의 무매개적이고 총체적인 활동 속에 통합시키는 심리적 유형이 발생한다. […] 문제는 경험의 근본적 내용이 갖는 증대하는 공동성에 대한 것이지 무수한 부분적 경험에 대한 것이 아니다. 또한 그것은 민중의 충만한 상호적 이해에 관한 것이지 심리적 동일성에 대한 것도 아니다. […] 이러한 조건에 상응하는 인간들 사이의 관계는 오직 한 유형인 바, 동지적 관계가 그것이다. […] 민중 사이의 완전한 상호이해와 연관된 경험의 원칙적인 평등성은 서로 간의 입장이 평등할 때 생겨나는 폭넓은 소통의 결과로서만 가능할 것이다. 이는 단 하나의 관계에만 적합한 조건인데, 그것은 동지적 관계를 말한다. 본질적으로 이 관계는 격자가 쳐진 모든 관계에 적대적이며, 온갖 종류의 예속이나 심판, 인간의 분열에 대립한다. 현실 속에서 인간의 집합성은 권위주의적이고 전문가화된 관계가 동지적인 것으로 바뀌는 때와 장소에서만 완수될 것이다.[59]

동지적 관계는 민중적 삶의 형태의 가장 근원적이자 발전적인 형태로 규정된다. 근원적인 이유는 원시 공산주의적 삶으로부터 연원했기 때문이며, 발전적인 이유는 그것이 미래의 공산주의 사회에서 회복되어야할 삶의 형태이기 때문이다. 시간적으로 멀리 떨어져 있는, 역사의 시초와 종말에 놓인 삶의 두 형태가 하나로 통합되는 연결고리는 공동의 경험을 얼마나 확보할 수 있는가에 있다. 단순한 생활로부터 복잡한 사회로 역사가 이행할 때, 퇴보나 정체가 아니라 진보와 발전을 담보하면서 공동체가 앞으로 나아갈 때 민중을 하나로 묶는 것은 경험의 공동성을 잃어버리지 않는 것이다. 이는 충만한 상호 이해로서의 심리적 동형성을 재건하는 과업이 아닐 수 없다. 권위주의적이고 개인주의적인 사회적 단계에서 배태된 계급화와 위계화에 맞서, 분열된 민중의 마음을 어떻게 평등한 하나의 평면 위에 통합할 것인가? 보그다노프는 정치·경제적 혁명에 평행하게 문화혁명의 기획을 완수함으로써 이를 달성해야 한다고 역설한다. 프롤레타리아 문화론이 바로 그것이다.

문화는 경제나 정치의 하위 영역이 아니라, 역으로 그것들을 밑바닥으로부터 정초하는 근본적 토대이다. 레닌이나 트로츠키가 보그다노프의 사상을 위험하게 여겼던 것도 정치경제학의 우선성을 그가 부정한 듯 여겨졌기 때문이다. 하지만 거꾸로 말해 경제적 토대나 정치적 구조만을 사회적 삶의 근원 요소로 여기는 것은, 이데올로기가 일상을 모조리 장악할 수 있다고 믿는 것만큼이나 순진하고 어리석다. 오히려 습관의 변화를 새로운 사회구성의 절대적 과제로 설정한 레닌이나, 공산주의적 의례를 통해 일상생활을 바꾸려 했던 트로츠키처럼, 보그다노프 역시

---

59 Bogdanov, *Padenie velikogo fetishizma*, pp. 15, 18~20.

정치경제학적 교리 '너머'의 삶의 형태야말로 미래 사회의 성패가 달려 있는 지점이라 보았고, 그것을 실천하기 위한 프로젝트로서 프롤레타리아 문화론을 제시했다고 볼 수 있다.[60] 문화는 일상을 아름답게 꾸미기 위한 장식물이 아니라 무의식적 감수성과 감응의 차원에서 민중의 마음을 움직여 새로운 사회에 적합하게 행동하도록 견인하는 혁명의 원동기인 셈이다.

그렇다면 문화란 무엇인가? 볼셰비키로부터 이탈한 후 보그다노프는 『우리 시대의 문화적 과제들』이라는 책자에서 다음과 같이 정의하고 있다.

이 단어의 정확하고도 온전한 의미에서 '문화'란 노동과정을 통해 인류에 의해 만들어졌으며 인류의 삶을 고양시키고 존귀하게 만드는 동시에 인류가 자가생장적인 자연과 자기 자신을 지배하는 힘을 갖게 만드는 물질적이고 비물질적인 획득물의 총합을 말한다. 예컨대 생존을 위해 인간이 협력하여 투쟁하면서 만들어 낸 무기의 발달이나 그러한 투쟁에서 힘을 모으기 위해 협력하는 방법들, 완력이나 기민함 및 아름다움과 같이 의식적인 훈련을 통해 달성되는 신체의 물리적 완성도, 상호이해를 통해 민중의 활동을 통합시키는 언어, 과거의 축적된 경험을 구체화하는 인식능력, 마음nastroenie을 결합시켜 민중의 다양한 체험을 연결시키는 예술, 민중의 살아 있는 소통을 엄밀히 가공된 특정 형식들

---

60 이 점에서 레닌과 트로츠키는 일상생활의 (무)의식적 전화야말로 혁명의 진정한 고리라는 사실을 무의식적으로 통찰했다고 할 만하다. 정치가로서 그들은 제도나 규범, 체제의 문제에 매달려 있었으나 혁명가로서는 무엇이 진정 문제적인지 감각적으로 깨닫고 있었던 것이다.

로 조형시키는 관습이나 윤리, 법제도와 정치체제가 여기에 포함된다. 이 모든 것은 인간 문화의 구성요소로서 적법하고도 정확하게 고찰되어야 한다.[61]

우리가 일반적으로 짐작하는 온갖 요소들이 문화의 범주 내에 포착되고 있다. 무기나 협력방법, 신체의 조련, 언어, 인식능력, 예술, 관습, 윤리, 법과 정치 등은 전혀 새로운 정의가 아니다. 다만 그것들이 수행하는 기능이 어떻게 규정되어 있는지 눈여겨 볼 만하다. 예술은 마음의 결합 활동을 통해 체험을 연결짓고, 관습과 윤리, 법, 정치 등은 소통을 특정한 형식들로 조형한다. 문화의 요소들은 가시적이고 물질적인 상부구조의 특징을 포함하지만, 동시에 비기사적이고 비물질적인 민중의 감응을 제어하고 조직함으로써 문화의 총합을 이룬다. 문화는 법과 제도, 윤리, 정치 등의 상징체계로 표명되지만, 또한 인식과 정서, 소통을 다루어 상징체계를 넘어서는 영역들에도 관련되어 있다. 보그다노프는 말한다. 이와 같은 불투명성을 포함하는 문화는 오직 그것이 '문화의 과제'로서 명시적인 대상성을 보여 줄 때 구체적인 것이 된다. 가령 '정신문화'가 바로 그러한데, "세계관, 예술적 창조물, 윤리적이고 정치적인 관계 등등, 더 정확히 말해 '이데올로기'로 의미되는 모든 것들, 곧 민중의 사회적 의식"이 여기에 속한다.[62] 어떻게 된 것일까? 문화는 이데올로기이고, 상부구조라는 뜻일까? 그렇다면 애초에 레닌과 트로츠키가 문화를 정치나

---

61 Aleksandr Bogdanov, *Kul'turnye zadachi nashego vremeni*, 1911[『우리 시대의 문화적 과제들』], p. 3.

62 Bogdanov, *Kul'turnye zadachi nashego vremeni*, pp. 3~4.

경제와 분리시켜 논의하던 것과 달라지는 게 없지 않은가?

이 지점에서 우리는 알튀세르를 참조해야 한다. 보그다노프의 논의로부터 반 세기 가까이 뒤에 나온 논의지만, 그가 이데올로기적 국가장치로서 거론했던 것들, 즉 가족과 학교, 종교 등의 사례는 정확히 문화와 마음, 정치가 문제시되는 지점을 다루기 때문이다. 일종의 자연화된 공동체로서 가족은 유사 이래 변함없이 유지되어 온 최소한의 단위체로 간주된다. 학교는 그 연장선에서 자연스럽게 형성된 교육기제이며, 종교는 공동체의 내·외적 특징을 만드는 심상구조라 할 수 있다. 그러나 이러한 자연적 외양은 실상 특정하게 조율되고 조직된 기능적 산물에 다름 아니다. 무엇보다도 민중의 무의식적 토양, 즉 마음의 구조에 영향을 끼침으로써 개인을 집단 속에서 특정한 방식으로 훈육하는 기계적 장치들이 가족과 학교, 종교 등의 이데올로기적 장치들인 것이다. 근대 국가는 이러한 장치를 국민형성을 위하여 적극적으로 활용함으로써 집단적 정체성을 제공해 왔다.[63] 국민성이라 불리는 대중의 집합적 심성은 공동체의 자연스런 성향이 아니라 인공적으로 조형된 문화적 심성구조인 셈이다. 그것은 상징체계로서의 문화와는 다르게, 민중의 무의식에 가해진 특정한 압박과 기호화의 결과로서 이데올로기라는 이름으로 불린다.[64] 우리가 논의해 온 민중의 무의식적 욕망과 정서, 마음이란 본질적으로 가시적 조형성을 넘어서는 것이지만, 또한 가시적 조형성을 통해서만 구체적으로 포착되고 작동하는 감응의 흐름으로서 이데올로기와 겹쳐진다. 문화

---

63 마르크 퓌마롤리, 『문화국가. 문화라는 현대의 종교에 관하여』, 박형섭 옮김, 경성대출판부, 2004, 186~187쪽.
64 루이 알튀세르, 『재생산에 대하여』, 김웅권 옮김, 동문선, 2007, 379~384쪽.

라는 상징체계는 그러한 감응의 흐름을 특정한 방식으로 조직하여 구축된 마음의 형식인 것이다.

결국 보그다노프는 문화를 통해 민중의 이데올로기를 특정한 방식으로, 곧 공산주의적 양태로 변형시키는 작업을 시도했다고 말할 수 있다. 트로츠키처럼 정신분석에 대한 조예나 관심을 통해 이 문제에 접근한 것은 아니지만, 보그다노프 또한 민중의 무의식, 믿음과 신념, 욕망의 구조로서 마음을 움직이지 않는다면 혁명은 진정한 전환점에 도달할 수 없으리라 여겼던 것이다. 하지만 그가 생각했던 문화는 내전과 기아, 볼셰비키의 억압에 지친 민중의 마음을 위무하고 위로해 주는 감상적인 역할에 맡겨진 것은 아니었다. 오히려 그는 문화의 과제가 보다 적극적인 차원에, 민중의 마음을 공산주의적으로 조직화하는 데 있다고 믿었다.

> 만일 그렇다면, 사회주의를 위한 투쟁은 자본주의에 적대하는 단 한 번의 전쟁으로, 전쟁을 위한 힘의 단순한 결집으로 결코 환원되지 않는다. 이 투쟁은 동시에 긍정적이고 창조적인 작업인 바, 프롤레타리아트 자신 안에서의, 자신의 내적 관계들 속에서의, 자신의 일상적인 삶의 조건들 내에서의 새롭고도 또 새로운 요소들을 창안해 내는 데 있다. 그것은 사회주의적 프롤레타리아 문화를 고안하는 것이다.[65]

결정적 일격으로 혁명을 마무리짓고 공산주의로 도약할 수 있다면 그보다도 좋을 수는 없다. 하지만 이행기로서 규정된 혁명의 시대는 과

---

65 Bogdanov, "Sotsializm v nastojashchem", *O proletarskoj kul'ture*, p. 96. 보그다노프는 사회주의와 공산주의 사이의 엄밀한 개념적 차이에 천착하지 않았다.

거의 잔해와 현재의 불투명성으로 가득 차 있기에 장기적인 정지작업을 예비하지 않을 수 없다. 보그다노프에게 어쩌면 그것은 공산주의적 미래를 지향하면서도 실제로는 사회주의의 지반을 닦는 이중적 과제를 실천하는 길이었을지 모른다. '사회주의적 프롤레타리아 문화'라는 문제설정이 그것이다.

6. 문화, 마음을 쟁취하기 위한 전장(戰場)

넓은 의미에서 볼 때, 프롤레타리아 문화론은 실상 그 비판자들과 유사한 문제의식에서 출현한 것이다. 그것은 이행기를 어떻게 마무리짓고 새로운 사회로 진입해 갈 수 있을 것인지, 새로운 사회가 정녕 새롭기 위해서는 무엇이 준비되어야 하는지에 관한 정치적인 물음이었기 때문이다. 레닌과 트로츠키는 이를 정치적 과제로 받아들였던 반면, 보그다노프는 문화의 측면에서 접근하고자 했고, 그들의 차이는 생각보다 과대하지 않다. 그들은 민중의 마음에 작용하는 무의식과 욕망, 감응의 차원에 관심을 기울였으며, 마음의 혁명 없이 진정한 미래는 오지 않으리라 생각했던 것이다. 그러나 혁명기의 급박한 정세 속에서 정치적 의사결정과 방법론의 선택에서 나타난 차이는 이들의 입장을 정반대의 진영에 배치했고, 이념적 적대자들로 고정시킴으로써 무엇이 정말 문제적이었는지 오랫동안 파악하기 어렵게 방치시키고 말았다.

보그다노프는 문화의 중요성을 가시적인 상징화에서가 아니라 비가시적이고 비물질적인 감응의 차원에서 포착한 인물이다. 트로츠키가 유사한 감각을 갖고 있었지만 그는 문화를 정치로 환원하려 했던 반면, 보그다노프는 정치를 문화를 향해 견인하고자 했다. 우리는 후자의 작업을 랑시에르적 의미에서 정치적인 것의 장을 열기 위한 기획이라 부를 수 있다. 노동자들의 일상생활, 노동자들의 생활감정과 언어화되지 않은 신념, 이성의 논리로 대체할 수 없는 일상관습과 개별적 습관 등은 혁명의 장애물이자 무한한 잠재력을 이룬다. 마음의 토대는 쉽게 변화시킬 수 없기에 지극히 보수적인 토질을 갖고 있으나, 일단 바뀌게 된다면 그 역시 장기지속적인 보존력을 발휘하여 혁명의 미래를 지켜 낼 것이기 때문이다. 그런 의미에서 아직 구태의연한 제국시절의 관행에서 벗어나지 못한 프롤레타리아트의 마음에 새로운 사회를 건설하고 지지하도록 만들기 위한 형식을 제공하는 일보다 긴요한 작업은 없다. 프롤레타리아 문화론의 핵심은 마음의 조직화, 즉 민중의 마음을 사회주의적 토양으로 변형시켜 그들을 공산주의적 인간으로 조형해 내는 데 있다.

지금까지는 보그다노프의 문화이론이 좁은 의미에서의 이데올로기론과 동치되어 다루어졌고, 이로써 프롤레트쿨트는 극좌적인 이데올로기 집단처럼 평가절하되어 왔다. 물론, 근대인으로서 보그다노프는 의식을 중심에 두고 사유했으며, 노동자들의 의식화야말로 문화혁명의 중요한 과제라 간주하기도 했다. 하지만 그의 논의를 섬세히 고찰해 보면, 문화의 과제는 동지적 협력의 구축을 통해 경험의 공동성을 새로 마련하는 것이며, 이는 상호 이해와 살아 있는 소통과 같은 감응적 과정을 경유해 마음의 공-동성을 형성하는 것이다. 알튀세르의 이데올로기론을 빌리며, 우리가 감응이라는 측면을 놓치지 않아야 한다고 거듭 강조한 이유가 여기 있다. 민중의 마음은 의식화된 상징체계에 의해서는 쉽게 바뀌지 않고, 무의식적 감수성을 오랜 시간 동안 자극하고 촉발하여 다른 방식으로 작동하게 조직해야 하는 것이다.

확실히 보그다노프는 1917년의 사건이 곧장 공산주의를 탄생하게 했다고 믿지는 않았다. 오히려 그는 혁명기를 이행의 시대로 보았으며, 프롤레트쿨트의 강령을 곧이곧대로 받아들여 당장 프롤레타리아트가 자립적인 문화의 토양을 확보하리라 확신했을 것 같진 않다. 그러나 이행기의 과제는 바로 이행하는 힘 자체에 있다. 맑스가 말했던 것처럼 "현재의 운동이 운동의 미래를 대변하"며, "현재의 상태를 지양해 나가는 현실적 운동이 공산주의"이기 때문이다.[66] 바로 이 점이 이행기라는 진퇴양난의 상황에도 불구하고, 바로 이행기이기 때문에 문화혁명의 불가피성을 보그다노프가 역설했던 이유였으리라. 미-래의 사회는, 공산주의든 코뮨주의든 혹은 어떤 식으로 불리든 간에 지금부터 부지런히 마음의 문화를 개간하지 않으면 결코 도래하지 않을 공동체일 것이다.

---

66 맑스·엥겔스, 「공산주의당 선언」, 『맑스 엥겔스 저작선집 1』, 431쪽; 「독일 이데올로기」, 『맑스 엥겔스 저작선집 1』, 215쪽.

7장
/
'새로운 인간'과 무의식의 혁명
트로츠키와 문화정치학의 문제들

1. 트로츠키의 이상한 나날들

1922년 5월 25일, 한 달 전 목 주위에 수술을 받았던 레닌은 심각한 발작을 일으켰고, 그것은 당장 은밀하게 잠복해 있던 당권투쟁을 발동시켰다. 실제로 당의 지도권을 두고 벌어진 투쟁은 혁명을 전후하여 끊임없이 계속된 현상이었고, 첫 발작 이후 1924년 1월 21일 레닌이 사망할 때까지 한 순간도 멈추지 않았다. 그 와중에 '레닌 이후'를 둘러싸고 설왕설래가 오가던 후보자는 트로츠키와 스탈린이었으며, 이들이 당내 역학관계를 둘러싸고 치열한 갈등과 경쟁을 벌였음은 주지의 사실이다.

하지만 실제 사정은 좀더 복잡했던 듯싶다. 트로츠키는 내전을 승리로 이끈 개선영웅이었던 데 반해 스탈린은 큰 두각을 나타내지 못했을 뿐만 아니라 여러모로 평범해 보이기까지 하던 인물이었다.[1] 그는 레닌

---

1 최근의 한 연구는 이러한 통상의 평가가 전적으로 스탈린의 정적들에 의해 만들어진 것이라고 주장한다. 오히려 스탈린 경력상의 '모호함'이나 '평범함'은 혁명운동에서 그가 맡았던 불

에 맞서는 '결정적 오류'를 범하지는 않았으나, 곧장 최고권자로 지명될 정도로 특별한 수훈을 세우지도 못했다.[2] 그러나 당내에서 먼저 성공을 거둔 이는 스탈린이었다. 자신의 직속 계보를 조직하고 차례로 승급시키며 세력을 확장하던 그는 레닌의 추천에 의해 1922년 5월 제11차 당대회에서 총서기직에 오르게 된다. 그로부터 2년이 지나 레닌이 사망할 즈음에는 당 고위간부의 70%가 신참으로 채워졌고, 그 대부분이 스탈린의 계보에 속해 있었다.[3] 당은 급속히 '스탈린화'되고 있었다.

당내 권력투쟁이라는 격렬한 소용돌이 속에서 트로츠키는 무엇을 하고 있었을까? 레닌의 빈 자리를 차지하기 위한 '파렴치한 음모'에 끼려 하지 않았다는 후일담을 믿든 말든,[4] 그가 스탈린의 기민하고도 적극적인 권력욕에 맞서 다소간 수동적인 대응으로 일관했다는 주장은 어느 정도 설득력을 갖는다.[5] 레닌의 장례식에 때맞춰 오지 못한 이유는 불명확하게 남아 있고, 스탈린을 탄핵해야 한다는 레닌의 유언장을 공개하는

가피한 역할, 즉 '더러운 업무'에서 기인한 표면적 현상이란 것이다. 사이먼 몬티피오리, 『젊은 스탈린』, 김병화 옮김, 시공사, 2015, 15~17쪽.

2 혁명 이후에도 레닌은 당내 사안을 다루는 문제에서 그때그때마다 트로츠키와 스탈린을 저울질하며 자신의 의지를 관철시키는 데 이용했다. 레닌은 사망할 때까지 둘 사이에서 미묘한 정치적 줄다리기를 벌였던 것이다. 로버트 서비스, 『스탈린: 공포의 정치학, 권력의 심리학』, 윤길순 옮김, 교양인, 2010, 제2부.

3 존 톰슨, 『20세기 러시아 현대사』, 김남섭 옮김, 사회평론, 2004, 317~320, 333쪽.

4 로이 메드베데프, 『역사가 판단하게 하라 1』, 황성준 옮김, 새물결, 1991, 35쪽.

5 트로츠키가 레닌 사망을 전후한 시기에 신병을 앓고 있었고, 심리적으로도 '혁명의 후퇴'에 대한 불안감에 시달렸다는 사실은 그의 정치적 패배에 대한 외적 요인들로 지적되어 왔다. 아이작 도이처, 『비무장의 예언자 트로츠키. 1921-1929』, 한지영 옮김, 필맥, 2007, 제2장. 이 시기 권력투쟁의 핵심은 "누가 레닌의 승계자인가?"라는 정통성의 문제가 아니었다. 레닌의 공백을 누가 신속하게 메꾸는가, 당에 자신의 세력을 포진시킬 수 있는가라는 전략적 차원이 중요했다. 그 승자는 스탈린이었다. Ernest Mandel, *Trotsky as Alternative*, Verso, 1995, p. 36.

일에도 적극 나서지 않았던 것이다. 혁명을 주동하고 적군을 창설했으며, 내전에서 구체제의 잔당을 일소해 버린 영웅치고는 권력투쟁에서 너무 '싱겁게' 밀려났다는 사실은, 그래서 더욱 의문스럽게 보인다.

정말 트로츠키는 정적의 부상과 공세에 무력하게 물러선 것일까? 이 시기 트로츠키의 활동에 대한 흥미로운 묘사 한 대목을 읽어 보자.

> 1923년 늦여름, 그의 정치적인 운명, 그리고 궁극적으로는 그의 목숨 자체가 의심할 여지 없이 경각에 걸려 있던 바로 그 시기에 그는 평범한 사람들의 일상적인 행동에 대한 에세이를 쓰는 일에 몰두해 있었다. 가족의 삶과 같은 주제에 덧붙여 그는 「정중함과 예의바름」, 「보드카, 교회, 그리고 영화」, 「러시아인들이 잘하는 욕」 등과 같은 논문들을 쓰고 있었다. 그는 교육계의 인사들과 도서관 사서들, 언론인 등에게 언론의 끔찍한 수준, 홍수처럼 밀려들고 있는 당의 데데한 헛소리에 의해 그 아름다움이 오염되고 있는 러시아어를 긴급히 다듬어야 할 필요성들에 대해 쉬지도 않고 무수히 많은 연설을 해대고 있었다.[6]

혁명과 전쟁의 급박한 상황에서도 민첩한 결단과 행동으로 늘 주도권을 쥐었던 트로츠키치곤 '이상한 나날들'을 보내고 있던 게 틀림없다. 가령, 1922년 레닌 이후의 승계가 확실해 보이던 소브나르콤(인민위원회) 부의장직도 마다하고 휴가를 떠난 그는 통상의 기준으로 볼 때 '비정치적'이라 부를 수밖에 없는 분야에 몰두해 있었다. 다음해에 그가 휴가를 마치고 돌아와 펴낸 책은 『문학과 혁명』이라는 평론집이었던 것이다.

---

6 메드베데프, 『역사가 판단하게 하라 1』, 172쪽에서 재인용.

문학과 예술, 교육 등 온갖 세상일에 대한 트로츠키의 관심사가 모두 '정치적'이었다고 하지만,[7] 그해 여름에 그가 『프라우다』에 기고했던 글은 「정치만으로는 살 수 없다」라는 진정 역설적인 제목을 달고 있었다. 이런 식으로 '평범한 사람들의 일상적 행동'을 다루었던 글들은 『일상생활의 문제들』(1923)이란 제목으로 출간되었고, 1927년에는 『문화의 문제들. 이행기의 문화』라는 제목으로 증보판까지 내게 된다(『저작집』 제21권으로 출판). 하지만 바로 같은 해에 트로츠키는 당에서 쫓겨났고 2년 후에는 소비에트 연방으로부터도 추방당할 운명이었다.

1920년대 트로츠키의 관심사 중 '문화의 문제'로 통칭되는 영역은 스탈린과의 투쟁에서 패배했다는 이유만으로도 별 주목을 받지 못했거나 정치적 재능의 낭비로까지 간주되어 왔다.[8] 트로츠키를 추종하던 서구 연구자·활동가들조차 그의 정치경제학 이론이나 당정·군사활동 등에 관심을 기울였을 뿐, 문화라는 논점은 피상적으로만 다루었다.[9] 이런 경향은 문화에 대한 트로츠키의 열정을 거의 '오판'에 가까운 수준으로 격하시키는 요인이었다. 하지만 이는 트로츠키와 그를 둘러싼 1920년대의 정세에 대한 오해나 두려움에서 연유한다는 게 우리의 질문이다. 즉 문화라는 논제는 이미 레닌이 강조하던 영역이었으며 또한 스탈린이 추진했던 소비에트 이데올로기의 중요한 일부분이었기에 트로츠키를 이 과정에 포함시킬 때 생겨날 부담이 두려웠던 게 아닐까? 다시 말해, 레닌과 스탈린 사이에서 트로츠키의 문화론은 자칫 레닌의 연장에 불과하거

---

7 Service, *Trotsky. A Biography*, The Belknap Press, 2009, pp. 312~313; 도이처, 『비무장의 예언자 트로츠키. 1921-1929』, 213쪽.

8 Service, *Trotsky. A Biography*, p. 318.

9 하영준, 『레온 트로츠키와 러시아 일상생활의 변혁』, 한양대 석사학위논문, 2002, 1~3쪽.

나, 또는 스탈린주의로 향하는 다리가 될 수 있기에 기피되어야 하지 않았을까?

이 질문은 러시아 혁명사에서 트로츠키를 레닌과 스탈린 사이의 어디에 정위해야 할지 묻는다는 점에서 트로츠키 연구의 한 증상을 시사한다.[10] 만약 트로츠키의 문화정치학을 (실패한) 정치적 전략의 일환으로 간주한다면, 우리는 그의 위치를 레닌과 스탈린의 연속선에서 손쉽게 찾아낼 수 있을 것이다. 이 경우 트로츠키의 문화정치학은 결국 레닌에서 출발해 스탈린으로 귀결되고 만다. 만일 그렇지 않다면, 우리는 트로츠키의 구상이 무엇을 함축하고 있었는지, 레닌과 스탈린과는 어떤 차이를 노정하고 있었는지 곰곰이 짚어 보지 않을 수 없다. 이러한 의문의 시발점은 예의 그의 '이상한 나날들'에서 비롯된다. 노련한 혁명가이자 정치가에게 허락될 수 없는 '일탈'의 의미, 즉 그것이 어떤 혁명적 사유의 흐름을 노정하고 있었는가에 관해 타진하는 것이 이 글의 목표다. 결론을 앞서 말한다면, 대중의 무의식의 중요성을 밝혀내고 그것을 통해 일상을 구축함으로써 '새로운 인간'을 창출하는 것이야말로 트로츠키 문화정치학의 핵심이었다고 할 수 있다. 일단 여기서부터 출발해 보자.

---

10 특히 문제가 되는 것은 "스탈린은 트로츠키 테제의 반복에 불과하다"거나, 나아가 "트로츠키는 결국 서기장이 되지 못한 스탈린이다"는 식의 허무주의적인 결론이다. 그 어느 쪽도 역사에는 가정이 없다는 통념을 극단화해 결과적으로 러시아 혁명 전체를 '내재된 타락과 부패'라는 식으로 폄하하려는 시도로 귀결되고 말 뿐이다. 이런 관점에 대한 다양한 비판들을 숙고할 필요가 있다. 슬라보예 지젝, 「서문」, 레프 트로츠키, 『테러리즘과 공산주의』, 노승영 옮김, 프레시안북, 2009, 36쪽; 정성진, 「트로츠키의 정치경제학 체계」, 『마르크스와 트로츠키』, 한울아카데미, 2006, 399쪽.

2. 문화의 본원적 축적과 '새로운 인간'의 형성

도이처에 따르면 문화에 관한 트로츠키의 관심은 러시아의 경제적 후진 성만큼이나 긴박했던 정신적 후진성에 대한 대처에서 나왔다. 즉 일상과 그것의 직조는 '문화의 본원적 축적'을 추구하는 과정이었다는 것이다.[11] 하지만 후속되는 도이처의 진술은 대부분 트로츠키가 프롤레트쿨트와 벌인 논전 및 예술론의 이해에 바쳐져 있으며, 문화의 본원적 축적이 구 체적으로 무엇을 뜻하는지, 어떻게 성립하는 것인지에 대해서는 별다른 설명이 제공되지 않는다. 트로츠키가 벌인 정치적 논쟁을 서술하고 방어 하기 위한 서술임을 십분 감안해도, 이 부분에 대한 추가적인 논의는 불 가결하다. 문화의 본원적 축적이란 도대체 무엇일까?

맑스가 자본의 '본원적 축적'에 대해 말했을 때, 그것은 무엇보다도 생산수단과 생산자를 분리시킴으로써 프롤레타리아가 창출되는 역사 적 과정을 가리키는 것이었다.[12] 그렇다면 문화의 본원적 축적에서는 무 엇이 창출될까? 사실 맑스는 청년 시절의 한 수고에서 이에 대해 벌써 답 해 놓은 바 있다. 그것은 '자연의 재형성'과 더불어 이어지는 '인간의 재 형성'reshaping, Bearbeitung이다.[13] 정치 및 사회혁명이 낡은 세계를 파괴 하고 사회적 관계를 새롭게 구성하는 활동이라면, 문화혁명은 그 사회에 서 살아가며 생산하는 구성원을 창출하기 위한 활동을 가리킨다. 소비에 트 정권 초기부터 볼셰비키 지도자들이 '새로운 인간형'을 창안하기 위

---

11 도이처, 『비무장의 예언자 트로츠키. 1921-1929』, 233쪽.
12 칼 맑스, 『자본론 I (하)』, 김수행 옮김, 비봉출판사, 1989, 899쪽.
13 Karl Marx & Friedrich Engels, *The German Ideology*, Progress Publishers, 1976, p. 58.

해 부심했던 까닭이 여기에 있다. 우리는 대체로 두 차례의 문화혁명을 역사적 사실로서 관찰할 수 있는데, 그 첫번째 주역은 레닌이고 두번째 는 스탈린이었다. 그 내용을 잠시 일별해 보자.

2-1. 레닌: 배우고 또 배우라, 자기규율적 주체가 되라!

1917년의 혁명을 통해 볼셰비키가 권력을 장악했을 때, 그들이 손에 쥔 나라는 비단 후진적 농업국가에 그치지 않았다. 전 국민의 85%였던 농민 의 대부분이 문맹이었고,[14] 혁명이 성공한 후에도 이러한 사정은 별반 나 아지지 않았다.[15] 또한 구 사회세력으로 분류되던 인텔리겐치아는 미덥 잖은 동반자로 여겨져 의혹과 경계를 풀 수 없었다.[16] 까막눈인 국민을 교 육하는 데는 오랜 시간이 걸렸고, 불명료한 정치성향을 지닌 인텔리겐치 아는 잠적하거나 국외로 빠져나갔기에 당장 가용할 수 있는 지적 자원의 빈궁은 사회건설의 중대한 문제로 부각되었다. 이는 공공재로서의 지식 의 결핍이었고, 그것 없이 선진 산업사회로의 비약은 요원한 노릇이었기 에 레닌은 혁명이 성공하자마자 '문화'의 필요를 역설할 수밖에 없었다. '문화혁명'이라는 용어 자체는 1923년 「협동조합에 관하여」라는 글에서

---

14 니콜라스 랴자놉스키 · 마크 스타인버그, 『러시아의 역사 (하)』, 조호연 옮김, 까치, 2011, 636쪽.

15 Peter Kenez, *The Birth of the Propaganda State: Soviet Methods of Mass Mobilization, 1917-1929*, Cambridge University Press, 1985, p. 73.

16 레닌은 인텔리겐치아가 혁명의 전위로서 필수적인 역할을 수행했다고 강조하는 한편으 로, 볼셰비키와 반목하는 일부에 대해서는 가차 없이 응징해야 한다고 주장했다. Vera Lejkina-Sivirskaja, *Intelligentsija v Rossii vo vtoroj polovine XIX veka*[『19세기 후반의 러시아 인텔리겐치아』], Mysl', 1971, pp. 48~49; Lesley Chamberlain, *Lenin's Private War: The Voyage of the Philosophy Steamer and the Exile of the Intelligentsia*, Picador, 2008, pp. 24~25.

처음 등장하지만, 개념적으로는 소비에트 정권이 성립하자마자 이미 광범위하게 운용되어 왔다.

레닌은 문화를 문명과 이데올로기, 지식의 세 차원에서 사용하였는데, 그가 가장 중시했던 부문은 문명과 지식으로서의 문화였다.[17] 즉 기술과 지식이 관건이었다. 볼셰비키가 권력을 장악한 이상 이데올로기는 어떻게든 유지할 수 있는 의식의 영역이었지만, 아무리 의식성을 강조해도 삶의 하부구조를 이루는 물질적 영역은 축적된 지식과 기술력 없이는 단시일에 성과를 거둘 수 없기 때문이다. 그런 의미에서 문화, 즉 지식과 기술의 결여는 신생 사회주의 국가를 떠받치는 가장 중요한 지반이 허약하다는 증거였고, 프롤레타리아 문화가 독자적으로 존립하지 않는 상황에서 그것을 신속하고 효과적으로 건설하는 길은 기성의 부르주아 문화를 배우는 방식밖에 없었다. 부르주아 전문경영진의 도입은 생산성 향상의 명분으로 이루어진 중대한 결단이었다.

지식과 기술, 경험의 다양한 영역에서의 전문가적 지도 없이 사회주의로의 이행은 불가능하다. 왜냐면 사회주의는 자본주의가 도달한 토대위에서, 자본주의를 상회하는 노동생산을 향해 전진하는 의식적이고 대중적인 운동을 요구하기 때문이다. 사회주의는 자신의 방식에 따라, 자신의 방법으로써, 더 구체적으로 말해 소비에트적 방법에 의해 이러한 전진적 운동을 실현시켜야 한다. 그런데 전문가들은 그들을 전문가로 만들어 낸 사회생활의 환경적 힘에 따라 불가피하게도 대부분 부르

---

17 Carmen Claudin-Urondo, *Lenin and the Cultural Revolution*, The Harvester Press, 1977, p. 13.

주아지인 것이다. […] 우리는 아직 부르주아 전문가들을 우리 마음대로 배치할 수 있는 환경을 조성하지 못했기에 […] 낡고 부르주아적인 수단에 의존할 수밖에 없는 상황이다.[18]

소비에트가 받아들여야 할 '불가피한' 선진 산업국의 지식과 기술에는 테일러주의도 예외가 아니었다. 레닌은 테일러주의가 인간을 노예화하는 부정성을 갖는다는 점을 지적하는 한편으로,[19] 소비에트 권력의 필수불가결한 전제로서 생산성 향상과 관리능력의 증진을 위해서는 그것이 적극 도입되어야 한다고 강조했다. "우리는 테일러 시스템이 생산과정에 대한 체계적인 분석 및 인간 노동생산성의 막대한 향상을 가능하게 한 과학의 거대한 진보를 나타낸다는 사실을 한 순간도 망각해서는 안된다."[20]

저 유명한 "공산주의는 소비에트 권력 플러스 전국의 전력화"라는

---

18 Vladimir Lenin, "Ocherednye zadachi sovetskoj vlasti", *Sochinenija*[「소비에트 권력의 당면 과제」(1918), 『저작집』제27권], Tom 27, Polizidat, 1950, p. 171.

19 Vladimir Lenin, "Pervonachal'nye variant ctat'i 'Ocherednye zadachi sovetskoj vlasti'", *Polnoe sobranie sochinenija*[「「소비에트 권력의 당면 과제」 초안」(1918), 『저작집』제36권], Tom 36, Izdatel'stvo politicheskoi literatury, 1974, p. 141; Vladimir Lenin, "Sistema Tejlora — poraboshchenie cheloveka mashinoj", *Sochinenija*[「테일러 시스템—기계에 대한 인간의 노예화」(1914), 『저작집』제20권], Tom 20, Gosudarstvennoe izdatel'stvo politicheskoi literatury, 1948, pp. 134~136.

20 이 문장은 「소비에트 권력의 당면 과제」 초고본에 수록되어 있다. Lenin, "Pervonachal'nye variant ctat'i 'Ocherednye zadachi sovetskoj vlasti'", p. 140. 최종본에서 수정된 진술은 다음과 같다. "우리는 테일러 시스템이 지닌 많은 과학적이고 진보적인 것들을 적용해야 하며 […] 러시아에서 테일러 시스템의 연구와 교육을 조직하고, 그것의 체계적 훈련과 전유를 창안해야 한다." Vladimir Lenin, "Ocherednye zadachi sovetskoj vlasti", *Sochinenija*[「소비에트 권력의 당면 과제」(1918), 『저작집』제27권], Tom 27, Polizidat, 1950, p. 230.

레닌의 언명도 이런 관점에서 파악될 수 있다.[21] 저발전 사회를 맑스주의의 교의에 맞춰 선진 산업사회로 변화시키지 않는 한, 혁명은 언제라도 위협받을 수 있기에 자본주의의 발달된 지식과 기술을 도입하는 것은 필수적이었다. 하지만 그것은 어디까지나 이데올로기 외부의 형식적 차원에 국한된 것으로, 자본주의 국가가 보유한 정치제도나 사회체계는 근본적으로 제외 가능한 것으로 간주되었다. 소비에트 사회가 자본주의 문화로서의 지식과 기술을 성장의 방편으로서 '채택'하고 '적용'하기만 하는 한, 부패와 왜곡의 위험은 얼마든지 막을 수 있다는 논리다.

하지만 그로부터 문화의 다른 차원, 곧 '새로운 인간의 창조'가 즉각 제기된다. 서구의 우수한 지식과 기술을 수용해 사회발전의 원동력으로 삼을 때, 그것이 자본주의에서 일으킨 병폐를 막으려면 그것을 사용하는 사람이 사회주의적 이데올로기로 잘 무장되어 있어야 한다는 게 레닌의 확신이었다. 그런데 전체 인구의 대다수가 여전히 문맹상태이자 구시대의 관습에 젖어 있다면 어떻게 자본주의적 지식과 기술이 함께 안고 들어올 해악을 의식적으로 거부할 것인가?

레닌은 그 해답을 노동자들의 규율을 확립하는 데서 찾았다. 노동에 대한 올바른 욕망이 그 노동의 성격을 좌우하고, 테일러 시스템과 같은 자본주의의 이기를 사회주의에 적합하게 바꾸어 놓을 것이다. 실제로 혁명정부가 수립되고 나서 레닌이 직면한 가장 큰 골칫거리의 하나는 생산성의 저하였고, 그 해법은 강력한 노동규율을 확립하여 노동자들을 정확히 통제하는 데 있었다. 그가 볼 때 러시아인은 선진국가에 비해 '미숙한 plokhoj 노동자'이며, 이 결함은 오직 교육과 문화의 함양, 그리고 강고한

---

21 라자놉스키·스타인버그, 『러시아의 역사 (하)』, 754쪽.

노동규율을 조직함으로써 극복할 수 있다.[22] 그리고 그 최종적인 결과는 노동자가 스스로를 통제할 수 있는 자기조직적 주체로서 거듭날 때 드러날 것이다.[23] 이는 규율의 학습이라는 의식적 과정에 의해서만 달성될 목표인데, 문제는 러시아 민중이 전제주의의 오랜 세월 동안 '착취'와 '소극적 저항'의 방법으로서 태만을 몸에 익혀 왔다는 점에 있다. 태만은 이미 무의식적으로 신체에 각인된 러시아 민중의 일상적 태도가 되어 버렸고, 소비에트 권력이 퇴치해야 할 가장 큰 적수로 부각되기에 이른다. 그것을 극복할 유일한 무기는 바로 당이 제시하는 규율을 배우고 익히는 데 있다.

> 당파성과 당규율의 거부, 반대파가 얻어 낸 결과는 이것이다. […] 프롤레타리아 독재는 낡은 사회의 힘과 전통에 대항하는 집요한 투쟁으로서, 유혈투쟁과 무혈투쟁, 폭력투쟁과 평화투쟁, 군사투쟁과 경제투쟁, 교육투쟁과 행정투쟁이다. 수백만, 수천만 명이 갖고 있는 습관의 힘은 가장 무서운 힘이다. 투쟁을 통해 단련된 강철의 당 없이, 특정 계급의 정직한 신뢰를 얻은 당 없이, 대중의 추이를 지켜보고 대중에 영향을 끼칠 수 있는 당 없이 그러한 투쟁을 성공적으로 이겨 내기란 불가능한 일이다.[24]

습관의 부정성을 가장 잘 보여 주는 세력은 농민들이었다. 오랜 세월

---

22 Lenin, "Ocherednye zadachi sovetskoj vlasti", pp. 228~229.

23 Lenin, "Ocherednye zadachi sovetskoj vlasti", p. 233.

24 Vladimir Lenin, "Detskaja bolezn' 'Levizny' v kommunizme", *Sochinenija* [「공산주의에서의 '좌익' 소아병」(1920), 『저작집』 제31권], Tom 31, Polizidat, 1950, pp. 26~27.

동안 완고히 뿌리내린 농민들 개인의 습관과 집단의 관습은 여전히 봉건적인 구체제의 관념에 매여 있었는데, 그들은 소비에트 국가가 어떻게든 끌어안아야 할 시민인 동시에 반드시 계도해야 할 대상이었다. 이러한 농민을 포함하여, 새로운 인간을 창출해야 할 문화혁명의 과제는 인구를 협동조합의 형태로 재조직하는 데 두어졌다.[25] 협동조합은 소비에트 국가의 구성원들에게 이데올로기와 지식, 기술을 전파하는 매개가 되고, 이를 통해 다시 소비에트는 문화(지식, 기술, 문명)로 나아갈 것이다.

> 완전한 협동조합을 만드는 조건에는 농민들(즉 계몽된 대중으로서의 농민들)의 문화화가 포함되어 있다. 완전한 협동조합이란 전적인 문화혁명이 없이는 불가능할 것이다. [⋯] 우리에게 정치적·사회적 변혁이 문화적 변혁에 선행했기에, 이제 우리는 바로 문화의 혁명에 직면해 있다.[26]

새로운 사회의 새로운 인간, 곧 사회주의적 인간은 계몽된 인간이자 공산주의 이데올로기를 내면으로 흡수한 건실한 인간이며, 새로운 사회

---

25 「협동조합에 관하여」는 주로 농민문제에 관여한 논문이지만, 레닌은 협동조합의 목적이 신경제정책과 연관된 하나의 '사회체계'의 구성이란 점을 강조하며, 인민대중의 폭넓은 참여를 이끌어 냄으로써 서구적 수준의 '문명'을 달성하는 데 있다고 천명한다. Vladimir Lenin, "O kooperatsii", *Sochinenija*[「협동조합에 관하여」(1923), 『저작집』 제33권], Tom 33, Gosudarstvennoe izdatel'stvo politicheskoi literatury, 1951, pp. 429~431. 한 가지 더 지적한다면, 이즈음부터 레닌은 '프롤레타리아'라는 범주 대신 '인구'(주민)라는 용어를 사용하기 시작했다. 혁명의 정치를 통치의 문제로 전환해 사유하기 시작한 징표로 보아도 좋을 것이다. 보리스 카갈리츠키, 「레닌과 러시아 자본주의의 문제」, 박노자 외, 『레닌과 미래의 혁명』, 최진석 옮김, 그린비, 2008, 264쪽.

26 Lenin, "O kooperatsii", p. 435.

건설에 자신을 바칠 수 있는 인간이다.[27] 레닌이 협동조합을 강조한 이유도, 거기에 가입한 소비에트 구성원이 교육의 기회를 누리고 새로운 인간으로 재형성되리라 예상했던 까닭이다. 이 점에서 문화혁명의 목표는 교육혁명과 크게 다르지 않다. 크루프스카야가 레닌의 문화혁명을 교육혁명의 차원에서 이어가고자 했던 이유가 그것이다. 새로운 인간, 사회주의적 인간을 형성할 수 있는지의 여부야말로 사회주의 혁명이 완결되었는지 답할 수 있는 궁극적인 척도였다.

> 갓 태어난 사회주의 제도의 요구는 이 제도를 건설하는 데 큰 도움이 되는 인간을 교육하는 데 있다. […] 사회주의 사회의 현저한 특징은 모든 사람들 사이의 이성적이며 계획성이 있고 가장 합리적인 노동의 분업에 있어야 하고, 또한 강요된 노동을 자발적인 노동으로 바꾸는 데 있어야만 한다.[28]

따라서 레닌의 주문은 하나도 둘도, 셋도 배우고, 배우고, 또 배우라는 것이었다.[29] 문제는 교육을 통한 인민의 개조가 단지 의식성의 차원에 고착되어 있다는 점이었다. 문화혁명의 대전제는 무자각적으로 구습에 젖어 있는 민중이 새로운 지식의 습득과 사회주의적 이데올로기의 각성

---

27 Evgenij Plimak, *Lenin's Political Testament*, Progress Publishers, 1988, p. 59.

28 나데쥬다 크루프스카야, 『크루프스카야의 국민교육론』, 한신대제3세계문화연구소 옮김, 돌베개, 1988, 156쪽.

29 Lenin, "O 'levom' rebjachestve i o melkoburzhuaznosti", *Sochinenija* [「'좌익' 소아병과 소부르주아지에 관하여」(1918), 『저작집』 제27권], Tom 27, Gosudarstvennoe izdatel'stvo politicheskoi literatury, 1950, pp. 316~317.

을 통해 '새로운 인간'으로 거듭날 수 있다는 데 있다.[30] 그러나 레닌 자신이 절감했다시피 러시아인들은 수백 수천 년을 한결같이 낡은 습속과 관례들을 지키며 살아왔던 무자각적 주체들이었으며, 계몽을 위한 러시아 인텔리겐치아들의 희생과 헌신에도 거의 아무런 영향을 받지 않았던 존재들이었다. 크루프스카야가 학교교육의 자율성과 자발성을 강조하면서도, '계획적으로 만들어진 조직성'과 '의식적 규율'에 교육의 역점을 찍을 수밖에 없던 사정도 여기에 있다.[31] 의식의 재구조화를 통해 새로운 인간을 형성할 수 있다는 이상은 명확한 한계를 드러내고 있었다.

2-2. 스탈린: 믿고 복종하라, 국가와 자신을 동일시하라!

실질적 필요에 의해서건 논리적 요구에 의해서건, 레닌은 구시대의 유산이자 자본주의의 잔재인 지식과 기술의 습득에 열렬한 관심을 표명했다. 이 점은 트로츠키도 마찬가지였다. 혁명 초기 문화예술단체인 프롤레트쿨트가 과거 부르주아 문화를 청산하고 완전한 영도에서 프롤레타리아 문화를 창안하자고 역설했을 때, 누구보다도 앞서 그러한 시도를 저지하고 기성 문화를 흡수하도록 설득했던 정치가는 트로츠키였다.[32] 앞서 보았듯, 이런 입장은 혁명 초기의 소비에트 사회가 심각한 경제적 위기에

---

30 레닌의 의식중심주의는 전위적 혁명당을 전제한다. 더 일찍 각성한 혁명가들이 미각성 상태에 머물러 있는 노동자들을 일깨워 혁명의 전선으로 공급해야 한다는 것이다. 1905년 혁명에 대해 로자 룩셈부르크와 레닌은 각각 대중의 자연발생적 자발성과 전위의 선도성을 옹호하며 논전을 벌였다. 이진경, 『맑스주의와 근대성』, 그린비, 2014, 280~317쪽. 레닌이 논적을 누름으로써 혁명의 이론에서 무의식적 발생의 관점이 멀리 역사 바깥으로 튕겨져 나갔음은 주지의 사실이다.

31 크루프스카야, 『크루프스카야의 국민교육론』, 163, 195쪽.

32 이한화 엮고 옮김, 『러시아 프로문학운동론 1』, 화다, 1988, 156쪽.

처해 있었음을 반영한다.

1921~28년간의 신경제정책(NEP)이 소기의 성과를 보이면서 나타난 현상은 소비에트 사회가 어느 정도 경제적 활력을 회복한 것과 더불어 구시대의 유습으로 돌아가고 있다는 점이었다. 물질적 잉여의 생산은 사교역과 암시장을 유도했고, 구 부르주아 전문가들이 복귀하여 경제시장과 국가기구들의 운영에 참여하면서 중앙정부의 일관된 통제도 (레닌의 확언과 달리) 느슨해져 갔다. 혁명 초에 정력적으로 경주되었던 무상의료와 무상교육 등도 후퇴하는 상황이었다. 거리에는 다시 도둑과 거지, 매춘부들이 들끓기 시작했으며, '돈쓸 줄 아는' 부자들(네프맨)과 그들에게 시종하는 무리들이 등장해 계급적 차이가 다시 벌어지게 되었다. 사회주의의 가치가 퇴색하는 풍경이 연출되었고, 신경제정책에 만족하는 사람들이 불어난 만큼 불만을 표시하는 사람들도 증가해 갔다.[33]

1927~28년경 스탈린은 완전히 권력을 장악했다. 당권을 두고 협력하거나 경쟁하던 지노비예프와 카메네프는 당에서 축출당한 뒤 완전히 항복했고, 숙적 트로츠키는 카자흐스탄으로 유형을 보내 버린 참이었다. 그리고 '새로운 10월혁명', 곧 '대전환의 해'에 발동이 걸렸다. 1928년 제1차 5개년계획이 출범한 것이다. 표면적으로 제1차 5개년계획은 지지부진한 저개발 국가를 선진 공업국가로 도약시키려는 거대한 산업적 기획이었다. 실제로 계획이 종료되었을 때 소비에트 연방의 총생산량은 미국 다음으로 세계 2위를 차지할 정도로 급성장을 보일 정도였다.[34] 그렇다면 이 계획의 이면에서 전개된 스탈린의 문화혁명은 어떻게 진행되었고 어

---

33 쉴라 피츠패트릭, 『러시아 혁명 (1917~1932)』, 김부기 옮김, 대왕사, 1990, 131~132쪽.
34 랴자놉스키·스타인버그, 『러시아의 역사 (하)』, 753쪽.

떤 결과를 낳았는가?

대중교육에 방점을 찍은 레닌의 문화혁명은 그의 사후에도 계속적인 정책목표로서 유지되었으나, 제1차 5개년계획이 시작된 1928년부터 상당한 변형을 겪게 된다. 단기적으로는 1931년까지 유지된 스탈린의 문화혁명은 '성상파괴주의적' 과격성을 띠었으며, 국가시책에 연관된 만큼 '위로부터의 혁명'인 동시에 청년 프롤레타리아들의 열성과 자발성을 추동하는 '아래로부터의 혁명'을 표방하고 있었다.[35] 특히 레닌 시대에 도입되고 허용된 구 부르주아 문화유산 및 인텔리겐치아들에 대한 적대가 이 시기에 급격히 증가했다. 다시 말해, 프롤레타리아 계급을 중심으로 이질적인 계급을 공격하고 절멸시키려는 계급전쟁이 스탈린 문화혁명의 중심에 놓여 있었다는 사실이다.[36]

신경제정책의 부분적 성공이 초래한 구체제로의 회귀 분위기를 1920년대 후반의 청년 공산주의자들이 반길 수 없던 것은 당연했다. 프롤레타리아 계급에서 자라고 성장해 볼셰비키 국가의 중간간부로 진출했던 그들은 작업장과 대학, 군대 및 여러 사회조직체 등에서 다시 상급자의 지위로 복귀한 부르주아 전문가들, 인텔리겐치아를 잠정적인 계급적 적대자로 간주했고, 특히 농촌에서는 강고하게 잔존하는 부농(쿨라크)들을 사유재산제도의 잔재라고 여겼다. 더구나 자유롭게 '방임된 듯'

---

35 1928년 제8차 공산청년동맹에서 스탈린은 혁명1세대가 조직한 정부기구들을 '관료주의'라 부르고, '아래로부터' 타파해야 한다고 요구했다. 이는 관료제에 대한 비판을 표명하지만 실제로는 스탈린식 정치혁명의 '선주문'으로도 볼 수 있다. Iosif Stalin, "Organizujte massovuju kritiku snizu", *Sochinenija*「아래로부터의 비판을 조직하시오」(1928), 『저작집 제11권』], Tom. 11, OGIZ, 1949, pp. 69~73.

36 Sheila Fitzpatrick, "Cultural Revolution as Class War", *Cultural Revolution in Russia, 1928-1931*, Indiana University Press, 1984, pp. 8~41.

보였던 문학예술계의 풍조나 사상적 경향 등은 사회의 이데올로기적 단일성을 크게 저해하는 것으로 언급되며 좌익 급진파의 우려와 분노를 자아냈다. 어떻게든 상황의 반전이 필요하다는 게 이들 청년 공산주의자들의 입장이었다.

이러한 사회적 정황과 당내에 잔존하는 반대파를 제거하려는 스탈린의 전략이 맞물려 문화혁명이 점화되었다는 추정은 충분히 개연적이다. 그 시발점은 1928년 3월 돈바스의 샤흐티 지구에서 열린 재판이었는데, 탄광기술자들의 사보타주와 반혁명적 음모가 기소의 이유였다. 모스크바로 이관되어 진행된 이 재판은 언론의 집중적인 조명을 받았고, 토론과 성토의 대상으로 부각되었으며, 소비에트 전역에서 유사한 범죄행위를 적발하라는 캠페인으로 확산되기에 이른다. 부르주아 출신의 전문가들이 직접 연관된 사건이 아닐지라도 결과적으로는 그들이 음모세력의 주동자로 밝혀졌으며, 작업장과 사회, 당으로부터 축출되어 유배나 처형의 수순을 밟게 되었다. 이 과정은 광범위하고도 촘촘하게 진행되어 부하린이나 리코프, 루나차르스키 같은 고위당원들까지도 연루되었고, 학계와 종교계, 문화예술계 전반을 가리지 않고 급속히 확산되었다. 명목은 과거의 문화적 가치들을 고수하며 엘리트주의에 젖어 사회를 분열시킨다는 것, 그리하여 특권의식과 관료주의에 함몰된 채 소비에트 권력을 침식시킨다는 것이었지만, 실제 목적은 공산주의적이고 프롤레타리아적인 헤게모니를 확립하는 데 있었다.[37] 당의 통제권을 확고히 다지는 동시에, 청년 공산주의자들과 노동자들의 신분상승을 이루는 것이 문화혁명의 내밀한 목표였던 셈이다.

---

37 피츠패트릭, 『러시아 혁명 (1917-1932)』, 191, 197~198쪽.

과거의 인텔리겐치아를 대체하는 프롤레타리아 인텔리겐치아의 양성은 스탈린 문화혁명의 중요 과제였다. 흥미로운 것은 이러한 대체의 양상이 '새로운 인간'의 모델화와 깊은 연관을 맺고 있다는 점이다. 우선 그것은 스타하노프 같은 노동영웅의 배출로써 표면화된다. 정해진 작업량을 초과달성한 노동자는 과거에는 정신적·지적 작업의 종사자들이 받던 문화영웅의 칭호를 수여받았고, 공산주의 사회의 새로운 인간형으로 추앙받게 되었다.[38] 1930년대 중반 이후로는 기술과 지성의 차원에서도 문화영웅들(비행조종사, 과학자, 탐험가, 스포츠맨 등)이 등장하는데, 그들의 역할은 국가적 사업에 일체화된 활동을 통해 프롤레타리아적 인텔리겐치아가 소비에트 사회의 이상적 시민상임을 전시하는 것이었다.[39] 이렇게 노동생산과 국위선양에서 '영웅'이 된다는 것은 '문화적 인간'kul'turnyi chelovek이 된다는 뜻이었고, 이는 내적 인격의 발현이기보다 사회적 행위의 수행을 통해 획득되는 정체성에 가까웠다. 이런 방식으로 소비에트의 민중은 온전히 체제 내적 인간으로 변형되어야만 했던 것이다.[40]

이러한 인간형의 구체적인 표상으로는 1934년에 공표된 사회주의 리얼리즘의 인간형, 즉 문학창작에 나타난 '긍정적 주인공'을 예시할 수 있다. 후일 안드레이 시냐프스키가 진술한 바에 따르면, 긍정적 주인공은

---

38 Lewis Siegelbaum, *Stakhanovism and the Politics of Productivity in the USSR, 1935-1941*, Cambridge University Press, 1988, pp. 213~214.

39 카테리나 클라크, 「스탈린이즘 문학의 핵심으로서의 이상향적 인류학」, 김광삼 옮김, 로버트 터커 엮음, 『스탈린이즘』, 문학예술사, 1982, 169쪽; 이종훈, 「모로조프, 스타하노프, 슈미트」, 권형진 외 엮음, 『대중독재의 영웅만들기』, 휴머니스트, 2005, 229쪽.

40 Sheila Fitzpatrick, *Tear Off the Masks! Identity and Imposture in Twentieth-Century Russia*, Princeton University Press, 2005, p. 13.

"무엇이 좋고 무엇이 나쁘다는 것을 정확히 알고 있고, '그렇다'와 '아니다'만을 이야기하며 흑과 백을 혼동하지 않"는 인간, 그래서 "내적인 의혹이나 동요, 해결불능의 문제나 해결될 수 없는 수수께끼 같은 것은 존재하지 않"는 인간을 가리킨다.[41] 그것이 새로운 인간이자, 공산주의적 인간형으로서 (1) 이상사회의 건설에 대한 무한한 헌신, 신념으로 무장해 있고, (2) 말을 행동으로 단호히 옮기는 능력을 갖고 있으며, (3) 홀로 있더라도 항상 집단(계급)의 대표자를 자임하여 공동의 목적에 복무하는 자를 뜻한다.[42] 그는 고독하게 사고하며 말과 행동 사이에서 망설이는 부정적 인간이 아니라, 공동체의 미래를 위해 온전히 투신하기로 결의한 긍정의 화신이다. 1924년 1월 21일, 레닌이 사망했을 때 스탈린은 그를 기리는 추모연설에서 "우리 공산주의자들은 특수한 주형鑄型에서 태어난 자들이다. 우리는 특수한 재료들로 만들어졌다"라고 주장했던 바,[43] 공산주의의 '새로운 인간'은 과거와는 전적으로 다른 사고방식과 행동양식으로 재형성된 인간이라 할 수 있다.[44] '알고 있는 주체'로서 당을 믿

---

41 안드레이 시냐프스키, 「사회주의 리얼리즘이란 무엇인가」, 김학수 엮고 옮김, 『러시아문학과 저항정신』, 을유문화사, 1986, 197쪽.

42 Andrei Synyavsky, *Soviet Civilization. A Cultural History*, Arcade Publishing, 1990, p. 116.

43 Iosif Stalin, "Po povodu smerti Lenina", *Sochinenija* [「레닌의 죽음에 관하여」(1924), 『저작집 제6권』], Tom. 6, OGIZ, 1947, p. 46.

44 지젝에 따르면 스탈린이 내세운 공산주의적 인간을 형성하는 '특수한 재료'란 대상 a로서 '숭고한 대상', '신체 속의 사물'을 가리킨다. 그것은 표상될 수 없는 실재로서, 실상 지도자의 외설적인 명명에 의해서만 표지될 수 있다. 슬라보예 지젝, 『그들은 자기가 하는 일을 알지 못하나이다』, 박정수 옮김, 인간사랑, 493쪽. 실제로 추모연설 이틀 후의 다른 연설에서 그는 레닌의 인격을 '공손함', '논리력', '불평하지 않음', '겸손함', '원칙주의', '대중에 대한 신념' 등으로 호명함으로써 주관화시키고 개별화시키고 있다. Iosif Stalin, "O Lenine", *Sochinenija* [「레닌에 관하여」(1924), 『저작집 제6권』], Tom. 6, OGIZ. 1947, pp. 52~64.

고, 그 명령에 복종하는 '주체적' 인간으로서 호모 소비에티쿠스Homo sovieticus는 규정된다.

그러나 '위대한' 이념에 의해 한껏 고양된 스탈린 시대 문화혁명의 주인공들은 실제 삶에서 정반대의 모습으로 전환되고 있었다. 철저한 공산주의화를 통해 새로운 인간이 되고자 했던 그들은 스탈린체제가 교조화되고 권위주의적으로 변형됨에 따라, 그리고 무엇보다도 지위향상에 대한 자신들의 열망이 복합작용함에 따라, 구체제의 부르주아적 가치들을 무의식적으로 내면화하기 시작한 것이다.[45] 요컨대 스탈린에 의해 확립된 '새로운 인간'은 권력에 순종하는 '예스맨'을 뜻하며, 문화혁명은 그런 인간형을 자신의 정체성으로 받아들이도록 전체 인민을 개조하는 사업에 가까웠다.[46] 이렇게 만들어진 인간은 사실 레닌이 이상화했던 능동적이고 자발적인 인간유형이라기보다는 복종과 충성으로 자신을 규정짓는 예속적 유형이 아닐 수 없다.[47] 도대체 왜 이런 일이 벌어졌는가?

전술했듯이 스탈린이라는 절대권력자의 집권의도와 관료화된 당내

즉 객관화되지 않으며, 오직 스탈린 자신에 의해서만 인정받을 수 있는 자질들을 '공산주의자 레닌'의 인격으로 제시함으로써, 역으로 청중들 곧 소비에트 민중들이 스탈린에게 어떤 자질을 보여 주어야 하는지에 대해 교시한 것이다.

45 Jerry Hough, "The Cultural Revolution and Western Understanding of the Soviet System", S. Fitzpatrick(ed.), *Cultural Revolution in Russia, 1928-1931*, Indiana University Press, 1984, p. 242.

46 Lynne Attwood & Catriona Kelly, "Programmes for Identity: The 'New man' and the 'New Woman'", C. Kelly & D. Shepherd(ed.), *Constructing Russian Culture in the Age of Revolution: 1881-1940*, Oxford University Press, 1998, pp. 257~290.

47 면밀하게 따져 본다면, 레닌이 자기조직적인 주체화를 요구했을 때 그는 이미 스탈린적 예속의 주체를 노정했다고도 볼 수 있다. 노동자의 문화화는 곧 규율과 소비에트 지도자에 대한 '무조건적 복종'을 뜻했기 때문이다. Lenin, "Ocherednye zadachi sovetskoj vlasti", p. 241.

정치, 신분상승에 대한 대중적 경향 등이 스탈린시대의 문화혁명에서 극적으로 결합되었고, 위협적인 선동과 조직화를 통해 진행되면서 '새로운 인간'의 비극이 발생했다는 추론에는 이론의 여지가 없다. 그러나 단지 그뿐만은 아니다. 왜냐하면 이런 추론은 그 객관적 설득력에도 불구하고 여전히 중요한 점을 놓치고 있는 탓이다. 그것은 바로 심리로서의 무의식이다.

익히 알려진 소비에트 사회의 '무갈등 이론'은 문학예술론에서 잘 표현되어 있는 바,[48] 모순과 질곡에 싸인 부르주아 사회가 폐절되고 성립한 공산주의 사회에서는 이전 사회에서의 문제가 발생할 수 없으니 '사회주의 리얼리즘'에 입각한 작품에서는 당연히 갈등이 묘사될 수 없다는 주장이다. 갈등이 없다는 것은 무엇을 말하는가? 억압이 없다는 의미이다. 프로이트적 의미에서 억압이 없다는 것은 내적 욕망이나 충동과 충돌하는 외적 상황과 조건이 부재한다는 뜻이다. 억압의 부재는 무의식의 부재를 가리키는데, 이런 관점에서라면 유토피아는 무의식이 없는 사회에 다름 아니다(같은 논리로 유토피아의 적은 다름 아닌 정신분석가다. 그는 억압된 것을 찾고 무의식의 표현을 읽는 자이기 때문이다). 과연 소비에트 사회는 억압이 없는, 그와 같은 유토피아에 도달했던 것인가?

사회에는 무의식이 없을 수 없다는 주장만으로는 충분치 않다. 요점은 그것이 어디에 잔존하여 스스로를 주장하는가에 있다. 우리는 이를 레닌이 새로운 사회와 인간을 형성하는 데 가장 방해적인 요소로 꼽았던 '습관의 힘'에서 확인할 수 있지 않을까? 습관, 관습이란 무엇인가? 그것

---

48 Konstantin Simonov, "Zadachi sovetskoj dramaturgii i teatral'naja kritika", *Novyj mir* [「소비에트 극작술의 과제와 연극비평」, 『신세계』], No. 3, 1949, p. 201.

은 신체와 습성에 뿌리박힌 관성으로서, 충분히 의식되지 않지만 개인과 집단을 특정한 사고 및 행동으로 추동하는 가장 강력한 무의식적 힘이다. 바로 그렇기 때문에 레닌이 습관과의 투쟁을 선포하고, 공산주의 사회의 성취와 새로운 인간의 형성에서 그것을 투쟁의 대상으로 설정한 것은 옳았다. 관건은 낡은 습관과 단절하고 새로운 습관을 심는 일이 의식 계몽의 차원에서 성취되는 것만은 아니란 데 있다. 무의식과 관련된 투쟁을 배제한 채 새로운 사회의 건설은 불가능하다. 하지만 스탈린주의는 낡은 습관과 관습의 폐절 대신 인간의 절멸을 선택했고, 그렇게 만들어진 '새로운 인간'이 자기조직적인 주체subject가 아니라 당의 지도에 예속된 주체subject가 될 수밖에 없었음은 자명한 노릇이다.

3. 일상생활의 무의식마저 정치화하라!

3-1. 문화, 사소한 것들의 영역

트로츠키는 레닌과 스탈린처럼 문화혁명을 표면적인 목표로 설정한 적은 없다. 그러나 후자들이 문화의 문제를 당면한 사회현실의 중요한 과제로 설정했으되 경직된 방법에 기울어졌다면, 트로츠키는 적어도 문제설정과 방법론에서는 제대로 침로를 잡았던 것으로 보인다. 1920년대의 '이상한 나날들'에 썼던 '지적 유희나 도락'에 가깝게 보이던 각종 기고문들은 온전히 문화영역에서의 계급투쟁에 해당되는 내용들이었기 때문이다.

「작은 것에 유의하라!」(1921년 10월 1일), 「붉은 군대에서의 '너'와 '당신'」(1922년 7월 18일), 「문화적인 말씨를 위한 투쟁」(1923년 5월 15일), 「정치만으로는 살 수 없다」(7월 10일), 「습관과 관습」(7월 11일), 「보드카, 교회, 영화」(7월 12일), 「낡은 가족과 새로운 가족」(7월 13일), 「가족과 의례」(7월 14일), 「진보적이고 반동적인 관료주의에 반대하여」(8월 6일), 「어떻게 시작할 것인가」(8월 8일), 「작은 것과 큰 것」(10월 16일) 등을 대표적으로 꼽을 수 있는 『일상생활의 문제들』은 트로츠키의 추종자들이나 반대자들 모두를 충분히 의아하게 만들었을 정도로 '사소한' 문제들을 다루고 있다. 이 시기의 글들을 범박하게 '문화'라는 용어로 통칭하는 사정도 그래서일 것이다. 일상의 자질구레한 요소들에 관심을 집중하고 거기에 시간과 정력을 할애하는 것은 아무래도 '비정치적'으로 여겨질 수밖에 없다. 아니, 적어도 급박한 정치현실에서 혁명과 정치의 전면에 서 있던 사람이 진력할 만한 영역은 아니라고 치부되었다. 하지만 트로츠키가 몰두했던 문화의 문제들, 일상생활에 대한 논제들은 정말 정치와 무관하거나, 사소하기만 한 것들일까? 오히려 우리는 그것들을 이해할 만한 고리를 찾지 못한 게 아닐까?

『일상생활의 문제들』에 실린 글들이 어떤 내용인가는 중요하지 않다. 내용에 대해서라면 그저 제목을 한번 일별해 보아도 충분히 알 수 있고, 겉보기에 그것들은 일상에 대한 교화적 관점에서나 읽힐 만한 매우 따분한 방안들로 채워져 있다. 그러므로 우리는 이 글들이 실제로 무엇을 작동시키고자 했는가에 대해 촉수를 곤두세워야 한다. 트로츠키가 대결하려 했던 것은 일상을 변화에 저항하도록 단단히 정박시키는 습관과 관습이다. 습속의 타파는 레닌이 지적했던 삶의 구태에만 국한되지 않는다. 가시적으로 드러나는 관례들뿐만 아니라 그것들을 지탱시키는 힘, 보이지 않고 언표되지 않는 가운데 고집스레 잔존하는 힘을 찾아내 분석하고 해소하는 것이 진정한 문제였다. 다시 말해, 오래된 관습과 의례, 습관과 태도를 사람들이 고수하도록 만드는 충동과 욕망, 무의식이야말로 트로츠키가 싸워야 했던 대상이다. 비록 그의 언어는 명백히 '이성적 판단'

과 '의식의 각성'을 운위하고 있으나, 그가 곳곳에서 '무의식적으로' 노출시키는 쟁점은 이성과 의식이 승리하기 위해서는 우선적으로 삶에 고착된 개인과 집단의 심리, 인간 의식의 이면에 대한 검토와 그 변화가 선행되어야 한다는 점이다.

둔감한 동물성과 지고한 혁명적 이상이 사회적으로 대립되는 데 덧붙여, 우리는 한 사람의 정신에서도 그와 유사한 심리학적 대립을 목격한다. 가령 대의에 복무하는 건전한 공산주의자라 할지라도 여성은 그에게 단지 '암컷'일 뿐이며 여하한의 경우에도 진지한 취급을 받지 못하곤 한다. 혹은, 믿음직스런 공산주의자일지라도 민족적 문제에 관해 논쟁이 벌어질라치면 그는 절망적인 반동가로 밝혀지는 일이 종종 생겨나는 것이다. 인간 의식의 상이한 부분들이 동시적이고 평행적으로 변화하고 발전하는 것이 아님을 우리는 기억하고 이해해야 한다. 그 과정에는 어떤 경제학이 작동한다. 인간의 심리는 본성적으로 매우 보수적이며, 필요와 삶의 압박에 따른 변화는 무엇보다도 먼저 개개의 사안마다 직접 연관된 그 부분들에 영향을 미친다. [⋯] 학교교육과 독서만으로는 해소되지 않는 대단히 복합적인 문제가 있다. 모순과 심리적 비일관성의 뿌리는 사람들이 살아가는 조건들과 혼란에 있다. 결국 심리는 삶에 의해 결정된다. 하지만 그러한 의존은 순전히 기계론적이거나 자동적이지 않다. 그것은 능동적이며 상호적이다. 따라서 문제는 매우 다양한 방식으로 접근되어야 한다.[49]

---

49 Leon Trotsky, *Problems of Everyday Life*, Pathfinder, 1973, pp. 54~55. 이 책은 *Voprosy byta*[『일상생활의 문제들』(1923)]의 불완전한 영역본이다.

삶의 비일관성과 비합리주의의 강고한 토대로서의 심리는 다름 아닌 무의식이다. 일상생활이 물리적 강제와 폭력에 의해서도 쉽게 변하지 않는 까닭은 그 밑바닥에 무의식이라는 깊은 심연이 있기 때문이다. 과연 트로츠키는 어떤 입장을 갖고 있었을까?

3-2. 정신분석, 환상인가 과학인가?

레닌이 정신분석에 대해 불편한 입장을 취했다는 이야기는 잘 알려져 있다.[50] 반면 트로츠키는 정신분석에 여러모로 호의적이었으며, 소비에트-러시아에서 정신분석의 흥망성쇠는 트로츠키 개인의 부침과 깊이 관련되어 있다.

1920년대 러시아에서 정신분석운동은 활기를 띠며 무수한 이론적·실천적 생산물들을 만들고 있었으나,[51] 다른 한편으로 부르주아 관념론이라는 혐의로부터도 자유롭지 않았고, 공적인 문제에서 적극적인 지지 표명을 하기는 더더욱 쉽지 않았다. 그런 점에서 확실히 트로츠키는 예외적이었다. 예컨대 『일상생활의 문제들』을 집필했을 당시 그가 몰두하던 작업목록에는 파블로프 학파와 프로이트주의 사이의 논쟁에 대한 개입이 포함되어 있었다.[52] 파블로프의 조건반사이론은 당시 학계와 정권을 통해 맑스주의적 유물론의 일환으로 인정된 '공식 과학'의 지위에 올라 있었다. 이런 상황에서 정신분석을 조건반사이론과 연관짓는 일은 대단한 주의를 요구하는 모험이 아닐 수 없었다. 더구나 파블로프는 정신

---

50 Martin Miller, *Freud and the Bolsheviks*, Yale University Press, 1998, pp. 84~87.

51 최진석, 『민중과 그로테스크의 문화정치학』, 158~165쪽.

52 도이처, 『비무장의 예언자 트로츠키. 1921-1929』, 250쪽.

분석을 탐탁지 않게 여기던 사람이었다. 하지만 트로츠키는 파블로프에게 보낸 1923년 9월 27일자 공개서한에서 양자 간의 유사점에 대한 자신의 관점을 강력히 피력한 바 있다.

> 프로이트의 정신분석 이론과 조건반사 이론 사이에는 상호관계가 있다고 보입니다. 제가 빈에 체류할 때 프로이트주의자들과 다분히 가까운 관계를 가지면서 그들의 논문을 읽기도 하고 심지어 회합에도 참여한 적이 있었죠. 심리학의 문제에 대한 그들의 접근방식을 볼 때마다 항상 드는 생각은 정신현상에 대한 소소한 분석이 생리학적 실재론과 결합될 수 있다는 점이었습니다. 본질적으로 정신분석 학설은 심리적 과정이 생리학적 과정에 복잡하게 기반해 있으며, 생리학에 대해 정신분석이 기여할 수 있다는 사실에 근거합니다. […] 조건반사에 대한 당신의 학설은 프로이트의 이론을 부분적으로 포함한다고 보입니다. 프로이트 학파가 애호하는 영역인 성적 에너지의 승화란 조건반사의 성적 토대 위에 하나나 둘을 덧붙여 구축된 것이지요.[53]

트로츠키가 정신분석에 전적인 찬동과 지지만을 보냈다고 보기는 어렵다. 오히려 그의 입장은 다분히 유보적인 데가 있으며, 부르주아 대중 사이에서 유행하는 '사이비 프로이트주의'에의 탐닉으로부터 필요한 부분을 지켜내자는 방어적 면모가 두드러진다.[54] 그러나 맑스주의와 정

---

53 Lev Trotsky, *Problemy kul'tury. Kul'tura perekhodnogo perioda* [『문화의 문제들. 이행기의 문화』(1927)], Kniga po Trebovaniyu, 2012, p. 176.
54 도이처, 『비무장의 예언자 트로츠키. 1921-1929』, 251쪽.

신분석 사이에 교섭 불가능한 단절을 만들어 배제하는 태도야말로 비과학적인 우愚에 해당된다는 게 그의 확고한 입장이었다.

> 정신분석과 맑스주의가 '양립 불가능하다'고 등돌려 버리는 태도는 너무 단순하거나, 차라리 우둔하다. 그러나 여하한의 경우에도 우리가 프로이트주의를 양자로 삼아야 할 의무도 없다. 다만 프로이트주의는 효과적으로 작동하는 가설로서, 의심할 여지 없이 유물론적 심리학과 동렬의 결론과 추론을 만들어 낼 수 있고, 실제로 만들어 낸다. 언젠가 실험적인 방법을 통해 검증할 시간이 올 것이다. 하지만 예상할 만한 결론이 나올 법하지 않다고 해도, 우리는 그것을 금지할 만한 근거나 권리를 갖고 있지 않다. 비록 그 실험이 매우 느린 속도로 진행되더라도 말이다.[55]

그렇다면 트로츠키에게 정신분석은 단지 이행기의 과학이었을까? 그럴 수도 있고 아닐 수도 있다. 먼저 그럴 수 있다고 말하는 이유는, '과학'의 지위를 누리던 파블로프의 조건반사이론과 정신분석이 상이한 방법론을 취하기 때문이다. 즉, 전자가 낮은 단계에서 높은 단계로 실증적 매개를 통한 점진적인 진전을 취하는 반면, 후자는 도약을 통해 질적으로 상이한 단계로 나아감으로써 인간사회의 설명 불가능한 영역들을 드러내고자 한다.

다른 방식으로 빈에 위치한 프로이트의 정신분석 학파에 접근해 보자.

---

55 Trotsky, *Problemy kul'tury. Kul'tura perekhodnogo perioda*, p. 289.

이 학파는 복잡하고 정교한 심리적 과정의 운동력은 다름 아닌 생리적 요구에 따른 것이란 데서 출발했다. 이러한 일반적 의미에서 정신분석 학파는 유물론적이다. […] 그러나 정신분석가는 의식의 문제에 대해 낮은 차원의 현상에서 높은 차원으로, 혹은 단순한 반사에서 복잡한 반사로 향하듯 실험적으로 접근하지 않는다. 대신 그는 이 모든 매개적 단계를 단 한 번의 도약으로 성취하고자 한다. 위에서 아래로, 종교적 신화와 서정시 또는 꿈의 해석으로부터 곧장 심리의 생리적 기저로 건너뛰는 것이다.

관념론자들은 심리가 자립적이며, '정신'은 바닥 없는 우물이라고 가르친다. 파블로프와 프로이트는 '정신'의 바닥은 생리학이라 간주하고 있다. 하지만 파블로프는 마치 잠수부처럼 바닥으로 내려가 아래서부터 위로 꼼꼼하게 우물을 탐구한다. 반면 프로이트는 우물가에 서서 어지럽게 변화하는 우물물을 통찰력 있는 시선으로 바라보면서 바닥의 특징을 추측하고자 하는 것이다. 파블로프의 방법은 실험적이고, 프로이트는 추론적이며 이따금 환상적이다.[56]

정신분석의 '도약'은 '환상적'으로 보이지만 실증적 실험과학이 제공하지 못하는 설명력과 이론적 가설을 제시한다. 트로츠키가 이를 해명하기 위해 신화나 시, 꿈을 예거한 것은 표나게 특징적이다. 이 영역들이야말로 생산력과 생산관계의 '과학적' 진화를 벗어나는 공식적 이데올로기의 '외부'가 아닌가?[57] 어쩌면 트로츠키가 과학의 조건으로 제시했던

56 Trotsky, *Problemy kul'tury. Kul'tura perekhodnogo perioda*, pp. 288~289.
57 마르크스, 『정치경제학 비판을 위하여』, 김호균 옮김, 중원문화, 1988, 234~235쪽.

'이행'이란 바로 이런 '도약'을 포함하는 변증법적 전화, 역설의 논리가 아니었을까? 그렇다면 이런 도약의 근거로서, 정신분석가가 통찰력을 발휘하며 바라보고자 했던 것, '우물의 바닥'은 무엇일까? 두말할 나위 없이 무의식이다. 정신분석에 대한 트로츠키의 옹호는 그것이 과학적이어서가 아니라, 바로 소비에트의 공식적 과학이 보지 못하고 공식적 이데올로기가 부정하고자 했던 무의식을 문제화했기 때문이다.[58]

3-3. 무의식, 혁명과 정치의 동력학

스탈린에 의해 추방당한 후 세계 곳곳을 유랑해야 했던 트로츠키는 역설적으로 연구와 독서, 저술을 위한 더 많은 시간을 확보할 수 있었다. 특히 당내 권력투쟁에서 '해방된' 그는 왕성한 집필활동을 통해 현장정치의 결여를 보충했는데, 소련 바깥에서 그의 사상의 폭과 깊이가 더욱 심화되었다고 보아도 틀리지 않을 듯하다. 정신분석과 무의식에 대한 그의 입장도 이때 더욱 급진적으로 표명된다. 1933~35년 사이에 작성된 그의 노트에는 다음과 같은 진술이 나온다.

> 정신의학(즉 프로이트의 '정신분석')이라는 하나의 온전한 학파가 있으며, 이 학파가 심리현상 자체의 내적 결정주의에 입각하여 실제로 생리학을 완전히 추방했다는 사실은 잘 알려져 있다. 그래서 몇몇의 비판자들은 프로이트 학파를 관념론이라 규탄한다. 정신분석가들이 종종 이

---

58 제도화된 정신분석으로부터 무의식을 '구출'해 내고 사회적 동력학의 기초로 사유했던 또 다른 동시대인은 미하일 바흐친이었다. 그는 무의식을 이데올로기와 동일한 역학 속에서 고찰하는 바, '삶의 이데올로기' 또는 '비공식적 의식'은 혁명적 변형의 진정한 동력인 무의식을 가리킨다. 최진석, 『민중과 그로테스크의 문화정치학』, 196~202쪽.

원론과 관념론, 신비화에 경도되는 것도 사실이다. […] 내가 알기로 이 것은 사실이다. 그러나 정신분석의 방법 자체만을 따져 본다면, 심리현 상의 '자율성'을 그 출발점으로 삼기에 유물론과 전혀 모순적이지 않다. 그와 정반대로, 심리가 자율적으로 운동하지 않는 한, 즉 어떤 한계를 가지면서 개체적이고 종적인 삶에서 독립적 역할을 맡지 않고는 형성 될 수조차 없다는 생각을 하게 하는 한, 정신분석은 정확히 변증법적 유 물론이라 할 만하다.

아무튼 우리는 여기서 어떤 결절점에 도달하는데, 그것은 양에서 질로 서 전화, 점진적 과정에서의 단절이라 부를 만한 것이다. 물질로부터 생 겨난 심리는 물질의 결정론으로부터 '자유로우며', 그래서 그 자체의 법 칙을 갖고서 물질에 독립적인 영향을 끼치게 된다.

원인과 결과의 변증법, 토대와 상부구조의 변증법이 우리에게 더 이상 새롭지 않음은 사실이다. 경제에서 자라난 정치는 상부구조의 전환에 의해 역으로 토대에 영향을 끼치게 된다. 그러나 여기서 실재적인 것은 바로 상호관계이다. 왜냐면 두 심급 모두에서 살아 있는 대중들의 행위 가 포함되기 때문이다. 하나의 심급에서 대중은 생산을 위해 집단을 이 루지만, 다른 심급에서는 동일한 생산의 요구가 내는 억압으로 인해 정 치적으로 집단을 이루고 정치의 전환을 위해 자신들의 생산집단화에 따라 행동한다.

우리가 두뇌에 대한 해부학과 생리학으로부터 지적 행위로 이행할 때, '토대'와 '상부구조'의 상호관계는 비교할 수 없이 복잡해진다.

이원론자들은 세계를 물질과 의식이라는 독립적인 실체들로 구별한다. 그렇다면 무의식을 갖고 우리는 무엇을 할 것인가?[59]

이 노트는 정신분석이라는 한 분과영역에 대한 단상이 아니다. 여기엔 변증법과 유물론에 대한 맑스주의자의 심오한 통찰이 반영되어 있으며, 이 테두리 안에서 트로츠키는 정신분석을 변증법적 유물론, 즉 '과학'으로서 정확히 자리매김하고 있다.

우선 그는 심리의 자율성을 인정한다. 심리란 이때 토대에서 자라났으되 토대에 기계적으로 종속되지 않는 영역, 상부구조의 독자적 근거를 가리킨다. 알다시피 상부구조는 사회의 정치적·법적·종교적·예술적·철학적 견해들과 그에 상응하는 정치적이고 법적이며 기타 다양한 제도들을 지칭한다. 라캉의 표현을 빌린다면 상부구조의 다양한 요소들은 상징계에 속해 있다. 그러나 이렇게 상부구조를 정의한다면, 그것은 토대로부터의 자율적 요소가 극소화되며 토대로부터 일방적인 영향관계에 놓일 수밖에 없게 된다. 심리에 대해 말하자면, 그것은 사회의 경제적 토대에 의해 강제적이고 일의적으로 형성 가능한 대상으로 남게 된다. 스탈린의 문화혁명에서 새로운 인간은 바로 이 원리로부터 형성되었던 것이다. 일종의 사회공학적 관점에서 토대-상부구조의 관계를 엄격히 적용한다면, 스탈린주의는 '합리화'되지 않을 이유가 없다.

물론 그것은 정치적 함정이다. 비록 굴절의 방식으로라도 토대를 속속들이 반영하는 상부구조는 투명하고 기계적인 정합성에 의해 표상된다. 스탈린은 1950년 언어학자들의 논쟁과정에 개입하면서 이 논리를 교묘히 적용해 자신의 이론을 설파했는데, 그에 따르면 양질전화와 같은 폭발적 전화의 과정은 서로 다른 계급적 토대에 기반한 분열된 사회에

---

59 Leon Trotsky, *Trotsky's Notebooks, 1933-1935*, P. Pomper(ed. & trans.), Columbia University Press, 1998, pp. 106~107.

서는 일어날 수 있어도, 하나의 단일한 계급으로 통일된 사회에서는 발생하지 않는다는 것이다. 후자의 경우, 급격한 폭발과 단절, 곧 혁명은 사실상 불가능하다. 현실적인 것은 새로운 질을 점진적으로 축적하여 낡은 질의 요소를 제거하고 새로운 질로 대체하는 것뿐이다.[60] 토대는 상부구조를 단단히 결박하고 있으므로 쉽게 변이가 일어날 수 없고, 상부구조는 빈틈없이 토대를 반영하므로 예외가 생겨나지 않는다. 클리나멘, 곧 이탈의 선이 없기에 어떠한 갈등도 생기지 않는다(무오류 이론). 그 결과, 대단히 정적이고 불변적인 사회가 도래한다. 여기에서는 사회혁명과 정치혁명, 민중혁명의 그 어떤 잠재성도 찾아볼 수 없다.

정신분석은 너무나도 투명해서 낱낱의 모세혈관까지도 셀 수 있는 심리를 가정하지 않는다. 무의식이란 불투명하기에 그 안에 무엇이 있는지 모르고, 어떻게 작동할지 예측할 수 없는 의식의 타자, 그 외부다. 비록 프로이트가 관념론과 신비주의라는 부르주아적 영향관계에 놓여 있긴 했으나, 트로츠키는 실재하는 힘으로서 무의식을 발견했던 정신분석의 공로를 인정한다. 오직 무의식이 있다고 가정할 때만 사회의 격동과 변혁, 혁명도 전망할 수 있다. 같은 의미에서 양질전화라는 맑스주의 변증법도 무의식의 이러한 변형적 힘(능력)을 전제해야 작동할 수 있는 사건이다. 따라서 현존하는 질서를 전복시키고 '새로운' 세계와 '새로운' 인간의 형성을 바라보기 위해서는 무의식이라는 불투명하며 불가능한 심리의 토대, 그 기저를 염두에 두지 않을 수 없다.[61]

---

60 Iosif Stalin, "Marksizm i voprosy jazykoznanija", *Sochinenija*[「맑스주의와 언어학의 문제들」(1950), 『저작집 제16권』], Tom. 16, Pisatel', 1997, pp. 119~120.

무의식의, [비규정적인, 자연생장적인―인용자] 힘의, 대지의 하부에 있는 가장 깊고 어두운 구석에 인간의 본성이 숨어 있다. 탐구하는 사유와 창조적 주도권의 막대한 열성이 이로부터 나오게 될 것이란 점은 자명하지 않은가? 인간이 신과 차르와 자본 앞에 네 발로 기는 것을 멈춘 것은 단지 유전과 성적 도태의 맹목적 법칙 앞에 겸손히 복종하기 위해서는 아니었을 터이다.[62]

트로츠키가 무의식의 실재성을 역설하고 이에 대해 글을 쓴 것은 단지 인간본성에 관한 사변적 이론을 늘어놓기 위한 게 아니었다. 무의식은 정치적 용법 속에서 그것의 현실적 동력학을 구축한다. 혁명이라는 사건은 무의식이 현실과 만나서 폭발하고 토대와 상부구조의 (그 자체로 상징적 질서인) 이론을 찢어 놓고 재구성하는 사건에 다름 아니다.

맑스주의는 스스로를 무의식적인 역사 과정의 의식적 표현으로 간주하고 있다. 그러나 심리학적인 의미에서가 아니라 역사철학적인 의미에서의 '무의식적' 과정이 그 의식적 표현과 일치하는 것은, 그것이 절정에 이르렀을 때, 즉 대중이 순전히 자연발생적인 압력에 의해 사회적 인습의 문을 때려 부수고 역사발전의 가장 깊은 요구에 승리의 표현을 부

---

61 새로운 사회의 구성과 인간의 변형은 리비도의 에로스적 투여 없이는 불가능하다. 인간과 사회의 재변형이 근대적 인과율에 의해서는 본질적으로 불가능한 이유가 여기에 있다. 트로츠키는 에로스와 혁명의 관계에 대해 어느 정도 직감하고 있었기에 다른 볼셰비키들과는 차별적인 '특이한' 인물이었다. Alexander Etkind, *Eros of the Impossible*, trans. by Noah & Maria Rubins, Westview Press, 1997.

62 Lev Trotsky, *Literatura i revoljutsija*[『문학과 혁명』(1923)], Izdatel'stvo politicheskoj literatury, 1991, p. 196.

여할 때뿐이다. 이런 순간에는 시대의 최고의 이론적 의식이 이론과 가장 거리가 먼 최저변의 피억압 대중의 직접적인 행동과 융합한다. 의식과 무의식적인 것의 이런 창조적인 결합이 바로 보통 영감이라 불리는 것이다. 혁명은 영감을 받은 역사의 광기이다.

진짜 저술가라면 누구나 자신보다 강한 다른 누군가가 자신의 손을 인도하는 듯한 창조의 순간을 알고 있다. 또한 진짜 웅변가라면 누구나 평소의 자기 자신보다 강한 뭔가가 자신의 입을 이용해 말하는 순간을 경험한다. 이것이 '영감'이다. 그것은 온 힘이 다 기울여진 최고의 창조적인 노력에서 태어난다. 무의식적인 것이 깊은 우물 속에서 솟아올라 의식적인 정신을 자신의 의지에 종속시키고, 그것을 어떤 보다 큰 종합 속에서 자신과 융합시킨다.[63]

4. 문화혁명, 혹은 어떻게 인간을 바꿀 것인가?

트로츠키의 개인적 이력에서 알 수 있듯, 그는 실제로 정책적 과제로서 문화혁명을 주장한 적도 없고 추진할 수도 없었다. 하지만 스탈린과의 권력투쟁이 심화되던 1920년대에 그가 몰두했던 문제는 일상생활을 어떻게 새로이 조형할 것인가에 모아져 있었는데, 이는 문화와 일상이 포괄하는 개인과 집단의 습관과 습성, 관습 및 의례에 대한 것이었고, 이는 개별 신체의 조형과 함께 더욱 넓은 범위에서 사회적 삶의 형식을 새롭게 창안하는 방식이었다. 이는 무엇보다도 먼저 전제주의 시대 이래로 암묵적이고 견고하게 지속되었던 민중의 일상을 관찰하고, 그것이 엄존

---

63 레온 트로츠키, 『나의 생애 (상)』, 박광순 옮김, 범우사, 2001, 76쪽.

하는 현실을 인정하는 데서 출발해야 한다. 혁명은 국가를 전복함으로써 낡은 사회를 새롭게 변형시키고자 했으나, 그 구성원들을 바꾸기엔 아직 역부족이라는 사실을 먼저 절감할 필요가 있다.

일상에 대한 연구가 특별히 표명해 주는 사실은, 개인은 어떤 정도까지는 그 자신의 창조자가 아니라 환경의 산물이라는 점이다. 일상생활, 즉 삶의 조건과 관습은 경제학보다 더 강력하게 "인간의 등 뒤에서 진화한다." 맑스의 말이다. 습관과 관습의 영역에서 이루어진 의식적인 창안이란 인간 역사에서 아주 미소한 부분만을 차지했을 따름이다. 관습은 인간의 기초적 경험들이 축적된 결과이며, 기술적 진보의 압력이나 혁명적 투쟁에서 나타난 우연한 자극을 받을 때만 아주 초보적인 방식으로 변형되곤 했다.[64] 대체로 그것은 현재의 인간사회보다 과거의 인간사회에 대해 더 많은 것을 알려 주는 것이다.

우리 프롤레타리아트는 젊으며 조상 따위는 갖고 있지 않다. 그것은 최근 십년래 등장했고, 대부분 도시민과 주로 농민층으로부터 배태된 계급이다. 그래서 우리 프롤레타리아트의 삶은 그 사회적 기원을 선명히 보여 준다. 글렙 우스펜스키의 소설 『라스테랴예프 거리의 풍속(도덕)』 (1866)을 환기시키는 것으로도 충분하다. 지난 사반세기 동안 툴라의

---

64 시간의 지체라는 주제는 나중에 트로츠키가 『러시아 혁명사』(1930)를 집필하면서 전제했던 역사의 특수한 법칙이다. Leon Trotsky, *The Russian Revolution*, Doubleday Anchor Books, 1959, pp. 3~4. 이른바 '불균등결합발전론'으로 알려진 이 현상은 선진국과 후진국 사이의 경제적 발전과 사회적 발전의 차이를 설명하는 데 동원되지만, 한 국가 내에서 벌어진 물질적 발전과 정신적(심리적) 발전 사이의 거리를 논의하는 데에도 적절할 듯하다.

노동자로 살아온 라스테랴예프 가문의 특징은 무엇인가? 그들은 모두 도시민이거나 농민들로서 독립에 대한 희망을 상실한 자들이며 무지몽매한 소부르주아와 극빈층이 뒤섞여 형성된 자들이다. […] 그들의 가정 생활에서 남편과 아내, 부모와 자식의 관계는 전체 세계와 완전히 단절되어 있다. 라스테랴예프식 풍조가 단단히 뿌리내린 것이다. […] 일반 노동자들 및 공산주의자들의 생활, 그리고 그들 사이에 그어진 평행선은 엄청난 관찰과 연구, 실천적 적용의 장을 던져 주고 있다![65]

강고한 일상의 타성은 과거를 유지시키는 힘일 뿐만 아니라, 새로운 변형을 저지하는 가장 강력한 뿌리이다. 새로운 사회의 건설은 새로운 인간유형을 자동적으로 산출할 것이라는 순진한 믿음은 시간의 지체라는 무시무시한 법칙을 간과한 오류일 뿐이다. 노동자와 농민, 공산주의자들은 그들의 전통적 습속을 잘 벗어나지 못하며, 이는 일상을 구성하는 최소 단위인 가족관계에서 여실히 입증된다. 노동자들이 보드카에 중독돼 살고, 갖가지 유흥과 폭력, 무질서에 젖어 있는 것은 공산주의의 논리가 부족해서가 아니라 일상생활의 습속(도덕)이 너무나도 강하기 때문이다. 민중은 오랜 세월 동안 신체와 무의식에 각인된 타성과 의례를 내버릴 마음이 추호도 없다.

관습은 의례를 버리느니 차라리 국가를 버릴 것이다. 노동계급의 가족적 삶은 너무나 단조롭고, 그 단조로움은 신경체계를 닳아 없애 버릴 것이다. 세계 전체를 비추는 작은 플라스크병인 알코올에 대한 욕망이 생

---

65 Trotsky, *Problems of Everyday Life*, pp. 25~26.

겨나는 것은 이 때문이다. 교회와 그 의례에 대한 욕망이 생기는 것도 그래서이다. 결혼을 어떻게 축하해 줄 것이며, 가족에서 아이의 출생은 또 어떻게 축하해 줄 것인가? 사랑하는 이의 죽음에 대해 어떻게 애도할 것인가? 교회의 의례는 생의 주기를 따라 삶의 주요한 이정표들을 표시하고 장식하려는 필요에서 생겨났다.[66]

문화, 또는 습속으로서의 일상을 이끄는 힘은 무의식적 추동이자 가시화되지 않는 코나투스이다. 두 차례의 문화혁명이 보여 주는 것처럼 그것은 인위적으로 조형되지 않는 영역들이지만, 또한 동시에 정치적으로 표지되고 분석되며, 종합해야 할 무의식의 영토이다. 만약, 새로운 사회의 기반 위에서 진정 새로운 인간을 형성하고자 한다면, 문화와 일상, 습관의 영역, 즉 무의식에 대한 개입은 필수불가결하다.[67] 이를 제대로 직시하지 못하는 문화정치학의 기획은 공상에 불과하다. 완전히는 아니지만, 트로츠키는 이 점을 직감하고 있었고, 글쓰기를 통해 뚜렷이 제시하고자 했다. 이것이 그의 '이상한 나날들'을 생겨나게 한 배경이다. 그렇다면 새로운 문화혁명을 노정하는 문화정치학의 구체적인 방법은 무엇인가?

트로츠키는 토대의 전복이 곧장 상부구조의 변형을 수반하지 않음을 잘 알고 있었다. 사실 이런 주장은 당시로서는 맑스주의의 일반적 교

---

66 Trotsky, *Problems of Everyday Life*, p. 44.
67 "보편성에 맞서는 우리의 '생활세계', 즉 구체적인 민족적 실체는 습관으로 이루어져 있다. 그런데 습관이란 무엇인가? [⋯] 어떤 사회의 습관에 대해 안다는 것은 그 사회가 가진 규칙에 대한 규칙을 아는 것과 같다." 슬라보예 지젝, 『폭력이란 무엇인가』, 이현우 외 옮김, 난장이, 2011, 221쪽.

의와는 다소 거리가 있는 주장이었다. 후일 스탈린에 의해 보다 명확하게 정식화되지만, 토대와 상부구조 사이의 기계론적 관계는 맑스주의 사회학의 상식으로서 무리 없이 받아들여졌기 때문이다. 그러나 트로츠키는 민중의 일상에 자리잡은 습속의 완고한 저항을 알고 있었기에 이렇게 단언한다.

결국 일상생활의 습관과 관습들은 상부구조이고, 토대는 경제적 생산을 구성한다고 할 수 있다. 경제가 변화를 겪는다면, 여타의 다른 모든 것들은 자동적으로 변화할 것이다. [⋯] 이건 아주 끔찍스런 맑스주의자나 할 소리다. 실상 그것은 현실에 대한 전적인 무지의 소산일 뿐인 것이다.(웃음)

모든 상부구조가 경제적 기초 위에 세워지는 것이고, 누구든 이렇게 생각해야 한다면, 정치에 대해 연구해야 할 아무런 이유가 없을 것이다. 왜냐면 정치 역시 생산의 기초 위에 세워지는 것이기 때문이다. 하지만 요점은 정치에 대한 연구 없이 토대는 변형되지 않는다는 사실이다. 경제적 토대를 변형시키는 수단이 바로 정치인 까닭이다. 일상생활에 대해서도 마찬가지로 말할 수 있으리라. 습관과 관습은 모종의 생산형태의 기초 위에서 조형되지만, 그것들은 경제적 변화보다 지체되는 특징을 갖는다. 우리는 그것들을 혁명의 회초리 없이도 추동하여 이끌어 내야만 한다.[68]

전기적 보고에 따르면 트로츠키는 대의를 위해서라면 현실에 대한

---

68 Trotsky, *Problems of Everyday Life*, p. 305.

폭력적 개입도 마다하지 않았던 인물이다.[69] '혁명적 테러'는 그가 혁명의 곤경을 돌파하기 위해서라면 얼마든지 구사할 수 있는 전략이었다.[70] 하지만 문화정치학에 있어서는 다른 전략을 취해야 했다. 그 자신이 역설했듯, 문화의 변혁은 '장기(지속)적' 과정으로서[71] 절단적인 폭력으로는 달성할 수 없는 심리적 진행을 포함하는 탓이다. 하나의 사례이자 대표적인 문제설정으로서 가족문제는 이렇게 트로츠키의 가장 중요한 작업대상이 된다. 의식적이고 사회적인 활동 이면에 있는 무의식적이고 사적인 활동무대로서 가족은 단단한 보수적 일상의 중핵이었다. 구시대의 대표적인 잔재로서[72] 가족의 내부에는 남성과 여성, 어른과 아이, 자질구레한 구태들이 처리 불가능할 정도로 얽혀 있으며, 정녕 이 문제를 풀지 못하고는 혁명의 성패란 말할 수조차 없는 것이다.[73] 그러나 이조차도 단번에 해결하려고 섣불리 덤벼서는 안 되고, 시간을 두며 천천히 접근해야 한다.

가족관계 및 개인의 삶 일반에 관해 말하자면, 과거로부터 뿌리박힌, 사유의 통제를 통과하지 못한 전통 따위의 낡은 것들이 분해되는 시간은 불가피하다. 가족생활의 영역에서 이러한 비판과 해체의 시간은 나중

---

69 Service, *Trotsky. A Biography*, p. 313.

70 트로츠키, 『테러리즘과 공산주의』, 119~120쪽.

71 Trotsky, *Problems of Everyday Life*, p. 29.

72 Leon Trotsky, *Women and the Family*, Pathfinder, 1986, p. 43.

73 소련에서 축출된 후 집필한 『배반당한 혁명』(1936)에서 트로츠키는 가족문제를 내버려 둔 것이 소련이 퇴행할 수밖에 없었던 가장 큰 원인 중 하나로 지적한다. "문제 중의 문제"로서 가족은 "소련사회의 실제 현실과 지배층의 진화과정을 가장 특징적으로 나타내"는 것이었다. 레온 트로츠키, 『배반당한 혁명』, 김성훈 옮김, 갈무리, 1995, 43쪽.

에야 시작될 것이며, 대단히 오래 지속될 것이다. 병적이고 고통스런 복합적인 형태가 노정될 테지만, 언제나 눈에 띌 정도로 가시적이지는 않을 것이다. 삶 일반과 경제 및 국가상태에서 일어나는 비판적 변화의 진보적 표지를 우리는 잘 관찰할 수 없다는 사실을 명확히 알아야 한다.[74]

미시적 차원에서 문화정치학의 가장 긴요한 역할은 일상의 의례를 발명하는 데 있다. 전제주의 시대에 강요되었던 군주에 대한 감사인사와 신에 대한 기도, 지배층에 대한 복종의 태도와 온갖 미신적 구습들은 '혁명적 폭력'으로 일소되었으나, 민중들은 여전히 무언가에 대해 고마워하고 싶고, 간구하고자 하며, 주어진 시간을 어떻게든 채우며 살아가길 원한다. 그들은 이웃의 결혼을 축하하고, 갓 태어난 아이를 축복하며, 기념할 만한 소재를 갖고 싶어 한다. 요컨대 일상의 의례ritual를 욕망하는 것이다. 혁명이 제공해야 하는 것은 바로 이러한 민중적 욕망을 구현해 줄 문화의 형식이다. 비판하고 내버리는 것으로는 충분치 않을뿐더러, 역효과만 낳게 마련이다. 폐기한 그것을 대체할 무엇인가를 잠정적으로나마 제시하는 것, 보다 공산주의적 사회에 적합하고 공산주의적 인간에 부합하는 사고와 행동의 틀을 조직하는 것이야말로 문화정치학의 임무라고 할 수 있다.

우리는 심리적 조건과 물리적 조건을, 개별적 조건과 일반적인 조건을 분리해야 한다. 심리학적[정신분석적—인용자]으로 말해서 새로운 가족, 새로운 인간관계 일반의 진화는 우리에게 노동계급 문화의 전진과 개

---

74 Trotsky, *Problems of Everyday Life*, pp. 38~39.

인의 발전을 뜻한다. 개인의 외적 필요와 내적 훈련의 표준은 상향될 것이다. 이런 점에서 혁명 그 자체는 거대한 일보전진을 시사하며, 가족해체의 가장 나쁜 현상조차 다만 계급적 각성과 계급 내 개인의 각성을 다소 고통스런 형태로나마 표현하고 있다.[75]

문화혁명은 피상적인 이상적 방안이나 소규모 연구자 집단에서 벌이는 행사 정도로 이해되어서는 안 된다. 그것은 삶의 조건과 노동의 방법, 거대한 국가의 일상생활적 관습 및 국민의 가족생활 전반을 변형시키는 문제이다.[76]

『일상생활의 문제들』과 『문화의 문제들. 이행기의 문화』에서 술을 끊으라든지, 신발끈을 잘 매고 다니라든지, 욕하지 말라든지, 서로 존칭을 쓰라는 등등 '시시콜콜'하게 늘어놓은 간섭조의 발언들은, '원로' 혁명가 트로츠키의 오만이 아니다. 그는 그 정도로 '순박한' 인물은 아니었다. 일견 정치적 패퇴로 보일 수 있는 그토록 '이상한 나날들'에 그는 오히려 혁명을 어떻게 완수할 수 있는지에 대해 집요하게 묻고 답하려 했다. 1917년의 혁명으로 인해 새로운 사회가 출범하자마자 "혁명을 어떻게 완성할 것인가?"라는 질문을 "그 중심을 어떻게 장악할 것인가?"와 재빨리 치환시켰던 경쟁자들에 비하면 다소 '어이없어 보이는' 행보지만, 트로츠키는 자신의 신념과 열정을 추구하는 데 맹목적이길 마다하지 않았다. 어쩌면 그것은 급변하는 정국을 짚어 내지 못한 '실수'나 '어리석음'

---

75 Trotsky, *Problems of Everyday Life*, p. 41.
76 Trotsky, *Problems of Everyday Life*, p. 246.

처럼 보일 수도 있지만, 그 당시의 정세를 면밀히 고찰해 본다면 오히려 심오한 통찰이자 지혜였을지 모른다. 역사는 이성적이기보다는 자주 비합리적인 지체 속에서 느릿한 속도로 흐르게 마련이며, 각각의 정세마다 그에 적합한 처방이 따로 있는 까닭이다.

5. 전인(全人)과 초인, 또는 욕망하는 인간의 정치학

우리는 지금까지 러시아 혁명 이후에 전개된 문화론의 세 가지 양상들을 검토해 보았다. 그 과정에서 우리는 당내 권력투쟁이 한창이던 1920년대 초에 트로츠키가 정치적 투쟁의 현장에서 이탈했던 것은 레닌과 스탈린과는 구별되는 문화정치학적 구상 때문이었음을 확인하게 되었다. 이로써 소비에트-러시아의 역사에는 두 차례의 문화혁명과 한 번의 은폐된 문화정치학이 잠복해 있다고 할 만하다.

　레닌과 스탈린이 주도했던 문화혁명은 새로운 사회에 걸맞은 새로운 인간의 형성을 겨냥한 정치적 운동이었다. 레닌의 경우, 축적된 과거의 유산으로서 부르주아 문화(지식과 기술)를 습득하는 게 주요한 과제였고, 이러한 교육적 목표와 방법에 따를 때 새로운 인간의 형성은 자연스레 이루어지리라 전망되었다. 그러나 레닌은 자신의 적수('습속')가 무엇인지 정확히 알았으되, 결국 그 대결에서 패배했다고 말할 수 있다. 스탈린의 경우, 제1차 5개년계획과 문화혁명은 고도로 상호 규정된 평행적 관계를 맺고 있었고, 어느 정도 '공산주의적 인간'을 대량으로 양산하는데 성공했다고 볼 수 있을지도 모른다('노멘클라투라'). 하지만 그가 기대했던 새로운 인간은 실상 공산주의의 이상적 기획과는 아주 먼 유형의, 예속적 인간에 지나지 않았다. 현실 속에 힘껏 경주되었던 두 번의 문화혁명은 모두 좌절하고 만 셈이다.

어쩌면 이러한 결과는 예상할 만한 것이다. 소비에트 체제는 근본적으로 '근대의 기획'의 한 측면으로서 서방 자유민주주의와 구조상 큰 차이를 빚지 않기 때문이다. 소비에트 체제, 특히 새로운 인간에 대한 기획은 근대 서구사회의 전형적인 인간형성 기획과 상당 부분 일치하는 것이었다.[77] 요컨대 소비에트 체제 역시 근대성의 궤도 위에서 구축된 국민국가적 산물이라면 문화혁명과 그 본원적 축적의 산물인 새로운 인간도 근대인의 전형에서 크게 벗어나기 어렵다.[78] 근대의 기획 하에서 새로운 인간의 창출이란, 들뢰즈와 가타리의 주장대로 욕망할 수 없는 인간, 또는 편집증적으로 단 하나의 욕망만을 추구하고 달려가는 인간이기 때문이다.[79] 그렇다면 무의식에 열렬한 환영을 표시하고 문화와 일상의 변전을 인류사의 근본적인 혁명적 계기로 바라보았던 트로츠키의 입장도 별수 없이 근대성에 포획되어 버리고 말 것인가?

이즈음에서 트로츠키가 예견했던 새로운 인간상이란 과연 어떤 것이었는지 한 번 짚어 보도록 하자. 『문학과 혁명』 제1부의 말미에서 그는 이렇게 주장하고 있다.

---

77 미셸 푸코, 『감시와 처벌』, 오생근 옮김, 나남출판, 2000, 234~235쪽.

78 수전 벅-모스, 『꿈의 세계와 파국. 대중 유토피아의 소멸』, 윤일성 외 옮김, 경성대출판부, 2008, 14쪽.

79 이 점에서 우리는 무의식과 문화정치학에 대한 정신분석적 문제틀에 대해 심각한 의심을 감행할 수 있다. 프로이트적 무의식의 논리는 궁극적으로 이드에 대한 자아의 승리를 노정하고, 그로써 거세된 욕망의 인간을 주조하는 것이기 때문이다. Gilles Deleuze & Félix Guattari, *L'Anti-Oedipe*, Les Édition de Minuit, 1972, pp. 35~37. 트로츠키가 정신분석을 일정 부문 승인했던 것과 맹종하지는 않았던 것, 그리고 동시대의 바흐친 등이 프로이트와는 거리를 두며 독창적으로 무의식을 개념화했던 점을 미루어 볼 때 이러한 의심이 기우일 가능성을 열어 두도록 하자.

인간은 비교할 수 없이 더 강해지고, 더욱 현명하며, 더욱더 섬세하게 될 것이다. 인간의 신체는 더 조화로워지며, 움직임은 보다 더 리듬감 있고, 목소리는 더더욱 음악적이 될 것이다. 또한 일상생활의 형식은 역동적인 연극성을 갖게 될 것이다. 그리하여 평균적 인간의 유형은 아리스토텔레스, 괴테, 맑스의 수준으로 올라서게 되리라. 그 산마루 너머로 다시 새로운 고원들이 솟아오르게 되리라.[80]

미래의 인간, 혹은 새로운 인간에 대한 이와 같은 이상적인 찬사는 단지 문학적 수사가 아니다. 이 인간 유형은 르네상스 시대의 전인全人이나 니체의 잠언에 나타나는 초인Übermensch과 같으면서도 다르다. 어떤 의미에서는 맑스와 엥겔스가 말했던 미래의 공산주의 사회의 인간,[81] 즉 사냥이든 낚시든 비판이든 언제든지 자기가 원하는 대로 다양한 영역의 활동에 종사할 수 있는 인간과 겹쳐지거나, 심지어 그것마저 뛰어넘는 구상을 여기서 발견할 수 있다. 그것은 근대의 평균적 인간상을 넘어서 만인이 각자의 고원을 형성함으로써 자기 자신이 되는 존재에 대한 비전을 보여 주기 때문이다. 이러한 인간의 가장 심오한 자질은 다름 아닌 욕망하는 능력일 것이다. 욕망하는 인간은 기술의 진화와 더불어 변화된 삶의 조건에 맞춰 자신의 욕망을 새롭게 갱신할뿐더러 새로운 욕망마저 창출하는 새로운 존재가 아닐 수 없다. 실상 트로츠키는 이러한 인간형의 탄생을 자기 시대에 이미 목격하였는데, 영화라는 낯선 매체가 사람들에게서 일으킨 새로운 욕망의 모습이 그것이다.

---

80 Trotsky, *Literatura i revoljutsija*, p. 197.
81 Marx & Engels, *The German Ideology*, p. 53.

가장 중요한, 다른 어떤 것보다도 탁월한 무기는 현대의 영화이다. […]
영화에 대한 열정은 오락에 대한 열정에 뿌리내리고 있고, 무언가 그럴
듯한 새로운 것을 보고자 하는 욕망에 근거하며 타인의 불운에 대해 웃
고 울려는 욕망에도 기대어 있다. 영화는 관객들에게 아무것도 요구하
지 않으면서도 가장 직접적이고 시각적이며 회화적인, 생생한 방식으
로 그러한 요구들을 만족시킨다. 심지어 영화는 글을 몰라도 전혀 상관
없다. 바로 이것이 관객들이 영화를 그렇게나 기꺼워하는 까닭이며, 인
상과 감정의 중단 없는 원천으로 여기는 이유다. 이는 사회주의의 교육
적 에너지를 적용하는 데 있어 거대한 광장을 제공해 준다.[82]

타인의 불운이나 문맹에 대한 인습적 조건은 잠시 접어 두자. 보다
중요한 것은 새로운 매체와 접속함으로써 사람들이 갖게 된 이질적인 욕
망의 창출이다.[83] 계급사회의 오랜 질곡 속에 민중은 무조건적 도피를 감
행하거나 소극적 저항의 일환으로서 아무것도 하지 않는 '태만'에 장기
간 노출되어 있었다. 레닌은 그것을 타파하기 위해 강철 같은 노동의 규
율을 요구했고, 스탈린은 당의 강령에 대한 맹종을 명령했다. 어느 쪽이
든 민중 자신으로부터 발원한 욕망의 흐름은 아닐 것이다. 이에 대해 트
로츠키는 자기가 접속하는 대상과 감관을 통해 직접 소통하며, 그럼으로
써 자기에게도 낯선 욕망이 '자연발생적'으로 생성하는 인간을 제시한
다. 그것은 문자의 교시를 넘어서고 규범의 강제로부터도 빗겨나 있는

---

82 Trotsky, *Problems of Everyday Life*, pp. 32~33.
83 맑스와 엥겔스에 따르면 새로운 욕망(Bedurfnisse)의 창출이야말로 최초의 역사적 행위이
며, 본래적 역사에 도달하는 길이다. Marx & Engels, *The German Ideology*, p. 48.

인간 유형이다. 무의식을 경유해 창출되는 이러한 인간에 관한 몽상이야 말로 바로 '이상한 나날들'의 정체가 아니었을까?[84] 그러한 꿈이야말로 어쩌면 진정한 정치의 시간에 값하는 게 아닐까? '일탈'이 아닌 '잠행'의 전략으로서, 그래서 연속혁명을 완수하기 위한 불가결한 지대로서 그 시간들은 요구되었던 것일지 모른다. 그러나 1927년 소비에트 연방에서 축출된 이후, 애석하게도 트로츠키는 자신의 문화정치학적 기획을 더 이상 실험해 볼 수 없었다. 이제 그 바통은 온전히 우리에게 주어져 있다.

---

84 지젝에 따르면 러시아 혁명사에서 트로츠키의 구축은 일종의 원초적 억압에 해당된다. 지젝, 「서문」, 『테러리즘과 공산주의』, 28~29쪽. 그러나 우리는 이 사건을 차라리 욕망하는 인간에 대한 억압으로 읽어 내는 게 나을 듯하다. 익히 아는 바와 같이, 이후 소련의 역사에서 호모 소비에티쿠스(Homo sovieticus)는 욕망할 줄 모르는 인간, 법(규율)에 포획된 존재가 되고 말았기 때문이다.

8장

건축이냐 혁명이냐?

러시아 구축주의의 모험과 역설

1. 르 코르뷔지에와 반(反)혁명의 건축학

자주 회자되지만, 그 맥락은 잘 알려지지 않은 언명들이 있다. 가령 현대 건축이론의 대부라 불리는 르 코르뷔지에가 1923년에 던졌던 질문, "건축이냐 혁명이냐"와 같은 문구가 그렇다. 통념상 의미론적 연관을 떠올리기 어려운 단어짝인 건축과 혁명 사이에서 제기된 이 물음은 실상 하나의 답변을 함축한다. 즉 그것은 "오늘날 깨어져 버린 사회적 안정을 해결할 열쇠는 건축물의 문제에 있다"[1]라는 문장에 첨부된 질문으로서, 전통적 사회관계와 체제 및 제도적 질서가 '모더니즘'으로 대변되는 기계적 현대성으로 대체되는 과정에 대한 일종의 응답이었던 것이다. 특히 이는 근대 유럽의 낡은 질서가 1917년의 러시아 혁명과 같이 파괴적인

---

* 이 글은 2012년 수유너머에서 개최된 국제워크숍 '유체도시를 구축하라!'를 위한 준비세미나 및 수유너머에서 열린 건축예술 관련 공동세미나의 결과를 반영하고 있다. 논문의 설계와 구조, 상세진행 등에 큰 도움을 주신 이진경 선생님께 특히 감사드린다.

충격과 충돌할 위험에 맞서, 어떻게 하면 사회를 급격한 단절 없이 연착륙시킬 수 있을 것인가를 고민한 반反혁명의 기획이기도 했다. 따라서 책의 말미를 "건축이냐 혁명이냐. 혁명은 피할 수 있다"[2]로 끝마친 것은 반혁명으로서의 현대 건축적 기획에 제법 합당한 마무리라 할 법하다.

우리의 흥미를 끄는 지점은, 어떤 식으로 건축이 혁명을 저지하는 방법이 되는가에 관한 르 코르뷔지에, 혹은 현대 건축주의의 이론적 입안점이다. 근대 예술의 한 분과였던 건축은 어떻게 사회혁명에 제동을 걸고 중단시키는 '실천적 무기'가 되는가? 이에 답하려면 "주택은 살기 위한 기계"라는 르 코르뷔지에의 또 다른 언명을 살펴보아야 한다.[3] 여기서 기계machine로서의 주택이란 개별 주택들이 저마다의 개별성을 지닌 채 자연발생적이거나 임의적으로 지어지는 게 아니라, 대량생산 시대에 걸맞은 공정과 생산에 의거해 편의성과 합리성을 충족시키는 방식으로 만들어지는 건축적 구조물이 됨을 뜻한다. 주택은 그 자체로 하나의 기계적 단위가 되고, 주택-기계를 만드는 구성요소들 역시 전체-기계에 결합하거나 분리되는 부분-기계로서 제작되고 활용된다. "주택은 욕조, 태양, 온수, 냉수, 자유로운 난방, 음식의 보존, 위생, 비례를 활용한 아름다움 등을 갖춘 살기 위한 기계다. 의자는 앉기 위한 기계다. 손잡이가 달린 물병은 씻기 위한 기계다."[4]

---

1 르 코르뷔지에, 『건축을 향하여』, 이관석 옮김, 동녘, 2002, 27쪽. 불어판을 참조해 수정하여 인용한다.

2 르 코르뷔지에, 『건축을 향하여』, 283쪽.

3 르 코르뷔지에, 『건축을 향하여』, 25쪽.

4 르 코르뷔지에, 『건축을 향하여』, 114쪽.

들뢰즈와 가타리라면 '일반화된 기계주의'[5]라 불렀을 이러한 생산방식의 목적은, 그러나 건축물의 물리적 축조만을 지시하지 않는다. 오히려 건물이 건축으로서 작동하는 효과에 주목해야 한다. 그것은 생활과 필요뿐만이 아니라 예술로서의 건축적 작업에 상응하는 바, '조형적 감정의 대상'으로서 건축행위를 수행하는 데 있다. 즉 인간의 감각과 욕망을 만족시키는 방식으로 사물을 배치하라는 것. "건축은 건설의 문제 너머에 있는 예술이며 감정의 현상이다. 건설의 목적이 건물을 지탱하는 것이라면, 건축의 목적은 인간을 동요[감동]시키는 데 있다."[6] 건축이 전달하는 감정의 동요는 전통적인 미적 조화harmony로서의 쾌감이 아니다. 평온과 관조를 불러일으키는 미적 가상으로서의 건축은 이미 르네상스 양식에서도 충분히 구현된 바 있다.[7] 차라리 관건은 "세련됨이나 거칢, 분방함이나 평온함, 냉담이나 격동을 분명하게 야기시키는 감응"[8]의 장치로서의 건축이다. 르 코르뷔지에가 단언하듯, 건축은 질료적 속성과 배치를 통해 감각과 욕망을 충족시키는 기계인 것이다.

우리는 이로부터 현대 건축의 두 가지 근본 전략을 추론할 수 있다. 하나는 건축을 사물(신체)-기계의 배치로서 다룬다는 점이다. 곧 건축의 현대적 전략은 인간을 포함한 세계를 기계들의 결합으로 재설정하여, 미적(감각적, aesthetica) 관계의 합리적 구축을 지향한다.[9] 다른 하나는, 그

---

5 Gilles Deleuze & Félix Guattari, *A Thousand Plateaus. Capitalism and Schizophrenia*, trans. B. Massumi, University of Minnesota Press, 2002, p. 256.

6 르 코르뷔지에, 『건축을 향하여』, 37쪽. 또한, "작은 단위가 더해져 필요한 전체를 만든다." 르 코르뷔지에, 『도시계획』, 정성현 옮김, 동녘, 2007, 62쪽.

7 루돌프 위트코워, 『르네상스 건축의 원리』, 이대암 옮김, 대우출판사, 1997, 26쪽.

8 르 코르뷔지에, 『건축을 향하여』, 36쪽.

러한 미적 관계가 감각과 욕망의 만족에 불가분하며, 궁극적으로 정신적 일치를 추구한다는 점이다. "건축은 관계rapports의 문제이며, 이는 '정신의 순수한 창조'이다."[10] 건축이 신체(사물)와 정념(감각과 욕망)의 충족을 통해 새로운 삶을 형성하는 기획임을 이보다도 명확히 표명할 수 있을까? 나아가, 신체와 감각, 욕망에 바탕을 둔 이러한 건축적 기획이 과연 르네상스 이래의 이상과 동일한 것이라 부를 수 있을까?

르 코르뷔지에는 전통적 도시계획이나 건축구조의 혁신을 통해 사회혁명의 거대한 지각변동을 막아내고, 새로운 사회로 연착륙할 수 있다고 믿었던 듯하다. "혁명은 피할 수 있다." 하지만 역으로 생각할 때, 새로운 사회는 그와 같은 건축적 비전을 통해, 곧 사물과 인간의 기계적 배치 및 그로 인한 감각과 욕망의 만족을 통해 열리는 게 아닐까? 건축이 혁명을 회피하는 방법이 아니라, 오히려 혁명을 불러내고 완수하는 급진적인 방법으로서 작용할 수는 없을까? 과연 1924년에 출간된 『도시계획』에는 이와 같은 건축적 혁명의 기획이 반어적 형식으로 기술되어 있다. "우리는 혁명이 일어나는 가운데 혁명을 일으키는 것이 아니다. 문제를 해결해 나가는 과정에서 혁명을 일으킨다."[11] 요컨대 건축은 혁명을 저지할

---

9 르 코르뷔지에, 『건축을 향하여』, 35쪽. 르 코르뷔지에는 수학적 계산의 이성과 인간 정신의 순수성이 건축적 조화의 이념 속에 합치되리라 믿었다. 재미있게도, 그는 이성은 감정과 공통의 근원에 놓여 있다고 확신하고 있었던 듯하다. 즉, 데카르트적 코기토는 감정을 배제하는 게 아니라 포함하며, 그렇게 일체화된 이성과 감정의 능력을 통해서만 현대성이 완수되리라 전망했다. "현대적 감정은 기하학적인 정신, 구성적이고 종합적인 정신이다." 르 코르뷔지에, 『도시계획』, 50쪽. 이성과 기묘하게 접붙은 감정이란 무의식으로 연결되는 통로임을 우리는 곧 확인하게 될 것이다.

10 르 코르뷔지에, 『건축을 향하여』, 37쪽.

11 르 코르뷔지에, 『도시계획』, 306쪽.

수도 있지만, 반대로 혁명의 근본 동력으로 작동할 수도 있다. 혁명이라는 '무질서'를 우회하려던 의도와 달리, 르 코르뷔지에는 사회혁명의 진정한 방법에 대한 심오한 통찰을 안겨다 준 셈이다.

건축이 혁명을 가동시키는 보다 극명한 예화를 우리는 혁명기 러시아의 구축주의적 실험에서 목격할 수 있다. 흔히 1910년대 미래주의 예술운동의 연장선에서 논의되었던 1920년대의 구축주의 실험은 한시적으로 개화했던 '실패한' 문화운동으로 치부되곤 했다. 사회주의 혁명을 예술영역에서 지지하고 그 반대급부로 볼셰비키로부터 제도적 지원을 받으며 성장했으나, 1920년대 후반부터 소비에트 사회를 장악한 스탈린주의로 인해 그 실험적 성격이 축소되어 급기야 소멸했다는 평가가 대표적이다.[12] 개괄적으로는 사실에 부합하는 진술이라 할 수 있지만, 한 걸음 더 나가 보면 이야기는 사뭇 다르게 전개된다. 즉, 구축주의 건축은 단지 예술의 영역에서 일어난 운동으로서 정치적 전환기의 '보조적' 차원에 그친 게 아니라, 사회혁명의 본래적인 방법과 형식으로서 '주동적' 성격을 갖고 있던 것이다. 달리 말해, 건축은 새롭게 건설된 사회의 외양을 장식하는 겉치레도, 위대한 정치적 이념을 전시하는 상징적 배경도 아니었다. 또한 '삶-창조'라는 예술적 이상으로만 구축주의를 평가할 수도 없다. 만일 그렇다면, 구축주의와 1930년대에 공고화된 스탈린주의 양식 사이에서 기능적인 차이를 찾아내기 어려울 것이다.[13] 구축주의 건축운

---

12 이는 러시아 구축주의 운동을 소개하는 연구 일반에서 공통적으로 나타나는 관점이다. Selim O. Khan-Magomedov, *Pioneers of Soviet Architecture. The Search for New Solutions in the 1920s and 1930s*, Rizzoli, 1987, pp. 9~16; Christina Lodder, *Russian Constructivism*, Yale University Press, 1987, pp. 1~5; Aleksandr Lavrent'ev, *Laboratorija konstruktivizma*, Grant, 2000, pp. 8~10.

동이 지향했던 실재적인 효과를 통찰해야 한다. 정치적 보조제나 예술적 이상화가 아닌 방식으로 건축이 혁명을 견인하고자 했던 기능이 문제다.

이 글의 목적은 사회혁명의 문화정치학적 장치로서 구축주의의 이념과 기능을 고찰해 보는 데 있다. 이미 많은 연구자들에 의해 논의된 구축주의의 유파별 구분이나 인물별 활동 등에 대한 상세한 묘사는 생략하도록 한다. 그 대신 우리가 초점을 맞추는 것은 구축주의적 사회혁명의 기획과 그 양상이다. 어떤 점에서 구축주의는 자신의 과업을 혁명의 완결에 있다고 자신했으며, 어떤 방법으로 그것을 추진하려 했는가? 구축주의는 과연 어떤 이유로 실패했는가? 이 질문들에 답하는 과정을 통해 우리는 구축주의의 동학과 실천 전략에 대한 새로운 이해와 평가의 지반을 마련할 수 있을 것이다.

2. 팔랑스테르와 파밀리스테르: 사회혁명적 건축의 전사(前史)

건축을 통해 사회 전반의 변혁적 재구축을 노정했던 대표적 사례를 우리는 19세기의 유토피아적 기획에서 찾아볼 수 있다. 이 기획의 입안자들로는 로버트 오언Robert Owen(1771~1858)과 생 시몽Henri de Saint-Simon(1760~1825), 샤를 푸리에Charles Fourier(1772~1837) 등이 거명되는데, 이들은 후일 엥겔스에 의해 '유토피아적 사회주의'라는 이름으로 비판받은 바 있다.[14] 이로 인해 그들은 '공식적' 공산주의 교의에서는 다소 '허황

---

13 1933년 전 연방 건축가 아카데미가 창건되며 제출한 계획안은 소비에트 건축을 러시아의 '고전주의적' 양식에 따라 새롭게 탈바꿈시키는 것이었다. Nikolaj Kruzhkov, *Vysotnye zdanija v Moskve. Fakty iz istorii proektirovanija i stroitel'stva 1947-1956*, Samara: Izdatel'skij dom, 2007, pp. 16~17.

되고' '몽상적'이며, 심지어 '반동적'으로까지 치부되어 혁명운동의 역사에서는 긴 침묵에 잠겨 있어야 했다. 하지만 이 '유토피아적' 선구자들이 추구했던 것은 근대 부르주아 사회와 자본주의를 넘어서는 새로운 공동체에 대한 대담한 발상과 실험이었다. 그 가운데 지금 우리의 주의를 끄는 것은 건축을 통한 삶의 창조, 곧 건축적 혁명의 기획이다.

19세기의 건축적 전환은 건축 외부의 영역에서 일어난 세 가지 요인들로부터 큰 영향을 받았다. 첫째는 인구의 증가가 야기한 도시화 및 도시계획의 발생이다. 자연적으로 성장한 이전의 도시형태로는 폭증한 인구를 감당할 수 없게 되었고, 거주민을 위한 주택 및 상하수도 시설, 도로건설 등이 맞물린 근대적 도시형태가 착안되어야 했다. 둘째는 산업혁명으로 유발된 공업화다. 18세기부터 시작된 산업혁명의 여파는 1789년 프랑스 대혁명을 거치며 본격화되었고, 이는 노동의 기계화와 생산의 대량화를 촉진하게 된다. 도시 인근 혹은 내부에 대규모 생산단지가 조성되기 시작했으며, 집단화된 노동자들의 작업장 조건과 주거환경이 동시에 사회적 관심의 대상으로 부각되었다. 물론 여기에는 삶과 노동의 질적 향상에 대한 관심 이외에도, 새롭게 등장한 노동계급에 대한 부르주아지의 경계심과 통치전략이 포함되어 있었다.[15] 이 세번째 요인이 도시와 인구, 산업에 대한 복합적인 지배전략으로서 이데올로기의 문제다. 특히 주거단지의 계획과 조성은 단지 거주공간의 확보에 그치는 게 아니라 인구의 효율적인 배치와 통제, 이데올로기적 훈육이 포함되는 건축

---

14 프리드리히 엥겔스, 「유토피아에서 과학으로의 사회주의의 발전」, 『맑스 엥겔스 저작선집 5』, 최인호 외 옮김, 박종철출판사, 1990, 403~475쪽.
15 레오나르도 베네볼로, 『근대도시계획의 기원과 유토피아』, 장성수 외 옮김, 태림문화사, 1996, 19~37쪽.

적 전략에 맞물렸다.[16] 근대 사회에서 건축이란 인구의 신체와 정신을 동시에 포획하여 지배 및 통제하기 위한 국가와 자본의 전략으로서 추구되었던 것이다.[17]

사회주의를 지향하던 사상가들의 건축적 기획은 정확히 그 반대편에서 설정되었다. 근대 유럽의 도시가 산업화와 인구정책, 계급분할의 다양한 부르주아적 전략의 실험장이었던 데 맞서, 오언과 생 시몽, 푸리에 등은 국가와 자본에 의해 통제되지 않는 삶의 양식으로서 새로운 노동과 주거형태를 고안하기 위해 노력했다. 그들은 기계노동으로 대변되는 자본주의 문명의 속박에서 벗어나, 노동자들이 자립적인 삶의 기반을 찾을 수 있는 안정적이고 지속가능한 공동체를 모색하고 있었다. 이는 당대 사회주의의 이상과도 어느 정도 일치하는 기획으로서[18] 대단위의 밀집형 도시형태가 아니라 소단위의 노동 및 생활 공동체의 형태에 가까운 것이었다. 가령 오언의 경우, 평균적으로 1,000명 정도를 수용하는 공동의 주거공동체를 기획하였는데, 이 사변형 공동체paralellogram는 노동자들이 집단적으로 일상과 노동, 여가를 공유할 수 있도록 설계된 최초의 건축적 계획이었다.

흥미롭게도, 오언은 자본주의적 생산을 위해 개발된 기계와는 다른 의미에서 자신이 구상한 사변형 공동체를 '기계'라고 불렀다.[19] 그것은

16 로버트 피시만, 『부르주아 유토피아』, 박영한 외 옮김, 한울, 2000, 제3장; 이진경, 『근대적 주거공간의 탄생』, 그린비, 2007, 제1, 5장.

17 미셸 푸코, 『감시와 처벌』, 오생근 옮김, 나남출판, 2000; 미셸 푸코, 『안전, 영토, 인구』, 오트르망 옮김, 난장, 2011.

18 베네볼로, 『근대도시계획의 기원과 유토피아』, 76~77쪽.

19 베네볼로, 『근대도시계획의 기원과 유토피아』, 85쪽.

사람들이 소외받지 않은 삶을 살아가며 노동의 즐거움을 누리고 안정적으로 세대간 재생산을 할 수 있는 유기적인 시스템을 가리켰으며, 이로써 자본주의 문명과는 다른 차원에서 공동체적 삶을 회복하거나 건설할 수 있으리란 희망을 품을 수 있었다. 르 코르뷔지에의 기계와 비슷하게, 인간의 삶과 노동을 촉진시키고 계발하는 구축물로서 사변형 공동체는 기계machine라 불렸던 것이다. 요컨대, 건축의 목적은 삶과 인간의 변형이었고, 궁극적으로 그것은 사회혁명에 값하는 시도에 다름 아니었다. 비록 오언의 시도는 재정적 이유로 인해 좌절되었으나, 사회구조적 문제를 건축적 기획을 통해 풀어 나가려 했다는 점에서 근대 도시계획의 선구에 있었음을 부인할 수 없다. 무엇보다도 사변형 공동체와 같은 생활 공동체의 건축적 발상은 이후 유사한 사례들을 통해 꾸준히 반복될 만한 전형을 제공했다.

유기적으로 인구집단을 재구성해 새로운 공동체의 원리를 제안했던 생 시몽과 더불어, 푸리에는 실제적인 건축적 기획을 통해 대안적 공동체를 만들고자 했다. 이에 의거해 그가 제시한 팔랑스테르phalanstere는 가족 혹은 개인이 집단적으로 결합된 집합주택의 건축적 형태였다. 이역시 'ㅁ'자 모양의 사변형으로 구축된 건물인데, 핵심은 거주자들이 외따로 분리된 채 생활하지 않도록 세심히 안배되어 있다는 사실이다. 가령 유보랑遊步廊, street-gallery이라 불리는 연결통로는 사시사철 난방과 통풍을 공급하여 사람들이 개별 가구 바깥으로 나와 서로 만나고 담소하고 교류할 수 있도록 설계되었고, 공동의 사무와 여가를 위한 연회장과 집회소, 중정中庭 등은 팔랑스테르의 어디서든 쉽고 빠르게 접근할 수 있도록 배치되었다. 주거용 건축물 인근에는 학교와 강당, 각종 소규모 편의시설을 마련해 생활을 통해 사람들의 교우를 증진시키려 했으며, 도보로 작업장을 왕래할 수 있게 만들어 일과 일상을 결합하는 데 초점을 맞추었다. 한 마디로, 생활과 여가, 노동이 동일한 권역에서 이루어지게 설계함으로써 삶을 유기적으로 연관시키려는 계획이 팔랑스테르였다. 그러나 19세기 초의 유럽은 여전히 보수적인 정서가 팽배해 있었기에 전통적 가족단위를 벗어난 이 실험을 의심스런 눈초리로 바라보았고, 자연히 토지와 건축비용 등에 필요한 충분한 자본을 끌어들일 수가 없었다. 푸리에 생전에 빛을 보지 못한 이 기획은 그의 후예들이 미국으로 건너가 실현하게 된다. 1840~50년 사이 미국에서는 적어도 41개소의 실험적 집단주택이 건설되었던 것이다.

유럽에서 푸리에의 구상을 어느 정도 현실화시킨 것은 장 고댕Jean Godin(1817~1888)의 파밀리스테르familistère였다. 팔랑스테르를 현실적 조건에 맞게 변용시킨 파밀리스테르는 이름 그대로 공동체의 기초 단위를 가족에 둠으로써 전통적 가치관이나 질서에 애착을 갖는 사람들의 반감을 축소시켰다. 그 대신 푸리에가 강조했던 공동성은 증진시키는 방향으로 건축적 초안을 잡아 본래의 이상을 구현하고자 했다. 사업가였던 고댕은 1859년부터 자기 소유의 주철공장 주변에 노동자들을 위한 집합주택을 지었고, 그때부터 점진적으로 구축되었던 파밀리스테르는 1870년에 완공을 보았다. 놀랍게도, 고댕은 1880년에 협동조합을 설립하여 자신의 공장과 파밀리스테르의 경영권 및 관리권을 넘겼으며, 이 조합은 1939년까지 계속되었다고 보고된다.[20] 19세기의 사회주의적 주거모델 가운데 가장 성공적인 사례로 꼽히는 파밀리스테르는, 하지만 사적인 공간과 코뮌적 공간을 병존시킨 타협안으로 실현된 것이었기에 좌우파의 어

---

20 베네볼로, 『근대도시계획의 기원과 유토피아』, 108~109쪽.

느 쪽에서도 좋은 평가를 받지는 못했다. 에밀 졸라와 같은 좌파 성향의 작가들조차 고댕의 시도를 탐탁지 않게 생각했는데, 가족이라는 전통적이고 부르주아적인 형태를 집단적 삶의 기본 요소로 남겨 둔 데 대해 '부르주아적 빌라의 속류화된 판본'이란 비난을 퍼부었다.

고댕의 모델은 1867년 만국박람회에서 은상을 수상할 정도로 획기적이었고 실제로 일정 부분 성공을 거두하고 더 이상 확산되지는 못했다. 왜 그랬을까? 첫째, 파밀리스테르는 그저 주택모델에 불과한 게 아니라 프롤레타리아트와 부르주아지 사이의 계급투쟁의 상징적 전장을 구성하고 있었다. 생활과 노동을 결합한 집단적 주거공동체를 만들기 위한 사회적 조건이 항상 불리한 게 사실이었다. 둘째, 대형 공동주거를 건설하기 위한 토지와 자금이 항상 문제가 되었다. 요행히 고댕과 같이 헌신적인 자본가를 우군으로 두기 전까지 그것은 대개 탁상공론에 머물 수밖에 없었다. 셋째, 동시대의 사회주의자들조차 주거공간의 혁신을 통해 총체적인 사회혁명을 달성할 수 있으리란 기대를 갖지 못했다. 그들은 국가전복과 같이 거시적인 사태만이 세계를 뒤바꿀 수 있다고 믿었고, 도시와 주거를 건축적으로 기획하는 것이 혁명의 근본적 방안이 되리라고는 예상할 수 없었다. 어떤 의미에서 19세기의 혁명가들 대부분은 이데올로그로서 이데올로기의 문제만을 혁명과 연관시켰던 한계에 머물러 있었다.[21]

오언이나 푸리에, 고댕처럼 건축과 사회혁명의 상관성을 깊이 있게

---

21 노동자들의 주거문제에 깊이 있는 관심과 동정을 표명했던 엥겔스조차 주거공간의 문제를 총체적인 사회혁명이 일어나면 저절로 해결될 만한 '부수적' 문제로 치부했다. 베네볼로, 『근대도시계획의 기원과 유토피아』, 212~213쪽.

통찰했던 것은 르 코르뷔지에와 같은 혁신적인 합리주의 건축가였다.[22]
서두에서 살펴보았듯, 실제로 삶을 변형시키는 혁명의 과제는 당파적 이
데올로기에 대한 확신보다 인간의 욕망과 신체, 공간과 건축적 조형에
관한 깊이 있는 이해에 달려 있었던 것이다. 만일 새로운 삶이 새로운 인
간을 만드는 문제와 무관하지 않다면, 새로운 인간은 이데올로기와 의식
의 계몽을 통해서만 생성되진 않는다. 그것은 오히려 무의식과 신체에
대한 훈련을 통해, 그것들을 직조하는 공간의 배치와 건설의 문제와 깊
이 연관되어 있다. 그렇게 건축의 문제는 곧 혁명의 과제와 불가분하게
제기된다.

3. 볼셰비키와 아방가르드: 정치적 전위와 예술적 전위의 시차

여기서 잠시 정치와 예술의 문제로 논점을 돌려 보자. 건축은 예술과 정
치의 이념적 매체이자 방법론으로서 우리 앞에 제기되어 있기 때문이다.
러시아 혁명의 문화적 동학을 연구했던 수전 벅-모스에 따르면, 정치적
전위와 예술적 전위 사이에는 결코 사소하다고 말할 수 없는 차이가 내
재해 있다. 사회 전체의 일대 변혁을 통해 새로운 집단적 삶을 구성하려
한다는 점에서 정치와 예술은 공통적으로 아방가르드, 즉 전위적 지향을
나누어 갖지만, 그것의 추구와 실현, 지속을 위한 시간적 감각이란 점에
서는 크나큰 편차를 포함하고 있으며, 혁명기 러시아 문화운동의 역사는

---

22 르 코르뷔지에는 프랑스에서 '좌파' 건축가로 분류되어 외면당하기도 했으나, 실제로는 무
솔리니 정부나 스탈린 정부의 건축 공모전에 가리지 않고 응모했던 '합리주의' 건축가였다.
데얀 수딕, 『거대건축이라는 욕망』, 안진이 옮김, 작가정신, 2011, 99~101쪽.

이를 잘 실증하는 지표가 된다.[23] 정치와 예술, 그것은 하나이면서도 또한 하나일 수 없는 불일치를 내장하고 있는 두 흐름이다. 어떤 점에서 그런가?

정치적 전위의 목표는 국가권력의 전복과 그로써 야기되는 체제 및 제도의 새로운 건설이다. 우선 전복을 추진하는 과정에서 정치적 전위는 기존 권력의 인과적 시간관념을 교란시키고 와해시키는 데 전력을 기울인다. 원인에서 결과로 '자연스레' 연결되는 사회적 시간에 개입하여 단절을 일으키고, 이를 통해 기성의 사회질서를 뒤엎는 것이다. 하지만 일단 전복이 성공하면 건설의 단계로 넘어가고, 새로운 시간의 질서를 도입하게 된다. 즉 새로운 권력을 수립하고 체제와 제도를 재설정한다는 의미에서 이전과 유사한 시간적 모델을 재건한다. 사회의 규범과 관습, 일상을 조직하는 통상의 질서가 그것이다. 혁명과 질서, 곧 정치적 전위의 능력은 이 두 가지 힘을 사회변혁의 수순에 알맞게 배치하는 데 있을 터이다. '역사화'는 이 공정을 정합적으로 봉인하는 방법이다.[24] 반면 현실의 도약으로 특징지어지는 예술은 인과적 공정을 넘어서는 데서 성립한다. 양식화된 예술제도를 저지하고, 이질적인 발상과 형상화를 통해 '새로움'을 정초하려는 예술은 규범과 모델에 저항한다.[25] 따라서 보수적이고 체제수호적인 정치적 입장과는 전적으로 대립되는 행위가 예술이다.[26] 랑시에르 식으로 말해 예술적 전위가 정치적 전위와 일치하는 순간은 양자가 정치적인 것의 생성에 기여하는 때이며, 분리되는 순간은

---

23 수전 벅-모스, 『꿈의 세계와 파국』, 윤일성 외 옮김, 경성대학교출판부, 2008, 제2부.

24 벅-모스, 『꿈의 세계와 파국』, 66쪽.

25 아방가르드 예술에서 '새로움'의 가치와 전략에 대해서는 Boris Groys, "O novom", *Utopija i obmen*[「새로움에 관하여」, 『유토피아와 교환』], Znak, 1993, pp. 113~244를 보라.

어느 한 편이 치안의 질서에 고착화되어 상대편의 정치화를 방해할 때이다.

1917년의 혁명은 기성의 사회체제와 제도적 규범, 국가장치의 연속성이 일거에 무너지는, 인과성과 선형성이 단절되는 경험이었다. 새로운 사회는 그와 같은 급진적 절단이 없이는 성립할 수 없고, 그래서 시간 감각의 분열과 착종은 불가피한 현상이었을 것이다. 재미있게도, 우리는 혁명이라는 사건의 전후 사정 속에서 정치와 예술의 두 전위가 교차하고 분기하는 장면들을 목도한다. 먼저 혁명을 향해 나아가는 과정에서 정치와 예술은 공통적으로 익숙한 시간의 관념을 뒤흔들고 파괴하려 진력한다. 볼셰비키는 수백 년 이어진 전제주의가 평등을 이상으로 삼는 새로운 사회적 질서로 재편되어야 한다는 것을 투쟁으로써 보여 주었다. 혁명 이전의 미래주의와 아방가르드 역시 이 점에서는 볼셰비키와 대의를 공유했던 바, 아카데미의 낡은 창작지침들, 세계관은 남김없이 혁파되어 새로움을 위해 봉사해야 했다. 하지만 혁명이라는 '사건 이후'는 다르다. 국가를 전복하고 새로이 구축하려던 볼셰비키는 역사의 진행을 완벽히 통제하여 새로운 사회로의 이행을 촉구했지만, 그것은 민중의 일상생활

---

26 서술의 편의상 정치적 전위와 예술적 전위를 구분하였으나, 양자 사이의 본원적인 구별이 가능할까? 랑시에르에 따른다면, 정치냐 예술이냐의 영역적 구분은 부차적일 뿐이다. 오히려 문제는 단절을 통한 새로움을 창출하는가 혹은 창출된 새로움을 규범화하는가에 있을 따름이다. 전자는 정치적인 것(the political)으로서 위계화된 현실을 재분할하고 평등성의 감각을 창출하는 힘이라면, 후자는 치안(police)으로서 현존하는 질서를 수호하고 유지하려는 보수적 경향이다. 자크 랑시에르, 『정치적인 것의 가장자리에서』, 양창렬 옮김, 길, 2013, 112~116쪽. 이 글은 1917년 이후, 혁명적 상황이 종결되고 새로운 사회의 문화가 안착하는 과정에서 볼셰비키 정부와 구축주의 운동 사이의 관계를 설정하고 있기에 편의상 양자를 정치와 예술로 호명했다.

에 지나치게 거대한 단절을 초래하는 방식으로는 달성할 수 없는 것이었다. 대중의 감성구조는 보수적인 측면을 갖기에 혁명적 격변을 겪은 뒤에는 안정을 추구하게 마련이고, 이러한 일상적 감각을 보존하는 가운데 혁명의 결과들을 온전히 이식하는 것이 볼셰비키의 정치공학이었다.

반면, 아방가르드 예술가들은 이러한 인과율적 시간 개념과는 다른 방식의, 역사의 급진적 도약으로 특징지어지는 삶의 창조를 부르짖었다.[27] 그들에게 혁명은 기성의 제도적 시간감각을 넘어서 자신들의 예술의지를 관철시키는 강력한 출로를 제공하는 사건이었다. 제정을 전복시키고 기성 사회의 잔여들을 퇴치하는 데 이 전략은 효과적이었으나, 소비에트 정부가 성립하고 정착하면서 그것은 지극히 위험스러운 모험주의적 발상으로 치부되기에 이른다. 1920년대의 다양한 사회 실험들의 사례가 그러한데, 1925년을 전후하여 스탈린의 1인 집권체제 및 관료제가 공고화되면서 아방가르드적 실천들은 점차 기피되기 시작했고, 예술가들이 당의 공식적 시간관념을 수용하면서 자취를 감추고 말았다. 주지하다시피 그것은 '정상' 사회의 형성과 지속에 동원되는 인과적이고 선형적인 시간감각이다. 벅-모스는 이렇게 말한다.

> 문화적 아방가르드의 '시간'은 전위정당의 시간과 같지 않다. 예술가들의 행위는 인지의 연속성을 방해했고 친숙한 것을 낯설게 만들었으며, 판타지의 힘을 통해서 역사적 전통을 절단해 버렸다. […] 전체 역사의 진행과정을 알고 있다는 볼셰비키의 주장은 혁명의 정치를 이끄는 미래 '과학'이 예술을 주도한다는 단정으로까지 이어졌다. 문화는 조작될

---

27 레나토 포지올리, 『아방가르드 예술론』, 박상진 옮김, 문예출판사, 1996, 제1장.

수 있는 것이었다. 문화생산물은 진보의 시각적 재현물로서 '진보'에 봉사할 것이다. [···] 예술혁명은 정치혁명과 구분되었고, 예술혁명은 단지 정치혁명의 징후를 나타내는 한 증상으로 여겨졌다. 역사적 목표에 속박당하게 되자 혁명문화는 역동성을 잃어버렸다.[28]

오해를 피하기 위해 다시 강조한다면, 정치적 전위와 예술적 전위 사이의 차이는 어떤 본질적인 차원에 놓인 것이 아니다. 오히려 정치와 예술 사이의 차이는 양자의 본성적 문제가 아니라 그것들이 정치적인 것의 생성에 참여하는가, 또는 치안에 종속되어 있는가로 나누어져야 할 것이다. 오직 이런 관점에서만 예술과 정치의 '행복한 일치'와 '불행한 분열'이 판가름될 수 있을 뿐이다. 벤야민을 빌려 말한다면, 전자를 예술의 정치화라 부르고 후자를 정치의 예술화에 옮겨 놓을 수 있을 듯하다.[29] 어느 쪽이든 정치(적인 것)의 생성에 관여할 때 그것은 혁명과 친화적인 사건이 될 테지만, 그 반대라면 기존의 질서를 반복하고 복제하는 타성에 금세 노출될 것이다.

스탈린주의와 아방가르드를 다룬 글에서 그로이스는 '세상을 바꾸려던' 아방가르드 예술운동이 볼셰비키의 거대한 정치권력을 필요로 했고, 이를 이용하여 '행복한 일치'의 순간을 맛보았으나, 혁명 이후 아방가르드가 더 필요 없어진 상황에서 버림받고 몰락했다는 주장을 편 바 있다.[30] 일견 일리 있는 주장이지만, 이런 관점이 갖는 문제는 예술은 본래

28 벅-모스, 『꿈의 세계와 파국』, 69~73쪽.
29 발터 벤야민, 『발터 벤야민 선집 2』, 최성만 옮김, 길, 2009, 96쪽.
30 Boris Groys, *Iskusstvo utopii*[『유토피아의 예술』], Khudozhestvennyj zhurnal, 2003, pp. 19~21.

수동적이며 무력한 문화영역에 속한다는 통념을 되풀이한다는 점이다. 즉 예술이 현실 가운데 나래를 펴고 융성하기 위해서는 국가와 같은 강력한 권력장치가 불가피하며, 때문에 예술은 근본적으로 자립적일 수 없다는 뜻이다. 과연 그럴까? 앞선 절의 '유토피아적 사회주의'의 사례에서 우리가 확인한 것은, 건축이 인간의 신체와 무의식에 작용하여 인간을 변형시키는 실질적 효과를 발휘한다는 점이었다. 여기서 건축은 미적인 화려함과 조화라는 장식적 기능이 아니라 공간을 배치하고 감각기관에 호소하여 무의식적 감응을 이끌어 내는 조형적 힘에 관계된다. 예술의 정치화란 바로 이를 의미하는 바, 감각적 경험의 변용을 통해 인간의 사회적 관계를 변형시키는 사건이다.[31] 예술은 결코 수동적이거나 무력한 관조의 영역에 속해 있지 않고, 차라리 능동적이며 적극적인 사회변혁의 첨점으로 드러난다. 즉 예술은 사회를 안정시키고 균열을 봉합하는 선형적 인과율(역사화)에 복무하지 않는다. 오히려 예술의 기능은 인식보다 먼저 감각을 촉발시켜, 기성의 현재성에 문제를 제기하고 그로부터 이탈하도록 촉구하는 문제화problematic의 장치라 할 수 있다. 시간의 이음매를 엇나가게 함으로써 익숙한 감각을 탈각시켜 새로운 삶의 현장으로 인간을 강제로 던져 넣는 힘이 예술에 있다.

우리가 정치와 예술의 교차라는 주제를 통해 혁명기 러시아의 상황을 조망해 보고, 그 가운데 구축주의 건축운동의 사례를 조명하려는 이유도 이와 다르지 않다. 건축이 단지 사회의 외양을 꾸미고 미화하는 미학주의의 산물이 아니라면, 그것은 정치공학이 할 수 없는 영역, 즉 인간의 무의식과 신체에 접근하여 변혁과 이행의 목적을 달성하려는 사회혁

---

31 자크 랑시에르, 『미학 안의 불편함』, 주형일 옮김, 인간사랑, 2008, 64~65쪽.

명적 기획의 일환으로 읽혀야 한다. 만일 생산양식과 사회적 관계, 상부구조를 본원적으로 전복시키는 것이 혁명이라면, 다시 말해 삶의 물질적 양식과 인지구조 및 지각의 방식을 변용하는 게 혁명이라면, 그것은 당연히 감각의 혁명을 포함하지 않을 수 없다. 정치와 예술이 1917년의 상황 속에서 결합하여 발산했던 사건적 효과는 여기에 있었다. 러시아 아방가르드가 추구했던 예술혁명이 감수성의 본질적인 변형을 지향했다면, 이는 실상 모든 혁명이 감각의 혁명이자 예술의 혁명을 포괄함을 뜻한다.[32] 역으로 말해, 모든 예술혁명은 실상 정치와 사회혁명을 지향하고 준거짓는 근본적 차원에 있다고 말해도 좋을 듯하다. 정치와 예술은 하나로 통일되지 않으면서도 동일한 힘을 갖고 움직이는 경향성이며, 평행적 '일치'의 사건적 경험을 공유한다.

4. 구축주의의 아방가르드적 원천

좁게는 건축운동으로 한정짓는 경우도 없지 않으나, 구축주의는 본질적으로 아방가르드의 전체적 흐름 가운데 파악되어야 한다. 물론, 그 출발점은 예술로서의 아방가르드이다. 그것은 전통적 예술관이 갖고 있던 질료에 대한 2차성의 관점, 즉 색과 소리, 물질 등을 화폭이나 음률, 석재나 목재 등을 통해 구현하는 관점으로부터 질료 그 자체로 시선을 돌리는 비전의 혁신을 포함한다. 이는 한편으로 세계의 질료적 본성을 조감하여

---

32 이진경, 「러시아 구축주의 건축과 감각의 혁명」, 『시대와 철학』 25(3), 2014, 14쪽. 이 논문의 개정본이 정재원·최진석 엮음, 『다시 돌아보는 러시아 혁명 100년 1』, 문학과지성사, 2017, 381~429쪽에 「러시아 구축주의와 감각의 혁명: 혁명은 어떻게 감각의 벽 앞에서 되돌아가는가?」라는 제목으로 실려 있다.

대상으로부터 물질성 자체를 직접 길어내려는 시도이자, 다른 한편으로는 대상 속에 갇힌 예술의 힘을 해방시켜 현실과 질료가 직접 대면하게 만들려는 폭발적인 발상을 함축한다. 예컨대 구축주의자 타틀린은 재료의 물질성에 촉수를 뻗어 관성화된 예술의 규칙을 타파하려 했고, 말레비치는 대상 없는 예술을 추구함으로써 형상이 갖는 억압을 해체하고 무대상의 새로운 세계상을 드러내고자 했다.[33] 이러한 초기 아방가르드의 세계감각은 구축주의자들에게도 다양한 방식으로 전수되어 그들의 건축적 세계관에 막대한 영향을 끼치게 된다.

문화적 제도에 의해 선先규정된 사회적 심미안 및 규범성을 깨고 새로운 감각을 형성할 미적 준거를 제안했던 아방가르드는 전통적인 미학 aesthesis의 범주를 밑바닥부터 뜯어고치는 데 주저하지 않았다.[34] 그것은 세계에 대한 익숙했던 감각을 거부하고 낯선 것과 접속하려는 감수성의 전환을 가리켰고, 기존 문화의 가치관에 침윤되어 있던 지식인과 예술가, 대중들의 취향에 말 그대로 '따귀를 갈기는' 파격에 비유될 만했다.[35] 따귀를 얻어맞는 얼얼하고도 생생한 감각의 충격, 그것은 이성적 깨어남과는 다른 차원의 변화다. 즉 의식 너머에 있기에 눈에 보이거나 들리지 않는 사물과 세계의 실재를 충격 속에 목도하는 것이며, 합리성의 틀에 속박된 신체의 낯선 감수성을 일깨우는 사건이다. 무엇보다도, 사물과 세계

---

33 존 밀너, 『타틀린: 문화정치가의 초상화』(*Vladimir Tatlin and the Russian Avant/Garde*), 조권섭 옮김, 현실비평연구소, 1996, 85~95쪽; Kazimir Malevich, *Sobranie sochinenij v 5 tomakh*[『저작선집』], T.2, Gileja, 1998, pp. 36~50.

34 랑시에르, 『미학 안의 불편함』, 제1장.

35 블라디미르 마야코프스키 외, 『대중의 취향에 따귀를 때려라』, 김성일 옮김, 책세상, 2005, 245~246쪽.

를 향한 무의식의 촉수마저 틀어 버리는 일대 변전이 아닐 수 없다.[36] 그렇다면 그 구체적인 양상은 어떤 것들인가?

아리스토텔레스 이래 서구의 미학은 형상form과 질료material를 대립시키며 후자를 전자에 종속시키는 입장을 지켜 왔다.[37] 하지만 20세기 아방가르드 운동에 와서 이 구도는 역전되어 질료 자체에 주목하는 사태가 벌어진다. 이는 오랫동안 관행화되어 온 서구 미학의 근본 질서에 균열을 가하고 전복시키는, 말 그대로의 '운동'으로 자리매김하게 된다. 가령 타틀린은 관습적 범주에 얽매인 대상성이 아니라 대상이 갖는 본래의 물질성에 착안했으며, 강철과 유리, 흙이나 나무 등의 재료들을 한데 모아 재배치할 때 빚어지는 효과에 주목했다.[38] 예술은 규정된 미적 범주를 준수하는 데서 성립하는 게 아니라 변화하는 질료의 흐름, 그것의 변환적 힘 자체를 포착함으로써 구현되기 때문이다. 타틀린 자신은 이를 '유물론적 시도'라 불렀는데, 여기엔 약간의 부언이 따라붙지 않을 수 없다. 흔히 소비에트 예술의 유물론을 물질 자체의 견고한 실체성에 기반하여 이해하는 경우가 많은데, 실체화된 물질에 대한 이론으로서의 유물론은 기실 레닌이 기초를 세우고 스탈린이 완성시킨 변증법적 유물론, 곧 서구의 '관념론'에 대립된 물질적 실체 위주의 사고방식을 가리킨다.[39] 그것

---

36 1920년대 전반기 러시아에서 벌어진 정신분석 운동과 무의식 논쟁에 대해서는 최진석, 『민중과 그로테스크의 문화정치학: 미하일 바흐친과 생성의 사유』, 그린비, 2017, 제5장을 보라.

37 뤽 페리, 『미학적 인간』, 방미경 옮김, 고려원, 1997, 14쪽 이하.

38 캐밀러 그레이, 『위대한 실험. 러시아 미술 1863-1922』, 전혜숙 옮김, 시공사, 2001, 179쪽.

39 프랑크 피들러, 『변증법적 유물론』, 문성화 옮김, 계명대학교출판부, 2009, 제1장. 레닌의 관점에 대해서는 Vladimir Lenin, "Materializm i empiriokrititsizm", Sochinenija, T. 14, OGIZ, 1947[「유물론과 경험비판론」, 『저작집』]을 참조하라.

은 일정 정도 부르주아 미학과 인식론을 전복시키려는 시도임에 틀임없으나, 물질을 실체화하고 이를 규범화했다는 점에서 또 다른 유형의 관념론이라는 혐의로부터 자유롭지 않다.[40]

타틀린 등이 지향했던 러시아 아방가르드 문화운동에서의 유물론은 이와 결이 다르다. 그들에게 유물론이란 강철과 유리, 흙이나 나무 등의 질료들 자체의 물질성에 충실히 다가가 그것을 '표현'하는 것이지 '재현'하는 게 아니었다. 달리 말해, 유물론이란 대상의 형식을 있는 그대로 드러냄으로써 물질과 형식의 일치를 찾아내는 데 있지 않다. 오히려 유물론이란 물질이 그것의 형식을 초과하는 이미지를 창출하는 데서 성립한다. 예컨대 재현된 대상의 이미지가 대상과 닮지 않았다는 사실로부터 연유하는 생경함, 그리하여 대상의 형태와 의미, 기능에 대해 낯선 지각의 용출을 경험하는 것이야말로 예술이 준거하는 유물론의 정의라 할 수 있다. 20세기 예술의 혁신이라 불리는 인상주의의 사물에 대한 지각을 떠올려 보라. 재현의 질서 속에 물질적 이미지를 포착하여 박제화하는 게 아니라 시간의 흐름 속에서 물질의 변이와 이행을 파악하고 그것을 표현할 때 예술작품은 전통의 가르침을 벗어난 기이한 감각의 전달자가 된다. 예술의 유물론적 임무란 이러한 초과적 이미지를 그려 내는 것, 그로써 인식의 한계영역을 확대하고 새로운 사유의 지평을 여는 것을 가리킨다. 특히 조형예술 분야, 미술과 건축 등에서 이러한 초과적 이미지들의 시각성은 단연 최고로 중요한 위상을 차지했다. 이런 점으로부터 구축주의는 형상의 독재에 대립하는 '질료의 봉기'라 지칭될 수 있으며, 질료의 잠재성을 통해 감수성의 다른 표현적 경로를 구축하려는 시도라 볼

---

40 도미니크 르쿠르 외, 『유물론 반영론 리얼리즘』, 이성훈 편역, 백의, 1995, 제3장.

수 있다.[41]

이와 같은 물질성 자체를 향한 호소는 형상의 극한을 추구했던 말레비치의 절대주의와도 연결된다. 그는 사물의 본원적 형상을 궁구하기 위해 모든 일상적 현상성을 제거한 기본적 이미지를 찾는 데 골몰했다. 사선과 빗금, 십자가, 원, 삼각형과 사각형 등이 만들어 내는 기하학적 이미지들은 이러한 본원적 형상의 단편들이다. 그는 이것들을 지고한 형상들supremus, 절대적인 것이라 불렀는데,[42] 관건은 그가 이 형상들을 '재현'이 아니라 '표현'의 차원에서 보았다는 점에 있다. 무슨 말인가? 재현에 충실할 경우 우리는 화면 속에서 본원적 형상의 모자이크만을 보게 된다. 즉 자연에서 만나는 구체적 사물들은 '본원적인' 기하학적 단편들로 해체되어 캔버스 위에 무의미하게 흩뿌려지게 될 것이다. 그러나 표현에 방점을 찍는다면 이야기가 다르다. 그 경우, 우리는 본원적 형상들의 발생과 소멸이라는 원초적 장면, 그 시간적 생성 과정을 목도하게 된다.

가령 말레비치의 두 장면에 관해 생각해 보자. 하나는 1915년에 출품된 〈검은 사각형〉이다. 흰 바탕 위에 검은색 사각형으로 이루어진 이 그림은 자연계의 모든 대상들을 본원적 차원으로 환원시켜 표현한 작품으로서 대상성이 0에 가깝게 수렴되는 근본적 형상을 드러낸다. 자연의 대상들은 소거되는 반면, 근원적인 사물로서 검은 사각형만이 남아 있을 뿐이다. 반면 1918년에 제출한 〈흰 바탕 위의 하양〉에서 말레비치는 흰색의 배경 위에서 흰색 사각형이 점차 지워지고 있는 광경을 연출하고

41 이진경, 「러시아 구축주의 건축과 감각의 혁명」, 18쪽.

42 Selim O. Khan-Magomedov, *Suprematizm i arkhitectura*, Arkhitektura-S, 2007, pp. 35~36[『절대주의와 건축』].

있다. 근원적인 사물로서의 사각형마저 사라지는 지점이 그것이다. 대상과 배경 사이의 근소한 차이마저 모호하게 소진되는 이 '제로 포인트'야 말로 역설적으로 근원적 '발생'의 지점이라 할 수 있다.[43] 즉 소멸의 원초적 장면을 보여 줌으로써 역으로 그 기원마저도 보여 주고 있는 것이다. 그것은 무無라 부를 수 없는, 차라리 현존 자체의 충만함이라고 부를 만한 원초적 광경에 다르지 않다. 들뢰즈와 가타리라면 강도=0의 '기관 없는 신체'라 불렀을 이러한 충만함은[44] 이후 모든 현실적 형상화의 근원적 모티브를 이루며, 건축과 회화를 비롯한 모든 가능한 표현성의 잠재적 차원을 제공한다. 근원적 형상의 원초적 장면까지 거슬러 올라가 그것의 발생과 소멸의 순간을 보여 줌으로써, 현실적 대상의 이행과 변형의 완전한 가능성을 보여 주었던 셈이다. 요컨대, 맑스 식으로 말한다면 현실의 모든 견고한 사물들은 대기 속에 산산이 흩어질 것이다. 새로운 사회, 새로운 인간의 가능성이 이로부터 생겨난다.

대상적 실체의 소멸, 즉 무대상적 표현은 구축주의자들이 아방가르드 예술에서 받아들인 (실제로는 함께 만들어 낸) 건축적 작업의 전제라 할 수 있다. 이것이 왜 중요한가? 대상성은 세계를 바라보는 기성의 조건

---

43 이진경, 「러시아 구축주의 건축과 감각의 혁명」, 18~19쪽. "절대주의는 한 마디로 회화의 영도(zero degree: 'zero point'로도 표기한다 — 인용자), 즉 그 너머로는 더 이상 회화일 수 없는 경계, 혹은 회화의 더 이상 환원할 수 없는 근원에 도달하려는 기획이었다." 검은 사각형은 여러 도상들 중의 하나가 아니라 예술의 순수한 형상, '얼굴'이었던 셈이다. 진중권, 『진중권의 서양 미술사. 모더니즘편』, 휴머니스트, 2011, 109쪽.

44 Deleuze & Guattari, *A Thousand Plateaus. Capitalism and Schizophrenia*, p. 153. 강도=0이란 현상적으로는 정체된 상태처럼 보이지만, 실제로는 모든 방향으로의 운동이 예비되어 있는 힘의 충전 상태를 가리킨다. 이를 말레비치의 검은 사각형에 적용해 본다면, 그것은 예술의 '기원'이 아니라 잠재력의 '원천'이라 불러도 좋을 것이다. '최초', '처음'이 아니라 '표현'의 '미-래'로서의 예술이 거기 있다.

으로부터 형성된 인식적이고 지각적인 결과이며, 특정한 가치나 의미에 침윤되어 있다. 따라서 사회의 변혁을 위해서는 기존의 대상성, 즉 대상에 함입된 가치와 의미를 삭제해야 하는데, 이는 대상화되기 이전에 존재하는 사물의 질료적 특성을 있는 그대로 인식하고 지각할 때 가능한 일이다. 물론 이와 같은 인식과 지각의 탈각을 사회와 민중 전체가 경험해야 한다는 뜻은 아니다. 적어도 그와 같은 인식과 지각의 가능성이 논리적으로 가능하다는 것을, 그래서 예술적 실천(구축주의 건축)을 통해 0으로 환원된 인식과 지각을 이전과는 다른 방식으로 (재)구축할 수 있다는 것이 중요하다. 이러한 논리에 따라 구축주의적 실천은 부르주아 자본주의 사회의 건축과는 다른 방식의 인간 조형에 뛰어들 수 있었으며, 사회 전반의 혁명적 변형마저도 노정할 이론적 근거를 마련했다. 회화와 조각에서 지각되었던 형상의 사건적 원풍경은, 이렇게 구축주의자들에 의해 건축적 사유와 실천으로 전이되어 새로운 표현성의 장을 마련하게 된다.

5. 혁명의 건축술, 그 이론과 실천

5-1. 구축주의의 역사적 개관[45]

1920년 12월 제8차 전 러시아 소비에트 대회의 전시장에는 '제3인터내셔널 기념비'가 세워져 있었다. 그것은 타틀린이 1919년 인민위원회 산하의 조형예술분과의 의뢰를 받아 제작한 것으로서 구축주의적 '선언'의 의미를 갖는 상징적 대작이라 할 만한 조형물이었다. 원래의 도안에 따르면 400미터 높이에 네바강을 가로지를 만한 너비를 가질 이 기념비는 철골과 유리를 기본 재료로 삼아 물질성을 최대한도로 표현하고, 나선형

입방체 내부에는 인터내셔널 사무실을 결합시켜 회전시키는 입체성을 자랑할 예정이었다.[46] 신생 소비에트 국가를 전위적인 형식으로 압축해서 보여 주기로 했던 이 '기계'는 자금력과 기술력의 한계로 말미암아 나무와 그물망을 이용한 5미터짜리 조형물에 그치고 말았으나, 구축주의의 기념비로서는 손색이 없었다.

타틀린의 전시가 있기 두 달 전, 1920년 10월에 니콜라이 라돕스키와 알렉산드르 로드첸코, 이반 졸토프스키 등이 주축이 된 고등예술기술학교, 즉 '브후테마스'Vysshie khudozhestvenno-tekhnicheskie masterskie가 설립되었다. 이 학교는 구축주의 운동의 모태로서 건축뿐만 아니라 디자인과 공예 등의 다양한 관심사를 공유하던 예술가들이 모여들어 자신들의 이상을 구현하고자 했다. 같은 해 모스크바에는 예술문화대학 '인후크' Institute khudozhestvennoj kul'tury가 세워졌는데, 그것은 브후테마스의 구성원들 중 좌파 계열이 주축이 되어 결성된 학교로서 칸딘스키가 주도권을 갖고 있었다. 처음 그가 제출했던 강령은 예술에서 '정신적인 것'과 말레비치의 절대주의 및 타틀린의 '질료들의 문화'를 총괄하는 것이었는데, 예술에 대한 심리주의적 분석을 바탕으로 기념비적 창작물을 만드는 데 목표를 두고 있었다. 하지만 정신적인 것에 대한 칸딘스키의 지나친 강조는 곧 좌파 계열의 예술가들에게 반발을 사게 되었고, '실험실 예술'

---

45 구축주의 건축의 연대기적 양상에 대해서는 이진경, 「러시아 구축주의 건축과 감각의 혁명」, 20~23쪽; 장지연 외, 「1920년대 러시아 아방가르드 건축의 형태특성에 관한 연구 — ASNOVA와 OSA 작품 비교를 중심으로」, 『대한건축학회 학술발표대회 논문집』 25(1), 2005, 267~270쪽; 손봉균 외, 「1920년대 러시아 건축상황에 관한 연구 — OSA를 중심으로」, 『대한건축학회 학술발표대회 논문집』 24(2), 2004, 861~864쪽 등을 참조했다.
46 밀너, 『타틀린: 문화정치가의 초상화』, 141~146쪽.

이라는 강령 하에 새로운 이념이 제창되기에 이른다. 이로부터 인후크는 다시 분열되는 바, '실험실 예술파'와 '생산예술파'의 두 분파가 그것이다.[47] 두 입장 간의 대립과 반목은 시간이 갈수록 더욱 심화되었다.

1921년 인후크는 '구성'kompozitsija과 '구축'konstruktsija 사이의 일대 논쟁에 휩싸이게 된다.[48] 이는 타틀린의 제3인터내셔널 기념비로부터 자극받은 예술가들 사이에서 벌어진 논란으로서, 그해 봄부터 3개월 동안 총 9차례에 걸쳐 소집된 회의를 통해 크게 확산되었다. 논점은 구성과 구축의 차이를 명확히 개념화하고, 그 기능과 목적을 예시하는 데 맞춰졌다. 예를 들어, 구성은 예술가의 자의적 요소에 의지하며 개별적인 취향을 드러내는 목적 없는 제작에 속하는 반면, 구축은 목적을 갖고 과학과 기술에 의존하는 잉여 없는 제작으로 규정되었다. 또한 구성은 요소들 사이의 장식성에 의존함으로써 과잉과 낭비를 드러내는 부르주아적 향락성을 보이는 데 비해, 구축은 동기화된 기호들의 집합으로 정의됨으로써 제작의 구조적 합리성을 반영하는 행위에 연결되었다. 후자의 입장을 강하게 견지했던 것은 그림과 조각, 사진 등의 다방면에서 재능을 보이던 로드첸코였는데, 그와 그의 동지들에 따르면 타틀린의 작업은 사회주의적 기념비주의가 아니라 실상 부르주아적 개인주의의 낭만적 소품에

---

47 Lodder, *Russian Constructivism*, pp. 81~94.

48 기계형, 「1920년대 소비에트러시아의 사회주의 건축 실험: 구성주의 건축가 모이세이 긴즈부르크와 '코뮌의 집'」, 『러시아연구』 23(2), 2013, 196~197쪽; 봉일범, 『구축실험실』, 스페이스타임, 2002, 29~33쪽; Briony Fer, "The Language of Construction", D. Batchelor et al.(ed.), *Realism, Rationalism, Surrealism: Art Between the Wars*, Yale University Press, 1993, pp. 94~95. 참고로 '구성'과 '구축' 사이의 논쟁으로부터 '구축주의'의 명칭도 파생되었던 바, 이전까지 번역어로 통용되던 '구성주의'는 이제부터 구축주의라고 제대로 옮겨져야 할 듯하다.

불과했다. 물론, 니콜라이 라돕스키처럼 구성에서 논리와 합리를 파악하여 인간의 심리를 연관시킨 이론가도 없지 않았으나, 로드첸코와 바르바라 스테파노바, 알렉세이 간 등이 결성한 구축주의 노동자그룹이 큰 힘을 받게 되었다. 그들은 구성이 기성의 예술이론에 지나치게 의존한다고 비판했고 기술공학에 기반한 질료의 조직과 구축에 더 많은 관심을 쏟아야 한다고 주장했다. 자신들을 '생산주의 예술가' 또는 '생산예술파'로 부르면서, 그들은 예술을 삶과 밀접히 결합시키는 것이 자신들의 궁극적인 목적이라 주장했고, 예술은 결국 산업과 동일한 뿌리를 갖는 노동이라 간주했다.[49] '예술을 삶 속으로!'라는 슬로건으로 표명되는 이들의 입장은 예술이 사회와 분리되어 있지 않으며, 예술을 통해 삶을 보다 진정한 것으로, 즉 공산주의적인 것으로 변형할 수 있다는 것이었다.

결과적으로 구성과 구축 사이에서 벌어진 논쟁은 물질과 그것의 형식적 표현에 대한 일종의 이데올로기적 전선을 긋는 과정이기도 했다. 후자를 옹호하던 이들은 구성을 기성의 예술적 표현형식으로서 부르주아적 미학 개념에서 연원한 것으로 보았던 반면, 구축은 사회주의적인 유물론적 입장을 견지하는 것으로 간주하였다. 꽤 긴 시간 동안 이루어진 이론적 공방에도 불구하고 다소 도식적인 결론으로 이어진 감이 없지 않으나, 구축주의는 바로 이 논쟁을 통해 비로소 두 발로 건축과 혁명의 무대에 등장했다고 말해도 과언이 아니다. 새로운 사회를 건설하기 위한 과정에서 예술이 할 수 있고 해야 할 것이 무엇인지를 명확히 하는 동시에, 예술이란 무엇인가에 대한 새로운 정의들이 무수히 쏟아져 나온 계

---

49 Maria Gough, *The Artist as Producer. Russian Constructivism in Revolution*, University of California Press, 2005, pp. 38~41.

기를 마련했던 까닭이다. 이와 같은 경로로 1910년대의 미래주의 예술운 동과 긴밀히 결부되어 움직이던 구축주의의 흐름은 '일상적 삶'을 향해 일보전진하게 되고, '예술'보다는 삶 자체에 더욱 결착된 모습으로 운동 을 진전시켜 나가게 된다. 결론을 앞서 말한다면, 이는 구축주의가 문화 적 영역의 혁명만이 아니라 삶의 혁명을 지향하고, 그로써 사회혁명적인 정치와 예술의 결합을 추구했던 결과라고 할 수 있다.

생산예술파와 대비되는 '실험실 예술파'는 1923년 인후크를 해체하 면서 '아스노바'ASNOVA, Assotsiatsija novykh arkhitektorov, 즉 신건축가동 맹을 결성했다. 이들은 건축의 기하학적 표현과 그 심리적 효과에 주목 했는데, 구성을 지지하던 라돕스키 등이 이끄는 합리주의적 건축의 흐 름이 여기에 속한다. 반면 구축에 더 큰 의의를 부여했던 이들은 브흐테 마스의 교수로 일하던 알렉산드르 베스닌을 중심으로 모여들었다. 그는 다른 형제들인 레오니드와 빅토르와 함께 1923년 모스크바 중앙 노동 궁전 공모전에 설계안을 제출하여 구축주의의 명성을 일으켰고, 1925년 에는 모이세이 긴즈부르크와 함께 '오사'OSA, Ob"edinenie sovremennykh arkhitektorov, 즉 현대건축가동맹을 결성하여 1927년 모스크바에서 현대 건축박람회를 개최하기에 이른다.[50] 이때가 구축주의 아방가르드가 절정

---

50 이 단계의 구축주의에서 다시 일어난 것이 팍투라(faktura, 물질에 대한 충실함), 텍토닉 (tektonic, 물질의 상징적 역동성), 구축 사이의 상관관계에 대한 논쟁이다. 궁극적으로 구 축을 조직화 원리이자 기능으로 자리매김한 이 논쟁은 구축주의가 하나의 완결된 체계로 서 사회실천적인 건축 강령을 내포하게 되었음을 의미한다. Catherine Cooke, "'Form is a Fuction X': The Development of the Constructivist Architect's Design Method", C. Cooke(ed.), *Russian Avant-Garde Art and Architecture*, St Martins Pr, 1984, pp. 35~38; 이진경, 「러시아 구축주의 건축과 감각의 혁명」, 23~25쪽; 심광현, 「혁명기 예술의 과제: 1920년대 초반 러시아 아방가르드의 사례를 중심으로」, 『시대와 철학』 26(4), 2015,

에 도달한 시기였고 사회주의적 주거양식과 건설기획안 등이 활발히 제출되었으나, 1928년 오사 총회를 끝으로 해산되면서 구축주의 운동은 내리막길을 걷게 된다. 그 원인에 대해 다양한 분석이 내려진 바 있지만, 스탈린주의 체제가 공고화되면서 사회주의적 건축양식과 생활방식이 실험적 급진성보다 체제의 안정에 더욱 기여하는 방향으로 선회한 결과라는 게 공통된 의견이다.

5-2. '새로운 기능주의'의 실천적 강령들

구축주의 운동의 역설은 그것이 전통적 의미에서의 '건축'에 반대하고 '삶'으로의 회귀를 지향했다는 점에 있다.[51] 즉 전통적으로 건축이란 삶을 예술적 표현이란 목적의식 하에 형성하는 것, 그럼으로써 현실을 넘어서는 미적 완성으로서 건축적 조형을 완수하는 활동을 가리켰다. 고대로부터 신전건축은 일상과 분리된 공간을 만드는 일이었고,[52] 자연환경과 분리된 주거공간을 집이라 부른 점을 상기해 보면 이를 어렵잖게 이해할 수 있다. 분리의 일차적 목적은 삶과 구별되는 공간을 확보하고, 자연적 직접성으로부터 안전을 도모하려는 실용성에 놓여 있었다.[53] 그런데 이러한 분리가 가속화될수록 건축은 점차 삶 자체로부터도 단절되어 건축 자체의 미적 이상만을 추구하는 양상이 벌어진다. 즉 예술이 삶과

146~148쪽.

51 구축주의 운동이 다양한 작업영역과 분파를 이루었어도, 일상생활의 실천이라는 혁명 본래의 대의에 충실했던 것은 기본적인 공통감각이었다. 캐밀러 그레이, 『위대한 실험. 러시아 미술 1863-1922』, 267~272쪽.

52 크리스티안 노르베르그-슐츠, 『서양건축의 본질적 의미』, 정영수 외 옮김, 세진사, 1987, 16~17쪽.

53 아모스 라포포트, 『주거형태와 문화』, 이규목 옮김, 열화당, 1985, 제2장.

는 이질적인 낯선 현상으로 변형되고, 일상과 무관한 특권적 공간의 조형으로 변모하게 되는 것이다. 근대의 전형적 현상으로서 예술과 삶의 분리는 바로 이를 가리킨다. 예술과 삶이 다시금 통일되어야 한다는 근대 예술의 과제는 이로부터 연유한다. 단, 우리는 그것을 소박한 낭만주의적 소명으로 치부할 수 없다. 전술하였듯이, 혁명기 러시아에서 이 과제는 하나의 정치적 실천으로서, 예술의 정치화라는 확고한 목적의식을 통해 표명되었다.

19세기 후반, 러시아 상징주의 전통은 삶-창조zhiznetvorchestvo를 예술가들의 창작이념으로 제시한 바 있다.[54] 삶과 예술은 본래 하나였는데, 근대의 어느 시점에 이르러 불가피하게 분열되었다는 것이다. 통일과 회복의 당위적 문제제기가 따라 나오는 것은 자연스런 일이다.[55] 삶과 예술의 통일을 위한 비전이 포함하는 긍정성과 적극성을 부인할 수 없다. 그러나 원래부터 하나였기에 다시 하나가 되어야 한다는 테제는 통일을 불가역적인 의무이자 명령으로 강제하는 족쇄이기도 하다. 도대체 예술이 도덕적 의지에 따라 창조되었던 적이 있었던가? 반면, 예술과 삶의 통일을 선험적인 이상으로 전제하지 않는다면, 통일에 대한 강박은 양상을 달리하게 될 듯하다. 오히려 예술은 통일된 세계, 그리하여 균열 없는 완전성으로 표상되는 세계를 이격離隔하는 분리와 도약의 운동이 아닌가? 예술적 전위의 유일한 목적은 안온한 현실의 감성에 '따귀를 때려' 각성시키고, 일탈을 부추기는 예외성에 있지 않은가? 그것이 정치적인 것으

---

54 Irina Paperno et al., *Creating Life: The Aesthetic Utopia of Russian Modernism*, Stanford University Press, 1994, pp. 51~82.
55 미하일 바흐친, 『말의 미학』, 김희숙·박종소 옮김, 길, 2006, 26쪽.

로서 예술의 유일한 과제이며, 전위로서의 예술이 정치적 전위와 일치하는 보기 드문 상황이 아닐까?

일상의 순차적 인과성에 기반한 정치(치안)와 그것의 탈구와 도약에 근거한 예술이 동일한 세계감각을 갖고 있다고 믿기는 어렵다. 삶과 예술 역시 마찬가지일 터이다. 안정과 지속을 추구하는 삶의 보수성과 변형 및 전환을 목적으로 삼는 예술은 상충할 수밖에 없다. 삶과 예술을 묶어 주는 것은 의무나 당위가 아니라, 필요 즉 기능적 연관이다. 이때 기능연관은 근대적 합리성을 뜻하지 않는데, 그것은 순차적 인과성에 기반한 기계론mechanism적 특징을 갖는 탓이다. 오히려 여기서 삶과 예술의 기능적 연관이란 변형가능성과 잠재성을 토대로 한 실용성을 가리킨다. 달리 말해 예술과 삶의 연관은 그것들이 어떻게 배치되고 접속하는가라는 용법의 문제를 뜻하며, 새로운 변형과 생성에 열려 있는 기계주의적machinistic 접속능력에 다르지 않다. 삶의 창안을 위한 전략으로서 새로운 기능주의.[56] 구축주의의 기능 추구 또한 이런 맥락에서 파악되어야 한다.

오사의 지도자였던 긴즈부르크는 구축주의를 '기능적 건축사유'라 불렀는 바, 이는 건축물의 실제적 사용에 연관된 개념이지만 사용의 편의나 합리성만을 지시하지는 않는다. 어떤 의미에서는 그와 정반대다. 건축물의 용도와 그에 맞춘 동선의 배치, 개별공간의 분배와 집합 및 연결, 이를 실현하기 위한 재료와 기법의 선택 등은 그 이상의 목적을 갖는다.[57] 그것은 건축을 대상성에 결박하는 게 아니라 삶과 인간을 변형시키는 적극적인 사용을 위해 구축해야 할 필요성을 뜻한다. 즉 건축은 삶과 혁명

---

56 질 들뢰즈, 『푸코』, 허경 옮김, 동문선, 2003, 48쪽.

57 이진경, 「러시아 구축주의 건축과 감각의 혁명」, 32~33쪽.

의 문제의식을 실현시키기 위한 방법론적 사유에 다르지 않다.[58] 건축은 미학이 아니라 감각학의 대상으로서, 건축물을 사용하는 인간의 감수성을 자극하고 변형되도록 유도하는 사회적 기계로서 존립해야 한다. 그러므로 건축가는 "더 이상 삶을 장식하는 사람이 아니라 조직하는 사람"으로 불리게 된다.[59] 건축은 이제 인간의 변형 혹은 생산의 조건으로서 제시된다. 그렇다면 남는 문제는 어떻게 조직할 것인가에 관한 방법론적 질문이다.

건축은 예술의 한 분과이다. 건축은 빈 공간을 채우기 위해 공간을 확보하는 단순 작업이 아니다. 건축이 공학과 대립하는 이유는 그것이 단지 '살기 위한 공간'이 아니라 '삶을 만드는 공간'을 기획하는 활동인 까닭이다. 20세기의 기능주의 건축이 끝내 예술로서의 건축이라는 지위를 버릴 수 없던 것은 건축이 갖는 그 같은 창조적 기능을 포기할 수 없던 탓이다. 다른 한편으로, 건축은 예술의 한 분과가 아니다. 예술이 기능을 벗어난 낭비와 과잉의 장식물이라면, 건축은 예술에 속하지 않는다. 삶의 형성과 인간의 변형이라는 기능에 부응하는 건축만이 예술이자 예술을 넘어선 정치, 즉 혁명의 목적에 부합할 것이다. 구축주의의 건축적 사유는 새로운 삶과 인간을 형성하기 위한 사회적 기계의 실천이라 할 만하고, 긴즈부르크는 이를 '사회적 응축기'sotsial'nyj kondensator라 명명하였다.

---

58 Selim O. Khan-Magomedov, *Moisej Ginzburg*[『모이세이 긴즈부르크』], Arkhitektura-S, 2007, pp. 65~108.
59 아나톨 콥, 『소비에트 건축』, 건축운동연구회 옮김, 발언, 1993, 36쪽 이하.

우리의 작업은 본질적으로 우리의 정치·사회적 환경을 기초로 한 주도 면밀한 연구여야 한다. 우리가 하려는 작업의 본질적 목표는 우리 시대를 위한 사회적 응축기의 창조이다. 이것이 건축에서 구축주의의 본질적인 목적이다.[60]

기계장치로서의 건축이란 무엇인가? 만일 인간이 주체적인 역량을 가진 의식적 존재라면, 그의 주거공간은 단지 그를 위한 환경적 요인에 불과하며 그의 활동을 보조하고 보완하는 부차적 기능에 머물 것이다. 그때 인간은 자신의 삶과 환경을 완벽히 지배한다. 대신, 그는 삶과 자기 자신을 다른 것으로 변형시킬 아무런 계기를 발견할 수 없을 것이다. 하지만 맑스가 말했듯, 의식이 존재를 지배하는 게 아니라 존재가 의식을 지배한다는 테제를 따른다면 상황은 어떻게 바뀔까? 주거공간은 인간의 신체를 훈련시키고 다시 정신에 영향을 끼치는 가장 강력한 매체가 아닐까? 건축이란 바로 그렇게, 삶의 환경으로서 주거공간을 만들고 작동시킴으로써 거꾸로 삶에 영향을 끼치는 가장 강력한 사회적 실천의 하나가 아닐까? 사회적 응축기란 무엇인가? 그것은 인간을 개인적인 차원에서나 집단적인 차원에서나 특정한 방식으로 그의 신체와 정신을 훈련시켜 다른 신체와 정신으로 변용하게끔 유도하는 기계적 장치라 할 수 있다. 예전의 생활관습과 신체적 습관에 젖어 있는 인간은 건축적 기계를 통과함으로써 새로운 인간으로 개조되고 새로운 삶 역시 출현할 수 있다는 것이다. "사회적 응축기는 미래의 이미지이자 미래 사회를 위한 주형틀 mould이다."[61]

---

60 콥, 『소비에트 건축』, 108쪽에서 재인용.

5-3. '사회적 응축기' 또는 새로운 삶과 인간의 형성

삶의 변형이란 삶을 미리 결정된 규범이나 틀에 맞추어 넣는 게 아니다. 그것은 차라리 삶을 실용적이고 실천적인 용법에 적합하게 변형시키되, 그 변형의 잠재성을 항구적으로 열어 두는 개방적 실천에 다름 아니다. 이 점에서 '새로운 인간'에 대한 이해도 그 진폭을 넓히게 된다. 구축주의가 소멸되었던 1930년대 무렵, 스탈린의 문화혁명이 새로운 인간을 창조해야 한다고 역설했을 때 그것은 스탈린주의라는 유일무이한 이데올로기에 인간을 끼워 넣는 방식을 가리켰다. 즉 당파성으로 무장하여 새로운 사회에서 살기에 적당한 인간을 주형해 내는 것이었다. 반면 구축주의자들이 염두에 두었던 새로운 인간이란 당파성에 의해 미리 규정된 인간형이 아니었다. 스탈린주의 인간이 주로 이데올로기적 내용에 목표를 두고 그것을 내면화하는 인간을 지시한다면, 구축주의가 노정한 인간형은 내용보다는 삶의 실천에 적합한, 변형가능성과 잠재성을 보유한 인간이었다. 의식의 훈련이 아니라 신체와 생활의 변형으로써 인간과 사회, 공동체를 바꿀 수 있다는 주장이 그것이다. 우리는 '코뮌의 집'과 '코무날카' 사이의 차이를 통해 이를 보다 명확히 인식할 수 있다.

구축주의자들은 새로운 사회의 주거공간 모델로 코뮌의 집dom kommuna을 내세웠다. 이는 주거공간을 생활의 방편이 아닌 새로운 사회 구성의 기초로 삼아 개별화되고 단독화된 삶의 형태를 집합적인 것으로 재구성하기 위한 물적 토대를 의미한다. 이때 물적 토대는 상부구조를 지지하기 위한 밑받침이란 의미에 한정되지 않는다. 오히려 물적 토대는 상부구조를 창출해 내는 주요한 장치, 사회적 응축기로서 기능하도록 요구

---

61 콥, 『소비에트 건축』, 108쪽.

되는 기계다. "현재 우리의 목표는 수많은 개인적 주거지들의 군집으로서의 주택으로부터 주거공동체로의 변환에 있다"[62]라는 발언은 이 점에서 타당성을 얻는다. 코뮌-주의commune-ism라는 새로운 사회를 창출하기 위한 새로운 생산의 토대가 바로 코뮌의 집을 통해 기획된 것이었다.[63]

이런 기획은 앞서 언급한 오언의 사변형 공동체나 푸리에의 팔랑스테르, 고댕의 파밀리스테르와 긴밀하게 맞닿아 있다. 그중 푸리에는 자본주의적 생활양식을 벗어나 사회주의적으로 사회를 재편하려면 인식과 관점의 전환만이 아니라 무엇보다도 인간의 정념적 구조를 변형시켜야 한다고 주장했다.[64] 정념의 구조란 신체의 자극과 반응의 역학으로 이루어져 있고, 그것은 단순히 인간의 '동물적' 부분을 가리키는 게 아니라 정신과 연관된 감각성의 차원에 관련된 문제였다. 다시 말해 신체를 기축으로 삼는 감수성의 측면에서 인간을 변형시켜야 새로운 사회가 나타나지 계몽주의적 교육을 통한 인식의 혁명만으로는 사회가 바뀌지 않는다는 통찰이 그것이다. 이에 따라 공동주거와 공동취사 및 육아 등등 일상의 공유를 통해 인간을 개별적 존재자가 아니라 집합적 존재자로 바꾸는 과제가 제시되었다.[65] 팔랑스테르는 새로운 인간과 새로운 삶을 창출하기 위한 주거-기계였다. 비록 현실적으로는 실패했으나, 팔랑스테르의 아이디어가 꾸준히 참조되고 실현을 위해 고안되었던 역사는 건축적 사회혁명이 갖는 강력한 흡인력을 반증하고 있다. 결국 적절한 방법론과

---

62 엘 리시츠키, 『세계혁명을 위한 건축』, 김원갑 옮김, 세진사, 2006, 37쪽.

63 더 자세히는 기계형, 「1920년대 소비에트러시아의 사회주의 건축 실험」, 209~212쪽을 보라.

64 샤를 푸리에, 『사랑이 넘치는 신세계 외』, 변기찬 옮김, 책세상, 2007, 99쪽 이하.

65 베네볼로, 『근대도시계획의 기원과 유토피아』, 96~108쪽.

실천력을 구비한다면 건축을 통한 새로운 삶과 인간의 형성이 상상이 아닌 현실이 될 수 있음을 구축주의가 보여 주고자 했던 것이다.

구축주의자들은 기념비적 건축물보다는 노동자 주택이나 공동회관 등의 일상 공간의 창안에 더 많은 관심을 기울였다. 그것은 전체주의적 공동共同 생활이 아니라 공-동共-動의 활동으로 창출되는 삶의 새로운 형태를 위한 기획이었다. 이에 따라 오사의 구성원들은 소비에트 주거모델 공모전에 활발히 응모했고, 그 과정에서 개인적이거나 가족적인 관습적 태도를 존중하는 동시에 그것이 공산주의적 집단생활과 연계될 수 있는 주거모델을 개발하는 데 심혈을 기울였다.[66] 물론 그것은 사회주의적 변형의 이행기적 모델에 해당하는 것으로서 개인과 가족이라는 전통적 형태는 점차 줄여 나가고 공동영역은 더 확장시키기 위한 과도기적 제안들이었다. 이는 주택의 구조뿐만 아니라 복도의 동선, 현관형태, 화장실과 쓰레기장의 위치까지도 고려하는 매우 세심한 계획을 포함하고 있었다. 긴즈부르크는 이 '세심함'에 대해 여러 차례 강조한 바 있다.

우리는 새로운 건물을 설계할 때 고려해야 할 중요한 측면 중 하나가 삶의 변증법적 발전이라는 것을 믿는다. […] 건축물들은 일련의 전체 공간에서 공동의 서비스 시설을 사용하기 위해서는 점진적으로 자연스럽게 통과하도록 하는 방식으로 지어져야 한다. […] 우리는 이것이 사회적 삶의 상승된 형태로의 전환을 자극할 여러 가지 요소들을 창조하는 데 핵심적인 것이라 믿는다. 이 요소들은 사회적 삶의 형태를 발전시키

---

66 Elena Sidorina, *Russkij konstruktivizm: istoki, idei, praktika*[『러시아 구축주의: 원천, 이념, 실천』], Moskva, 1995, pp. 158~161.

기는 하겠지만 강제로 만들어 내지는 않을 것이다.[67]

여기서 우리는 혁명기 정치적 전위와 예술적 전위가 교합하고 분기한 대단히 중요한 차이를 마주치게 된다. 알다시피 1917년 이후 볼셰비키 정부의 과제는 새로운 사회에 적합한 새로운 인간형, 즉 공산주의적 인간형을 창출하는 것이었다. 확고한 계급의식으로 무장하고 근면한 노동윤리를 몸에 익혀 새로운 사회를 건설하기 위해 전력투구하는 인간이 그것이다. 기묘하게도 여기엔 눈에 잘 띄지 않는 함정이 하나 있다. 그것은 새로 들어선 소비에트 국가의 완전성이 전제된 상태로 새로운 인간에 대한 요구가 제기되었다는 점이다. 달리 말해, 완전한 국가는 이미 주어졌으니, 새로운 인간을 하루속히 만들어서 그 속을 채우라는 뜻이다. 하지만 인간을 어떻게 새롭게 만들 것인가?

레닌의 집권기부터 공산주의적 인간 창출의 과제가 국가적 사업으로 제출되었으나, 그 대부분의 정책적 시도들은 의식화 교육에 집중되어 있었다. 배우고 또 배우라는 레닌의 요구는 존재와 의식의 맑스적 테제가 어쩐지 뒤집어져 버린 인상마저 주고 있다. 1920년대 중엽 트로츠키가 일상생활의 혁명에 관심을 가지며 습관과 습속, 곧 무의식의 주형에 관심을 기울였던 것은 새로운 인간을 창출하는 관건이 의식교육과는 다른 차원에 있음을 직감했기 때문 아니었을까? 신체적 존재로서 인간의 감각과 무의식이야말로 인간을 새롭게 변형시키는 가장 중요한 통로가 아닌가? 그러므로 순서가 바뀌었다. 새로운 인간을 만들어서 새로운 사회를 완성하는 게 아니라, 새로운 사회를 만들어서 인간을 새롭게 생산

---

67 콥, 『소비에트 건축』, 101쪽에서 재인용.

해야 한다. 구축주의자들이, 긴즈부르크가 사회적 응축기의 프로젝트를 통해 관철시키고자 했던 것은 바로 이렇게 건축적 공간의 창안을 통해 인간을 변용시키는 것이었다. 속담이 가르치듯, 물이 끓고 있는 뜨거운 솥에 개구리를 넣는 게 아니라 솥을 서서히 데워 개구리를 삶아 버리는 게 요점이다. 새로운 생활방식을 강제로 주입하여 인간을 바꾸기는 힘들다. 세심하게 설계된 생활공간에 자연스럽게 인간을 밀어 넣어 '공산주의적으로' 응축시키는 것이야말로 구축주의의 사회혁명적 과업이 된다. 하지만 문제는 속도, 그 응축의 속도다.

그렇다. 문제는 주거형태의 변형을 통해 새로운 기능을 창출하고, 그 기능으로 하여금 더 이상 이전과 같은 상태의 인구집단의 구성이 불가능하도록 저지하는 동시에 새로운 인간형을 생성하도록 추동하는 데 있다. 이데올로기 교육을 통해 '새로운 인간'을 만들 수 없다면, 신체와 감각, 욕망이란 측면에서 인간을 촉발하여 무의식적으로 변용되게끔 만들어야 한다. 구축주의적 건축이 예술의 한 장르로서 고찰되고 이해되어서는 곤란한 까닭이 여기에 있다. 그것은 새로운 사회와 새로운 인간 형성의 건축적 장치로서 사유되고 수행되는 사회혁명적 전략으로 간주되어야 한다.[68] 공-동의 활동을 통해 공-동적 삶을 창안하는 건축적 실천만이 혁

---

68 혁명을 저지하는 방법으로 건축을 제안했던 르 코르뷔지에의 입장은 구축주의 기획과 유사하면서도 다르다. 주거와 주거공간의 기능주의적 배치라는 점에서 양자는 일치점들을 드러내지만, 르 코르뷔지에가 고도의 계산적 이성이 발휘하는 합리주의를 중시했다는 점은 구축주의와 부분적인 교점만을 갖는다. 신건축가동맹(ASNOVA)이 그러한데, 러시아 구축주의의 사회혁명적 특징은 현대건축가동맹(OSA)에서 더 많이 발견되기 때문이다. 긴즈부르크의 사례에서 나타나듯, 구축주의자들의 일단은 인간의 신체에 직접 작용하여 정념(무의식)을 촉발하고, 공산주의적으로 행동하게 만드는 일종의 행동학적 건축-기계를 만들고 싶어 했다. 이는 합리주의에 입각한 라돕스키의 심리주의와는 매우 다른 입장이다.

명을 완수하는 마무리 단계가 될 수 있다. 당연하게도, 이러한 새로운 건축적 실험은 개인적 프라이버시와 사적 소유의 원칙에 입각한 근대적 주거양식과는 판이하게 다른 것이었다. 집단화된 형태의 거주지 배치와 상호 소통하는 연결로의 채택, 공동 활동의 공간 확보 등을 통해 고안된 새로운 주거양식은 낡은 부르주아적 가족형태를 해체하고 프롤레타리아적인 집합주의적 삶을 생산할 것이었다. 이렇듯 사람들에게 "겹은 주지만 발사되지는 않는 총"[69]으로서 만들어지는 건축적 기계야말로 새로운 인간을 양성하는 가장 빠른('응축하는') 길이라는 게 긴즈부르크를 포함한 구축주의자들의 생각이었다.

기능주의를 형식주의가 아니라 잠재성의 차원에서 사고할 때, 그것은 획일적 삶이 아니라 삶의 유연성과 다양성에 복무하는 원칙이 된다. 나아가 삶(존재)이 인간(의식)을 조형하고 생산하는 조건이자 환경, 기계로서 조직되는 가능성을 포함한다. 건축이 예술과 삶을 분리시키는 게 아니라 연관짓고, 새로운 방식으로 접속시켜 삶의 양식을 창출하는 힘이 된다는 것은 이러한 의미이다. 삶의 건축적 조직화가 궁극적으로 새로운 인간을 만들어 내게 될 것이다. 따라서 구축주의의 건축적 기획은 사회혁명의 대의와 불가분하게 연결되어 있다. 이는 인간의 현재적 조건, 즉 전통의 가족주의에 결박되어 있고 사적인 맹목에 사로잡혀 있는 개인들을 공-동의 집합적 존재로 변형시키는 정치적 기획의 연장선 위에 구축주의가 놓여 있었음을 입증해 준다.

---

69 콥, 『소비에트 건축』, 129쪽.

6. 혁명의 영도(零度), 구축주의의 역설과 귀환

구축주의자들은 자신들의 운동이 단지 예술운동의 일부가 아니라 사회운동의 일부로서 기능하길 원했다. 이는 그들의 건축적 사유와 실천이 '먹고 자는' 공간의 확보에 머무는 게 아니라 삶을 '바꾸고 만들어 가는' 혁명에 밀접하게 관련되어 있음을 가리킨다. 당연히 이 과제는 계몽주의적 비전에 따른 교육혁명에 한정될 수 없었다. 오히려 보수화된 감수성의 변환과 그에 따른 신체의 훈련이야말로 삶을 이전과는 다른 형태로 변화시킬 수 있는 선결조건으로 제기되어야 했다. 의식이 아니라 무의식이 문제였고, 무의식이 문제였던 한에서 구축주의의 과제는 1920년대에 그들과 다른 방면에서 맹활약을 펼쳤던 정신분석 운동과도 접점을 찾을 수 있게 된다. 구축주의자들과 정신분석 활동가들은 새로운 인간의 창출 가능성을 사회주의적 의식화가 아니라 무의식에 대한 개입에서 발견했고 이를 실천하고자 했던 것이다.[70] 또한 그것은 트로츠키가 사회주의적 일상생활의 성패는 새로운 관습과 의례를 만들 수 있는지 여부에 달려 있다고 전망한 것과도 불가분하게 연관된다. 민중의 신체와 무의식에 깊이 뿌리내린 전통의 굴레를 제거하는 것, 제거된 자리에 다른 방식으로 작동하는 의례들을 채워 넣는 것이야말로 사회를 바꾸는 첩경이 될 것이다.[71]

하지만 정신분석 운동 및 트로츠키가 맞부딪혔던 것들과 마찬가지의 난관을 구축주의 운동 역시 마주치지 않을 수 없었다. 1920년대 후반

---

70 최진석, 『민중과 그로테스크의 문화정치학』, 154~182쪽.
71 Leon Trotsky, *Problems of Everyday Life*, Pathfinder, 1973, p. 43~44.

으로 접어들며 스탈린주의 체제가 공고화되면 될수록 혁명의 실험성은 점차 설 자리를 잃게 되었고, 체제를 수호하고 지속시키기 위한 사회공학들이 그 자리를 메우게 된다. 정치적 전위의 시간이 물러가고 치안의 질서가 엄습한 것이다. 예술적 전위는 정치적 전위와 구가하던 '행복한 동거'를 중단하고, 고독한 분투의 나날을 보내야 했다. 이른바 기념비주의 건축물들이 소비에트 연방의 곳곳에, 특히 모스크바를 중심으로 분주하게 세워지기 시작했고, '신고전주의'라 명명될 만큼 그것은 전통적 건축의 특징들을 그대로 계승하고 있었다.[72] 삶을 새롭게 창출하려는 구축주의의 건축적 실천은 더 이상 용인되지 않았다. 아니, 어쩌면 역전된 방식으로 수용되었을지도 모른다. 스탈린주의가 적극적으로 수용하고 가속화한 신고전주의 양식은, 어떤 의미에서는 '존재가 의식을 결정하는' 방식으로 소비에트 민중에게 권력의 장엄한 위용을 받아들이도록 종용하는 물리적 전시물로 작용했기 때문이다.[73] 이렇게 소비에트의 일상은 다원성과 다양성보다는 획일성과 일관성에 방점을 둔 근대적 도시계획에 종속되었다. 스탈린주의라는 이념이 사회 곳곳을 지배하는 중심성을 확보하고, 이는 자율성의 지대였던 예술에도 영향을 미쳐 구축주의를 포함한 아방가르드 운동 전체의 쇠퇴를 초래했다. 정신분석 운동과 트로츠키의 경우와 마찬가지로, 구축주의 운동 역시 일차적으로는 스탈린주의

---

72 Dmitrij Khmel'nitskij, *Arkhitektura Stalina. Psikhologija i stil'*[『스탈린 건축. 심리학과 스타일』], Progress-Traditsija, 2007, Ch. 3.

73 1930년을 전후해 르 코르뷔지에와의 공모전 경쟁에서 승리한 보리스 이오판의 설계안은 높이가 427미터에 달했고, 꼭대기에 얹혀진 레닌의 동상은 101미터짜리였다. 하지만 당시 소련의 기술력은 결코 그런 장대한 위용의 건축물을 실현시킬 만한 수준에 도달해 있지 않았다. 수딕, 『거대건축이라는 욕망』, 102~104쪽.

라는 강력한 제도에 패배했다고 말할 수 있다.

하지만 더욱 근본적인 이유는 다른 곳에서 발견되어야 한다. 정신분석 운동이 대중적 실천에 근거한 것이어도 실제로는 이론에 밝은 지식인들이 주도했으며, 트로츠키의 혁명이론이 아무리 심원한 것이었어도 근본적으로는 정치엘리트가 주관했던 기획이었다는 사실은 그 운동들의 한계를 미리부터 적시한다. 그럼 구축주의 건축은 어떠했을까? 이 역시 예술가-지식인들에 의해 주도된 운동이라는 '한계'를 갖는다. 그렇지만 건축은 지식인들 사이의 학술적 논쟁이나 고립된 창작자의 개인 작업이 아니라 대중의 생활에 상시적으로 접촉하는 공적 특성을 지니고 있음을 염두에 두자. 건축물은 외딴 곳에 지어지는 게 아니라 일상의 현장에서 건설되는 대상이며, 대중과 직접 맞부딪히는 소통의 문제를 껴안지 않을 수 없다.

혁명기 소비에트의 대중은 어떤 사람들이었는가? 체제는 전제주의에서 사회주의로 바뀌었어도 그들의 감수성 일반은 여전히 제국시대의 연장선에 놓인 게 사실이었다. 그래서 '성스러운 구석'krasnyj ugol에 놓여 있던 성상을 레닌의 흉상으로 바꾸었을 때 소비에트 민중은 별 부담을 갖지 않은 채 예전과 같은 생활방식을 유지할 수 있었다.[74] 무신론을 바탕으로 한 소비에트 사회가 러시아 정교를 공식적으로 배척했어도 일반 민중의 감정과 무의식에는 여전히 종교적 신앙이라 할 만한 요소가 남아 있었고, 그것이 그들의 일상을 지배하고 있었다고 보는 것은 무리한 추정이 아니다. 바로 이 때문에 혁명은 의식이나 제도가 아니라 습관과 무

---

74 스티브 스미스, 『러시아 혁명. 1917년에서 네프까지』, 류한수 옮김, 박종철출판사, 2007, 185~186쪽.

의식, 신체적 감수성에서부터 일어나야 했던 것이다. 민중이 스탈린주의 양식으로 지어진 모스크바 대학이나 외무부 건물 앞에 섰을 때, 예전의 정교 대성당에 대한 것과 마찬가지의 감성으로 그것들을 본다면 과연 혁명의 성공을 운위할 수 있을까? 그러므로 주거공간을 세심하게 재배치해 생활의 양태를 변형시키고 인간을 서서히 새로운 형태로 변용하게끔 만들려던 구축주의의 기획은 목표와 방법론을 설정함에 있어 정확한 판단을 내렸다고 할 수 있다. 문제는 개구리를 서서히 끓여 잡는다는 계획이 아니라 충분히 끓이지 못했다는 점에 있었을지 모른다.

역사적 평가와는 정반대로 구축주의는 결코 실패한 기획이 아니었다.[75] 발상과 기획, 방법과 입장은 명확했고, 한때이긴 하지만 추진의 명분과 힘도 그들 편에 있던 적이 있다. 하지만 그와 더불어 우리는 구축주의가 사회적 응축의 고유한 프로젝트를 완전히 전개하기도 전에 저지당하고 해소되어 버렸다는 점도 고려해야 한다. 다시 말해, 물이 충분히 끓기도 전에 솥을 뒤집어 물을 버렸다고 할 수 있다. "겁은 주지만 발사되지 않는 총"으로 천천히 사회를 변형시켜 나가려던 구축주의의 방법론은, 아이러니컬하게도 '직접 쏘는 총'을 채택한 스탈린주의적 기획에 의

---

75 구축주의야말로 1930년대 사회주의 리얼리즘이라는 소비에트 문화정책의 근본 기저였으리라는 추론은 타당성을 갖는다. 한편으로 그것은 구축주의가 결코 무익하게 실패해 사라진 운동이 아니란 점을 보여 주며, 다른 한편으로 구축주의의 급진적 사회전략이 사회의 전체주의화에 얼마든지 기여할 수 있음을 입증하기 때문이다. Boris Groys, "the Birth of Socialist Realism from the Spirit of the Russian Avant-Garde", J. Bowlt(ed.), *Laboratory of Dreams. The Russian Avant-Garde and Cultural Experiment*, Stanford: Stanford University Press, 1996, pp. 193~218. 다른 한편, 구축주의의 '실패'는 민중이 이 감각의 혁명에 익숙해지기 위한 충분한 시간을 갖지 못했기 때문이라는 진단도 있다. 이진경, 「러시아 구축주의 건축과 감각의 혁명」, 43쪽 이하.

해 추월당하고 신속히 꺾여 버린 것이다. 다시 벤야민을 빌린다면, 예술의 정치화를 정치의 예술화가 압도해 버렸다. 구축주의의 '실패'는 구축주의가 전위의 충분한 가속도를 내기도 전에 치안화된 권력에 의해 강제적으로 감속당했다는 점에서 그 원인을 찾을 수 있을 듯하다. 하지만 이를 이전의 연구들이 보여 주었듯 스탈린주의 권력에 의해 패배당한 예술혁명으로 간주해서는 곤란하다.

우리를 당혹에 빠지게 하는 지점은 바로 여기다. 예술적 전위로서의 구축주의는 사회적 응축의 속도를 세밀하게 계산하는 가운데, 치안의 권력과 시간의 경쟁을 벌이는 과정에서 밀려났다고 볼 수는 없을까? 그리하여 예술적 전위의 혁명 전략을 모방한 치안의 권력이 소련 사회에 '전위적 (극약)처방'을 내림으로써 일거에 혁명을 종결시켜 버린 것은 아니었을까? 다시 말해, 저 유명한 '7대 고전주의 건축'을 내세움으로써 민중을 경악시키고, 그들을 강제로 '새롭게' 바꾸어 버린 게 아닌가? 물론, 스탈린 혁명에 의해 출현한 사회의 '새로움'은 결코 아방가르드적 의미에서의 새로움은 아니었다. 그것은 제국시대의 공포와 위압의 반복이었으며, 정치와 예술의 전위가 노정했던 감각의 새로운 분할을 가져오지도 않았다. 단적으로 말해, 사회혁명을 동반하지 않은, 혹은 역행적인 사회혁명으로서의 '전위적 절단'만을 초래한 것이다. 어떤 의미에서 스탈린주의적 절단은 분명 사회를 일신했고 인간을 변형하는 데 성공했다.[76] 하지만 그렇게 완수된 사회와 인간의 변형은 (무)의식을 자유롭게 개방하는 창조적인 존재가 아니라 (무)의식을 속속들이 억압당한 불구의 존재들을 낳았다. 사회는 혁명 이전으로 환원되었고, 감각의 질서와 시간의

---

76 올랜도 파이지스, 『속삭이는 사회 1』, 김남섭 옮김, 교양인, 2013, 32~33쪽.

관념은 이전의 상태로 복원되었다. 과연 구축주의는 실패했는가?

퇴행해 버린 시간, 순차적인 인과의 질서가 지배하는 시간. 구축주의의 역사로부터 우리가 배우는 바는, 물질성으로 환원된 감각과 강도=0의 상태는 퇴행적 시간의 인과율을 깨뜨리고 새로운 출발을 예기하는 순간들이기도 하다는 점이다. 그것은 일상의 안온하고 평이한, 그러나 지루할 만큼 계기적인 시간의 흐름이 절단되는 감각의 시발점이다. 예술적 전위가 정치의 전위를 앞지르고, 정치적 전위와 적극적으로 만나 사회혁명의 촛불을 밝히는 시점이 그때인 것이다. 역설적으로 말해 치안이 지배하고 일상이 엄존하는 현장이야말로, 말 그대로의 '전위'가 발생하는 제로 포인트, 혹은 영도의 시간일 것이다. 만일 우리가 구축주의 역사에서 얻는 역설적 교훈이 있다면, 일상과 인과의 지배는 언젠가 깨어지고 무의식과 신체성의 감각에로 길어 올려진 어긋난 이음매의 시간은 필연적으로 반복된다는 사실일 것이다. 구축주의의 역사와 교훈을 곰곰이 되살펴 보고 다시 연구해야 할 이유는 여전히 충분하다.

| 3부 |

공 - 동체와 코뮨주의

9장

분열적 감응의 미시정치학

탈근대 혁명의 조건을 찾아서

1. 혁명의 추억, 애도의 이율배반

'혁명'이라는 단어에서 우리가 즉각적으로 연상하는 것은 무엇인가? 아마도 역사책에서 배웠던 수많은 연대기적 사건들을 먼저 떠올리지 않을까? 프랑스 혁명, 러시아 혁명, 신해辛亥혁명이나 4·19혁명 등이 그럴 것이다. 혹은, 정확히 연도를 산정할 순 없어도 거시적 관점에서 볼 때 의미를 갖는 혁명들도 있다. 신석기혁명이라든지 산업혁명, 녹색혁명, 생태혁명 등이 그렇다. 어떻게 부르든 '단절'과 '도약'은 이러한 혁명의 역사를 관통하는 열쇠어로 제시된다. 열거한 순서대로 예시해 보자.

가령 신분제에 기초한 봉건사회를 평등한 시민들의 세계로 바꾼 것은 1789년의 부르주아 혁명이었고, 그런 시민들로부터 억압받던 노동자들이 자신들의 역량으로 새로운 사회를 건설하고자 했던 시도가 1917년의 프롤레타리아 혁명이었다. 서구를 거울삼아 동아시아에서 사회의 전면적인 탈구축을 꾀했던 사건이 1911년 중국에서 일어났으며, 1960년 이 땅에서는 식민지 수탈에 이어진 독재정권에 반발하여 시민들이 '의거'

를 일으켰다. 단절과 도약의 관념은 더 넓은 시간의 지평에서도 확인된다. 기원전 7000년경 곡물재배와 가축사육을 통해 삶의 조건을 변형함으로써 인류의 안정적인 생존이 가능해진 것은 농업혁명 덕분이었다. 18세기 이래 유럽에서 발달한 정밀한 기계류와 대량생산은 공장제 대공업을 낳았고, 전 지구적 규모의 시장경제를 가동시켰다. 20세기의 산업발전은 화석연료를 천연에너지로 전환하고, 미래세대를 위한 개발의 자발적 지연과 지속가능한 삶이란 모토를 통해 자연과 인간의 관계를 바꾸어 가려 한다. 삶과 공동체의 전면적인 변화를 전망하는 말로서 혁명보다 더 정확한 게 있을까?

그러나 좋은 일은 늘 장밋빛으로만 채색되지 않는 법이다. 단절과 도약의 이면에서 우리는 곧잘 잔혹과 공포의 광경을 엿보았고, 낯익은 것의 귀환을 목격하기도 했다. 예를 들어 자코뱅 독재는 단두대와 처형의 두려움으로 혁명의 이미지를 각인시켰고, 자유로운 노동자들의 계급 없는 사회는 스탈린주의의 전체주의 수용소로 귀결되었다. 신해혁명이나 4·19 역시 군주정의 복귀나 군부정권이라는 반反혁명의 역풍을 맞지 않을 수 없었다. 수차례의 생산력 혁명은 부존자원의 고갈과 환경오염을 초래했고, 불균등 발전으로 인한 빈부격차와 계급갈등을 유발시켰으며, 현재 진행중인 대안적 혁명들은 그 미래가 아직 불투명하다. 어떤 의미에서 볼 때, 혁명이 내세우는 단절과 도약은 일시적인 환상일 뿐이요, 격렬한 파괴와 진통 끝에 낡고 익숙한 것이 다른 모양새로 대체되는 순환의 연쇄란 느낌을 지울 수 없다. 한나 아렌트는 우리에게 익숙한 혁명의 표상이란 근대 이전에는 존재하지 않았다고, 사회적 대변혁으로 표징되는 혁명의 역사는 그리 오래된 게 아니라고 단언한다.[1] 단절과 도약으로 표지되는 혁명의 기억은 어쩌면 혁명에 대한 우리 욕망의 잔상殘像에 불과할지 모른다.

우리의 생각을 더욱 복잡하게 만드는 것은 혁명이 어느덧 역사화되었다는 사실로 인해서다. 에릭 홉스봄이 19세기를 '혁명의 시대'로 규정한 이래, 그리고 다니엘 벨이 20세기를 '이데올로기의 시대'로 명명한 이래, 혁명은 어느새 지나간 세월의 기록이 되어 기억 속에 침전해 버렸다. 역사책에서 우리는 혁명에 관해 읽고 공부하지만, 그것은 혁명이 지나간 과거이며, 지금-여기서 재현되지 않으리라는 (무)의식적인 가정 위에서 수행되는 독서행위일 뿐이다. 현대 국가는 경제적 번영과 정치적 안정을 최우선적 과제로 선포하고 있으며, 4년마다 주기적으로 치르는 선거를 통해 혁명의 에너지를 '성공적으로' 솎아 내고 있다. 낡은 정치와 부패한 경제를 하루빨리 바꿔야 한다고 사람들은 늘 주장하지만, 실제로 그런 일이 벌어질까봐, 그리하여 익숙한 일상의 질서가 무너질까봐 두려워하는 게 이면의 진실이다. 이런 현실에서 혁명에 대해 이야기하는 것은, 실상 혁명은 더 이상 일어날 수 없고 일어나서도 안 된다는 무의식적 믿음을 역설적으로 드러내는 것일지 모른다. 혁명의 추억, 그것은 혁명이라는 유령이 돌아오지 못하도록 영원히 잠재우려는 푸닥거리, 또는 애도로 작용하여 우리를 혁명의 잠재성으로부터 멀리 떼어 놓고 있다.

2. 근대적 혁명 개념의 착종

이제 혁명은 먼지 낀 옛 사전에만 등재된 '죽은 관념'에 불과할까? 대체 왜 우리는 지금 혁명에 대해 이야기하는가? 세상이 낡고 부패해서? 현실

---

1 한나 아렌트, 『혁명론』, 홍원표 옮김, 한길사, 2007, 74쪽.

너머의 또 다른 대안이 절실한 시대라서? 당위만으로 오래된 관념과 말을 호출하는 것은 시대착오나 지적인 자기기만에 지나지 않는다. 그러나 또한 혁명을 원치 않는다고 말할 수도 없다. 끊임없이 그것에 관해 떠들고 말을 토해 낸다는 것은 지금-여기가 충족시켜 주지 못하는 또 다른 현실로의 도약에 대한 열망이 있음을 반증한다. 아마도 혁명은 그 출구로서 우리의 무의식에 남아 있는 이드와 같은 것일지 모른다. 프로이트 식으로 말하자면, 우리는 혁명에 대한 '두려운 낯설음'uncanny의 감정을 경험하고 있다. 혁명을 거부하는 한편으로, 또한 그것을 욕망하고 있다는 뜻이다. 일종의 욕망의 이율배반이자 역설이라 부를 만한 이런 현상은, 의식과 무의식의 관계를 따져 볼 때 그리 이상한 일이 아니다. 현실의 안정성을 희구하는 의식의 이면에서 무의식은 항상 현실 너머로 돌파해 갈 파열점을 찾아낸다. 최근까지 한국의 지식사회에서 유행했던 파국에 대한 담론은 그런 역설의 한 단면이 아닐까?

그렇다면 혁명이란 도대체 무엇인지, 어떻게 그것을 다시 사유하고 현행화할 것인지 묻고 답하는 일은 오히려 자연스럽다. 먼저 짚어 봐야할 것은 혁명이 정말 단절과 도약을 만들어 내는 힘인지, 혁명에서 우리가 바라는 것이 진정 단절과 도약이라는 사건인지 따져 보는 일이다. 그래야만 우리는 혁명과 반혁명의 허무주의적 순환의 고리를 벗어날 수 있을 것이며, 나아가 지금-여기서 혁명을 새로이 사유한다는 것이 어떤 의미인지 알 수 있을 터이기 때문이다. 놀랍게도, 혁명이란 말의 어의語義를 살펴보면 단절과 도약에 대한 우리의 기대는 실상 착시이자 오해임이 금세 드러나게 된다. 일단 여기서 출발해 보자.

한자어로 '혁'革 자는 '삼십'卅과 '십'十이 위아래로 붙어 만들어졌고, '명'命은 입[口]으로 명령을 내리는 형상이라고 한다. 이 두 글자의 종합인 혁명은 30년을 한 세대로 삼아 역사의 진로가 뒤바뀌는 현상이자, 그것을 명령으로서 받아들이는 태도를 뜻한다. 그래서 한자문화권에서 혁명이란 '어떤 질서 혹은 천명天命의 주기적 변화'를 가리켜 왔다.[2] 한漢나라 이래 혁명이 왕조의 교체를 통해 본래적인 하늘의 질서를 되찾는 것을 의미했다고 하니, 우리 현대인들이 감지하는 단절과 도약의 뉘앙스는 혁명의 역사에서 꽤나 뒤늦게 추가된 색조라 할 수 있다. 흥미롭게도, 서양의 사정도 크게 다르지 않다. 'revolution'은 원래 어그러진 천체의 궤도가 다시re- 휘돌아 감기는volv- 사태를 지시했다. 별자리의 운행이란 규칙적이고 합법칙적인 우주적 진리여서 단절이나 도약 같은 일탈적 요소는 품지 않기에, 혁명은 결국 어긋난 별자리를 본래 형상대로 되돌리는 과업이 된다.[3] 고대 그리스와 로마로부터 중세 및 근대 초까지 혁명은 '새하늘 새 땅'을 창출하는 게 아니라 '좋았던 옛 시절'을 회복하는 작업이었다. 낡은 질서를 종식시키고 새로운 세계의 탄생을 촉진하는 사건으로서의 혁명 관념은 어디까지나 근대인의 '오해'인 셈이다.

단어의 어원이 그러하니 혁명에 대한 기대를 접자는 이야기를 하려는 것은 아니다. 아렌트는 어원학에 근거해서 혁명의 보수성이나 허무성을 단정짓지 말라고 경고한 바 있다. 우리는 혁명 자체보다는 근대의 새로움novelty과 혁명이 맺는 관련에 주목해야 한다. 근대의 새로움은 근대 자체의 새로움이 아니라 스스로를 만들어 내는 근대의 자기생산성에 있다. 근대는 고대나 중세의 전범을 답습하고 모방해서 형성된 시대가 아니라, 스스로의 규범을 자기 힘으로 만들어야 하는 고아적인 자립의 시

---

2 진관타오 외, 『관념사란 무엇인가 2』, 양일모 외 옮김, 푸른역사, 2010, 454~455쪽.
3 라인하르트 코젤렉, 『지나간 미래』, 한철 옮김, 문학동네, 1998, 81~82쪽.

대로 정의된다. 달리 말해, 근대는 주어진 내용을 수용하여 반복하는 게 아니라 자신의 형식을 창조함으로써 그 내용마저 다르게 창안하는 과정이다.[4] 이러한 근대의 자기성찰에서 우리는 혁명 개념이 어떻게 전위傳位되었는지 주시해 볼 필요가 있다.

근대 이전까지 혁명은 동서양을 막론하고 시간의 흐름에 따라 변질되어 본 궤도로부터 멀어진 역사를 다시 원래의 자리로 되돌려놓는 과업을 가리켰다. 옛 체제, 옛 왕조를 갈아엎은 새로운 체제와 왕조는 하늘 곧 신이 명한 유일한 진리로 세상을 다시 돌려놓았음을 표방했고, 혁명 이전과 이후는 본질적으로 변한 게 아무것도 없었다. 하지만 근대에 접어들며 사정이 바뀌었다. 혁명은 더 이상 구질서의 복귀를 뜻하지 않는다. 역사는 돌고 돌아 끝내 예전의 자리로 되돌아오는 게 아니라 알 수 없는 미래를 향해 나아가는 궤적으로 정의된다. 오래된 왕조는 사멸했고, 낡은 체제는 소멸했다. 귀환할 아무런 원리나 원칙이 없기에 근대인들은 지금-여기서 역사를 새로 써 나가야 하는 부담을 안게 되었다. 인민의 자기통치란 곧 역사의 자기기술self-description과 같은 말이며, 이는 근대 혁명사의 중심적 이념으로 자리잡게 된다. 즉 혁명은 과거에는 존재하지 않았던 새로운 사회체를 구성하는 힘겨운 과정으로서 근대성 고유의 문제설정이 되었다.

본래의 어원이 '반복'이나 '회복'을 뜻할지라도, 근대에 접어들며 혁명은 완전히 다른 의미를 장착했다. 결과로서의 반복이나 회복이 아니라, 그 과정의 불가항력이 관건이다. 거시적 관점에서 볼 때, 어쩌면 그 과정은 낡고 허물어져 가는 체제가 동형적인 구조 속에 귀환하는 것처럼 여

---

4 마테이 칼리니스쿠, 『모더니티의 다섯 얼굴』, 이영욱 외 옮김, 시각과언어, 1998, 제1장.

겨질 수도 있다. 봉건적 통치는 민주적 정치 속에 재현되고, 억압의 역사는 다른 방식으로 계속되는 것처럼 보일 수 있다. 그러나 천명과 천체의 질서가 인간의 의지로부터 벗어난 자연력을 표방하듯, 시간을 주파하는 역사의 운동은 거역할 수 없는 필연의 힘이다. 근대의 '새로움'은, 그렇게 되돌릴 수 없는 눈먼 힘의 질주에 인간이 떠밀려 갈 수밖에 없다는 것을 인식한 데에 있다.[5] 인간은 짐짓 역사의 선봉에 서서 새로운 시대를 만들어 나가는 듯 행동하지만, 실상 그것은 역사라는 거대한 파도가 밀어붙이는 압력에 순순히 뒤따르는 것에 불과하다. 이것이 혁명의 근대적 개념이다.

의미의 전도에 유의하자. 역사의 압박에 떠밀린 인간이 형성하게 될 시대는 본원적인 낙토樂土나 그 원리, 또는 탈구된 궤도의 복원 따위가 아니다. 물론 헤겔처럼 절대정신이 즉자대자적인 자신을 찾아가는 여정이 세계사라고 주장한 철학자도 있었다. 그러나 그조차 시간의 흐름은 원환적인 게 아니라 나선형 모양으로 진전하는 것이라 설명함으로써 역사는 원점으로 회귀할 가능성을 영영 상실하고 말았다. 거꾸로 시간은 영원 속에 던져져 어디로 흘러갈지 아무도 짐작할 수 없는 무한의 궤도에 들어서게 되었다. 헤겔에게 혁명이란 그와 같은 목적 없는 운동을 가속화하는 문턱들에 붙여진 이름이었다. 아이러니컬하게도, 헤겔 자신에게도 비밀로 남았던 이러한 전도는 혁명에 대한 전통적인 개념을 혁명화하는 '혁명의 혁명'이라 할 만하다.[6] 혁명이 일으키는 단절과 도약에 대한 우리의 상상은 역사의 속도계가 매순간 가속되는 눈금들에 상응하는 것이다.

5 아렌트, 『혁명론』, 120쪽.

3. 목적론과 반(反)목적론, 혁명이론의 은폐된 논쟁

눈치 빠른 독자라면 짐작했겠지만, 역사에는 목적이 설정되어 있지 않다는 앞선 논의는 근대 혁명에 대한 상식과 일정하게 괴리를 이룬다. 정치사적 사건으로서 프랑스 대혁명과 경제적 생산의 전환점으로서 영국 산업혁명, 그리고 사상사적 변전으로서의 독일 관념론의 3박자가 교집하고 결절되는 19세기를 염두에 둘 때, 우리는 강한 목적론적 역사의식과 진보적 혁명사관을 종종 마주치기 때문이다. 실제로 프랑스 혁명을 전후하여 이백여 년 동안 벌어졌던 여러 정치혁명들은 자유나 평등과 같은 권리획득을 위한 투쟁이었으며, 부의 생산은 부국강병의 목표와 연계되었고, 철학은 그것을 사유의 지평에서 의미부여하려는 시도였다. 절대정신의 완성과 같은 관념론적 테제를 언급할 필요도 없이, 국민국가nation-state의 형성사로서 근대를 재구성해 보면 이러한 목적론이 얼마나 강력한 당대의 추진력이었는지 금방 파악할 수 있다.

봉건적 군주정 아래서 지배자와 피지배자의 관계는 수직적이며 계층적으로 조직된다. 즉 군주가 맨 꼭대기에 있다면, 그 아래 성직자와 귀족이 포진하고, 그 아래에는 평민층이 넓게 자리잡게 된다. 권력은 하늘(신)로부터 주권자인 군왕에게 수여되어 통치의 합법적 근거를 이룬다. 초월적인 힘에 의해 부여된 지배력이니 항거할 여지는 전혀 없다. 이런

---

6 세계사의 목적은 근본적으로 '은폐된 무의식'이나 진배없다고, 헤겔은 자신의 강의를 통해 고백하고 있다. Georg Hegel, *The Philosophy of History*, trans. J. Sibree, Prometheus Books, 1991, p. 25. 인간은 신의 의지를 알지 못한다는 신학적 논변이란 실상 역사의 무목적성에 대한 인간학적 변호에 다르지 않을 것이다. 그러므로 헤겔의 변신론이란 목적론의 자기부정을 고지하는 근대인의 '식상한' 은유라 평가해도 좋을 것이다.

사회에서 최하층에 속한 평민들은 출생 이전부터 정해진 위계에 따라 복종과 노역의 의무만을 질 뿐이기에 사회에 대한 어떤 책임도 짊어지지 않는다. 중세의 전쟁이 귀족 전사집단들 사이의 전투에 국한되어, 일반 백성들과는 무관하게 진행되었음은 잘 알려진 사실이다. 요컨대 전근대 사회에서 신민은 사회와 절연된 존재이며, 공동체를 구성하거나 책임질 필요가 없었다.

군주제를 대신하는 사회형식으로서 공화주의를 구상했을 때 루소가 착안했던 것은 종래의 신민들로는 새로운 공동체를 만들 수 없다는 사실이었다. 신분제의 상부에서 내려진 법에 복종하기만 하는 신민은 사회와 유기적으로 결합되지 않기 때문이다. 그래서 사회적 정치체를 구성하기에 앞서 무엇보다도 먼저 그 사회체에 소속되는 시민을 만들어야 할 필요가 생겨난다. 자기 자신과 사회에 대한 권리를 보유한 시민, 그것이 인민이다. "인민이 되는 행위는 필연적으로 왕을 선출하는 행위보다 앞서는 것으로서, 사회의 진정한 기초가 된다."[7] 군왕에 앞서 인민이 있고, 인민은 하늘(신)에서 우연히 떨어진 존재가 아니라 스스로 인민이 되는 행위에 의해 주권자의 자리에 서게 된 존재다.[8] 인민주권과 사회계약의 신화가 이로부터 탄생했다. 상위신분에 종속된 피지배자가 아닌 자유로운 개인은 오직 자신에게만 복종하며, 자기의 신체와 정신에 대한 자유

7　장-자크 루소, 『사회계약론(외)』, 이태일 옮김, 범우사, 1990, 25쪽.
8　자기 호명적 진리로서 인민주권의 원리는 근대적 정치체의 변전이 활발히 논의되는 우리 시대에도 반복되고 있다. 주디스 버틀러, 「우리, 인민―집회의 자유에 관한 생각들」, 알랭 바디우 외, 『인민이란 무엇인가』, 서용순 외 옮김, 현실문화, 2014, 74~75쪽. 물론 이는 루소와는 상당히 다른 의미론적 함축을 갖고 있지만, 또 다른 점에서는 루소적 자기 호명을 상실했던 인민으로 하여금 다시금 그 권리와 능력을 되찾게 하려는 시도라는 점에서 '근대 이후의 근대'를 연상하게 만든다.

가 주권의 기초가 된다. 이러한 개인들이 자기보존의 필요에 따라 권리의 일부를 양도하기로 '약속'함으로써 비로소 사회가 구성될 수 있다. 이런 식으로 만들어진 공동체가 공화국이며 국가이다. 국가가 국민을 만드는 게 아니라 국민nation이 국가를 구성한다는 관념이 근대 사회의 이념적 전제로 설정된다.

프랑스 혁명의 이데올로기적 전제로서 계몽주의 사상의 중요성을 강조하는 게 관례이긴 해도, 구체제 하에서 신민은 인민으로 쉽게 전환될 수 없었다. 교육이 귀족과 성직자들에 의해 독점되고 일부의 평민들에게만 열려 있는 조건에서는 전체 민중을 상대로 주권자 인민을 생성시키고, 그로부터 국가적 시민을 양성하는 게 불가능했다. 때문에 혁명은 신분의 억압에 맞선 정치적 투쟁이자 동시에 인민과 시민을 형성하는 사회적 과정이 되어야 했다. 혁명과 같은 급진적이고 과격한, 예측 불가능한 자기형성의 무대가 주어지지 않는다면, 근대 사회는 결코 등장할 수 없었을 것이다. 하지만 또한 시민의 자기형성은 일회적으로 완결되지 않는다.[9] 계약의 이념이 법에 규정되어 있다 한들, 계약 당사자가 아닌 바

---

9 임의의 사회 구성체에 속하지 않은, 벌거벗은 자연권적 주체로서 인간(인민)은 과연 존재하는가? 아렌트는 미국의 '독립선언'과 프랑스의 '인간과 시민의 권리 선언'이 갖는 맹점을 근대 사회의 구성적 역설로 간주한다. 혁명을 통해 봉건적 신민은 자연적 인간의 권리를 확인했지만, 근대 공화국의 시민이 됨으로써 국가의 예속에 놓이게 된다. 인간의 권리와 시민의 권리는 정확히 동일한 게 아니다. 여기에는 일정한 간극이 있으며, 그 간극을 선언이라는 수행적 제스처를 통해 메우려 했던 시도가 미국과 프랑스에서 벌어졌다는 것이다. 한나 아렌트, 『전체주의의 기원 1』, 이진우 외 옮김, 한길사, 2009, 제9장 「국민국가의 몰락과 인권의 종말」을 참조하라. 하지만 난민의 문제에서 확인되듯, 이론과 실천의 양측면에서 인간과 시민 사이의 간극은 여전히 해소되지 않았으며, 탈근대의 전환기를 맞이하여 활발한 정치철학적 논제로 되살아나고 있다. 최진석, 「난민의 정치철학적 쟁점들: 아감벤, 발리바르, 지젝을 경유하여」, 『난민/기민/시민: 국경선의 안과 밖』, 2019년 조선대학교 이미지연구소 학술대회 자료집, 67~79쪽.

에야 누가 자기 자신이 사회와 국가의 계약주체이며 주권자이고, 책임과 의무가 있다고 의식하겠는가? 그래서 혁명 이후에 등장한 근대 사회, 국민국가 체제에서 시민교육과 대중적 의례는 주권과 계약의 이념을 상기시키고 재설정하는 중요한 장치로 부각되었다.[10] 아이러니컬하게도, 이러한 절차주의는 우리가 아는 국가와 사회, 민주주의의 핵심적인 요소지만, 이는 동시에 공동체에 대한 권리와 책임을 형식적인 절차에 가둬 버리는 덫이기도 하다. 주기적으로 치러지는 '행사'로서의 선거를 떠올려 보라. 몇 년을 주기로 한 번씩 시민은 주권자로 호명되다가, 다시금 주권 없는 주민, 곧 인구의 위치로 굴러떨어진다. 권리의 주체와 통계적 자료를 오가며 반복하는 셈이다.

시간을 조금 건너뛰어 스탈린주의 시대를 돌아본다면 이러한 역전 현상은 더욱 명백해진다. 1917년의 대혁명은 전제정의 폭력과 정치적 무능, 전쟁과 빈곤 및 계급갈등 등이 중첩되어 폭발한 우발적 사건이었다. 볼셰비키 지도자들이나 후대의 소비에트 역사가들이 혁명을 맑스주의적 논리의 필연적 산물로 포장하려 했음에도 불구하고, 실제로 우리가 확인할 수 있는 것은 혁명이 특정한 이데올로기적 목적이나 원칙이 작용하여 도출된 결과가 아니라 '구조와 상황의 압력'으로부터 터져 나온 사건이었다는 사실이다.[11] 하지만 소비에트 국가의 수립 이후, 볼셰비키는 혁명의 역사를 인간의 의지와 계획, 실행이 역사적 조건과 결합해서 빚어낸 산물로 규정지어 교육했고, 이는 스탈린 시대에 이르러 우리에게

---

10 알베르 소부울, 『프랑스 혁명. 1789–1799』, 전풍자 옮김, 종로서적, 1981, 237~240쪽.
11 스티브 스미스, 『러시아 혁명. 1917년에서 네프까지』, 류한수 옮김, 박종철출판사, 2007, 200쪽.

익숙한 역사발전의 5단계설 같은 조잡한 논리로 결정화되기에 이른다. 예를 들어, 원시 공산제 사회가 고대 노예제로 진화하고, 다시 중세 봉건 제로, 그리고 근대 자본주의를 거쳐 필연적으로 공산주의에 이르게 된다는 학설이 대표적이다.[12] 요컨대 근대적 맥락에서 혁명에 투여된 '과정의 필연성'에 대한 함의는 국민국가의 성립을 촉진하고 격발시키는 원천이 되었으나, 동시에 부르주아 사회든 프롤레타리아 사회든 국가라는 최종 형태에 혁명을 포획시키는 함정에 빠지고 말았다.

다시 근대 혁명의 의미론적 전환으로 돌아가 성찰할 필요가 있다. 즉 미리 정해진 천명의 본의를 떠받들거나 천체 궤도의 항적을 복원하는 게 아니라, 마치 우주와 자연의 불가항력적인 힘에 의거하여 떠밀리듯 나아 갈 수밖에 없는 역사의 도정으로서 혁명에 대한 재음미가 요구되는 시점 이다. 일탈과 탈구, 전환에 어떤 거대한 목적을 투사하여 견인하게 될 때, 우리는 불가피하게 과정 전체를 특정한 성과나 결과를 이루기 위한 형 식적 절차로 간주하게 마련이다. 가령, 혁명적 상황이 벌어졌을 때 자연 과 사회적 환경이 파괴되고, 인간을 비롯한 무수한 생명이 죽음에 처하 는 것은, 십분 양보하여 피할 수 없는 사태로 받아들일 수 있을지 모른다. 하지만 누가 그것을 결정할 것인가를 알지 못한다면, 생사여탈과 파괴 및 보존의 판단을 할 권리는 누구에게도 감히 주어질 수 없다. 그런 순간 에 사태를 불가피하게 여기고 최종 결정권을 무감하게 휘두르는지, 반대 로 최소화하고자 노력하는지는 전혀 다른 문제일 것이다. 초월적인 목적, 곧 국가를 건설하고 민족을 개신改新하겠다는 '원대한' 목적을 주창할 때,

---

12 Joseph Stalin, *The Essential Stalin. Major Theoretical Writings 1905-52*, Croom Helm, 1973, pp. 323~327.

전자의 선택이 더 쉬우리란 것은 말할 필요도 없다. 하지만 혁명이 본래 정해진 것은 아무것도 없이 단지 열린 시간의 여정을 통과하는 필연성을 뜻한다면, 그러한 목적론이 초래한 폭력과 파괴를 어떻게 정당화할 수 있을까? 과정을 과정 자체로서 받아들이고, 혁명이라는 과정이 산출하는 변화를 수용하는 방법, 즉 목적론으로부터 빠져나온 혁명에 대해 어떻게 사유할 수 있을까?

4. 국민국가와 자본주의, 포획된 혁명과 그 결과들

목적론의 설정을 거부하려는 시도는 일체의 목표도 없이 이리저리 떠밀리기만 하는 체념과 수동성으로 귀결되지 않는다. 지금-여기의 현실이 우리의 삶을 강압하고 질식시킬 때, 우리는 현재의 궤적을 이탈하는 새로운 삶의 시공간을 꿈꾸게 마련이다. 그것이 혁명이고, 과정 자체가 생산하는 새로움일 것이다. 그 새로움을 받아들이기 위해, 이전 시대까지 우리가 익숙하게 보아 왔던 모든 것을 폐기처분할 필요는 없다. 역사책 속에 사장된 혁명의 현행성을 되살리기 위해 혁명의 근대성을 돌아보았던 것처럼, 지금-여기서 혁명을 다시 구동시키려면 우리는 오히려 지난 시대의 혁명이 남겨 둔 논점들을 면밀히 검토해야 한다.

맑스의 혁명 이론을 가장 중요한 참조점으로 삼는 것은 당연한 노릇이다. 단, 우리의 성찰적 장에 끌어올려야 하는 것은 맑스주의로 대변되는 체제의 이데올로기가 아니라 맑스 자신의 사유다. 어쩌면 맑스의 의식적 사유뿐만 아니라 그의 무의식이야말로 더욱 유용한 자원이 될지 모른다. 그것은 맑스 자신도 인지하지 못했던 맑스의 무의식으로서 '근대인 맑스'를 넘어서는 비근대와 탈근대의 맑스를 우리에게 조명해 줄 것이다. 도대체 맑스의 무의식이란, 비근대와 탈근대의 맑스란 무엇인가? 거기에 우리는 맑스의 이름조차 부여할 수 있을까? 프로이트에 의하면, 무의식은 의식적인 목적을 넘어서 자체의 충동원리를 따르는 욕망의 흐름이다. 그것은 인간적 의지나 소원, 목적론적 기획 등과는 별개로 움직이는 자기 목적적인 힘이라 할 수 있다. 이런 의미에서 들뢰즈와 가타리는 무의식과 욕망의 운동을 유물론의 대상으로 정의하며, 맑스적 사유와 결부될 수 있다고 주장한다.[13] 당연하게도, 무의식과 접속하는 맑스의 사유란 다름 아닌 비근대와 탈근대의 지평선에 발을 딛고 있는 맑스의 무의식이다.

혁명의 역사에서 자주 논의하는 사건들 중 1215년 영국의 마그나카르타Magna Carta, 즉 대헌장과 1688~89년간 벌어진 명예혁명이 있다. 전자는 군주의 권한을 신하들이 제한하여 법적으로 명문화한 사례이고, 후자는 유혈항쟁 없이 군주를 추방하고 새로 옹립함으로써 신권이 왕권을 합법적으로 제압한 사례로 평가된다. 정치사상사에 유의미한 흔적을 남긴 기념비적 사건들이지만, 온전히 정치혁명의 범주에서만 유효한 사실들이다. 다시 말해, 제도와 규범의 차원에서 변화를 이끌어 낸 개혁으로서 소수의 귀족지배층이 주도했고, 성과를 나눠 가진 역사에 한정된다는 뜻이다. 토대는 건드리지 못한 채 상부구조에서의 변혁만이 이루어졌다고 할 법한 이 에피소드들은 후일 사회혁명을 통해 전면적으로 사건화되었다.[14] 여기서 '사회적'이란 비단 규모의 문제만을 지시하지 않는다. 먼

---

13 Gilles Deleuze & Félix Guattari, *Anti-Oedipus. Capitalism and Schizophrenia*, The Athlone Press, 1984, pp. 22~23.
14 국민국가 체제에 방점을 찍고 있으나, 사회혁명이 갖는 근대사적 전환의 전반적 요점에 관해서는 테다 스코치폴, 『국가와 사회혁명』, 한창수 외 옮김, 까치, 1993, 16~57쪽을 보라.

저 그것은 토대라는 생산력과 생산관계의 구조적 변동에 연계되며, 다수의 민중이 참여하여 진전시키는 과정이자, 총체적인 급진적 단절을 통해 이질적인 도약의 계기를 드러내야 한다. 근대 혁명의 특징은 정치혁명에 머물던 역사적 변혁이 사회혁명을 통해 확대되고 심화되어 이전과는 질적으로 다른 사회체를 구성하는 데 있다.

우선, 생산양식의 측면을 살펴보자. 생산양식이란 생산력과 생산관계의 결합을 통해 만들어진 특정 시대의 사회경제적 토대이다. 전술한 스탈린주의적 단계론에서 각 시대별 체제들의 특징이 이에 해당된다. 문제는 맑스에게 생산양식의 역사는 '단계'를 통한 진화나 진보로 목적론화되거나, 필연적 계승의 관계 속에 주입되지 않는다는 점이다. 청년 시절의 노작 『독일 이데올로기』(1845-46)에 이와 같은 사상이 서술되어 있는 바, 우리는 여기서 생산과 인간생활의 관계가 단계별로 도식화되는 게 아니라 자연과 역사 속에서 맺어지는 관계의 유형에 따라 다양하게 나뉘어 있음을 목격한다. 핵심은 사람들이 자신들의 삶에서 생산하는 것과 자기 자신의 생산이 깊이 연관되어 있으며, 이러한 생산양식(초기에는 '생활양식'으로 표기)이 집합적으로 구성되고 수행되어 일정한 변화를 드러낼 때마다 역사는 상이한 삶의 체제를 구축한다는 사실이다.[15] 역사는 분명 일하는 사람들에 의해 만들어지지만, 역사가 어디로 향할지, 그리고 무엇을 내놓을지는 미리 정해져 있지 않다. 청년 맑스는 이것을 '유물론'이라고 불렀다.

역사가 우연한 조합을 통해 구성되는 사회구성체들의 집합이라는

---

15 칼 맑스·프리드리히 엥겔스, 『맑스 엥겔스 저작선집 1』, 최인호 외 옮김, 박종철출판사, 1994, 197~201쪽.

사상은 후년의 대작 『자본론』(1867)에서도 발견된다. 자본주의 사회에서 시장은 생산과 소비가 만나 교환의 특정한 지점을 형성하는 과정이다. 가격으로 표지되는 그 지점은, 그러나 가치와 동일한 것이 아니기에 항상 변동적이며, 미지의 좌표로 남아 있다. 본질적으로 가치 자체가 노동 생산물을 인간적 조건에 맞게 변용하여 표시한 것이다. 맑스는 이를 '사회적 상형문자'라 불렀는데, 가라타니 고진은 맑스에게 '사회적'이란 형용사는 바로 이와 같은 미지의 앎에 대해 붙여진 표식이라고 주장한다.[16] 시장에서의 교환은 정합적인 상등관계의 결과처럼 보이지만, 실제로는 가격과 가치의 불일치, 생산자와 소비자라는 타자들 사이의 비동일성이 형성하는 사회적 관계('교통')라는 것이다. 같지 않은 것을 같게 맞춰서 맞바꾸고, 또한 관련을 맺는 것은 우연적이고 사건적인 과정이다. 바꿔 말해, 자본주의라는 거대기계는 합리적인 계산을 통해 안전하고 정확하게 사회를 형성한 게 아니라, 서로 다른 것들 사이에서 끊임없는 도약을 통해 아슬아슬하게 교점을 찾아가는 '곡예술'의 역사로 이루어졌다. 자본과 결탁한 국가는 이 과정에 시장합리성이라는 목적성을 투입하여 아무 문제가 없는 듯이 매끄럽게 포장해서 내놓고 있다.

혁명으로 태어난 근대 국가는 역으로 혁명을 포획하여 국가를 이룩하기 위해 혁명이 동원되었노라고 선전한다. 들뢰즈와 가타리는 자본주의 역시 그 우발적인 기원을 은폐하고 역사적 필연처럼 꾸밈으로써 자신의 기원을 정당화한다고 지적한다. 흔히 알려져 있듯, 중세 봉건제가 무너지고, 도시와 시장이 발달하여 근대 자본주의가 싹튼 것이 아니다. 16세기 이래 인클로저 운동으로 인해 땅에서 추방당한 농민들이 노동자로

---

16 가라타니 고진, 『은유로서의 건축』, 김재희 옮김, 한나래, 1999, 224~225쪽.

유랑해야 했던 흐름과, 잉여자본의 축적으로 인해 사용되지 못한 자본의 흐름이 근대의 어느 시점에 만나 대자본을 형성하고 대공업과 세계시장의 기반을 조성했을 따름이다.[17] '자유로운 임노동자'와 '자본'의 마주침은 필연이 아니다. 이 두 흐름이 유동할 때 양자를 만나게 했던 특수한 역사적 조건들이 작용했을 뿐이다. 조건이 바뀐다면, 현재 강고하게 건설되어 있는 자본주의적 근대는 어느 순간, 애초에 그 시작이 그러했듯 해체되고 다른 방식으로 조립될 수 있을 것이다. 역사의 유물론이란 시간의 경과를 사후적으로 목적론화하는 게 아니라 흐름 자체를 꾸준히 관찰하고 뒤따름으로써, 의식적인 편집을 취하지 않음으로써 드러나는 사건의 서술인 셈이다. "역사는 주체도 목적도 없는 과정"이라는 알튀세르의 명제[18]는 이런 관점에서 심도 있게 음미되어야 한다.

혁명을 혁명으로서 다시 사유하는 것은 자본주의와 국민국가라는 거시적 관점에서 탈각하는 것으로부터 시작되어야 한다. 우리가 제아무리 진보적이거나 반골적인 성격임을 주장해도 교육제도와 일상의 관습, 의식과 무의식을 통해 현재적 생활양식에 길들여져 있음을 부인할 수 없다. 현재의 국가와 자본의 틀 속에서 생각한다면 어떤 식으로 관점을 변경해 보아도 결국 안정과 지속이라는 현실안주적 습속을 벗어나지 못할 것이다. 혁명의 역사를 돌아볼 때, 실제 혁명의 과정에 참여하는 것만이 어쩌면 혁명을 혁명으로 받아들이는 유일한 길일지 모른다. 그럼에도 불구하고, 우선 생각해 보아야 할 점이 있다. 매 시대마다 혁명은 그것이 어떤 조건에 놓여 있느냐에 따라 다른 결과에 도달했다. 지금 우리 시대에

---

17 Deleuze & Guattari, *Anti-Oedipus. Capitalism and Schizophrenia*, pp. 33~34.

18 Louis Althusser, *Politics and History*, New Left Books, 1972, p. 181.

혁명의 잠재성이 어떤 현실의 조건과 만나고 격발될 수 있을지 탐문해 보지 않는다면, 혁명에 대한 사유는 치기 어린 몽상이나 공허한 한담에 그치기 십상이다.

5. 욕망과 감각, 탈근대 혁명의 잠재성과 전망

1914년 제1차 세계대전이 발발했을 때, 레닌은 이 제국주의 전쟁이 세계 혁명의 도화선을 당길 것이라 확신했다. 아프리카와 아시아의 식민지를 두고 갈등하던 서구 제국이 벌인 전쟁은 본질적으로 지배계급의 이권다 툼이었기에 노동자들과는 무관한 사태라 여겼던 탓이다. 차라리 이 기회 에 각국의 노동자들이 총파업을 일으켜 군수공장의 가동을 중지시키고 부르주아 사회를 마비시킨다면 각국의 지배계급은 저절로 무너져 내려 세계혁명이 동시다발적으로 발생하리라 낙관했다. 하지만 현실은 레닌 의 예상을 고스란히 뒤집어엎었다. 서구 제국의 노동자들은 총파업을 벌 여 자신들의 지배자들에게 저항하기는커녕 애국심으로 똘똘 뭉쳐 밤낮 으로 전시상태를 유지시켰던 것이다. 19세기 이래 각성한 노동자들로 채 워져 있던 유럽의 프롤레타리아트는 '만국의 노동자'가 아니라 '각국의 노동자'로 밝혀지고 말았다.

빌헬름 라이히는 왜 대중은 해방을 원한다고 말하면서도 실제로는 지배당하기를 욕망하는지 질문을 던졌다. 19세기 유럽의 노동운동은 맑 스라는 강력한 사상적 지주와 더불어 사회세력화된 거대 집단을 이룸으 로써 현실 정치에서 거대한 위력을 발휘하고 있었다. 세기말 프로이센의 제1정당은 노동자 정당이었고, 원내 1당을 차지하기도 했던 것이다. 노동 자들이 자기들의 이해관계를 명확히 파악하여 행동한다면, 폭력을 휘두르지 않고도 세상을 바꿀 수 있다는 게 당대 유럽 혁명가들의 인식이었다. 계급적 자각과 사회 세력화가 무혈혁명을 이룩할 것이란 예상이 이로부터 연유한다. 자본주의적 근대는 나날이 발전해 갈 것이고 계급 간 모순은 더욱 심화될 것이다. 더욱 강성해지는 노동자 계급의 요구에 자본가들은 결국 굴복할 것이고, 혁명은 그렇게 평화롭게 성취될 것이다. ─ 이른바 대기주의적 환상이 여기에 있다. 하지만 현실은 그와 정반대로 진행되었다. 라이히는 일상에서 의식적으로는 노동자로서 계급의식을 갖고 생활하지만, 무의식적으로는 부르주아지에 동화된 욕망을 갖고서 살아가는 현실을 꼬집은 바 있다. 여건만 갖춰진다면 언제든 부르주아적 생활양식을 모방하고 그에 맞춰 살고자 하는 노동자들의 무의식을 폭로한 것이다.[19] 무의식이 식민화된 상태에서 노동자의 자기해방이란 헛된 망상에 지나지 않는다. 이에 절실한 것은 욕망의 혁명이라는 테제가 제출된다.

법과 제도, 사회적 규범과 원칙들은 의식적인 사실의 영역에 속해 있으며, 강제력을 통해 작동한다. 지키지 않으면 처벌받는다는 것을 알기에 국민은 의식의 사실에 복종하며 불만과 저항에의 의지를 키우기도 할 것이다. 근대 혁명의 역사는 실상 그렇게 누적된 불만과 응집된 저항의지가 일순간에 폭발했던 사건들 아니었던가? 하지만 혁명은 아주 드물게만 일어났고, 이는 억압이 반발을 일으키기보다 순종의 내면화를 배태시킨다는 점을 시사한다. 차별받고 강제당하는 객체가 되면서도 내심으로는 차별과 강제의 주체가 되고 싶어 하는 욕망이 그것이다. 1990년대 이후 한국 지식사회에서 유통되던 무의식과 욕망의 담론은 바로 이러한 욕

---

19 빌헬름 라이히, 『파시즘의 대중심리』, 황선길 옮김, 그린비, 2006, 114~117쪽.

망의 혁명 없이 사회적 혁명은 불가능하다는 사실을 적시하고 있다. 들뢰즈와 가타리를 빌려 말한다면, 욕망이란 본질적인 어떤 것이 아니다. 실체로서 우리가 되찾거나 마땅히 가져야 할 욕망 따위는 존재하지 않는다. 욕망은 오히려 이탈하는 힘, 정해진 궤적과 명령에 이반하고 분열하는 충동을 가리킨다. 의식적으로 시도해도 제대로 행할 수 없는, 그러나 무의식적으로는 끊임없이 이끌리고 되돌아가는 단절과 도약의 강박이 그것이다.

인간은 누구나 자유롭게 태어난다는 것이 계몽주의 사상가들의 믿음이었다. 하지만 현실적으로 우리는 어떤 나라와 민족의 구성원으로, 어느 성씨의 가족에서 아들이나 딸로, 해당 사회의 특정 계급의 일원으로 출생한다. 자기 자식이 자유롭고 행복하게 성장하길 바라는 부모의 마음이야 한결같겠지만, 자유와 행복이 무엇인지는 사회적으로 이미 결정되어 있다. '좋다'고 인정된 유치원과 초등학교를 다니고, 중고교를 '우수한' 성적으로 졸업해서 '일류' 대학에 진학해야 하며, 졸업하면 '대기업'에 취직하는 게 공인된 성공의 방정식이다. 때맞춰 결혼하지 않으면 주위의 걱정을 사고, 결혼하면 아이를 낳고 집과 자가용을 장만해야 한다. 그것도 나이와 신분에 걸맞은 방식으로 조금씩 늘려 나가야지, 중년이 되어서도 전월세를 전전하거나 소형차를 끌고 다니면 주변의 걱정과 조롱을 각오해야 할 것이다. 이러한 일련의 인생 과정들은 자기의 욕망에 따른 삶이 아니라 타자의 욕망, 더 정확히는 사회의 척도에 부응하는 인생의 공정工程이나 마찬가지다. 낙오하면 실패자가 되고, 성공하면 무난히 한평생 살았다고 자위하는 것. 여기에 욕망으로 충전된 삶은 없다. 거세된 채 연명하는 목숨만이 있을 뿐이다. 타자들의 인정과 척도에 부합하는 안정된 생활을 내팽개치고, 척도(천명 또는 천체의 궤적)에서 비껴가는 삶을 살 수 있을까? 혁명의 탈주선을 따라갈 수 있을까? 어떻게?

욕망의 혁명은 무엇으로부터 비롯될까? 욕망이 무의식, 또는 프로이트의 이드id에서 발원하는 힘이란 점은 잘 알려져 있다. 하지만 그 힘은 어떻게 우리를 바꾸어 가는 것일까? 의식의 언어로 설명하면 그처럼 쉬운 것이 왜 실천적으로는 그토록 어렵고 모호한 것일까? 무의식적 욕망의 혁명이란 말에 안주하지 말고, 한 걸음 두 걸음 끊임없이 나아가야 하는 이유가 여기 있다. 니체를 참조한다면, 무의식과 욕망의 거처는 신체와 감각이다. 우리는 지식을 통해 의식적 앎에 도달하기 이전에 신체와 감각을 통해 먼저 사태를 직감한다. 지금 의자에 앉아 책을 읽는 당신에게 직장상사가 전화를 건다. 그는 반말로 당신에게 명령조의 부탁을 내릴 것이고, 당신은 순응적인 태도로 그의 말을 경청할 것이다. 요점은 당신의 태도다. 전화기를 통해 서로를 보지 못하는 상황임에도 불구하고, 당신의 자세와 어조는 어딘지 불안정하며 마치 그가 눈앞에 서 있기라도 한 듯 안절부절못하는 상황을 연출할 것이다. 몸에 밴 습관이자 감각이 당신과 그의 사회적 관계를 결정짓는다. 당신이 제아무리 자유로운 인간임을 확신하고 정정당당한 삶을 외치더라도, 당신의 신체와 감각에 스며든 사회적 위계를 벗겨 내지 못하는 한 당신은 결코 혁명을 경험할 수 없다. 자유는 요원하다.

랑시에르는 사회가 감각적인 것의 분배에 의해 다층적으로 나뉘어 있다고 말한다.[20] 쉽게 말해, 당신의 상사는 당신에 대해 오만하거나 시혜적인 태도로 자기의 습관을 조성해 놓은 반면, 당신은 그와 반대 방식

20 Jacques Rancière, *The Politics of Aesthetics. The Distribution of the Sensible*, Continuum, 2004, pp. 12~13.

으로 자신의 감각상태를 만들어 놓았다. 무엇을 할 수 있고 할 수 없는지, 말할 수 있고 말해서는 안 되는지는 자신이 결정할 사항이 아니다. 개인이 놓인 사회의 다양한 분할선들, 즉 남녀노소의 성별·연령적 분배, 계급과 지위의 위계 등은 출생 이전의 역사적 아프리오리로서 우리를 항상-이미 분할해 놓고 있다.[21] 더 나아가 사회가 무엇을 옳거나 그르다고, 혹은 좋거나 나쁘다고, 이러저러한 가치가 있거나 없다고 척도화하느냐에 따라, 우리는 할 수 있는 것과 없는 것, 지각할 수 있는 것과 없는 것이 결정된 세계에서 살아야 한다. 가령 반상班常의 차이나 남녀의 차별이 선험적이던 조선시대 사람이라면 평등과 인권에 대한 감각 자체를 우리와 똑같이 지각할 수 없을 것이다. 정치politics란 이렇게 선험적으로 나누어진 사회적 위계의 구조를 가리킨다. 그것은 마치 천명이나 천체의 궤적과 같아서 누구도 위반할 수 없고, 그에 맞춰서 세상을 바라보고 살아가야 하는 절대적 기준이 된다. 이를 위반하는 자, 혁명가는 처벌과 추방의 운명을 벗어날 수 없다. 그때 정치란 근본적으로 치안police의 기능 속에서 기능할 수밖에 없다.

반면 정치적인 것the political은 치안의 경계들을 가로지르며, 불평등하게 나누어진 감각의 분배를 공평하게 재분배하는 과정을 뜻한다. 노인과 청년, 남성과 여성, 교사와 학생, 권력자와 약자 사이에 보이지 않게 형성된 차별의 높낮이를 끌어내려 '아무나가 아무나에게' 평등하도록 실천하는 것이 정치적인 것의 의미인 셈이다.[22] 관습적 일상의 감각에서 당연

---

21 Michel Foucault, *The Archaeology of Knowledge*, Tavistock Publications, 1972, pp. 126~131.

22 자크 랑시에르, 『정치적인 것의 가장자리에서』, 양창렬 옮김, 길, 2013, 112~116쪽. 일반적으로는 '치안'과 대비하여 '정치'라고 단축해 번역·표현한다.

하게 받아들이던 위계를 아무렇지도 않게 무너뜨리고 해체시키는 이러한 활동이 사회 공론에 대한 '불일치'로 간주되고, '불화'의 원천으로 여겨진다는 것은 자명하다. 천명과 천구의 궤적을 탈구시키는 반역이자 일탈로 보일 것이다. 하지만 혁명은 이렇게 가시적인 세계에서 비가시적인 차원을 발견하며, 명명할 수 없던 것을 어색하게나마 발언하기 시작하고, 그럼으로써 안정성과 지속성으로 포장되어 있던 일상의 형식을 깨뜨리는 데서 점화되는 게 아닐까?

다시 강조하건대, 혁명은 어떤 실체적인 내용을 찾아내서 우리의 원래 형식을 메우는 게 아니다. 기존의 생활양식을 깨뜨리고 재구성함으로써 그에 걸맞은 내용을 찾아내는 것이 혁명의 혁명이자, 단절과 도약의 의미인 까닭이다. 지금 우리의 체감에 익숙하고 안정적으로 어울리는 삶의 감각은 편안한 만큼이나 실상 우리를 구속하는 국가와 자본의 회유곡이 아닐 수 없다. 근대적 의식의 혁명에서 무의식과 욕망의 혁명으로, 다시 감각적인 것의 재분배를 통한 삶의 혁명으로 가는 길은 결코 순탄하지 않을 것이다. 그것은 결국 낯선 삶의 형식과 그 내용을 발명하고 창안하는 노고에 값하기 때문이다.

6. 예시적 정치, 혹은 미-래를 위한 실험

1960년대의 상황주의 그룹은 안온한 일상이야말로 혁명의 적이라고 선언했다. 부르주아 혁명과 프롤레타리아 혁명을 거친 세계는 근대성이라는 거대한 대륙에 드디어 도착했으며, 두 차례의 세계대전을 거쳐 조성된 현대적 일상은 대중을 무의식까지 속속들이 장악하여 영구적인 노예로 만들었다는 것이다. 풍요로운 물질문명과 형식적 민주주의에 안착한 사회구조는 혁명이 가능한 토양을 더 이상 만들지 못한다. 현란한 상품들의 만화경인 백화점은 매 순간 우리의 신경을 자극하여 마비시키고, 소비를 충동질하는 복잡한 경제시스템은 우리의 신체적 감각을 쉬이 피로에 젖게 만들어 투쟁에 대한 의지를 앗아가 버린다.[23]

기 드보르에게 국가와 자본의 힘은 상상조차 할 수 없이 강력한 초거대 마신魔神의 것이다. 의식뿐만 아니라 무의식과 욕망, 신체와 감각조차 이미 식민화된 지 오래여서, 정녕 이 사회에서 새롭게 지각하고 낯설게 욕망할 수 있는, 아직 마멸되지 않은 채 신선함을 유지하는 감각세포가 남아 있는지 심각하게 의심하지 않을 수 없다. 어떻게 보면 욕망과 무의식을 통해 국가에 맞서고, 신체와 감각을 통해 자본주의에 대항하는 전선이란, 워쇼스키 자매의 〈매트릭스〉The Matrix 연작(1999-2003)이 암시하듯 그 자체가 거대한 통제장치의 자체정화 시스템의 기능일지 모른다. 현실에 불만을 품고 변혁에의 의지를 단단히 제련할수록, 실은 혁명이라는 미망에 젖어 현실에 안주하고 혁명을 소비하는 데 만족하고 마는 것이다. 혁명에 대한, 혁명의 혁명에 관한 우리의 논의도 그런 망상의 하나에 불과할까?

들뢰즈와 가타리, 랑시에르 등의 철학자들이 제안하는 혁명의 첨점尖點들은 근대성에 내장되어 있던 탈근대적 전환과 탈주의 결절점들이다. 데카르트적 코기토는 무의식과 욕망을 짐짓 모른 체하며 근대적 주체상을 정립했고, 신체와 감각을 삶의 실험실로 제안했던 니체는 광인이 되어 고독하게 죽어갔다. 이 점에서 근대성이 망각하고 몰각해 버린 이 결절점들을 조심스레 탐구하고 변화의 첨점으로 다듬는 일은 지금도 여

---

23 기 드보르, 『스펙타클의 사회』, 이경숙 옮김, 현실문화연구, 1996, 28~33쪽.

전히 중요한 혁명의 출발점임이 명확하다. 그러나 근대성의 파탄을 선고하며 등장한 이 철학자들은 사유의 강렬한 수련을 거친 극단의 모험가들이란 점도 고려해야 한다. 혁명이 혁명 자체를 창안하고 지속하는 과정이듯, 이 철학자들 또한 자신들의 사유의 변혁을 감행하고 그 지평을 새로이 열었다. 그들은 일상의 상식이 갖는 의혹과 위험을 경고하고 벗어날 것을 권유했지만, 일상생활을 영위하는 대중에게 그와 같은 탈주는 어렵고도 위태로우며 때론 수도사적 고행에 가까울 게 분명하다. 그렇다면, 대중이 받아들일 만한 혁명의 길을 다시 또 고안해야 할까? 대중 민주주의라는 근대 정치의 이념을 또 한번 고민해야 할까? 이런 발언을 듣자마자, 다음과 같이 반박할 사람도 있을 듯하다. "대중 민주주의에 관해 어설프게 떠드는 것이야말로 국가와 자본이 깔아 놓은 덫에 스스로 포박됨으로써 혁명을 박제로 만드는 꼴이 아닌가?"

아나키스트 인류학자를 자처하는 그레이버는 이에 동의한다. 선거로 세상을 바꾼다는 것이 허황된 논리인 만큼, 대중 민주주의와 같은 실체 없는 제도를 신봉하는 것은 어리석은 소리에 불과하다. 주어진 제도를 충실히 활용하는 것으로는 혁명이 노정하는 단절과 도약의 세계를 지금-여기로 끌어들일 수 없다. 제도는 현재의 조건에 부합하는 방식으로 만들어져 강제된 장치인 까닭에 어떻게 이용해도 현실을 넘어서는 새로운 지평을 열 수 없다. 법과 규범을 잘 이용해서 원하는 것을 성취한다는 통념은 적어도 현재의 민주주의에는 통하지 않는다. 1763~91년간의 미국 독립전쟁과 혁명은 이 과정을 여실히 증거해 준다. 애초에 식민지의 주민들은 자신들이 보유한 영국의 시민권을 포기할 마음이 전혀 없었다. 그러나 본국과 빚어진 통상마찰과 부당한 과세는 주권에 대한 전통과는 상반된 상상력을 발동시켰고, 생존과 필요의 위기에 직면하여 그들은 자신들의 방법으로 자기들의 사회체를 구성하는 과정에 뛰어들지 않을 수 없었다. 미국 독립전쟁의 의미와 이념이 혁명의 프리즘을 통해서만 조명될 수 있는 이유가 여기에 있다. 이것은 하나의 중대한 교훈이다. 왜냐면 미국 건국의 이데올로그들이 주장하듯, 그들이 본원적인 민주주의를 되찾는 과정이 독립과 혁명이었던 게 아니라, 오직 혁명을 통해서만 독립과 건국, 무엇보다도 미국의 민주주의라는 결과물을 고안할 수 있었기 때문이다.

그레이버는 미국의 이념에 대해 비판적이다. 미국은 여전히 빈부격차와 흑백갈등으로 점철되어 있고, 민주주의는 불완전하다. 지식인들은 대개 그러한 불완전한 민주주의를 보완하고 벌충해서 완성에 이르게 해야 한다고 주장하곤 한다. 하지만 불완전한 민주주의는 본래부터, 독립과 혁명의 과정에서 그렇게 조형된 것이기에 더 고칠 수 없다. 불완전함이 현재의 지배구조를 낳았고, 이러한 구조를 연장시키고 영속화하기 위해서는 계속해서 불완전해야 하는 탓이다. 그러니 부르주아 혁명이 낳은 국민국가 체제를 어떻게 부르주아 사회가 치유하겠는가? 혁명이 낳은 사회체의 문제는 또 다른 혁명으로 바꾸는 수밖에 없다. 이 점에서 그레이버는 미국 건국의 선조들이 혁명을 통해 현재의 민주주의를 만들었듯, 우리는 지금-여기서 또 다른 민주주의를 구성해야 한다고 주장한다. 어떻게? 혁명을 통해!

역사서가 전하듯 민주주의는 고대 그리스의 발명품이 아니다. 그리스인들은 자기들 나름의 민주주의를 혁명을 통해 만들었을 뿐이고, 이후의 역사에서 각각의 인민들이 경험하고 구성했던 민주주의는 매번의 혁명을 통해 서로 다르게 구축되었다. "이러한 감각에서 민주주의는 역사 또는 인간의 지성만큼이나 오래된 것이다. 누구도 이를 소유하는 것은 가능하지 않다."[24] 민주주의라는 이념이 있어 혁명이 생기는 게 아니라, 혁명이라는 사건이 민주주의를 만든다. 이념은 물론이고 법과 규범, 제도도 혁명의 와중에 필요에 따라 도입되거나 폐지되는 것이다.

그럼 이제 문제는 그것이 '어떤 혁명인가'에 달려 있다. 다시, 바스티유 감옥을 습격하고 겨울궁전을 공격했던 대규모 민중봉기가 필요할까? 물론, 그럴 수도 있다. 역사의 흐름을 어떻게 예단하겠는가? 하지만 조금만 더 세심히 안목과 손길을 다듬어 보자. 프랑스와 러시아의 사례는 국민국가가 형성되고 유지되던 시대의 모델들이다. 그와 같은 방식으로 혁명을 상상할 때 우리가 범하는 오류는 국가라는 거대한 영토와 체제, 그리고 자본주의 경제라는 전국시장과 세계시장을 배경으로 삼는 거대기계를 불가피하게 삶 속으로 다시 끌어들인다는 사실이다. 거기서 정치는 대의제를 통해 몇 년 간격으로 대표를 선출하여 권력을 위임하는 방식으로 고형화되고, 경제는 국내시장과 국제시장의 균형을 맞추느라 불안하게 요동칠 것이다. 혁명이 이전에는 없었던 사회를 새로운 형식으로 구성하여 그 내용을 채워 넣는 과정이라면, 근대적 혁명들을 체험한 우리는 이제 다른 방식으로 혁명을 창안하고 실험해 보아야 하지 않을까?

거대 국민국가가 아니라 소규모의 자발적인 공동체로, 사유재산에 근거한 자본주의가 아니라 공유를 통한 공동적 삶의 생산으로! 그레이버는 길들여진 통념에는 반대하지만, 그렇다고 사람들이 미래를 상상하고 욕망하는 방식의 공통관념common sense(상식)을 부인하지는 않는다. 어떤 관념이나 감각이든 우리를 특정한 방식으로만 생각하고 느끼게 강요한다면 거절해야 마땅하겠으나, 사람들이 공동으로 활동하고 공감하기

---

24 데이비드 그레이버, 『우리만 모르는 민주주의』, 정호영 옮김, 이책, 2015, 206쪽.

위해서는 일정하게 공유되는 지각의 바탕이 없을 수 없다. 중요한 것은 그 같은 공통관념, 곧 상식에 우리가 결박되고 구속되지 않은 채 다른 관점과 활동을 구성하는 데 있다. 누구의 간섭도 없는 자유로운 상태란 오히려 망상에 다름 아닐 터. 관건은 그 같은 간섭과 예속, 부정의 권력에도 불구하고, 그것과 '더불어' 그리고 그것을 '넘어서' 지금-여기를 창안하는 능력에 있다. 이는 무에서 유를 창조하는 기적의 정신승리법이 아니라 그 모든 현재적 조건들을 통해 현재를 발명하는 기예art에 관한 욕망과 관련된다. 익숙한 관습과 행동방식 속에 차이와 이질감을 느끼고, 감히 다른 삶을 상상해 보는 것. 이토록 예민한 신체적 감각과 감응이야말로 그 어떤 이데올로기적 자의식보다 혁명에 더욱 긴요한 자원이 될 것이다.

불과 백여 년 전 서구사회에서 여성이 바지를 입는 것은 금지된 품행이었다. 성별의 통념을 교란시킨다는 이유였다. 하지만 지금은 그게 전혀 이상하지 않은 상식이 되었으며, 이를 제지하는 자가 있다면 그가 거꾸로 제지되어야 할 일이 되었다. 불과 몇 년 사이를 두고 한국도 소수자에 대한 차별적 언행에 대한 사회적 시선과 감각이 바뀌었다. 농담처럼 던지던 예리한 말의 비수가 지금은 차별적인 언어와 행동으로 문제화되고, 시정에 대한 요구가 당당히 제기되는 형편이다. 이러한 변화는 다분히 의식적이고 상식에 부합하는 사회적 공론이 되어 우리에게 작용한다. 시대는 한 번에 급변하는 일이 드물어서, 속내로는 다른 생각과 다른 입장을 가진 사람들이 분명히 있을 것이다. 핵심은 지금-여기의 사회적 통념에 사람들을 굴복시키고 통제되도록 강제하는 게 아니다. 거꾸로 몸에 익은 관습으로 인해 낯선 것에 적응하지 못할 때 나타나는 반발과 거부를 점차 신체에 익히게 만들고, 새로운 공동체의 리듬으로 받아들일 수 있도록 훈련하는 게 관건이다. 요컨대 감응의 미세한 조율이 사회를 바꾸고 공동체를 조형하는 근본적 과정이 되어야 한다. 좋은 것과 나쁜 것의 감각을 도덕적 훈계나 처벌의 위협이 아니라 삶의 활동으로써 익히게 만드는 것, 하나의 무의식적 감각이자 욕망의 연대로서 공-동적共-動的 감응을 생성시키는 것. 그것이 우리 시대의 혁명적 과제라 할 수 있다. 물론, 그 같은 공-동성은 연결과 종합을 추구하는 만큼 그 시원적 과정으로서 분열을 마땅히 감수해야 할 것이다.

예시적 정치prefigurative politics는 이러한 조건에서 새롭게 발명되고 시도되는 혁명의 방법론이다. 우선 규모에 있어 그것은 거대한 집단적 움직임을 노정하지 않는다. 국가기관이나 경제기구를 장악하여 사용하는 것을 목적으로 삼지도 않는다. 차라리 이것은 작은 규모의 공동체 내에서 자율적이고 민주적인 과정을 거쳐 집단의 규칙을 정하거나 변경하고, 살림살이의 지절들을 연결해 함께 사는 연합을 구성하는 작업이다. 협동조합이나 마을 만들기에서 쉬운 사례를 엿볼 수 있겠다. 나아가 서로의 생활을 직접 연결하지 않더라도, 일상과 취미, 활동을 관련지어 공-동적 삶의 형식을 생성해 보는 일이라면 무엇이든 예시적 정치가 될 수 있다.[25] 아직 실현되지 않은 미래를, 혹은 실현될 성싶지 않은 불가능한 미래를 미리 살아보는 것, 미리 체념하거나 포기하지 말고 그렇게 살기

---

25 이와사부로 코소, 『유체도시를 구축하라!』, 서울리다리티 옮김, 갈무리, 2012; 이와사부로 코소, 『뉴욕열전』, 김향수 옮김, 갈무리, 2010. 흥미롭게도 코소가 열거하는 예시적 정치의 사례들에는 실험극장과 문학모임, 길거리 미술과 그래피티 등 전방위적 예술활동이 포함되어 있다. 주어진 규칙을 벗어나 스스로의 규칙성을 정립하는 게 예술의 본성이라면, 혁명과 예술의 마주침이란 불가항력적 필연으로서의 단절과 도약을 보여 주는 가장 적합한 사례일 것이다.

를 실험해 보는 것, 어쩌면 미래를 향한 혁명은 이런 시도들로부터 발생하는 사건이 아닐까? 흔히 혁명은 단절과 도약을 통해 야기되었다고 말한다. 그러나 지금-여기에서 벌어지는 단절과 도약을 볼 수 없고, 실험해볼 수 없다면 그 어떤 혁명도 결코 실재적 현실성을 가질 수 없을 것이다. 혁명이 영원한 탈구적 운동이라면, 돌아갈 원리나 법칙을 갖지 않는다면, 다양하게 살아 보는 사례들을 통해서만 구성되는 미래가 아닐 것인가? 그런 삶의 경험들을 실험하고 수집해서 미래로 전달하는 모험이 예시적 정치의 잠재성이다. 그제야 비로소 시간의 인과적 계기로서 미래는, 단절과 도약의 효과로서 불현듯 나타나는 미-래로 전변할 것이다. 미-래, 그것은 가만히 앉아서는 결코 오지 않을 미지의 시간이다. 다만 지금-여기의 (불)가능한 노고를 통해서만 불러낼 수 있는 의혹의 시간이 바로 미-래avenir, future-to-come다.

당연히, 일상생활에서 벌어지는 그런 '사소한 일'들에서 거대 규모의 국가와 자본을 흔드는 혁명이 나타날 수 있겠냐고 반론하는 이들이 적지 않을 듯하다. 하지만 지난 수백 년간 국가와 자본은 어떤 급진적인 타격에도 결코 파괴되지 않았다. 일거에 쓰러뜨릴 수 없는 강고한 바위처럼 국가와 자본이 버티고 있다면, 조금씩 틈새를 내어 구멍을 뚫고 살금살금 마모시키면서 수없이 작은 조각들을 떼어내는 것, 마치 오랜 진화론의 시간이 지구의 생태계를 바꾸어 놓았듯, 그렇게 유수한 시간의 실험 끝에 현재의 전체성이 더 이상 그대로는 유지될 수 없도록 와해시키는 것이야말로 가장 실재적인 혁명의 모습 아닐까? 시간의 무한한 지연을 낙관하고 정신승리법으로 타개하자는 뜻이 결코 아니다. 오히려 절대 허물어질 수 없는 것처럼 견고한 자본주의와 국가주의의 성채에 직접 돌격을 감행하는 것보다, 그 내부에서 구멍을 뚫고 누수지대를 만들어 제기능을 다하지 못하는 해방구를 만드는 작업이 필요하다. 내부의 외부를 구축하여 자본과 국가의 기능부전, 임포텐츠impotenz를 야기시키는 전략이 그것이다. 거대정치적 혁명의 관념으로부터 분열적 감응의 미시정치학으로 전략적인 이행을 모색하고 타진하는 과정이야말로 지금 우리가 혁명에 대해 사유해야 하는 진정한 까닭이지 않을까?

10장

도래할 코뮌, 또는 '가장 작은 것'과의 연대
새로운 감성교육과 감응의 공-동체

1. 감성능력의 파괴와 사회의 가능성

얼굴을 가린 교복차림의 남성이 한 손으로는 어묵을 베어 문 채, 다른 손으로는 이상한 손가락 기호를 만들어 정면을 가리키는 사진 한 장이 2015년 새해 벽두부터 한국사회를 발칵 뒤집어 놓았다. 그것은 극우적 성향을 거침없이 드러내던 일간베스트저장소('일베') 사이트에 게재된 사진이었고, 이 남성이 만든 기호는 그들 사이에서 통용되던 사이트의 상징적 표식('ㅇ'과 'ㅂ'의 모양)이었다. 단원고 학생을 가장한 20대 남성이 "주목받고 싶어서" 저지른 일이라 진술했지만, 단지 관심을 끌려고 저지른 일치고는 사회적 파장이 너무 컸다. 범인이 구속되고 선처를 비는 그의 어머니의 사연이 회자된 직후 '특대어묵 배달'을 내세운 또 다른 사진이 게시되었고, 그런 식으로 세월호 희생자와 유가족을 모욕하는 행위는 끊이지 않고 계속되었다. 양식 있는 세간의 공분이 확산될수록 그것을 비웃는 반작용도 커지는 듯하다. 유사한 사건이 반복될 때마다 타자에 대한 증오발언 및 행위의 수위나 정도도 점점 강화되는 것이다. 도대체 이 사회에 무슨 일이 일어나고 있는 걸까?

한국사회의 이상증후가 증오라는 부정적 양태로만 표출되는 것은 아니다. 같은 해 3월 5일 아침 세종문화회관에서 주한 미국대사 마크 리퍼트Mark Lippert가 피습당한 사건을 상기해 보자. 공격 당사자의 의도가 어떤 것이었든 물리적 공격이라는 행위의 '비극성'에 이어진 역사의 '희극성'은 우리의 실소를 유도하기에 충분하다. 미국과의 우의관계에 아무 문제가 없음을 증명하기 위해 벌어진 '난리굿판'이 그것이다. 리퍼트가 입원한 병원 앞에 보수적인 시민단체와 종교단체들이 모여서 쾌유를 비는 기도회를 열고 부채춤과 발레공연을 벌이는가 하면, 어떤 이는 (리퍼트가 애견가라는 사실을 아는지 모르는지) 개고기를 선물로 전달하기도 했다. 해외순방을 마치자마자 병문안에 나선 박근혜 대통령은 예전에 자신이 공격당했던 경우와 리퍼트의 사례가 비슷한 점을 은근히 강조했고, 조선일보는 그에 관해 '5가지 기연'이라며 두 사건 사이의 유사성을 요란스레 보도했다. 이어서 각계각층의 고위인사들은 물론이요 일반인들 역시 병문안을 와서 거듭 '죄송스러움'과 '완쾌'를 기원했으니 환대도 이만한 환대가 없다. 이것은 앞서의 증오감정과는 전혀 다르거나 무관한 감정적 양태일까?

감정의 과잉과 유동, 혹은 극단화의 우파적 사례들로 글의 문을 여는 것이 조금 편파적으로 보일 수 있으니 반대편의 경우도 이야기해 보자. 진보나 좌파의 증오감정을 확인해 보는 일도 어렵지 않다. 당장 인터넷 포털사이트의 정치기사에 붙은 댓글들을 읽어 보라. 보수우익적인 댓글들 못지않은 과격한 증오감정이 범람하는 양상을 목격할 수 있을 것이다. 한두 줄로 마감하는 댓글이라 해도 그 표현수위나 감정적 농도는 우파의 '부도덕'에 못지않다. 그것을 진보정치가 현실적으로 후퇴해 있는

상황에서 새나오는 단말마적 감정의 해소라 경시하기에는 그 징후가 예사롭지 않다.[1]

이런 사례들이 통념적이고 단편적인 것이라 생각된다면 보다 정치적이고 일반적인 것들을 떠올려 보자. 청년세대에 대한 기성세대, 특히 진보·좌파적 입장의 기성세대가 청년세대에게 던지는 비난은 어떠한가? 기성세대에 따르면 현재의 '이십대'는 고도자본주의 사회가 던져 놓은 소비주의에 물들어 물질적 욕망에 사로잡혀 있으며, 사회적 존재로서의 책임감에는 둔감한 세대이다. 과거 80년대 운동의 경험이 남겨 준 연대의식과 사회변혁에 대한 숭고한 열망은 생계형 이기주의에 질식해 사라졌으며, 그 결과 민주주의와 정치적 주체의식도 함께 붕괴해 버렸다.[2] '비겁해진' 청년세대에게 쏟아지는 냉소적인 시선은 그 비판이 '애정 어린 충고'의 형태를 취한다 해도 단절과 거리의 격벽을 쌓는다는 점에서 이미 부정적 감정에 다름 아니다. 제아무리 좋은 말을 갖다 붙여도 이러

---

1 진보와 좌파의 정서적 편벽은 직설적인 화법보다 태도, 즉 '나는 이미 알고 있다'라는 지적 오만에서 비롯된 경우가 많다. 그 형식이 어떠하건 진보·좌파 역시 타자에 대한 경멸을 뒤로 감춘 우월감정으로 무장해 있는 것이다. 이 때문에 오히려 진보·좌파는 대중의 정치적 감정 문제를 다룰 때 무능함을 드러낸다. 강준만, 『싸가지 없는 진보』, 인물과사상사, 2014, 제3장.

2 엄기호, 『이것은 왜 청춘이 아니란 말인가』, 푸른숲, 2010, 13쪽. 저자는 이러한 비난이 좌우파를 막론하고 기성세대, 곧 근대적인 양적 성장에만 길들여진 세대가 취하는 부당한 입장이라 분석하고 있다. 비슷한 구도에서 '괴물이 된' 청년세대의 문제가 우리시대 전반의 성장주의에서 비롯되었다고 비판하는 책은 오찬호, 『우리는 차별에 찬성합니다』, 개마고원, 2013이다. 이것은 단지 세대갈등의 문제가 아니다. 자기계발이라는 빛 좋은 개살구를 앞세우는 '자율적' 성장의 논리는 미래를 상실한 청년들에게 도착적인 증오와 숭배의 감정을 심어 놓았기 때문이다. 전자는 약자를, 후자는 강자를 향한 것인데, 세월호와 리퍼트에 대한 감정적 표현의 양가성이 바로 거기 있지 않은가? 가난하고 버림받은 아이들이라는 이유로 '특혜'를 누릴지도 모르는 약자에 대한 증오와 초강대국 미국이라는 강자에 대한 숭배는 동전의 양면에 지나지 않는다. 감정에 있어서도 극과 극은 통한다.

한 비판은 이질성에 대한 배척감정이고, 증오의 이면인 것이다. 이런 식의 감정의 범람과 역설적 동일화야말로 현재 한국사회의 지배적 정조라 해도 과장은 아닐 성싶다.[3]

조금 극단적이다 싶은 사례들로 이 글을 시작하는 이유는 지금 한국사회에서 일어난 격심한 감정의 동요를 실감으로 공유하기 위해서다. 감정변이야 어느 시대든, 어느 장소에서든 일어나게 마련이지만, 현재 우리가 목도하는 감정의 격변은 민주주의와 정치의 저변을 심각하게 훼손하는 방식으로 진행되고 있기에 문제적이다. 이는 정치체제나 제도적 차원만이 아니라 그 근저에 있는 일상생활을 침식하고 파괴하는 양상을 띠기에 더욱 심각해 보인다. 일베의 사례에서 극적으로 드러나듯, 타자와 함께 할 수 있는 감수성, 즉 공감능력의 상실은 사회의 가능성 자체에 커다란 의문을 제기하고 있다. 어떤 마음의 구조를 통해 타자에게 다가갈 수 있는지 알 수 없을 때, 의무감이나 시혜의식에서가 아니라 연대의 심성을 통해 타자와 마주할 수 있는 능력이 결여되었을 때는 이성과 합리의 기제가 아니라 차라리 감성의 능력으로서 공감empathy이 결여된 것이라고 보지 않을 수 없다.[4] 이 능력이 확보되지 않고는 일상생활은 물론이요 민주주의와 정치, 보다 근본적으로는 사회의 가능성조차 온전히 떠올릴 수 없을 듯하다.

---

3 일베현상을 둘러싼 '혐오'의 감정은 이미 하나의 사회적 정서로 자리잡았다. 그것은 일베가 공격의 대상으로 삼는 여성과 호남, 진보에 대한 감정일 뿐만 아니라 일베에 대한 대항적 감정이기도 하다. 이러한 혐오의 유동은 숭배/멸시나 열광/증오의 양가적 분열을 겪지만 궁극적으로는 하나의 감정적 흐름이자 그 변이에 다름 아니다. 일베와 반(反)일베는 기묘한 거울상을 통해 공통된 감정을 교환하고 있다. 나는 이 점에서 일베가 촛불의 쌍생아라는 일각의 주장이 크게 틀리지 않았다고 본다.

지난 몇 년간 '재난'이 한국사회의 화두로 올려져 논의의 대상이 된 것도 이러한 맥락에서 사회의 재구성에 관한 논의를 재개하기 위함이었다. 자연생태를 포함해 사회적 생태의 전 지구적 파괴와 붕괴에 직면한 요즈음 공동체를 다시 만들기 위해서는 대중들의 물리적 연대뿐만 아니라 정서적 연대가 절실하기 때문이다. 공감과 동정, 연민 등이 다시금 지식사회에서 의제화된 이유가 여기에 있다.[5] 그러나 역사적으로 볼 때 정서를 통해 대중을 하나로 묶어 내고 공동체를 건설하려는 시도는 사실 근대성의 전형적인 프로젝트이기도 하다. 계몽주의적 교육학을 반복함으로써 공감의 능력, 연대의 실마리를 회복하려는 시도가 벌써부터 무망해 보이는 이유는 그런 탓이다. 공감능력, 연대의 감정은 강제로 주입되거나 훈육될 수 없다. 일상생활과 정치, 민주주의의 여러 차원에 걸쳐 위기에 봉착한 그것을 (재)구성하기 위해서는 근대적 프로젝트와는 다른 방식, 다른 의미화를 경유한 실천이 필요하다. 공감의 감성교육이란 새로운 실천적 감성을 말하되 종래의 역사적·사회적 형식과는 다른 방식으로 수행되는 감응적 실천affective practice이 되어야 할 것이다. 일단 이러한 문제의식을 마음 한켠에 새겨 두며 글을 시작하도록 하자.

---

4 '감정'과 '감성', '감수성' 등에 대한 어원학적 구별은 일단 피하도록 하자. 개략적으로 말해 이 글에서는 분노나 사랑, 혐오 등과 같이 구체적으로 명명 가능한 정서를 감정(feeling, 또는 emotion)이라 칭하고, 이보다 심층에서 개별적 감정이 가능하도록 만들어 주는 근거를 감성이나 감수성(sensibility)으로 부른다. 감응(affect)은 감성과 감수성 전반을 흐름과 이행의 관점에서 부르기 위한 이름이다. 한 마디로, 감응은 개별화 이전의 잠재적 감각능력, 반응과 표현의 힘 전체를 가리킨다. 감응에 관한 보다 일반적 규정은 이 책의 1부를 참조하라.
5 신형철, 「감정의 윤리학을 위한 서설 1」, 『문학동네』 2015년 봄호, 404~421쪽.

2. 동원된 감정과 집단적 환상의 무의식

감정이 관건일 때 우리는 흔히 그것을 대수롭지 않게 무시하거나 불가피한 잉여로 기각해 버리곤 한다. 사적이거나 개인적인 것으로 치부하여 공적 사안으로 다룰 필요가 없다고 보는 것이다. 하지만 사회적 과정은 감정을 포괄할 뿐만 아니라 그것으로부터 발원한다. 감정은 사회적 관계 속에서 배태되며, 사회의 구조와 주체를 변형시키는 방식으로 작동하는 것이다.[6] 그러므로 감정을 사적 개인이나 본능의 차원으로 축소시켜 이해하는 것은 그것이 연원하는 사회적 감수성의 토대를 배제함으로써 현실의 동학動學을 이해할 수 없게 만든다. 이성과 감성을 말끔하게 분리시켜 합리와 비합리로 나누어 사고하는 것이야말로 지극히 근대적인 편견에 다름 아니다.

근대성의 특징을 철저하게 이성적인 계산가능성에서 찾는 상식과 달리,[7] 근대 사회의 성립은 대중의 감성에 대한 적극적인 개입과 함께 이루어졌다. 예컨대 1648년 조인된 베스트팔렌 조약은 일반적으로 근대적 국제관계 및 영토적 주권국가를 태동시킨 계기로 기록되어 있지만, 동시에 이 조약은 '안전사회'에 대한 대중의 정치적 개념화가 시작된 기점이었다. '안전'이라는 사회적 감정이 정치적으로 확보됨으로써 근대성이

---

6 잭 바바렛 엮음, 「서론」, 『감정과 사회학』, 박형신 옮김, 이학사, 2009, 13쪽. 이성이 판단을 선도하고 감정이 뒤따른다는 통념과 반대로, 모든 판단은 대개 선입관에 기반을 둔 감정적 선택에 따라 최초의 진로가 결정된다. 소소한 일상의 행동으로부터 고도로 합리화된 이성적 사유까지 인간은 감정이라는 독재자와 함께 있는 것이다. 강준만, 『감정독재』, 인물과사상사, 2013, 5~12쪽.
7 막스 베버, 『'탈주술화' 과정과 근대: 학문, 종교, 정치』, 전성우 옮김, 나남출판, 2002, 46~47쪽. 저 유명한 '탈주술화'와 '주지주의'는 이 경향을 가리킨다.

역사 속에 유의미한 구조를 획득하게 된 것이다. 예컨대 국제법은 국경선을 국가간 경계로 인정함으로써 영토의 안쪽은 주민들이 안심하고 살아갈 수 있는 안전지대로 보장해 주었다. 근대적 영토 관념이란 그와 같은 안전의 확보를 최우선적 의미로 함축하는 것이며, 이를 통해 주민들은 정신적·신체적 안전감을 누릴 수 있게 된다. 국민적 자기 정체성은 영토의 주권자인 국가에 대한 동일시에 다름 아니다. 그렇게 애국심과 내셔널리즘은 소속된 영토 공동체에 대한 애착감의 기술어記述語로 고안되었고, '국가적 안전'이라는 관념은 "공동체적 공감과 관용을 가능하게 하는 사회적 연민"과 불가분의 관계를 형성했다.[8] 한 마디로, 근대 사회는 감정적 유대감을 통해 성립한 공동체이다.

국가라는 동일한 울타리에 소속된다는 것은 이웃과 맺는 결속감정을 다져 준다. 즉 타자를 '동포'라는 이름의 동일자로 환원시키며, 울타리 '바깥'의 타자들은 '비동일자'로 구축한다. 이는 인식보다 감성에 기반한 동일시와 배제의 변증법이다. 같은 언어, 전통, 역사, 문학 등으로 표지되는 근대의 문화적 낭만주의는 내셔널리즘과 결합되어 동일성의 감정을 대중에게 배양해 놓았다. 근대의 대중사회popular society가 곧 국민국가nation-state와 포개질 수 있는 이유가 여기 있다. 이렇게 근대적 국가사회는 일종의 감정적 공동체로서 "감정에너지를 표출하는 특정 시기 동안 개인들을 경계지어진 공적 공간 속에 결합"시켜 왔다.[9] '상상의 공동

---

8 마벨 베레진, 「안전국가: 감정의 정치사회학을 향하여」, 『감정과 사회학』, 73~74쪽. 베레진은 안전국가를 지향하거나 이탈하는 유동적 사회를 감정 공동체라 부르지만, 안전국가 자체도 하나의 감정적 공동체로서만 존립한다고 말해야 옳을 것이다. 한편, 연민(pity)과 동정심은 사회적 연대의 원천으로 루소가 지목한 감정상태이다. 장-자크 루소, 『인간불평등기원론』, 주경복 외 옮김, 책세상, 2003, 81~82쪽.

체'를 통해 앤더슨이 입증했듯, 신문과 잡지, 교통 및 통신 등으로 연결된 국가 내부의 단일성과 일체성은 동질적인 국민감정을 만드는 데 불가결한 요소였다. 이런 식으로 국가를 표상하게 해 주는 다양한 사회적 제도들과 장치들은 국민의 의식과 더불어 (무)의식적인 공통 감성을 길러 냈다.[10] 이 같은 감성의 두터운 토대가 배양되지 않았다면 '동원의 시대'는 불가능했을 것이다. 근대 국가는 처음부터 감정의 정치적 사용에 입각한 권력장치였던 것이다.

근대 사회에서 대중의 감성은 국가적 통합을 목표로 견인되고 조형되었다. '국민감정'이라는 표현이 시사하듯, 하나의 국민은 감성적 공통분모를 공유한다고 인식하는 것이다.[11] 그것은 배워서 아는 인식적 앎 이전의 감성, 즉 무의식적 지각이라 할 만하다. 이에 따르면 한국인은 적어도 국가적 사안에 있어서는 통일된 관점과 감각을 갖는 게 당연한 것이고, 그렇지 않으면 국민으로서의 자격에 문제가 있다고 비난받는다. 예컨대 한·일 간의 영토분쟁에서 독도는 이론적 인식의 대상이기에 앞서 감정적 동일화의 대상이다. 제아무리 합리적인 논증을 펼쳐도 거기에 감정적 동일시가 누락되어 있다면 냉소와 비판의 위협을 감수해야 할 것이다. 같은 맥락에서 금메달을 '빼앗긴' 김연아의 패배는 국가의 패배이자 그 국민인 나의 좌절로 전환되어 이 사실에 분노하지 않는 자는 의심

9 베레진, 「안전국가: 감정의 정치사회학을 향하여」, 75쪽.
10 베네딕트 앤더슨, 『상상의 공동체』, 윤형숙 옮김, 나남출판, 2002. 우리가 개별화되고 특수화된 감정상태가 아니라 이러한 감정이 가능한 근거이자 (무)의식적 토양인 감성을 문제삼는 것도 이런 역사적 과정 때문이다.
11 한국의 '지역감정'이 드러내듯 집단적 감정은 '통합'의 기제일 뿐만 아니라 '통치'의 수단이기도 하다. 즉 감정은 효과적인 통치를 위해 조장되고 촉진되기도 한다. 김헌태, 『분노한 대중의 사회』, 후마니타스, 2009, 174~189쪽.

의 대상이 되지 않을 수 없다. 이때에는 한국인이라는 소속감, 공통적 감성, 집단적 감정이 동일시의 효과이자 전제로 작동한다. 전체로서의 국가와 그 부분인 나를 불가분의 관계 속에 결합시키고, 동질적 일체성 속에 표상하는 것. 상상적 동일시로서 이데올로기가 작동하는 지점이 여기다. 다양한 이데올로기적 심급들, 곧 일상생활에서 마주치는 여러 가지 (준)제도적 형식들, 관례들에 의해 조형된 감성이 이에 등장하며,[12] 그 감성은 전체적으로 국가라는 이름의 사회체제를 재생산하기 위한 (비)물질적인 메커니즘으로 기능한다.

국가체제와 같은 몰적 기구와 자신을 동일시하는 것은 사실 자연스러운 현상이다. 자기보다 '큰 것'에 스스로를 일치시킴으로써 자아의 안전과 지속을 보장받고, 선택과 행위의 스트레스를 감소시키는 것은 생물학적 본능이기 때문이다. 근대 국민국가의 합리성과 짝을 이루는 파시즘 체제는 국가와 개인의 동일시가 부정적으로 급진화된 결과였다. 그러나 이러한 부정적 급진화는 강제에 의해서라기보다 사회적 조건에 따라 자발적으로 추구되었음을 기억해야 한다. 가령 독일 대중의 나치즘에 대한 경도는 나치의 속임수나 음모에 기인한 게 아니라 당대 독일의 사회적 조건에서 대중의 욕망이 파시즘을 향해 나아갔기 때문에 벌어진 사태였다. 그래서 히틀러에게 열광했던 독일 대중은 기꺼이 이렇게 외칠 수 있었다. "나는 국가이며, 당국이며, 회사이며, 민족이다."[13] 권위와의 동일

---

12 루이 알튀세르, 「이데올로기와 이데올로기적 국가장치」, 『재생산에 대하여』, 김웅권 옮김, 동문선, 2007, 354~355쪽. 일상의 통제와 규율화는 본질적으로 미시적이고 비가시적 장치들에 깊이 의존한다. 그것은 이론적이기보다 실천적이며, 대중의 '태도'에 호소하는 감수성의 조형장치다. 조지 모스, 『대중의 국민화』, 임지현 외 옮김, 소나무, 2008, 36쪽.
13 빌헬름 라이히, 『파시즘의 대중심리』, 황선길 옮김, 그린비, 2006, 89쪽.

시, 또는 '큰 것'에 대한 욕망은 그것이 자기 자신이라고, 자신과 동일한 것이라고 자발적으로 선언하게 만드는 물질화된 이데올로기에 다름 아니다.

프로이트가 개인의 심리가 근본적으로 사회의 심리에 연결되어 있음을 주장했던 것도 유사한 맥락에서였다. 개인은 '큰 것'인 집단에 귀속되려는 경향을 갖는다. '작은 자아'는 더 큰 덩어리의 집단적 자아(민족, 국가 등)에 합체됨으로써 정신적·신체적 '안전'을 누리려 한다.[14] 그러나 이렇게 합일된 집단은 비합리적이고 예측 불가능한 행동 양태에 곧잘 빠져든다. 문명이 개별화의 산물인 반면, 야만은 기원적으로 집단의 것이기 때문이다. 지금도 꾸준히 회자되는 귀스타브 르 봉Gustave Le Bon의 이론을 세련된 방식으로 보완하면서 프로이트는 이렇게 말하고 있다.

집단은 충동적이고 변덕스럽고 성급하다. 집단은 거의 전적으로 무의식의 지배를 받는다. [⋯] 집단은 이미지로 사고한다. 이미지는 연상 작용으로 또 다른 이미지를 불러일으키고, 이미지와 현실이 일치하는가를 이성의 작용으로 검증하는 경우는 결코 없다. 집단의 감정은 단순하기 이를 데 없고, 지극히 과잉에 넘쳐 있다. 따라서 집단은 의심할 줄도 망설일 줄도 모른다. 집단은 곧장 극단으로 치닫는다. 의심이 표현된다 해도 그것은 당장 명백한 확신으로 바뀌고, 약간의 반감도 격렬한 증오로

---

14 여기서 '크다'는 것은 1차적으로 '작은 자아'에 대한 상대적 크기를 가리킨다. 하지만 자아의 이러한 확대 욕망이 언제나 자기보다 '더 큰 것'에 정향되어 있다면, 그것은 사실상 '가장 큰 것'에 대한 욕망이 아닐 수 없다. '큰 것'에 대한 지향을 전체주의나 파시즘에 대한 욕망과 겹쳐 생각할 수 있는 부분이다. 따라서 우리의 논의는 최상급의 '큰 것'과 반대되는 '가장 작은 것'과의 동일시로 나아갈 것이다.

바뀐다. […] 집단은 너그럽지 못하고 편협하며 권위에 순종적이다. 집단은 힘을 존경하며 […] 심지어는 폭력을 요구하기까지 한다. 집단은 지배당하고 억압당하기를 원하며, 집단의 우두머리들을 두려워하고 싶어 한다. 집단은 기본적으로 철저히 보수적이다. […] 집단의 지적 능력은 개인의 지적 능력보다 항상 낮지만, 집단의 윤리적 행동은 개인의 윤리보다 훨씬 낮게 떨어질 수도 있는 반면 개인의 윤리보다 더 높이 올라갈 수도 있다. […] 집단은 환상을 요구하고, 환상 없이는 견디지 못한다.[15]

프로이트의 진술을 대중에 대한 불신과 비난으로 점철된 부르주아 이데올로기나 엘리트주의로 매도하기는 어렵지 않다. 하지만 우리의 착안점은 다른 데 있다. 비록 집단에 대해 비합리주의와 반지성주의, 나아가 (동물에 비유함으로써) 비인간주의적 혐의를 덧씌웠음에도 불구하고 프로이트는 근대 사회의 원-구조를 꿰뚫어 보고 있기 때문이다.

집단, 곧 대중적 행동의 주축은 논리가 아니라 감성이며, 그것은 '무의식'과 '충동'에 의해 야기되고 서로 간에 '전염'된다. 이는 언어의 형식보다 '이미지'에 의지하는 '힘'이고, '과잉'으로 흘러 '극단화'되곤 한다. 대중적 회합이 곧잘 '폭력사태'로 비화되는 것도 그래서이다. 또한 대중을 사로잡는 것은 합리적 설득이 아니라 모종의 비합리적 '환상'이다. 빌헬름 라이히와 질 들뢰즈, 펠릭스 가타리를 선취하는 프로이트의 통찰은 대중의 동학이 이성보다는 감성에, 의식보다는 무의식에, 논증보다는 욕망에 있음을 발견했다는 점에 있다. 이는 다시 '리비도적 관계'라 명명되

---

15 지그문트 프로이트, 「집단심리학과 자아분석」, 『문명 속의 불만』, 김석희 옮김, 열린책들, 2004, 83~86쪽. 번역은 문맥에 맞춰 수정했다.

는데,[16] 사회가 자기와 타자의 동일시를 가능하게 만드는 '정념의 유대'
에 의해 수립된다는 뜻이다. 동일시는 타자를 동일자로 '오인'하게 만드
는 사회 발생의 무의식적 장치다.

　문제는 이러한 동일시가 동정이든 공감이든 국가라는 '큰 것'의 매
개를 통해 간접적인 방식으로 이루어졌고, 근대 사회에서 이 경향은 '안
전'에 대한 보수적인 태도로 구조화되었다는 사실이다. 국가의 감성 정
치학은 이를 명확히 인식하고 있었고, 그에 따라 대중에 대한 통제와 동
원의 전략을 구사해 왔다. 하지만 프로이트는 여기서 수수께끼 같은 역
설을 하나 던진다. 집단의 윤리 감각은 개인의 수준보다 낮지만 가끔 그
것을 초월하는 수준으로 고양된다. 어떻게 이런 일이 가능할까? 비주체
적이고 감정에 휘둘리기 쉬운 대중에게 윤리('정의')는 불가능한 대상이
다. 대중은 '큰 것'을 따라가려는 경향을 갖기 때문이다. 하지만 이러한
경향은 인식 너머의 현상이며 따라서 충동이라 불릴 만한 힘으로서, 역
으로 '큰 것'의 인도를 벗어날 수 있는 잠재성을 갖는다. 프로이트의 단언
대로 비합리적이고 무의식적인 충동이기에 역설적으로 '큰 것'을 추구하
는 경향을 비껴갈 잠재력을 보유하는 것이다. 마치 혁명이 그런 것처럼.

3. 일탈하는 감성과 감정의 구조(들)

윤리가 이성이 아닌 감성에 의해 세워질 수 있다는 주장을 칸트가 듣는
다면 사색이 되어 손사래를 칠지도 모를 일이다. 하지만 헤겔의 관점에
서 보자면, 칸트의 윤리는 정확히 말해 도덕Moralitat에 가까우며, 감성을

16　프로이트, 「집단심리학과 자아분석」, 118~119쪽.

배제한 추상적 이성의 산물이다. 반면 이성과 감성의 결합에 기초한 윤리는 그가 주장한 인륜Sittlichkeit이었다. 그러나 헤겔의 인륜은 이성과 감성의 직조를 통해 만들어진 민족 및 국가로 수렴되는 것이기에 우리는 그로부터 한 걸음 더 나아가야 한다. '큰 것'을 매개 삼지 않고 윤리를 모색하는 것, 그것은 이성이냐 감성이냐의 양자택일로 풀 수 없는 문제이자 조화로운 절충으로도 해결할 수 없는 문제이다. 감성과 이성의 대립은 그러한 양자택일 이외에는 어떤 판단도 불구로 만들어 버리는 근대적 이분법의 고질적 표상에 불과하다.

사회의 집합적 차원에서 작동하는 감성의 유동은 분석적·계량적 조작의 대상이 아니다. 집단적 감정의 흐름에 대해 '전염'이나 '감염'과 같은 병리학적 비유를 동원하는 것은 집단적 감정의 흐름이 명확히 분절 가능한 논리적 프로세스에 따르지 않으며 의식의 차원으로 환원시킬 수 없음을 반증한다. 개인에게나 집단에게나 감성은 (무)의식적 과정에 따라 작동하며, 욕망의 문제와 긴밀히 결부되어 있다.[17] 습관과 규범, 의례가 감성의 본원적 장으로 부각되는 이유는 그것들로 만들어진 일상의 관습이 대중을 동원하고 지배하는 정치적 요소로서 근대 사회에서 지속적으로 활용되어 왔기 때문이다. 투명하고 합리적인 공적 행위가 요구되는 경우에도 일상의 관습과 그 감성구조는 삶의 미분화된 영역들을 관통하며 작동한다. 지극히 개인적이고 사적인 감정조차 사회적 관계 속에서 배태되므로 일상의 감성이 제거된다면 그 어떤 공적인 정치사회도

---

17 우리가 주목해야 할 것은 사회적 배치로서의 감성의 배치다. 감성은 심리적 단위이자 문화적 단위이며, 나아가 사회적 단위이다. 이 세 단위의 계열화는 정신분석에 힘입은 바 큰데, 이는 개별적·집단적 자아의 (재)구성이 무의식을 경유할 수밖에 없는 까닭이다. 에바 일루즈, 『감정 자본주의』, 김정아 옮김, 돌베개, 2010, 제1장 참조.

성립하지 않을 것이다. 역으로 말해, 우리가 아는 공적인 사회구조와 정치제도 전반은 모두 일상의 감성을 포괄하고 조절하는 방식으로 수립되어 있다.

레이먼드 윌리엄스에 따르면, 이성과 명확히 구분할 수 없는 감성의 이러한 특징은 우리의 체험이 결코 완료될 수 없기에 생겨나는 것이다. 우리는 자신의 사고와 행위를 반추할 때 늘 과거시제를 통해 체험을 완결된 것으로 표상하며 언어적으로 분절시켜 개념화하지만, 실제로 생동하는 삶의 체험은 결코 종료되지 않으며, 따라서 과거시제 속에 봉인되지 않는다.[18] 모든 의식은 사회적인 것이라 언명할 때, 이 말의 진의는 경험은 완결되지 않으며 따라서 고정될 수 없고 명확하게 인식될 수 없다는 말이다. 이는 감성의 문제에 있어서 더욱 진실된 것인데, 개념이 사후적이고 공식적으로 성립하는 반면 감성은 현재 진행적이며 비공식적인 차원에서 지속되는 체험인 까닭이다. 삶이 계속된다면 감성 역시 그 토양 위에서 지속될 수밖에 없고, 합리성의 규제를 넘어서 그 운동을 유지해 간다. 이것이 감성의 실천, 또는 실천하는 감성이다.

실천적 의식은 거의 언제나 공식적 의식과는 구분되는데, 이는 단순히 자유나 통제의 상대적인 정도와만 관련된 문제가 아니다. 왜냐면 실천적 의식은 체험되고 있는 것으로 단순히 '간주되는' 것이 아니라 '실제로' 체험되고 있는 것을 가리키기 때문이다. [⋯] 그것은 진정 사회적·물질적 특성을 띠는 것이면서도 완전히 명료하고 규정지어진 활동으로

---

18 레이먼드 윌리엄스, 『이념과 문학』, 이일환 옮김, 문학과지성사, 1982, 160~161쪽. 원제는 *Marxism and Literature*(1977)이며, 본문의 번역은 영어본을 기초로 수정해서 인용한다.

자라나기에 앞서 맹아적 국면에 있는 일종의 감정 및 사유이다.[19]

명료하게 의식되고 개념화되는 경험이 공식적 의식에 속한다면, 완결되지 않는 체험에 속하는 것은 실천적 의식, 즉 비공식적 의식이다. 하지만 이러한 구별은 '이성 대 감성'의 통념적 대립으로 환원되지 않는다. 윌리엄스에 따르면 실천적 의식이란 이성의 개념적 인식과 대립하는 심성능력, 즉 감성 자체가 아니라, 그에 선행하는 '맹아적 국면'에 놓인 감각이자 사유이다. 달리 말해, 실천적 의식이란 이성과 감성의 분별된 심성능력 자체를 가능하게 만드는 체험의 토대다. 나아가 실천적 의식은 감성적 능력에 해당된다. 감정과 사유는 혼성적으로 작동하며, 이로 말미암아 우리의 경험은 본래적으로 이성과 감성의 두 국면을 포괄하는 방식으로 체험된다는 것이다. 요컨대 이성적인 것과 감성적인 것의 이분법적 구분은 실천적 의식이라는 혼성적인 원 체험 이후에 나타나는 심성능력의 구분이다.

실천적 의식이라 지칭된 이 혼성적 체험의 장은 단지 카오스적 뒤섞임에 머무르지 않는다. 그것은 일종의 전前의식적 구조를 가지며, 의식적 실천을 위한 (무)의식적 욕망과 충동, 경향의 강도를 형성한다. 감정의 구조들structures of feeling이란 이렇게 우리의 느낌과 감각, 신체지각에 깊이 뿌리내린 (무)의식 차원을 포괄하는 폭넓은 지각의 원리인 셈이다.[20] 따라서 '실천적 의식'은 '실천적 (무)의식'이라 바꿔 읽어도 좋을 것이다.

---

19 윌리엄스, 『이념과 문학』, 164쪽.
20 윌리엄스, 『이념과 문학』, 175쪽 각주 15번. 이런 의미에서 윌리엄스가 'feeling'이라고 표현한 것은 개별적이고 인지 가능한 특정 감정 상태가 아니라 그것을 가능하게 해 주는 (무)의식적 감수성의 토대, 즉 감응이라고 읽어야 타당할 것이다.

우리의 논의대상은 충동·억제·어조 등을 이루는 특징적 요소로서, 의식과 관계의 특수화된 감응적 요소들affective elements of consciousness and relationship인데, 이것들은 사유와 대비되는 감정이 아니라 느껴진 사유이자 사유된 느낌이다. 다시 말해서, 이 요소들은 생동적이고 상호 관련적인 연속성 속에 놓여 있는 현재적인 실천적 의식인 것이다. 우리는 또한 이러한 요소들을 하나의 '구조'로서 ── 상호 관련적이면서도 긴장관계에 있는 특정한 내적 연관들을 지닌 하나의 집합으로서 ── 규정짓고 있다. 우리는 이로써 과정 속에 놓여 있는 하나의 사회적 체험을 규정짓고 있는 것이다. 그런데 이 체험은 종종 사회적인 것으로 채 인식되지 못하고 사적인 것, 유별난 개인의 것, 또는 심지어 고립적인 것으로도 간주된다.[21]

이성과 감성을 앞서는 이러한 구조가 왜 중요한가? 무엇보다도 먼저 '이성 대 감성'이라는 근대적 이분법을 돌파하기 위해서이다. 이러한 이분법에 얽매이는 한 우리는 개인과 대중의 관계 역시 이와 유사한 이분법으로 재단하는 함정에 빠지기 쉬우며, 양자택일의 방식으로 이성과 감성 중 어느 한쪽에만 판단의 진리치를 실어 줄 수밖에 없다. 예컨대 프로이트가 그랬듯이 개인 대 대중, 이성 대 감성 같은 식으로 말이다.

유기체로서 자아가 '큰 것'과 자기를 동일시해 생물학적 개체성을 보존·유지하려는 행위는 실상 대단히 합리적인 행위로서 비난받을 수 없다. 하지만 이러한 합리성은 프로이트가 냉소적으로 지적하듯 자기보존의 욕망에서 연원한 것으로서 피지배의 욕망과 겹쳐져 있다. 이런 즉

---

21 윌리엄스, 『이념과 문학』, 166쪽.

물적 수준의 합리성을 넘어서기 위해서는 온전히 이성에만 따르지 않는 힘, 그러나 동시에 이성과 연결된 힘으로서 감성을 고려해야 한다. 물론 그것은 윌리엄스가 지적한 바 이성 대 감성의 이분법 이전에 존재하는 토대로서 감응의 구조이다. 일견 이 구조는 감성적인 것과 이성적인 것이 뒤섞여 있어 카오스처럼 보이지만, 바로 이러한 혼성으로 인해 '큰 것' 과 합치하려는 즉물적인 합리성을 이탈하는 잠재성을 보유한다. 즉 그것은 '느껴진 사유이자 사유된 느낌'thought as felt and feeling as thought으로서 항상 다른 구조들로 변형되고 이행하는 힘에 다름 아니다.[22] 윌리엄스가 이 역학을 감정의 구조'들'이라 복수형으로 명명한 것은 그런 까닭이다. 단 하나의 구조로부터 여러 감정들이 연역되는 게 아니라, 수많은 분기선들을 따라 무한히 파생되는 감정들의 결집과 생성, 즉 (탈)구조의 흐름이야말로 감성을 해명하는 진정한 관건이 된다.[23] 그러므로 일탈하는 감성의 분기선들을 추적하고, 그것들이 어떤 방식으로 다시 구조를 이루는지 관찰하는 것이 중요한 과제로 설정된다.

혼히 상반되는 심성능력의 두 차원으로 분류되는 이성과 감성을 함께 사유하는 게 가능할까? '느껴진 사유'이자 '사유된 느낌'이 수사학적 형용모순이 아니라 삶의 실제적 양상이라면 이를 어떻게 설명할 수 있을까?

---

22 이 글에서 주안점을 두는 '감성'이란 이처럼 이성 대 감성이 대립하기 이전의 차원, 즉 경험의 가능 근거이자 잠재적 토대를 가리킨다.

23 20세기 초까지도 감성과 이성의 절대적인 구별은 가능하다고 생각되지 않았다. 오히려 양자가 뒤섞인 혼란스런 표상이 일반적이었는데, 감(수)성(sensibility)은 사유와 감정 사이의 유동상태를 나타내는 단어로 통용되고 있었다. 레이먼드 윌리엄스, 『키워드』, 김성기 외 옮김, 민음사, 2010, 430쪽.

스피노자를 빌려 들뢰즈는 그 같은 삶의 양상을 감응感應, affect을 통해 이해하고자 한다. 감응은 대상과 대상이 주체나 객체, 이것과 저것의 완결되고 완성된 상태로서 구별되는 관계가 아니라 지금-여기서 끊임없이 변이하는 관계를 맺으며 상호 변용하는 양상을 파악하기 위해 동원된 감각-사유이다. '느껴진 사유이자 사유된 느낌'이란 의미에서 감각과 사유의 혼융이되 무작위적 혼합은 아닌 것이니, 사유는 언제나 감각의 영향을 받고, 감각 또한 사유에 의해 조형될 수 있기 때문이다. 따라서 감응은 영향을 주고받는 이행적 관계이자 그 힘으로 정의된다. 그것은 "관념들의 지적인 비교로 환원될 수 없다. 살아 있는 추이, 즉 어떤 정도의 완전성에서 또 다른 정도의 완전성으로의 살아 있는 이행에 의해 구성"된다.[24] 앞서 윌리엄스가 체험은 과거시제를 통해 완결된 것으로 표상할 수 없으며, 감정의 구조들이란 그러한 체험을 길어내는 '상호 관련적이면서도 긴장 관계에 있는 특정한 내적 연관들을 지닌 하나의 집합'이라고 명명했던 것을 상기해 보자. 들뢰즈가 감응이라 부르는 것이야말로 이 감정의 구조들이 아닌가?

4. 감응의 공–동체와 겁쟁이들의 연대

감응은 고정된 이성적 범주나 동일성의 재현장치가 아니다. '살아 있는 추이'로서 그것은 변이의 체제에서 작동하며, 변이가 실존의 본성인 까닭에 하나의 존재능력으로 지칭된다(그래서 이성적 혹은 감성적 존재자

---

24 질 들뢰즈, 「정동(affect)이란 무엇인가?」, 질 들뢰즈 외, 『비물질노동과 다중』, 서창현 외 옮김, 갈무리, 2005, 32쪽. 번역은 원문에 맞춰 수정했다.

로의 구분 '이전'의 능력이다). 감응은 변이, 존재능력의 연속적인 변이로서 '체험되고 있는 삶'이라 할 수 있다. 따라서 감응은 인식 이전의 신체적 상태에서 최초로 드러나며, 감응이 발생하는 순간에 벌어진 타자와의 만남을 '흔적'으로 각인하고 있다. 다시 말해, 감응은 나와 타자의 만남 및 관계로부터 촉발된 감각이며, 따라서 애초부터 타자와의 공감을 전제로 성립한 감수성이다. 그러므로 이러한 감응에 기초한 관계란 본래적으로 타자와의 공-동적共-動的 관계라 할 만하다. 우리가 타자에 대해 갖는 감정과 사고, (무)의식적인 감성 등은 우리가 이미 타자와 모종의 관계 속에 돌입해 있기 때문에 불거져 나온 감응의 효과라 할 수 있고, 이 점에서 나와 타자는 감응적 관계 또는 감응의 공-동체를 항상-이미 형성하고 있다.[25]

흥미로운 사실은 이러한 감응의 공-동체는 이성적 판단에 의거해 '큰 것'과의 동일시에 따라 성립하는 게 아니라는 점이다. 전술했듯, 국가와의 동일시는 안전을 담보로 '큰 것'에 복속되는 과정이다. 그것은 궁극적으로 자기를 파괴하는 결과에 이르고 말 것이다. 즉물적인 개체의 보존은 달성할 수 있어도 장기적으로 볼 때 종속과 노예화를 벗어날 수 없다. 자기보존을 위한 '이성적' 선택을 했다고 생각할지 모르나 실제로는 자기 파괴의 치명적 선택, '나쁜 만남'에 빠져든 것이나 마찬가지다. 당

---

25 감응의 관계, 또는 감응의 공동체는 '함께-있음'(être-en-commune)에서 발원한다. 우리가 그 관계를 특정한 무엇으로 판별하고 규정짓기 이전에 함께 존재한다는 현사실성 자체가 이미 공-동성을 형성하고 있다. 이러한 공동체는 근대적 의미에서의 '큰 것'을 중심으로 결합한 집단이 아니다. 하나의 비(非)조직으로서의 조직이자, 결속 없는 결속체로서 이러한 관계, 즉 공동체는 '가장 작은 것'으로서 타자에 대한 감응을 통해 감지되고 구성되는 집합이다. 장-뤽 낭시, 『무위의 공동체』, 박준상 옮김, 인간사랑, 2010, 200~212쪽.

장의 이해관계에는 부합해도 궁극적으로는 나와 타자, 전체의 유대와 공감, 감응의 흐름을 탈구시켜 분해와 죽음으로 이끄는 만남인 것이다. 반면 '좋은 만남'도 가능하다. 그것은 국가와 같은 '큰 것'에 의지하지 않고도 작고 미소한 신체들, 즉 나와 너, 우리가 만나 공통의 리듬을 형성하고 공-동체적 관계를 구성한다.[26] 무엇보다도 신체와 감각의 공명에 의거한 이러한 만남은 이성적 인식 너머의 문제이며, 일종의 '느낌'[感]에 의지할 수밖에 없다. 그런 느낌은 체계적인 과정에 의해 소유할 수 있는 것은 아니지만, 사태를 주시하고 관찰하는 노력을 통해, 감응의 확대와 연마를 통해 습득될 수 있다. 들뢰즈가 감응을 '능력'으로 부르는 이유가 그에 있다. 감응은 사물을 외관, 과거시제에 의해 완결된 형태로서 판단하는 게 아니라 변이의 과정 가운데 어떻게 관계적으로 작동하는가를 통해 그 잠재성과 현행성을 타진하는 능력이다.[27] 우연한 만남과 그로써 벌어지는 혼성 작용의 '좋음'과 '나쁨'만이 윤리의 기준이 된다. 스피노자-들뢰즈에게 윤리란 좋은 마주침과 나쁜 마주침, 힘의 증대와 감소로써 언명되는 것이지, 어떤 가시적이고 절대적인 척도에 의지하는 명령이 아니다. 이를 우리의 문제의식으로 옮겨 와 말한다면, 공동체의 윤리는 그것이

---

26 "좋음은, 한 신체가 우리 신체와 직접적으로 관계를 구성할 때, 그리고 그 신체의 능력의 전체 혹은 부분을 통해 우리 신체의 능력이 증가할 때를 지시한다. […] 나쁨은, 한 신체가, 비록 그것이 우리 신체의 부분들과 여전히 결합하고 있다 하더라도, 우리의 본질에 상응하는 것들과는 다른 관계들 아래서 우리 신체의 관계를 해체할 때이다. […] 할 수 있는 한 만남들을 조직하고, 자신의 본성과 맞는 것과 통일을 이루며, 결합 가능한 관계들을 자신의 관계와 결합하고, 이를 통해 자신의 능력을 증가시키려고 노력하는 사람은 훌륭하다." 질 들뢰즈, 『스피노자의 철학』, 박기순 옮김, 민음사, 1999, 38~39쪽.

27 들뢰즈, 「정동이란 무엇인가?」, 47~48쪽. 말[馬]이란 점에서 경주마와 짐수레말은 동일하게 분류되지만, 그 능력의 차원에서 본다면 전자는 레이싱카와, 후자는 일하는 소와 다르지 않다.

생성하는 관계가 '큰 것'인가 '작은 것'인가가 아니라 '좋은 것'인가 '나쁜 것'인가에 달려 있다.

논의가 까다롭게 여겨진다면, 감응과 공동체에 대한 다른 설명을 끌어와 보자. 노동계급의 혁명성은 어디서 오는가? 한 세기 전이었다면 의당 그것은 첨예화된 계급의식이라 답해야 옳으리라. 자본주의 사회체제에서 노동자들의 처지와 입장에 대해 이성적으로 자각하고 계급적 연대감에 의해 하나의 공동성을 형성하는 것, 그것이 계급혁명의 전제로서 우선 정립되어야 할 것이다. 그러나 실제로 이러한 계급의식은 불가능하다. 왜냐면 모든 의식은 이성적 판별 이전의 감성에서 연원하며, 그것은 첨예하게 분별되고 대립되는 게 아니라 지속적인 감염과 혼성, 상호침투를 통해 '오염'되기 때문이다. 더구나 개인이 사회 속에 선 자리에 따라 그가 가질 수 있는 의식성의 수준은 천차만별이고, 개인의 의식성을 노동계급이라는 단일한 틀 속에 완벽히 묶어 낼 수도 없다. 그런 것이 상정된다면, 이는 '과거시제'로서만 '재현 가능한' 박제화된 감정에 불과할 것이다.[28] 타자와의 동일시를 통해 동일자의 공동체를 상상하는 것은 자신(들)이 '큰 것'에 귀속되어 있다는 확신에서 비롯된 망상이자 억압기제이기 십상이다. 근대 국민국가의 사례는 말할 것도 없고, '노동자 연대'라는 깃발 아래 억압된 타자들(여성과 비정규직, 외국인 노동자 등)을 우리는 얼마나 많이 목격해 왔는가? 오히려 진정한 연대는 '불가능한 동일시'에

---

28 에르네스토 라클라우·샹탈 무페, 『헤게모니와 사회주의 전략』, 이승원 옮김, 후마니타스, 2012. 이런 의미에서 사회란 본래적으로 불가능한 것이다. 그것은 감응적으로 구성될 잠재성을 갖고, 언제나 구성되고 있는 현행적인 것이지 선험적으로 상정되는 실체가 아니다. 사회의 (불)가능성이라는 토대에서 출발할 때 비로소 우리는 현실적인 공동체 운동의 한 걸음을 내딛을 수 있을 것이다.

의해, 즉 '크지 않은 것'이나 '작아지고 있는 것'에 대한 공-동의 감응을 통해 가능하지 않을까? 나아가 '가장 작은 것'과의 동일시야말로 이성과 합리에 근거한 근대적 인간학에 역행하는, 진정한 연대의 조건이지 않겠는가?[29]

도미야마 이치로富山一郎는 '겁쟁이들의 연대'에 관해 이야기한 적이 있다. 겁쟁이란 누구인가? 바로 도망치는 자이다. 왜냐면 폭력이 자기 곁에 당도하여 곧 나를 살해할 위협을 가하기 때문이다. 폭력의 예감. 이는 오직 감각의 차원에서 내게 먼저 지각된다. 내 곁에서 누군가 죽어가고 있을 때, 그의 눈동자에 비친 자기를 목도함으로써 내게 닥칠 죽음을 느끼는 식이다. 그런데 하나의 윤리적 역설이 여기서 발생한다. '큰 것'에 의해 살해당한 타자와 곧 살해될지도 모를 나 사이의 유대가 형성되는 것이다. 다시 말해, 지금 닥치진 않았으나 도래할 위협으로서 나의 죽음이 예고되고 그럼으로써 앞서 죽은 자와 지금 살아 있는 나 사이의 무의식적 공감대가 형성된다. 죽어가고 있는 자 또는 죽은 자와의 관계. 바꿔 말해, '가장 작은 것'들과의 동일시, 그것이 '겁쟁이들의 연대'이다.

겁쟁이들의 연대는 역사 속의 패자들의 마주침이며, 결코 자신을 '큰 것'과 동일시할 수 없는 자들만이 맺을 수 있는 감응적 관계를 가리킨다. '느낌적 느낌'이라는 모호한 표현 속에 가장 적절한 어감을 전달할 수 있

---

29 이 글의 마지막까지 계속 논의하겠지만, '가장 작은 것'과 함께-있음, 함께-함의 가능성이야말로 자본주의적이고 국가주의적으로 경도된 근대적 공동체를 넘어설 수 있는지에 대한 우리 시대의 물음과 답변일 것이다. '가장 작은 것', 즉 역사에서 패배당하고 버려진 존재, 보이지 않게 가려지고 배제된 자들과의 불가능한 동일시가 가능할 때 비로소 윤리도 공동체도 새로운 터전을 찾게 될 것이다. 감응의 감성교육이라는 우리의 주제는 그 탐색의 징검다리가 되어야 한다.

을 텐데, 개별화되고 특정화된 감정을 가리키는 단어로는 도저히 표현할 수 없는 불가능한 관계가 그것이다. 이웃한 망자, 그와 나의 불가능한 동일시만이 역설적으로 내게 현재로부터 도망갈 힘을 주며, 겉보기와 달리 항구적인 패배로 귀결되지 않는다. 오히려 살해당한 망자의 다음 차례로서 순차적으로 죽음에 이르는 것이야말로 패배일 것이다. 의연하게 죽음을 기다리기보다 망자와의 교감 속에서 그 '역사의 수순'을 빠져나가는 것, '장렬한 산화'니 '옥쇄'玉碎니 하는 큰 것과의 결합을 독려하는 강제에 함몰되지 않고 감히 도망치고자 애쓰는 것. 그것이야말로 결정된 패배를 벗어나는 진정한 행위가 될 수 있다. 미리 정해진 역사의 길을 거부하고, 어떤 거대 서사나 선험적 기의로부터도 탈주하는 몸짓이야말로 진정 '목숨을 건 도약'이다. "역사는 결기한 자들에 의해 그려지는 것이 아니라, 도망친 자나 전향한 자로 간주되는 겁쟁이들로부터 탄생하는 것은 아닐까? […] 목숨을 건 행동을 포함한 겁쟁이의 연대."[30]

'겁쟁이-되기'는 주어진 상황을 무조건 회피하라는 요구가 아니다. 그런 행위야말로 타자와의 감응적 공-동성을 파기하고 단독성의 어둠에 빠지는 지름길이다. 폭력에 노출되고 죽음을 예감하는 자들이 서로 공감하고 연대하는 것, 즉 자신과 타자라는 '가장 작은 것'들 사이의 불가능한 동일시를 이루는 것이야말로 '큰 것'의 척도에 순응하지 않겠다는 의지로 전화할 수 있다. 이는 수동적인 동시에 능동적이고, 감성적인 동시에 이성적인 주체화이다.[31] 내가 살해당할지도 모른다는 두려움은 내가 또

---

30 도미야마 이치로, 『폭력의 예감』, 손지연 외 옮김, 그린비, 2009, 8쪽.
31 자크 랑시에르, 『정치적인 것의 가장자리에서』, 양창렬 옮김, 길, 2013, 120쪽. 불가능한 동일시란 고유한 이름을 갖지 않는, 따라서 변이하고 생성 중인 주체화다.

다른 타자를 살해하게 될지도 모른다는 두려움과 겹쳐짐으로써 온전히 윤리적 역설에 도달할 수 있다. 나아가 또 다른 타자를 내가 이미 살해했을지도 모른다는 두려움, 그로부터 기인한 고통의 예감은 '큰 것'과 나를 동일시하지 않도록 저지하는 윤리의 문턱이 된다. 집단의 윤리가 개인의 윤리를 초월하는 방식으로 고양되는 프로이트의 역설이 여기에 있다.

5. 문학, 예시적 정치와 윤리의 실험실

감성이 중요하다는 표명은 더 이상 낯선 것이 아니다. 소위 1990년대의 '포스트모던 시대'를 거치며 우리는 논리적 사고보다 감각적 지각이 더 원초적이며, 근대의 합리적 주체란 허구에 불과할 뿐 실상 있는 것은 파편화된 감성적 주관일 뿐이란 사실을 학습해 왔다. 이 점에서 앞선 감성론적 논의들은 어쩌면 이미 아는 내용들을 한 차례 정리하고 반복한 것처럼 여겨질지 모른다. 하지만 잘 알다시피 그렇게 '아는 것'과 그것을 실제로 실천하는 일은 아주 다르다. 이 역시 이미 '아는 것'일 수 있으나, 우리에게 늘 문제로서 제기되는 것은 그렇게 '아는 것'을 우리가 감히 실천하지 못하고 있다는 모순일 게다.

윌리엄스의 감정의 구조들은 과거시제로서 이미 해소된 문제가 아니라 지금-여기서 해결되어야 하거나 해결 중인 문제들을 지속적으로 제기한다는 점에서 유효하다.[32] 그로써 감정의 구조들은 지금 실존하지는 않지만 실존하게 될 '부상하는 공동체'를 이미지화한다. 그것은 미래

---

32 심광현 대표집필, 「세대의 정치학과 한국현대사의 재해석」, 『문화/과학』 62호, 2010 여름, 35~36쪽.

futur가 아니라 미-래avenir에 속한 공동체,[33] 도래할 사회의 이미지이다. 문화적 가설로서 감정의 구조들이 예술과 문학을 적극적인 투영의 스크린으로 삼는 이유가 그것이다.[34] 문학과 예술은 감정의 구조들이 작동하는 양상을 일상생활에서 가장 구체적으로 실감나게 다루는 형식인 동시에, 본성적으로 시간적 순서에 따라 현전하게 될 미래가 아니라 그러한 순차성과 단절하여 지금-여기와는 '다르고' '낯선' 사건('미-래')을 표현하는 형식이다. 이는 헛된 공상이나 백일몽이 아니라 그것을 투사하는 작가(표현자)와 독자(수용자) 사이의 감응적 교류에 의해 촉발되는 욕망의 정치적 전경화다. 문학과 예술이 예시적 정치prefigurative politics로서 우리를 감동시키는 것도 그래서가 아닐까?

감응의 공-동체와 겁쟁이들의 연대. 이 단어들의 조합에서 지난 시대의 거대한 집단적 통일성이나 목적의식으로 충전된 계급적 대오를 떠올릴 필요는 없다. 우리의 일상은 훨씬 소소하고 개별적인 의식과 행위들로 쪼개져 있다. 다만 각자로서 각자의 삶을 영위하는 일상이 우리를 꼼짝없이 지배하고 있는 것이다. 어떤 의식적 깨어남이나 인식적 통찰이 우리를 함께 하도록 촉발하는 게 아니라 알 수 없는 두려움, 불길한 예감, 그리고 타인의 고통이 갑작스럽게 들이닥칠 때 우리는 비로소 저 낱말들의 무게를 실감하게 된다. 이런 의미에서 이 주제를 다룬 문학작품 세 편을 함께 읽어 보도록 하자.

---

33 전자는 시간적 순차성과 계기성에 의해 규정되는 '예상 가능한' 미래시제인 반면, 후자는 그와 같은 시간적 연쇄를 단절과 도약을 통해 전변시킴으로써 끌어내는 '예측 불가능한' 낯선 시간을 가리킨다. 요컨대 미-래란 사건적으로만 도래하게 될 타자의 시간이다.
34 윌리엄스, 『이념과 문학』, 167쪽.

5-1. 애도 불가능한 타자와 공-동의 감응

어떤 일에 관해 오랫동안 생각해 온 한 남자가 있다.[35] 그는 자신이 살아가는 방, '암굴'이라 할 만한 공간에 스스로 유폐되어 죽지도 살지도 않는 일상을 영위하는 중이다. 될 수 있으면 모든 일이 단순해지도록 가구도 식기도 없이, 벽에 그림 한 장 걸지도 않은 채, 불도 밝히지 않은 방 속에 스스로 갇힌 것처럼 머물러 있다. 시간이 흐른다는 것은 저녁 무렵 현관의 불투명한 유리 너머에 있는 가로등이 사람이 지나갈 때마다 잠시 켜졌다가 이내 꺼지는 것으로부터 알 수 있을 따름이다. "누구도 지나가지 않는 밤이란 없다. 어느 밤이든 어느 순간에 문득 가로등은 켜지고 다시 꺼진다. 나는 세 개의 문 너머에서 밤새 그것을 지켜보며 생각한다. 그 일을 생각한다." '그 일'이란 대체 무슨 일인가?

'그 일'에 관해 생각할 때마다 "열에 서너 번의 빈도로" 떠오르는 것은 아버지다. 혈연적으로만 생부일 뿐 실상 타인과 마찬가지의 존재다. 목수로 일했던 아버지는 손님들에게 주문을 받아 탁자나 서랍장, 문짝 등을 만들어 팔았는데 "가족을 위해서는 무엇도 만들어 주지 않았다". 어떤 감정적 온기도 나눈 기억이 없는 걸로 봐서 통상 언급하는 '화목한 가족'도 아니었던 듯싶다. 아니, 어쩌면 생계에 바쁘고 지친 우리 현대인들의 일상적 모습이 그럴지도 모른다. 아무튼 주인공의 아버지는 "이제 늙었고 당신이 잘못했다는 말을 들으면 화를 내는 사람이 되었다". 왜 그렇게 되었는가? 굳이 심오한 까닭을 찾을 필요도 없이, "어쩔 수 없"기 때문이다. 따져 보면 자기의 잘못을 찾을 수도 있겠지만, 그래서 어쩌자는 말인가? 우리 모두가 그렇듯, 지나간 일들을 되돌릴 수도 없는데 잘잘못을

---

35 황정은, 「웃는 남자」, 『문학과사회』 2014년 가을호, 105~126쪽.

가려서 뭘 어쩐단 말인가? "이제 와 모든 걸 다시 생각해 보는 것은 그처럼 나이를 먹어 버린 사람에겐 너무 가혹한 일이 될 것이다."

아버지에 대한 기억을 제외하고 주인공은 "자고 먹고 싸고 생각한다. 생각하는 것을 하고 있을 뿐이다. 잠이 오면 자고, 잠에서 깨면 내 자리에 앉아 생각한다." 오로지 생각, '그 일'에 관한 생각만이 그의 존재이유라는 듯, 그는 생각한다. 인간에서 동물로, 동물에서 다시 무생물로 환원된 듯 그가 이제 무엇이 더 될 수 있을지 궁금할 지경이다.

"생각이 나를 먹고 있어. 생각이 나를 짓누르고 있어. 생각이 나를 씹고 있어." 흡사 생각에 삼켜져 버린 듯한 주인공이 몰입하고 있는 '그 일'이란 동거하던 여자친구 디디의 죽음이다. 생의 별다른 의미도 낙도 없던 그에게 디디는 "처음으로 내가 아닌 다른 사람을 행복하게 만들고 싶다고" 생각하게 해준 존재였다. 그런 디디가 죽었고, 혹여 거기에 자신의 잘못이 있지 않았는가를 끊임없이 되새기는 게 바로 주인공의 '생각'이다. 그가 의심하는 잘못이란 무엇인가? 어느 날 퇴근하고 돌아오는 그와 디디가 버스를 함께 타고 귀가하던 평온한 일상에 문득 사건이 벌어진다. 버스와 승합차의 충돌, 그리고 신체에 가해진 타격.

> 작은 유리 조각들과 빗물, 차가운 빗물이 바늘처럼 얼굴로 튀어 나는 나도 모르게 눈을 감았고… 다른 차원의 소용돌이에 휘말린 것처럼 버스가 크게 회전했을 때… 어깨에 메고 있던 가방을 있는 힘껏 붙들었지. 그 짧은 순간… 나는 디디가 아니고 가방을 붙들었지. 가방을.(121~2쪽)

여자친구가 아닌 가방을 붙들었던 것. 이것이 그가 '그 일'에 관해 끝없이 생각하는 이유다. 그것은 '이해할 수 없'는 일이며 결코 '단순해지지 않는' 일이다. 디디의 존재가 그에게 그러했듯, 그녀 대신 가방을 붙잡았던 사건은 자신의 감정과 믿음, 지식을 배반하는 우발적 사건이었으며, 따라서 지금 방안에 스스로를 유폐한 그가 자신의 윤리성을 시험하고 문답하는 가장 중요한 계기가 되었던 것이다. 가방 대신 디디를 붙잡았다고 그녀가 살았으리란 보장은 없다. 가방을 꼭 붙잡은 것은 그 안에 귀중품이나 큰 돈이 들어서도 아니었다. 가방은 이런저런 일상의 잡다한 사물들로 채워져 있을 따름이었다. 그런데 왜 그는 디디가 아니라 가방을 붙잡았던 것일까? 몸이 휘청이는 가운데 아무것이나 붙든 우연한 행동일 수도 있고, 저도 모르게 소유물을 보전하려는 본능적 행동이었을 수도 있다. 따져 물을 수 없는 일이며, 지나간 시간을 복구하여 합리적으로 규명할 수도 없는 일이다. 과연 그것이 후회의 대상이 되기는 하는 걸까? 왜 주인공은 여기 매달려 있는 걸까?

겹쳐지는 아버지의 일화는 상징적이다. 목공소에서 헐값에 일하던 직원이 교통사고를 당했다. 구급차에 태워져 병원으로 이송 중에 직원은 자꾸 무언가를 말하려고 애쓴다. 가만히 있으라고 제지해도 직원은 듣지 않는다. "뭐라고 자꾸, 말하려고 안간힘을 쓰는 거야. 가만히 있으라고 해도. 가만히 있으라고 해도. 그래서 내가 아 닥치라고, 가만히 좀 이렇게 닥치고 있으라고 열불을 냈단 말이지. 그랬더니 나를 한 번 끔벅 보더니 그 다음부턴 말을 안 해. 눈을 감아. 그리고 바로 파래졌지." 말을 멈춘 직원은 의식불명인 채로 사망한다. 그의 부인이 찾아와 아버지에게 마지막 유언 같은 게 있었는지 묻지만, 말하려던 직원을 제지한 아버지가 들은 게 있을 리 없다. 물론 그는 직원이 죽을 줄 몰랐을 것이다. 어떤 이성적 판단, 말하지 않는 게 생존에 도움이 될 거라든지 하는 판단도 없었다. 아무 생각도 하지 않은 채 흘려보내듯 사건을 맞았던 것. 그냥 막연하게 제지했던 것이 후일 유족에게 망자의 말을 전하지 못하는 결과를 빚었고, 그것이 그의 유일한 후회의 원인이었다. 이 역시 아버지에게 유죄추증을 할 만한 근거가 안 될지도 모른다. 그러나 살아남은 자의 고통은 바로 죽은 이에게 다른 선택, 다른 행동을 했으면 사태가 어떻게 전변했을지 자기에게 되묻는 과정에서 발생하고 지워지지 않는다. 여기에 어떤 의미가 있을까?

주인공과 아버지가 맞부딪혔던 사건은 비극이지만, 일상에서 아주 예외적인 일도 아니다. 일반적으로 누군가 그런 일을 겪는다면 대개 빨리 잊어버리든지 또는 어떤 식으로든 자신을 위로하며 스스로를 보존할 이유, 자기 합리화의 방법을 따랐을 것이다. 그것은 불안과 공포, 죄의식을 벗어나고자 하는 유기체의 당연한 노력이다. 프로이트가 말했듯, 애도는 그 전형적인 방식일 것이다. 하지만 거기서 윤리는 성립하지 않는다. 윤리란 바로 그 같은 유기체적 한계, 쉽게 '큰 것'에 동화됨으로써 안정과 위안을 추구하는 행위를 벗어날 때 생겨난다. '작은 것'을 생각하고 또 생각함으로써 망각의 편이에 자신을 내맡기지 않는 것. "작은 것 속에 큰 게 있어." 도덕의 경계를 넘어서는 윤리의 출발점, 공-동성의 가능성은 바로 그와 같은 일상의 안일과 습관적 망각을 탈각할 때 모습을 드러낼 것이다.

그는 결코 애도하지 않는다. 죽음에 가까워질 정도로 자신을 몰아대며 '그 일'을 반추하는 데 집중한다. 그것은 의식적 노력으로 보이지도 않는다. 그가 어떤 생각들을 하는지, 그 내용이 무엇인지는 거의 드러나지 않는다. 그 과정을 재현하고 있는지, 합리화하는지 혹은 자책에 빠져 있는지 우리는 알 수 없다. 거의 무의식적 강박으로 보일 정도로, 그는 단지 생명의 회로를 반추하고 또 반추하는 데 소진시키고 있는 것이다. 어쩌면 그런 것들이 중요한 게 아닐 수도 있다. 오히려 그가 '그 일'로부터 벗어나지 못하는 상황 자체가 중요하다. 짐짓 현실 부적응이자 우울증의 병적 징후를 예시하는 것처럼 보이지만, 그 이면에는 '쉽게 잊고 쉽게 사는' 현실에 대한 우울증적 주체의 몸짓이 투영되고 있다. 즉, 망자를 잊지 않고, 놓아 보내지 않은 채 계속해서 자신의 무의식 속으로 호출하는 것, 무의식의 심연에서 늘 그와 함께 하며, 끊임없이 그에 관해 증언하는 것. 이 목적 없는 강박만이 죽은 자를 자기 삶의 의미로서 받아들이고, 미래에도 역시 그의 자리를 보전해 주는 공-동적 행위가 아닐까? 보이지 않고 들리지 않는 자들, 지금 여기에 없으나 지금 여기를 구성하는 데 필연적으로 함께 했던 타자들을 배제하지 않고 불러들여 의미화하는 작업은 그 같은 감응의 공-동을 통해서만 가능한 일이다. 그럼 점에서 주인공은 겉보기에는 인생의 패자요 사회 부적응자처럼 보일지라도, 결코 홀로 남을 수 없는 공-동체를 이미 구성한 자라 할 만하다.

5-2. 가장 작은 것과의 연대, 또는 미래의 삶

소설의 주인공은 평범하다 못해 아무런 특징도 잘 나타나지 않는 젊은 여성이다.[36] 오랜 시간 암투병을 한 어머니와 그 뒷감당을 도맡은 아버지, 자기 자신마저 폐결핵으로 인해 언제 죽을지 모르게 지쳐 가는 신세라는 점에서 사회적 타자라 보아도 틀리지 않겠다. 낡은 아파트 단지의 상가 건물 지하층에 입점한 서점에서 일하며 생계를 이어가는 그녀는 일상의 규범이나 습속에 대해 아무런 감각이 없다. 십 년째 병치레를 하느라 무

---

36 황정은, 「양의 미래」, 『양의 미래. 2014년 제59회 현대문학상 수상소설집』, 현대문학, 2013, 11~33쪽. 본문에서 인용 시 괄호 속에 쪽수만 쓴다.

력해진 어머니, 그런 어머니를 병수발하느라 남성성을 상실한 왜소한 아버지. 주인공은 차라리 부모의 죽음을 바랄 지경이며, 장래에 아이를 낳을 희망이나 의지도 없다. 그 아이가 자기처럼 고생만 하며 무의미하게 삶을 반복할지도 모른다는 두려움 때문일 것이다. 서점에서 만난 남자친구 호재는 학력 때문에 제대로 취업이 되지 않자 그녀를 떠나고, 함께 일하는 명문대 출신의 알바생 재오는 인간관계를 신뢰할 수 없는 것으로 만들어 버리는 일종의 무감각 혹은 마비상태를 드러내고 있다. 주인공은 삶을 이어갈 만한 그 어떤 감정적인 유대의 끈도 갖고 있지 않은 것이다.

그러던 어느 날, 웬 소녀가 서점에서 근무하는 그녀에게 다가와 담배를 사려고 한다(그즈음엔 서점에서도 담배를 팔았다). 학생에게는 담배를 못 판다는 대답에 그녀는 바깥에서 어른들이 심부름을 시킨 거라고 항의하고, 이를 거부하는 주인공에게 바깥의 남자들이 직접 와서 무례한 태도로 담배를 사 간다. 주인공은 밖에서 남자들과 시시덕거리는 소녀를 한동안 바라보는데, 아무리 봐도 그건 자연스런 모습이 아니었다.

그건 정말 이상한 광경이었다. 이상하다고 생각할 게 별로 없어 보였는데도 그랬다. 단지 모여 서서 이야기를 하고 있을 뿐이었는데 말이다. 그 남자들과 소녀는 너무 무관해 보였다. 나는 그들이 잘 아는 사이는 아닐 거라고 생각했고 그 생각 때문에 마음이 불편했다. 손가락 끝으로 계산대를 두드리며 나는 망설였다. 지금이라도 저 문밖으로 나가서 소녀에게 물어볼까. 그 남자들과는 어떤 관계냐고, 어디서 어떻게 만났느냐고 물어볼까. 그걸 물어볼 권리가 내게 있나. 그냥 경찰에 신고를 할까. 신고를 해서 뭐라고 할까. 어떤 여자아이가 남자들과 이야기를 하고 있어요. 그런데 그게 신고를 할 정도로 죄인가? 죄나 되나. 죄가 되더라도 그걸 신고할 의무가 내게 있나. 나중에 해코지라도 당한다면 어떡할까. 서점은 항상 여기 있고 나는 매일 여기로 출근할 수밖에 없는데 앙갚음의 표적이 된다면?

나는 관두자고 마음먹었다. 성가시고 애매한 것 투성이였다. 그들이 본래부터 알던 사이일 거라고 여기는 것이 편했다. 누가 알겠나. 나는 남의 일에 참견할 정도로 한가롭지 못하다.(25~26쪽)

주인공의 이런 의혹과 그에 대한 반응이야말로 지극히 자연스럽다. 우리는 타인의 일에 함부로 간섭하지 않는 것이 일상의 예절이자 지혜라고 배워 왔다. 게다가 남의 일에 함부로 개입했다가 봉변을 당하는 것은 무엇보다도 수치스럽고 또 두려운 일일 게다. 그러나 사건이 벌어진다. 진주라는 이름으로 밝혀진 소녀가 실종되고, 목격자들의 진술이 이어지면서 주인공이 그녀와 접촉했던 마지막 증인으로 소환되었던 것이다. 하지만 주인공이 무슨 말을 할 수 있겠는가? 진주가 사라질 줄 미리 알 수도 없었고, 자기의 일상을 간신히 연명하는 데 급급했던 그녀에게 남의 아이를 지켜볼 의무 같은 게 있었을 리도 없다. 하지만 세상은 이런 사정을 돌봐 주지 않는다. "내가 그녀를 마지막으로 목격한 사람이었다. 비정한 목격자. 보호가 필요한 소녀를 보호해 주지 않은 어른. 나는 그게 되었다."

참을 수 없이 괴로운 것은 본인이 성치 않은 모습을 한 진주의 어머니가 매일같이 찾아와 주인공에게 진주에 대해 똑같은 질문을 던지고 묻는 것이었다. "그녀는 나에게 그때 무얼 하고 있었느냐고 물었다. 마지막엔 언제나 그렇게 물었다." 자신이 벌이지 않은 일에 대해 죄의식을 갖고 책임감을 느끼는 것처럼 고통스런 일은 없을 것이다. 그러나 또한 자신이 그 일로부터 전적으로 무죄하다고 주장할 수 없을 때 고통은 배가(倍加) 된다. "아줌마 어쩌라고요. 내가 얼마나 바쁜지 알아요? 내가 여기서 얼마나 많은 일을 하는지 알아? 날씨가 이렇게 좋은데 나는 나와 보지도 못해요. 종일 햇빛도 받지 못하고 지하에서, 네? 그런데 아줌마는 왜 여기서 이래요. 재수없게 왜 하필 여기에서요. 내게 뭘 했느냐고 묻지 마세요. 아무도 나를 신경 쓰지 않는데 내가 왜 누군가를 신경 써야 해? 진주요, 아줌마 딸, 그 애가 누군데요? 아무도 아니고요, 나한텐 아무도 아니라고요." 이것은 현실이 아니라 환상 속에서 내지른 분노이자 하소연이다. 실상 그녀 자신이 언제나 '아무도 아니'었고, 지금도 '아무도 아니'다. 아무도 아닌 내가 왜 아무도 아닌 타인에게 죄의식을 느끼고 타인을 책임져야 하는가? 자기의 짐도 제대로 짊어지지 못하는 자가 왜 타인의 짐까지 짊어져야 하는가? 끝내 주인공은 서점으로 돌아가지 못하고, 또 다른 일들을 찾아 생계를 이어간다. 바뀐 것은 없는 듯하다. 사람들 틈바구니에서 그녀는 여전히 '수치스런 일'을 겪기도 하고, 참아 내다가 못 견디겠으면 그곳을 떠나 새로 시작한다. 하지만 바뀐 게 있다. 여전하지만 변화한 것. 그것은 그녀가 진주에 관한 소식에 계속해서 귀를 열어 두고 있다는 것이다.

나는 여전하다.
그리고 가끔, 아주 가끔, 밤이 너무 조용할 때 진주에 관한 기사를 찾아본다. 어딘가에서 진주를 찾았다는 소식을 말이다. 유골이라도 찾아냈다는 소식을 밤새, 당시의 모든 키워드를 동원해서 찾아다닌다.
나는 이런 이야기를 어디에서고 해본 적이 없다.(33쪽)

그녀는 왜 이런 부질없는 짓을 하는 걸까? 영화에 나오는 것처럼 적극적으로 사람들을 만나거나 증거를 수집하는 것도 아니고, 단지 기사를 검색해 보는 것만으로 어떤 극적인 반전이 일어날 수 없다는 것을 우리는 잘 안다. 스스로를 위안하기 위해서도 아니고 남 보기에 그럴듯한 의식적 반성행위도 아니다. 그냥 편집증적 증상처럼 보일 수도 있다. 아니면 충동적이고 강박적인, 자기도 알 수 없는 행위처럼 보일 수도 있다. 하지만 어쩌면 그것은 내가 연관된 타인의 죽음, 또는 도미야마 이치로 식으로 말해 나에 앞선 타인의 죽음에 대해, 그의 망막에 비친 내 모습을 목격하고 느낀 감응의 결과는 아닐까? 이는 다음 차례로 내가 죽을 수도 있다는 것, 혹은 내가 그를 죽였을지도 모른다는 것, 그렇기 때문에 더 이상 죽여서는 안 된다는 느낌에서 연유한 '가장 작은 자'들의 공감이 아닐까? 폭력에 대해 무감하고 무능했기에 고통스러웠던 과거는, 이제 다가오는 폭력 앞에 기꺼이 함께-있기로 결단하고 이를 위해 무엇이든 하려는 몸짓 속에 미-래로 도약한다. 이전과는 다른 삶, 그것은 여느 여행사 광고가 안내하듯 즐겁고 유쾌하며 안락한 미래가 아니다. 세상살이의 성공에 연연하지 않은 채, 아무도 시키지 않고 누구도 인정하지 않는 쓸모없는 노력을 끝까지 고집하려는 태도 속에 삶은 과거와 다른 것이 된다. 사라진 소녀의 운명을 망각 속에 묻어 두지 않는 행위, 그녀의 행방과 삶의 궤적을 내버려 두지 않고 강박적으로 추적하는 주인공의 태도는 '작은 것'에 대한 관심과 배려, 함께-함의 보이지 않는 노고가 아닐까? 오직 그것이야말로 타자와 함께-하는 삶이자 타자와의 공-동성을 이어가고 감응의 공-동체를 구성하는 유일한 방법이 아니겠는가? 무심코 놓아 보냈던 양의 미래는 그로써 삶의 미-래, 미-래의 삶으로 전환될 가능성을 붙잡을 것이다.

5-3. 빛의 호위, 혹은 공-동 감각의 윤리

잡지사 기자인 "나"는 어느 날 주로 분쟁지역에서 보도사진을 찍는 사진작가 권은과 인터뷰를 하게 된다.[37] 이 자리에서 권은은 몇 가지 수수께끼 같은 암시를 던지는데, 어릴 적 친구가 준 카메라를 통해 사진에 입문했다는 얘기나, "태엽이 멈추면 멜로디도 끝나고 눈도 그치겠죠"라는 알듯 말듯한 얘기를 한 것이 그렇다. 하지만 바쁜 일상을 살아가는 우리에게 늘 그렇듯 이런 대화는 아무런 족적을 남기지 못한 채 사라졌다. 후일 주인공은 내전이 진행 중인 시리아로 떠나는 권은과 다시 자리를 갖는데, 여기서 그녀는 자기가 존경하는 사진작가 헬게 한센Helge Hansen의 다음과 같은 명언을 그에게 들려준다. "전쟁의 비극은 철로 된 무기나 무너진 건물이 아니라, 죽은 연인을 떠올리며 거울 앞에서 화장을 하는 젊은 여성의 젖은 눈동자 같은 데서 발견되어야 한다. 전쟁이 없었다면 당신이나 나만큼만 울었을 평범한 사람들이 전쟁 그 자체니까."

전쟁과 같은 참화에서 죽어간 자들은 물론 비탄의 대상이다. 그런데 그들을 기억하는 남아 있는 자들이 없었더라면 그들은 더욱 빨리 자취도 없이 사라져 버렸을지 모른다. 살아남은 자들의 존재의의는, 통속적인 드라마의 대사들에 나오는 것처럼 '계속 살아남는' 게 아니라 망자들을 기억함으로써 삶을 죽음과 교차시키는 것, 삶 속에 깃들인 타자의 죽음을 유지시키는 것일지도 모른다. "나는 생존자고, 생존자는 희생자를 기억해야 한다는 게 내 신념이다." 역시 헬게 한센의 말이다.

죽은 자에 대한 기억. 그것은 내 곁에서 죽어간 자의 눈동자에 찍힌

---

37 조해진, 「빛의 호위」, 『겨울의 눈빛. 제4회 문지문학상 수상작품집』, 문학과지성사, 2014, 303~325쪽.

내 모습을 기억하는 것만큼이나 고통스럽고 두려운 일일 것이다. 생물
학적인 안정과 일상의 안전을 위해서는 하루빨리 그런 부정적 기억들을
잊어버리는 게 훨씬 '유익한' 일일지 모른다. 하지만 그것은 '큰 것'과 자
신을 동일시하는 행동과 다름없다. '가장 작은 자'들을 밀어내고 '큰 것'
과 나를 합치시킴으로써 편안하게 보장된 미래를 소유하는 것. 내 앞에
서 죽어가는 자의 고통에 무감해질 때 나는 다음 차례로 다가올 나의 죽
음을 예감할 수 없다. 감응이 불가능할 때 나의 죽음의 순간은 다만 단독
자의 죽음이 되며, 여기에서는 아무런 공감도 연대도 생겨날 수 없을 것
이다. 겁쟁이가 된다는 것은 타자의 죽음이 나의 죽음과 연결되어 있으
며, 죽은 자의 삶이 산 자의 죽음과 다르지 않음을 지각하는 데 있다. 이
는 '큰 것'과의 동일시와 정반대로 진행되는 '가장 작은 것'과의 동일시이
자, 안전감을 추구하는 생물학적 존재로서는 결코 자연스럽지도 이성적
이지도 않은 선택에서 발원하는 불가능한 동일시, 즉 윤리적 공-동의 감
각이라 할 수 있다.

　정신분석이 가르치는 죄의식과는 다르게, 타인의 고통을 내 것으로
삼는 것은 결코 자신의 결여를 채우는 행위가 아니다. 타인의 고통을 함
께-하는 것은 단순히 그의 감정을 흉내내거나 이해하는 게 아니고, 그의
고통에 공감하는 것, 즉 타자의 고통 속으로 인입해 들어가는 것em-pathy
이다. 하지만 그것이 구체적이면 구체적일수록 고통은 묘사 불가능해지
고 공감은 표현될 수 없는 역설에 빠져든다. 그것은 "이야기된 담론으로
는 구성될 수 없는 의미의 영역"을 발생시키며, 말하면 말할수록 더욱더
의미가 붕괴되어 부각되는 '공백'을 출현시킨다.[38] 하지만 그 공백은 '허

38　도미야마 이치로, 『전장의 기억』, 임성모 옮김, 이산, 2002, 102~103쪽.

무'의 표식이 아니다. 오히려 이성적인 논리 단독으로는 납득할 수 없는 장소, '느낌적 느낌'으로서 감응을 경유해서 드러나게 될 불투명성의 지대에 다름 아니다. 앞서 언급한 '느껴진 사유'이자 '사유된 느낌'의 역설이 사건화되는 지점이 여기다. 동정과 연민, 섣부른 공감의 표상으로 타인에 대한 감응을 치환시키지 말아야 한다. 나-주체는 무엇보다도 물리적 외재성으로 말미암아 타자와 겹쳐질 수 없고, 따라서 그의 고통은 결코 동일하게 공유되지 않는다. 그 상황에서 연출되는 동정과 연민, 공감은 자칫하면 주체의 안전감을 거꾸로 세운 모습으로 투사하는 것이 될 수 있다. 나와 너, 주체와 타자의 다름, 불가능한 동일성으로부터 공-동의 감응은 출발한다. 바꿔 말해, 타자와의 공-동성은 그러한 불가능성을 경유해서, 오히려 그 차이 속에 머무를 때 마련된다. 감응은 서로의 기분을 맞추어 베푸는 시혜적 노고가 아니라, 타인의 느낌과 행동에 나란히 속도와 방향을 맞추면서 그와 공-동의 리듬을 만드는 행위에서 생겨나는 감각의 연대다.

다시 소설로 돌아가 보자. 사실 주인공과 권은은 초등학교 시절의 동창생이었다. 권은은 가난한 집안의 불쌍한 아이였고, 주인공은 같은 반 반장이었다. 권은이 연락도 없이 나흘간 결석하자 담임은 반장과 부반장에게 그녀를 찾아가 무슨 일인지 알아보도록 주문했는데, 부반장은 피아노 교습을 이유로 동행을 거절했고 반장인 주인공만 혼자 그녀를 찾아가게 된다. 아버지가 돈을 벌러 몇 달간 집을 비운 사이에 홀로 집을 지켜야 했던 권은은 값싼 동정을 거부하고 자기 처지를 비밀로 해 달라고 요구한다. 주인공은 비밀을 지켜 주기로 약속하지만, 우연히 알게 된 권은의 상황은 그에게 알 수 없는 책임감이 되어 심리적 압박의 원인이 된다. "그날 이후 나는 권은이 죽을지도 모른다는 상상에 자주 빠져들곤 했다.

권은이 죽는다면, 하고 가정하는 것만으로도 숨이 막혀 왔다. 어떤 날은 같은 반 아이들이 나 때문에 권은이 죽었다고 수군거리는 환청을 듣기도 했다."

설령 권은이 죽는다 해도 그게 열세 살짜리 아이의 책임이 될 리는 없으나, 그녀가 위기에 처해 있다는 생각은 그를 유사한 고통의 감정에 빠뜨린 게 틀림없다. 그리고 이 고통의 느낌이야말로 그로 하여금 타인과의 동일시를 가능하게 만든 동력이다.[39] 만일 그가 '큰 것'과 자기를 동일화하였다면, 예컨대 피아노 교습을 받으러 갔던 부반장처럼 행동했다면 권은이 어떻게 살든 개의치 않았을 것이며 그로써 심리적 안정감을 향유한 채 살았을지 모른다. 하지만 주인공은 '가장 작은 것'을 선택했다. 그것은 타자의 무게를 자기에게 똑같이 올리는 행동이지만, 의식적이고 이성적인 판단과 결단을 통한 게 아니라 무의식적이고 감성적인 감응의 전이를 통한 것이었다. 다시 말해, 권은의 상태에 대한 불행한 예감으로 인해 겪는 고통이나 슬픔은 합리적 추론이나 도덕적 의무감의 소산이 아니라, 결코 동일할 수 없는 타인의 아픔과 두려움을 자기 것으로, 곧 그 감각을 감수感受한 결과다. 지금 타인이 겪는 고통이 만일 그가 그것을 짊어지지 않았다면 내게 돌아왔을 수도 있는 고통이라는 두려움이자 이로부터 발생하는 상상적 공감이 그것이다.[40] 일종의 '윤리적 공통감각共痛感覺'이라 부를 만한 이 현상은 주인공이 권은보다 우월한 위치에서 내리는

---

39 파커 J. 파머, 『비통한 자들을 위한 정치학』, 김찬호 옮김, 글항아리, 2012, 192쪽. 동정심 (compassion)은 언제나 타인과 함께-하는 고통(com-passion)을 말한다. 타자의 아픔에 대한 '연민적인 상상력의 렌즈'가 없이는 우리는 어떠한 공동체도 생각할 수 없다. 물론 우리가 염두에 두는 타인은 '가장 작은 자'이며, 그로써 '크지 않은 것'으로서의 공-동체를 이루는 것이다.

동정이나 연민이 아니다. 거꾸로 신경증적 불안마저 야기하는 '작은 것'
과의 동일시가 그를 움직이게 만들었다.

　　"누가 시키지도 않았지만" 주인공은 권은의 방을 몇 차례 더 찾아
간다. 어떤 의무감이나 의협심 때문이 아니라 "숨이 막혀오고 환청을 듣
는 게 싫어서"였다. 그렇지만 단지 자기 자신을 달래기 위해 그녀의 누추
한 방을 반복적으로 방문한 것은 아니었으리라. 권은이 괜찮으니 떠나라
고 등을 떠밀 때까지 그는 그녀의 방 안을 서성거렸고 불안과 자책에 시
달려야 했다. 그러던 어느 날, 주인공은 자기 집 안방에서 우연히 필름카
메라를 발견하고 "일말의 주저도 없이" 무작정 그걸 품에 안고 권은의 방
으로 뛰어든다. 어린 그의 눈에 카메라는 "중고품으로 팔 수 있는 돈뭉치
로 보였기" 때문이다. 하지만 그녀는 카메라를 팔지 않았는데, 이유는 주
인공의 판단을 넘어선 것이다. "그녀에게 카메라는 단순히 사진을 찍는
기계장치가 아니라 다른 세계로 이어지는 통로였으니까. 셔터를 누를 때
세상의 모든 구석에서 빛 무더기가 흘러나와 피사체를 감싸주는 그 마술
적인 순간을 그녀는 사랑했을 테니까."

40　신형철도 비슷한 맥락에서 황정은의 「상류엔 맹금류」를 읽는다. "누군가는 반드시 동물을
　　마셔야 하는 세계일 때, 내가 마시지 않고 있다면 다른 누군가가 마시고 있다는 뜻이다. 이
　　런 세계에서는 '가해자일 때' 죄책감을 느끼는 것이 아니라, '피해자가 아닐 때' 죄책감을
　　느끼게 된다. 누구나 이렇게 느끼는 것은 아니다. […] 이 감각을 '윤리학적 통각(痛覺)'이라
　　부르고 싶다. 프리모 레비(Primo Levi) 식으로 말하면 '가라앉은 자와 구조된 자'가 있는데,
　　누군가는 구조된 자가 단지 운이 좋았을 뿐이라고 말하고, 다른 누구는 구조된 자들이 자신
　　의 목숨을 지켜 낸 영웅이라고 말한다. 그런데 그때 윤리학적 통각의 소유자들은 이렇게 말
　　한다. '구조된 자들은 결국 도망친 자들이다.' 그리고 그들은 자신들이 이 세계에서 구조되
　　었다고 (즉, 도망쳤다고) 생각하면서 아파한다." 신형철, 「감정의 윤리학을 위한 서설 1」, 421
　　쪽. 비겁자가 되어 도망치는 것, 그것은 도망을 통해 역설적으로 죽은 자들과 감응의 공-동
　　체를 이루려는 시도가 된다. 오직 그렇게 함으로써만 상처받고 배제된 타자를 잊지 않고 지
　　금-여기의 공-동체에 그들이 함께-하도록 만들 수 있으리라.

주인공에게 카메라는 기껏해야 돈으로 교환되는 무의미한 사물이지만, 권은에게는 고통스럽게 내버려진 삶을 다른 방식으로 전환시킬 수 있는 의미의 충전체였다. 이러한 변환은 주인공이 결코 의도하지 않았고 미리 생각하지도 않은 것이었으므로 우연하게 발생한 사건의 지위를 갖는다. 두 사람 사이에는 논리적으로 설명되지 않는 기이한 감응이 발생하고, 일종의 공-동적 관계가 싹을 틔우기 시작한다. 이 소설의 서두에 나타난 상황은 '나-카메라-그녀'의 계열이 이후 그들의 삶의 궤적을 바꾸어 버렸음을 짐작하게 해 준다. 절망에 빠진 채 "이 방을 작동하게 하는 태엽을 이제 그만 멈추게 해 달라고, 내 숨도 멎을 수 있도록" 갈구하던 권은은 주인공의 '선물' 덕택에 생에 대한 미약한 의지를 갖게 되었고 살아갈 힘도 얻었다. 훗날 그녀가 주인공에게 쓴 편지는 이렇게 끝맺고 있다. "반장, 사람이 할 수 있는 가장 위대한 일이 뭔지 알아? 누군가 이런 말을 했어. 사람을 살리는 일이야말로 아무나 할 수 없는 위대한 일이라고. 그러니까…… 그러니까 내게 무슨 일이 생기더라도 반장, 네가 준 카메라가 날 이미 살린 적이 있다는 걸 너는 기억할 필요가 있어." 두 사람이 느꼈을 따뜻한 공감, 그리고 이를 지켜보는 독자의 감동은 우리의 관심사가 아니다. 더 중요한 것은 그들이 우연찮게 연결되고 관계로 맺어지며 생겨난 삶의 연대, 미-래의 가능성이 어떤 식으로 싹을 틔우는지 이 작품이 보여 주고 있다는 사실이다. '빛의 호위'란 나-카메라-그녀의 계열이 만들어 낸 감응의 연쇄, 그들을 에워싼 공-동적 감각의 색조를 뜻하는 표현이리라.

6. 도래할 코뮌과 새로운 감성교육

『감정교육』L'Éducation Sentimentale, 1869은 19세기 프랑스의 문호 귀스타브 플로베르Gustave Flaubert가 욕망과 사리판단의 조화를 달성하지 못한 한 세대를 그린 작품이다. 1789년의 대혁명 이후 정초된 근대 사회는 신분과 종교의 족쇄로부터 풀려나 부를 축적할 수 있는 능력에 의해 사회적 지위가 재편되는 부르주아의 시대로 나아가던 참이었다. 당대의 젊은 이들은 누구든 입신출세의 부푼 꿈을 안고 세상에 뛰어들었으며, 자신의 이름을 알리고 부귀영화를 쟁취하겠다는 욕망에 불타오르곤 했다. 소설의 주인공 프레데릭이 겪는 사랑의 여정은 약동하는 근대 사회에서 청년이 정치와 예술을 통해 자신의 세계를 창조하려는 욕망을 대변하고, 끝내 그가 겪는 좌절은 그러한 욕망의 이상이 근대성의 냉혹한 기제 앞에 허물어지는 사정을 보여 주고 있다. 감정교육이란 그렇게 욕망에 차오른 근대의 청년들이 사회와 국가, 세계 속에서 자신의 위치를 찾아가고 화해하는 감수성의 교육에 다름 아니다. 독일의 교양소설Bildungsroman이 청년의 성장과 투쟁을 통해 세계와의 조화를 예시하듯, 『감정교육』역시 조금은 다른 방식으로 동일한 과제를 수행했던 것이다.

이성과 감성이 조화롭게 발달하는 근대 교육의 이상은 어디까지나 이성의 발전 속에서 감성의 자리를 찾는 것을 뜻했고, 이는 사회가 규정한 정상성의 범주 안에서 개인의 욕망과 의지를 조율할 것을 강제했다. 이를 사회윤리적으로 번역해 본다면, 자본주의적 일상에서 부르주아지들은 최소한의 인간적인 면모를 상실하지 않은 채 노동자와 빈민들에게 동정과 연민을 느껴야 한다고 충고하는 것이며, 반대로 시혜를 받은 노동자와 빈민들은 감사의 마음을 갖도록, 예의범절을 갖추어 존경심을 품어야 한다고 지도하는 것에 해당된다. 그리하여 봉건질서가 와해된 뒤에 나타난 새로운 사회는 비록 자유와 평등을 이념적으로 구가할지 몰라도, 실상 돈을 매개로 특정 계급이 다른 계급을 지배하는 권력적 구성체에 다름 아니었던 것이다. 플로베르의 날카로운 필치는 어쩌면 젊은이의 감정교육이란 그렇게 이 세계 속에서 자신의 주어진 자리를 찾아야 한다는 것, 거기서 안락함을 느끼고 안주할 수 있도록 정서적 조화를 이루는 데 있다는 것을 고발하는 데 있지 않았을까? '큰 것'에 자신을 의탁하고 만족함으로써 더 이상 지위의 변화나 계급의 유동이 불가능해지도록 사회의 보수적 동일성을 유지하는 수단이 되었던 근대의 감정교육.[41] 이런 자본과 국가의 책략은 지난 세기까지 그럭저럭 무탈하게 이행되었을지 모르지만, 신자유주의적 경쟁과 승자독식의 구조 및 노골적인 약육강식의 세계가 도래하면서 더 이상 작동하지 않게 되었다.

서두에서 언급했던 '일베어묵' 사건으로 돌아가 보자. 이미 한국사회의 기형적이고 파행적인 사회문제로 대두된 지 오래인 일베는 무시해도 좋은 일시적 하위문화가 아니다. 2000년대 이후 대중문화와 대중운동의 첨단에 자리한 소셜네트워크서비스(SNS)를 기반으로 하여 광범위한 영향력을 행사하는 집단으로 성장했으며, 각종 정치적 현안들에 대해 자극적이고 도발적으로 의사표현을 해 왔다. 특히, 세월호 사건 이후로는 '폭

---

41 교양소설의 주도적 이데올로기가 "타협하고자 하는 경향"이라는 점은 근대 문화가 갖는 보수성과 반동성을 표징한다. 즉 사회에서 '정상적 어른'으로 성장한다는 것이 궁극적으로는 부르주아 사회의 온순한 일원이 된다는 뜻이다. 프랑코 모레티, 『세상의 이치』, 성은애 옮김, 문학동네, 2005, 37쪽. 하지만 모레티는 근대 문화의 일환으로서 교양이 갖는 불안정한 모순으로 인해, 교양소설을 탈근대적 전환의 계기로 읽을 여지도 충분히 있다고 지적한다. 동일한 의미에서 감정교육의 수사학 또한 마찬가지일 것이다.

식투쟁' 등에서 보이듯 일상의 영역으로까지 행동범위를 넓히는 사회세력으로 급부상했다. 물론 이들의 주장이 시민사회에서 공론화되기에는 터무니없이 괴악하거나 지나치게 폭력적이어서 그 자체로 현실성이 없어 보이는 게 사실이다. 또한 인터넷 밖에서는 결집력과 실행력이 현저히 줄어들고, 주동적인 주의주장이 일관성을 갖추지 못한 경우가 많아서 실제적 위협이 되지 않을지 모른다. 그러나 양식 있는 공론 형성을 저해하고, 무엇보다도 민주화 세력과 그 역사를 전면 부정하는 과격한 행태를 보이고 있어 그 위험성을 완전히 무시할 수 없음도 사실이다.

일베어묵 사건에서 우리의 주의를 요하는 것은 그들만의 기호로 인지되는 '일베' 표식, 즉 손가락으로 'ㅇ'과 'ㅂ'을 만들어 대중에게 전시함으로써 자기들만의 공동성을 확보하고 일종의 공동체 구성의 쾌감마저 누리고 있다는 사실이다. 더구나 일베가 뚜렷하게 관철되는 이론적 체계 없이 기성세대와 기득권 세력, 과거 민주화 세력에 대한 반감과 증오심으로 뭉친 집단이란 점에서 그들의 공동성 역시 감성 혹은 공감에 기반해 있다고 말할 수 있다. 본론에서 분석한 바와 같이, 탈근대적인 새로운 공동성이 감응의 토대 위에서 공감을 통해 이루어지는 것이라면, 일베와 같은 부정적 감정 구조로 결속된 집단 혹은 그러한 조건을 갖춘 집단처럼 '위험'한 것은 없을 듯하다. 일베의 사례가 충분히 보여 주듯, 부정적으로 경도된 집단적 심성은 결코 인위적으로 파괴되지 않고 사라지지도 않을 뿐만 아니라 사회적 저항이 심할수록 더욱 강화될 소지가 높다.[42] 하

---

42 놀랍지만, '일게이'(일베 게시판 이용자)들 사이에는 서로 존대하고 예의를 지키며 진지한 토론의 자세가 형성되어 있다. 웹사이트 내에서는 존댓말을 비판하며 '막말'을 함부로 일삼지만, 실제 만남에서 그들은 서로에게 깍듯하며, 상대방의 의견을 진지하게 경청하는 자세마저 갖추었다는 것이다. 형식적 평등성과 더불어 실제적인 돈독한 형제애는 일베의 진지

지만 자세히 살펴보면 이러한 집단화 현상에는 근대의 기묘한 반복이 내재해 있다. 일베의 감성적 연대를 구성하는 구심점은 바로 '큰 것'에 대한 동일시, 곧 국가에 대한 전적인 애착과 숭배에 있는 까닭이다.[43] '큰 것'과의 동일시는 분자적 운동의 다양성을 갖지 못하며, 거대집중화의 시기가 지나면 지리멸렬해질 공산이 크다. 왜냐면 '큰 것'과의 동일시는 '가장 작은 것'들을 감싸 안지 못하고, 원자화된 개인들에 대한 개별적 지배로 이어질 가능성이 높기 때문이다.[44]

우리에게 새로운 감성교육이라는 과제가 제기되어 있다면 지금은 이를 왜 수행해야 하는지, 그리고 수행하는 방식이 어떠해야 하는지를 새삼 고민해 봐야 하는 시점이다. 이는 당연히 한 세기 반 전에 플로베르가 묘사했던 것과 같은 형식의 교육학일 수 없다. 개인의 욕망을 전체의 욕망과 일치시키고, 이를 위해 자신의 감성을 사회의 이성적 체계에 복속시키는 것이 좋다는 충고는 '큰 것'과의 동일시를 이상화한 근대적 감성의 정치학일 뿐이다. '가장 작은 것'과 만나고 결합하는 방식, 불가능한 동일시를 이루려는 모색만이 근대와는 다른 방식으로 공동체를 이루기 위한 시도가 될 것이다. 본문에서 살펴본 세 편의 소설은 근대적 교양이나 감정교육의 구도와는 상이한 방식으로 개인-주체가 타자와 만나고 감응의 교통을 통해 공-동성을 마련하려는 노력으로 읽을 수 있다. 이를

를 대단히 견고하게 구축하는 요소들이다. 독특한 상호인정의 '도덕'이 그들 사이에서 존립하는 것이다. 양기민, 「일베는 반-사회적인가?」, 『문화/과학』, 80호, 2014 겨울, 106쪽.

43 「이제는 돌아와 국가 앞에 선 일베의 청년들」, 『시사IN』 제367호, 2014년 9월 27일자.

44 '큰 것'에 휘둘리지 않는 '작은 것'들의 연합인 코뮌의 문제의식은 '중앙집권적 당이냐, 혁명적 전쟁기계냐'라는 분열분석의 질문이기도 하다. 펠릭스 가타리, 『분자혁명』, 윤수종 옮김, 푸른숲, 1998, 82~86쪽.

참고하면서, 세 가지 지점에서 우리는 새로운 감성교육의 양상들에 관해 논의할 수 있을 듯하다.

첫째, 감성교육은 무엇보다도 사유하는 힘을 버리지 않는다는 것이다. 물론 여기서 사유란 온전한 계산가능성으로서 합리성의 사고방식을 지시하지 않는다. 어쩌면 나의 행동이 타자를 위험에 처하게 만들지는 않았는지, 타자의 죽음을 초래하는 것은 아닌지 끊임없이 반문하는 것이 그러한 사유의 방식이어야 한다. 원인의 관점에서 자신과 타자의 관계를 바라보는 것. 물론, 그것은 어떤 구체적인 내용에 도달하려는 노력을 동반해야겠지만, 소설의 인물들이 보여 주듯 그러한 사유행위 자체의 지치지 않는 반복이 핵심적이다. 내가 관여되어 있는 타자와의 관계를 큰 것과의 관계에 비추어 기각하지 않고, 지속적으로 불러내는 노력이 그렇다. 흡사 우울증적 강박이라 표현할 만한 이러한 노고는 우리 삶을 감싸는 수많은 계산할 수 있는 것들과 계산할 수 없는 것들의 관계에 대해 거듭 생각해 보라는 윤리적 요청이다. 그로써 감히 생각할 수 없는 것, 계산되지 않는 것, 보이거나 들리지 않는 것을 감히 느끼고 사유할 수 있어야 한다.[45] 감응은 '느껴진 사유'이자 '사유된 느낌'의 구조를 통해 표현되는 힘이다.

둘째, 결과의 측면에서 관계를 파악하려는 노력과 타인과의 관계에 대한 온전한 책임을 거론할 수 있다. 함께-있음이라는 현사실성 자체는 나를 단독자로서 타인들과 분리된 실존으로 만들지 않는다. 따라서 타인

---

45 랑시에르라면 감각적인 것의 (재)분할이라 불렀을 이러한 생각하기는 감성의 훈련이 결코 이성적 사유와 분리되어서는 안 된다는 것을 일깨우고 있다. Jacques Rancière, *The Politics of Aesthetics. The Distribution of the Sensible*, Continuum, 2004.

의 과거, 현재, 미래가 모두 나와의 관계 속에서 생성되는 현실의 연속임을 온전히 지각할 필요가 있다. 이는 타자들에 대해 무한한 죄의식을 갖고 살라는 뜻이 아니다. 지금-여기라는 특정한 시공간에 내가 처해 있다는 것은 타자를 대신해서 있음이며, 그 '대신함'의 현사실성이 나의 사유와 행위를 '좋은 관계'를 생산하기 위해 사용하도록 명령하는 근거이다. 이를 '사건적 관계'라 지칭할 수 있는 바,[46] 지금-여기에 내가 타자와 함께-있다는 사실은 그 사건적 관계에서 내가 자유로울 수 없다는 것을, 역설적으로 그 사건에 연루되어 있음을 자인함으로써만 내가 자유로울 수 있음을 시사한다. 수년이 지난 후에도 실종된 진주의 소식을 끊임없이 탐문하는 인물의 행위는 저도 모르게 연루된 사건에 대한 책임을 무한히 지고자 하는 주체의 윤리적인 행위이다.

셋째, 타인의 고통에 대한 공감, 즉 공통감각共痛感覺이 일으키는 적극적이고 긍정적인 계열에 지속적으로 관심을 갖는 것이다. 하다못해 도덕 교과서조차 타인의 불행에 민감해야 한다고 가르치는 현실이지만, 실제로 우리는 고통받는 타인에 대해서는 TV에 비친 모습조차 잘 견뎌 내지 못한다. 나보다 우월한 것, 확장된 나에 대한 환상을 심어 주는 '큰 것'처럼 동일시되지 않기 때문이다. 간혹 타인의 고통에 시선을 돌리고 유심히 관찰하며, 때로는 동정을 표하게 되더라도, 그것은 그들의 아픔으로부터 내가 '분리'되어 있다는 안전한 느낌에서 비롯된 경우가 많다.[47] '가

---

46 이 세계 속에 '존재함'이라는 사실 자체가 이미 사건적 관계를 구성한다. 우리는 그것과 무관하다고 잡아뗄 아무런 알리바이를 갖고 있지 않다. 내가 실존하는 한, 나는 관계 속에 있고, 그것은 나로 하여금 책임(answerability)을 강제한다. 책임이란 응답의 능력(answer+ability)이다. 최진석, 『민중과 그로테스크의 문화정치학: 미하일 바흐친과 생성의 사유』, 그린비, 2017, 제3장.

장 작은' 타자와 자신을 동일시하는 것은 그만큼 어려운 노릇이다. 물론 타인의 고통에 겸허히 귀를 기울이고 그것을 자신의 것처럼 떠맡으려는 자세는 중요하고 고귀하다. 하지만 요점은 그게 아니다. 근대의 대중 정치학 또한 타인에 대한 연민과 동정을 통해 공동체의 기반을 만들고자 노력했다. 식민과 재해로 인해 비탄에 빠진 동포들을 위해 음악회를 열었던 『무정』의 주인공들이 바로 그런 관점에서 조명될 수 있을 것이다.[48] 우리는 한 걸음 더 나아가야 한다. 감정의 연대를 넘어서는 감응의 연대로 자리를 옮겨야 한다. 그것은 한편으로 감정의 공감대를 형성하여 타인의 기분과 느낌에 교감하는 일이다. 다른 한편으로는 함께-함의 실천으로서 공-동의 리듬을 창안하려는 활동적 노력이 되어야 한다. 고통받는 타인을 내버려 둔 채 그의 아픔이 곧 자신의 것이라 선언하는 것 이상의 연대가 필요하다. 기존의 관계를 넘어서 다른 관계를 구성하고, 그 관계가 또다시 착취나 억압의 무게가 될 때 과감히 그 이상의 '좋은 관계'를 위해 현재의 관계를 깨치고 나아가는 것. 그 탈주의 첫 걸음이 요청되는 순간을 지각하고 타자와 공-감각하는 것. 그리하여 리듬적 동조를 통해

---

47 "우리가 보여 주는 연민은 우리의 무능력함뿐만 아니라 우리의 무고함도 증명해 주는 셈이다. 따라서 (우리의 선한 의도에도 불구하고) 연민은 어느 정도 뻔뻔한 (그렇지 않다면 부적절한) 반응일지도 모른다. 특권을 누리는 우리와 고통을 받는 그들이 똑같은 지도상에 존재하고 있으며 우리의 특권이 (우리가 상상하고 싶어 하지 않는 식으로, 가령 우리의 부가 타인의 궁핍을 수반하는 식으로) 그들의 고통과 연결되어 있을지도 모른다는 사실을 숙고해 보는 것, 그래서 전쟁과 악랄한 정치에 둘러싸인 채 타인에게 연민만을 베풀기를 그만둔다는 것, 바로 이것이야말로 우리의 과제다." 수전 손택, 『타인의 고통』, 이재원 옮김, 이후, 2004, 154쪽.

48 김홍중, 『마음의 사회학』, 문학동네, 2009, 336~337쪽. 주인공 형식과 영채, 선형, 병화가 결연하게 도모하는 동포애의 선언은 봉건적 조선이 근대적 사회계약의 공동체로 전이하는 장면을 문학적으로 형상화한 것에 다름 아니다. 국민국가와는 분리된 형태로나마, 그렇게 식민지 조선은 근대 사회로 이행하게 된다.

또 다른 공-동체를 창안하는 것이 바로 감응의 연대이다. '좋은 마주침'을 위한 노력과 성찰, 감수성의 개방은 그 같은 감응의 공-동체를 위한 유력한 자원이 될 것이다.

이제 글을 맺도록 하자. 새로운 감성교육을 주제로 첫 머리를 시작하여 그것이 감응의 공-동체에 이르렀을 때, 나는 벅찬 감격보다 오히려 아직은 '시론'에 불과할 이러한 시도가 어디로 향하게 될지 막막한 기분에 젖게 되었다. 지금 이 글을 쓰는 나로서도, 읽거나 듣고 있는 독자들로서도 감응의 관계 속에 우리가 어떻게 서로를 변화시키고 있는지 정확히 알 수 없기 때문이다. 물론 우리는 지금 어떤 방식으로든 지속적으로 서로 영향을 주고받고, 사건적 관계를 통해 변형을 겪고 있다. 이 글이 설득력이 있든 없든, 나나 당신이 이 글의 주제에 대해 이해하든 오해하든, 그것은 특정한 방식의 감응적 관계를 이루며 감응의 공-동체를 구축하고 있는 까닭이다. 하지만 그것은 또한 비가시적이며 비지각적인 상태의 변형이므로 우리가 그 결과를 즉시 확인하여 장래의 귀추를 짐작해 볼 수는 없는 노릇이다. 감각의 변이는 우리가 원하는 것보다 훨씬 느리고 미시적으로 진행되기에 우리가 할 일은 그저 다만 삶의 계기들을 받아들이고, 그 흐름의 과정을 주시하며 따르는 데 있을 듯하다. 당연하게도, 이는 현재에 순응한 채 몸과 마음을 맡기는 수동적 적응을 지시하지 않는다. 거꾸로 감응적 실천이란 현재 속에 일어나는 분열과 분기의 계기들을 지각하는 민감성을 기르고, 단절과 변형의 기회를 포착하여 그 흐름과 함께-하는 활동이다. 감응이란 결국 영향을 주는 동시에 받는affect and be affected, 이중적 차원에서 일어나는 사건의 감수感受 능력이기 때문이다. 이런 의미에서 감응의 관계를 형성하는 한 우리가 원하든 원하지 않든 일상은 늘 특정한 리듬 속에서 변화하고 있고, 공-동체의 형상으로 변모하고 있을 것이다. 아직은 지각되지 않은 시간과 그 결과로서의 공-동체는 "각인의 자유로운 발전이 만인의 자유로운 발전의 조건이 되는 하나의 연합체"[49]로서 문득 모습을 드러내리라 믿는다. 코뮨은 언제나 도래할 것이고, 이미 도래한 감응의 실천적 효과이기 때문이다.

---

49 칼 맑스 · 프리드리히 엥겔스, 「공산주의당 선언」, 『맑스 엥겔스 저작선집 1』, 김세균 감수, 박종철출판사, 1990, 421쪽.

11장

/

공동체에서 공-동체로

수유너머의 실험으로부터

1. 근대 지식의 파산과 인문학의 위기

1990년대 말부터 2000년대에 이르기까지 한국의 지식사회에서 회자되었던 가장 센세이셔널한 화제 가운데 하나는 바로 '인문학의 위기'를 둘러싼 논란이었다. '학문의 꽃'이라고 불리던 인문학이 창달과 번영은 고사하고 생존마저 위태로운 처지에 몰려 있다는 위기감이 그 중심에 놓여 있었다.[1] 흥미롭게도, 이 논쟁은 '포스트모던 시대'의 지식 형태와 작동에 관해 고민하던 당시의 사회문화적 분위기를 대변한다. 한편으로는 대학원생이 날로 줄어들고 불투명한 미래로 인해 연구자들이 자살하는 등 대학사회의 실제 문제가 불거져 나왔지만, 다른 한편으로는 더 이상 이전과 같은 방식으로 대학의 학문적 권위나 가치를 유지할 수 없으리라는

---

1 "고려대 문과대 교수 전원 '인문학 위기 타개' 선언", 『경향신문』 2006년 9월 14일자. 이 선언 이후, 그간 '유령'처럼 떠돌던 위기의 감각은 공식적 담론으로 유통되면서 사회 각계에서 다양한 반향을 일으켰다. 뒤이은 각종 위기 선언의 후속편들뿐만 아니라, 2007년부터 정부 주도로 시작된 인문한국(HK) 사업 또한 그 여파의 하나라 볼 수 있다.

강한 의혹과 불안이 제기되던 상황이었다. '신성한 학문의 전당'으로서 대학은 그 소명을 다했고, 일반 시민사회에는 별다른 기여도 못한 채 자족적인 위무에 열중할 뿐이란 비판도 던져졌다. 대중에게 '상아탑'이란 그저 청춘의 한 시절을 보내는 낭만적 공간이거나 세금만 축내는 무용한 배움의 장소로 간주되기에 이르렀다. 실상 인문학의 위기란 '대학의 위기'에 다름 아니었다. 때마침 '근대의 종언'이 유행하면서,[2] 국가와 자본 그리고 대학의 삼항관계 속에서 설정되었던 근대적 지식의 파산이 선포되었고, 그 재구성의 문제에 대해 사회 전체가 응답하는 양상으로 전개되었던 게 이른바 '위기' 담론의 실상이 아니었나 싶다.

위기에 가장 적극적으로 대응했던 것은 대학 제도의 '외부'였다. 1980년대부터 드문드문 세워졌던 제도 밖 연구 집단과 단체들은 90년대 접어들며 더욱 다양한 형태로 생겨나기 시작했다. 이 현상에는 지식의 구성 방식과 사회적 소통에 관한 고민이 포함되었는데, 학계의 울타리를 넘어서 일반 대중과 만나고 또 대중과의 교류를 통해 다시 아카데미로 소환되는 지식의 재구성이 그 관건이었다. 이에 따라 새로운 연구 집단과 단체가 내걸었던 모토는 지식과 일반 대중의 '접속'에 방점을 찍고 있었다. 의무교육 과정을 마친 후 사회에 진출한 대중이 '공부'와는 무관하게 살아간다는 통념은 제대로 틀렸음이 밝혀졌다. 오히려 졸업 이후

---

2 1970년대부터 서구 사회에서 '작가의 죽음'이나 '주체의 죽음', '근대성의 종언' 등으로 운위되던 포스트모던 담론은 20세기가 끝나고 21세기가 시작되는 시점에 한국에도 상륙했다. 2000년 서울국제문학포럼에 참여했던 일본의 비평가 가라타니 고진은 '일본 문학의 종언'과 더불어 '근대 문학의 종언'을 화두로 이어갔고, 이는 한국 인문학 담론에도 격렬한 논란을 초래한 불씨가 되었다. 황종연, 「문학의 묵시록 이후—가라타니 고진의 「근대 문학의 종언」을 읽고」, 『탕아를 위한 비평』, 문학동네, 2012, 13~18쪽.

의 삶은 다른 방식의 공부로 계속 이어져 있으며, 이는 무엇보다도 대중이 알고자 하는 욕망으로 가득 찬 존재임을 반증하는 것이었다. 대학의 경계를 넘어서 '인문학'이라는 단어가 그토록 일반화된 것, 즉 특정 분과 학문을 벗어나는 지식 일반을 가리키는 용어로 등장한 것은 2000년대에 와서 생겨난 일이다. 여기에 '대중'이 주요 화두로 부각됨으로써 '위기'의 담론은 현실 속에서 급전되는데, '대중 인문학'이라 부를 만한 경향이 사회 전면에 진입한 것이다. 1980년대 후반에 세워진 한국철학사상연구회나 문예아카데미 등을 포함해 1990년대부터는 서울사회과학연구소, 철학아카데미 그리고 연구공간 '수유+너머' 등이 등장함으로써 인문학의 대중화는 더욱 급물살을 타게 된다.

일종의 '은밀한 테르미도르'라 부를 만한 역전 현상도 같이 벌어졌다. 1980년대에 학교 바깥에서 운동과 변혁의 결합을 모색하며 세워졌던 각종 단체들은 1987년의 민주화와 더불어 상당수가 대학으로 복귀했고, 1990대에 접어들면서는 학술진흥재단(현 한국연구재단)이 승인하는 학회 체제로 전환되는 경향이 두드러졌다. 그것은 제도적 지식 체계로는 충족되지 않는 새로운 사회적 지식을 추구하던 이들이 보다 안정적인 재정 지원을 받으며 연구에 종사할 수 있게 되었음을 뜻했다. 그러나 동시에 이는 국가가 요구하는 일정한 자격과 형식을 통해 자신의 지식을 가공하고 납품해야 하는 '자격'과 '실적'의 체제에 지식이 다시 포획되었음을 반증한다.[3] 소위 '학진체제'로 불리는 1990년대 아카데미의 재구성은 교수나 박사 같은 공인된 승인구조에 이미 들어간 자들에게는 유리했지만, 대학원생이나 학외 연구자들 및 일반 대중과는 동떨어진 현실이었다.

---

3 이진경, 「지식코뮨의 실험실: '수유+너머'와 그 이후」, 『진보평론』, 2019년 봄호.

한편으로는 연구비 지원이라는 물질적 수혜도 문제였으나, 더 큰 문제는 대학의 장 바깥에서 생겨나던 연구의 새로운 단초들이 거절되고 부정된다는 데 있었다. 제도의 한계를 넘기 위해 시작된 운동이 다시 제도로 돌아갔을 때, 거기서 어떤 근본적인 변화를 기대하긴 힘들다. 특히 근대성을 물음의 출발점으로 삼았던 연구자들이 근대성의 자장 내부로 회귀한 사실은 아이러니컬한 사태였다.

관건은 근대성 이후 그 바깥을 사유하는 것, 탈근대라는 문제설정과 지식 생산의 조건을 어떻게 바닥에서부터 새로이 구축할 것인가에 있다. 그러한 욕망에 부응하여 생겨난 현상이 인문학적 지식의 대중화 혹은 대중 인문학의 등장이었고, 이는 전문가 집단의 울타리를 벗어나 사회 일반으로 지식을 보급·확대하는 중요한 계기가 되었다. 국가에 의해 견인되던 근대적 지식이 파탄을 맞이했다면, 탈근대의 새로운 지식은 국가에 대한 거리와 견제, 국가 외부의 지식 구성이라는 근본적 문제의식에서 출발해야 한다. 그전까지 수동적 소비 주체로만 인식되던 대중이 여기 참여하여 낯선 지식의 형성과 공유, 생산의 새로운 주력이 될 것이라는 전망은 2000년대 대중 인문학을 이끈 가장 큰 토대이자 자양분이었다.

그럼 새로운 지식은 어떤 특징을 갖는가? 대중과의 폭넓은 접속이 외적 특징이라면, 내적으로 그것은 관점과 방법의 전환을 가리킨다. 문文·사史·철哲로 대변되던 전통적 지식 영역들을 포괄하는 동시에 그 특화된 경계들을 해체하고, 사회·정치·경제 및 예술 일반을 포함하는 기성의 학문 바깥과 교차 및 통합하는 방식으로 지식을 재구축해야 한다. 2000년대부터 자연과학과 인문학의 만남을 추구하던 '통섭'과 '융합'의 의제 역시 이런 방향 전환을 반영했다. 또한 1980년대에 인문과학과 사회과학으로 대변되던 소위 문과적 체계는 인문학의 이름으로 통합되어 분과적 위계나 질서를 내파內破하도록 요구받았다.[4] 이런 경향 모두는 '위기'를 어떻게 극복할 것인지에 대해 사회가 함께 성찰하고 나름의 출로를 모색한 결과라 할 만하다. 이로부터 우리는 다소 역설적인 결론에 도달하는데, 인문학의 위기에 대한 돌파구는 그 지식의 '내부'에서가 아니라 '외부'와의 접속과 연결, 혼성을 통해 긍정될 것이란 사실이다. 외부란 제도권 바깥이나 타 분과영역만을 가리키는 게 아니다. 오히려 외부는 삶을 포괄하는 '비지식'의 영역 전반을 뜻하며, 지식의 새로운 형태는 그 부분들을 적극적으로 끌어안는 방식으로 다시 구성되어야 한다. 지식의 외부, 지식 바깥의 지식이 낯선 방식으로 지식의 영역으로 인입되었을 때, 지식의 정의와 내용, 기능은 이전과는 다르게 나타날 것이다.[5]

지식 공동체의 문제설정은 그 같은 위기의식이 야기한 질문에 답하고자 할 때 나타났다. 대학이나 연구소 같은 공적 기관의 전유물로 기능하던 지식은 이제 그 수명을 다했다. 지식은 삶과 직접 연결되어야 하며, 공동의 삶을 만드는 실제적인 매개 역할을 하도록 요구받았다. 지식 공동체는 지식과 공동체를 통합하라는 당위 이상의 요구를 안고 제기된 과제다. 그것은 과거의 지식을 보존하기 위한 방어적 수단이 아니라, 삶의 새로운 조건에서 지식이 어떻게 정향되고 생산되어야 하는지 실험하도

---

4 이런 의미에서 90년대 이후 인문학의 위기는 정확히 말해 80년대식 '인문과학'의 위기이기도 했다. 문학과 역사, 철학으로 대변되는 근대적 학문 체계, 곧 정신과학 및 문화과학적 의제들은 80~90년대의 학제간 연구를 통해 경계선이 지워지기 시작했고, 급기야 '위기'를 통해 완전히 새롭게 해체·구성될 수밖에 없었다.

5 관점과 방법의 고유성을 내세우며 특정 분과의 울타리에 안주하던 지식 대신, 다양한 영역들을 가로지르며 관계를 구성하는 실천적 방법으로 지식이 재정의되었다는 점에서 인문학의 위기와 그 극복의 문제는 2000년을 전후해 한국이 놓여 있던 탈근대적 지형을 강력히 반영한다. 장-프랑수아 리오타르, 『포스트모던의 조건』, 유정완 외 옮김, 민음사, 1992, 71쪽.

록 강제된 사회적 요청이었다. 물론, 질문의 선명성이 답안의 분명성을 즉각 끌어내지는 않는다. 지식 공동체라는 말이 처음 등장했을 때 그것은 모호하고 추상적인 이미지로만 표상되었다. 대학사회나 아카데미 같은 기성의 학술 공동체와 구별되는 새로운 지식 공동체란 과연 무엇인가? 도대체 지식과 공동체는 어떤 관계로 설정되어야 할까? 지식으로 연결되는 공동체는 어떤 방식으로 구성되며, 어떻게 지속될 수 있는가?

이 물음들에 대한 답안을 단숨에 제시할 수는 없다. 다만, 그 질문들로부터 촉발된 실험의 하나로서, 수유너머의 경험을 여기 풀어 보는 일이 전혀 의미 없진 않을 것이다. 어느 철학자의 말대로 삶은 결국 다양한 사례들의 집합일 것이다. 그렇다면 성공한 것이든 실패한 것이든 수유너머는 공동체적 삶의 실험을 보여 주는 한 예시로서 최소한 대조군의 가치는 지닐 수 있을 법하다. 이를 빌미로 내가 참여했고 지금도 관여하고 있는 개인적 경험이되 그저 개인에 한정되는 것만은 아닌, 집합적 실험의 과정으로서 수유너머에 관한 이야기를 해 보겠다.[6]

---

6 이 글은 수유너머의 역사성을 따지려는 의도를 갖지 않으며, 그럴 필요도 없겠다. 단지 명칭의 혼동을 피하고자 정리해 둔다면, 연구공간 '수유+너머'는 1999년부터 2009년까지 지속되던 단체의 이름이다. 수유너머 N이나 수유너머 남산, 수유너머 R, 수유너머 구로 등은 그즈음 분화되기 시작한 이름들이며, 내가 속했던 노마디스트 수유너머 N은 2009년 여름에 결성되어 2016년 겨울 즈음 해산했다. 지금 활동하고 있는 수유너머 104는 이전의 활동들의 연장선에 있는 동시에 불연속성에 의해서만 정의될 수 있을 듯하다. 매번의 구성마다 우리는 상이한 관계와 활동을 벌였으며, 때로는 이전과는 상반되는 지향성을 통해 스스로를 규정했던 까닭이다. 그런 의미에서 수유너머라는 이름은 언제나 지금-여기의 현행적 활동성에 의해서만 구분될 수 있을 뿐이다. 이 글에서 시기별로 명칭의 구분을 따로 도입하지 않은 채, 통칭적으로 수유너머라는 이름을 사용한 것은 그 때문이다.

2. 수유너머, 혹은 지식 공동체의 실험

꽤 오랫동안 한국 사회에서 수유너머는 지식 공동체의 대표적인 사례로 통용되어 왔다. 국가와 자본에 손 벌리지 않은 채, 자발적 연구와 대중적 소통을 통해 지식이 추구되고 향유될 수 있음을 입증한 실례로서 자주 언급된 까닭이다. 물론 여기엔 음과 양의 두 측면이 있다. 인문학의 위기가 사회적 논제로 부각될 때마다 수유너머는 제도 밖 인문학의 '성공 사례'처럼 거론되었으나, 그런 성취의 이면으로는 특정한 이념과 자의식으로 무장한 내부자 공동체가 아니냐는 비아냥 섞인 조롱과 날선 비판도 포함되었기 때문이다. 공동체 운동을 내세우는 점에서부터 코뮨주의에 이르기까지, 수유너머 발發 지식이 갖는 특성은 다소 이상주의적이거나 특정 철학에 경도된 사상으로 간주되기도 했다. 칭찬이든 비난이든, 그런 입장들은 대개 '지식 공동체'로서 수유너머의 '지식'에만 초점을 맞출 뿐, '공동체'적 측면에는 다소 무관심한 경향을 보인다. 만일 지식 공동체의 실험이라는 관점에서 수유너머를 관찰한다면, 역점을 두어 조명해야 할 점은 지식의 측면보다 공동체라는 측면이 되어야 할 듯싶다. 왜냐면 수유너머의 '성공'은 무엇보다도 지식과 공동체의 관계로부터 파생된 결과이며, '실패' 또한 마찬가지의 이유에서 생겨난 사태일 것이기 때문이다.

따라서 수유너머에 관한 이제부터의 이야기 역시 공동체에 관한 논의를 빼놓고 진행할 수 없다. 세간의 평가대로, 수유너머는 '인문학을 공부하는 모임'이 분명하다. 하지만 그 공부를 통해 생산된 지식은 '나홀로' 독야청청하는 비전祕傳의 전수가 아니라 공동의 삶을 형성하는 과정에서 경험적으로 길어 올려진 방법이자 이념으로서 작동하는 지식이다. 그런 점에서 '앎과 삶의 일치'라는 자칫 상투적으로 들릴 만한 모토는 대단히 실용적인 지향과 실천적인 지혜를 포괄한다. 그것이 정말 가능한지, 진정 작동하는지의 여부에 따라, 아마도 오직 그것으로부터만 수유너머의 성공과 실패, 그리고 또 다른 출발들마저 평가할 수 있을 것이다.

2-1. 아무도 기획하지 않은 공동체

일반적으로 '수유너머' 혹은 '연구소'라 명명되지만, 구성원들끼리는 그냥 '연구실'이라 부르는 수유너머는 1999년 8월 즈음 두 개의 서로 다른 조직이 만나면서 결성되었다. 하나는 고미숙이 국문학 연구자들과 함께 만든 '수유연구실'(수유리에 자리해서 붙은 이름으로서 최근까지도 수유너머를 가리키는 명칭의 하나로 사용되었다)이었고, 다른 하나는 서울사회과학연구소에서 이진경과 고병권이 분화하여 세운 '연구공간 너머'였다. 먼저 수유연구실이 니체와 푸코에 대한 강의를 듣기 위해 너머의 두 사람을 초청해 강좌를 열었던 것을 계기로 두 조직은 서로에 대해 관심을 갖게 되었다. 규모나 경력에 있어 아직 미미한 수준이던 두 조직은 인문학에 관련된 '재미난' 공부를 '함께' 도모해 보자는 취지로 공동의 연구공간을 사용하기로 결정했다. 이후부터 연구공간 '수유+너머'라는 명칭이 공식적으로 통용되었다.

처음에는 서로 낯선 두 집단을 합치는 게 어떤 결과를 빚을지 알 수 없었기에 재정은 분리한 채 세미나나 강좌에 관련된 운영만 공동으로 했으나, 곧 전반적인 통합으로 나아가게 되었다. 2000년을 전후한 당시는 대학 제도가 여러 가지로 고질적인 병폐를 드러내던 무렵이었는데, 형식적인 연구 관행과 만성적인 인원 적체, 대학원 진학률 저하 등이 겹쳐져 학문후속세대의 장래 문제가 꽤나 심각하게 고민되던 시절이었다. 특히 신자유주의가 점차 뚜렷한 징후를 드러내던 상황에서 인문학은 현실에 대한 실용적 대처도 못한 채 쏟아지던 수입 이론들의 잔칫상으로 전락하던 시점으로 기억한다. 그런 분위기에도 불구하고, 아니 오히려 그런 분위기였기에 대학 바깥에서 인문학을 공부하기 위해 사람들이 연구실에 찾아왔던 것은 전혀 이상한 일이 아니었다. 당시만 해도 제도권 외부의 연구단체가 드물던 터라 수유너머는 그들이 찾을 수 있는 소수의 선택지들 중 하나였다.

2000년대 전반기는 학교생활과 연구에 시들해진 학생들이 찾아와 세미나에 참석하는 한편으로, 졸업 후에는 책장을 들추기도 어려웠던 직장인들이 호기심 반 기대 반으로 드나들며 철학과 사회학, 고전문학 등에 대한 강의를 듣기 시작한 때이다. 특히 후자는 '학교를 벗어나면 공부와는 인연이 없다'는 통념을 깨고, 모든 사람들이 인문학에 대한 지속적인 흥미와 관심, 열정을 갖고 있음을 보여 주는 현상이었다. 당시 포스트모던의 열풍을 타고 들어온 푸코와 들뢰즈의 철학은 전문 연구자들뿐 아니라 대중도 선망하던 '인기상품'으로 부각되고 있었다. 80년대부터 '사사방 논쟁'으로 명성을 얻었던 이진경은 소련 해체 이후 사상적 전환을 모색하면서 현대 철학을 새롭고 쉽게 풀어내는 강의를 통해 수유너머의 이름을 널리 알렸다. 이에 공명한 고미숙은 박지원의 『열하일기』를 새로 해석해 출간함으로써 사회 전반에 커다란 반향을 끌어냈다. 고병권 또한 재기발랄한 관점으로 니체를 다시 읽는 작업을 수행함으로써, 수유너머가 지향하는 인문학의 전환이 어떤 것인지 대중 앞에 이미지화하는 데 기여했다.

지금도 수유너머를 떠올린다면 몇몇 유명 연구자들로 그들을 '대표'하는 일이 흔하고, 그게 전혀 틀린 판단은 아닐 듯하다. 실제로 수유너머는 이진경이나 고미숙, 고병권의 성취와 더불어 명성을 얻고 인문학적 성공을 거두었다. 하지만 그들이 연구 활동에 집중하고, 세미나를 통해 자기 작업을 보충하며, 강의실에서 대중적 소통을 이루는 환경을 조성해 준 것은 많은 다른 동료들이었다. 다시 말해, 수유너머를 실제로 운영하고 활동을 집행하며, 명실상부한 공동체로 일구어 낸 것은 비단 '스타급 강사들'만이 아니었다. 어디선지 하나 둘씩 찾아온 학생들과 백수들, 직장인들이 세미나와 강좌, 일상에 어울리며 회원으로 활동했고, 그들은 연구실 생활 전반이 무탈하게 이어지도록 기꺼이 자신의 노력을 쏟아부었던 것이다. 공동체로서 수유너머는 지식의 생산 못지않게 일상의 생산을 중요한 과업으로 항상 선언해 왔다. '혁명을 원한다면 자신의 일상부터 바꿔라!' 이것이 공동체로서 수유너머의 진면목이며, 지식은 그러한 일상의 변혁을 이루기 위한 방법이자 도구로 소용되었다. 나는 스타급 강사들이 진정 '스타'가 될 수 있었던 동력은 그같이 일상을 바꿈으로써 공동체를 가꾸어 가던 구성원들의 이해와 양보, 도움에 있었다고 믿는다. 하지만 이는 누군가를 위한 누군가의 희생이나 이타심만으로 설명되지 않는다. 그것은 '좋은 관계'를 통해 '좋은 공동체'를 만들기 위한 각자의 열정과 노고가 빚어낸 배치의 산물이었다.

양적인 성장은 꽤나 괄목할 만한 결실을 맺었다. 세미나와 강좌는 연일 만원이었고, 이사를 다닐 때마다 임대 공간은 갈수록 넓어졌으며, 월말 회계는 이미 간단한 암산으로는 감당할 수 없을 정도로 '거금'을 헤아리게 되었다. 제도권에 기대지 않고 순전히 자발성을 통해 출발한 인문학 단체가 사회적인 자립을 이루어 독자적인 영향력을 행사할 힘을 보유하게 된 것이다. 아마 수유너머를 제도권 바깥에서 '성공한 인문학 단체'로 간주하게 된 배경에는 이러한 외적 성장이 중요한 척도가 되었으리라 짐작해 본다. 지금도 재정적 자립을 이룩한 연구단체는 몇 손가락 안에

꼴을 정도 아닌가? 연구실 내부에서도 그런 판단에는 동의하고 있었다. 국가와 자본에 반대하는 사람들이 사회 체계의 틈바구니를 비집고 독자적 생존의 근거를 이루었다는 사실이 우리의 자부심을 채워 준 것이리라.

근대 국가와 자본주의 사회 내부에 있는 외부로서, 즉 내재하는 외부로서 수유너머는 삶의 근거를 공동체에서 찾고자 노력했다. 당연한 말이지만, 공동체는 전통적 의미에서의 혈연과 지연, 학연, 혹은 어떠한 연고에 의해서도 미리 규정되거나 구속되지 않는 자발적인 집합체를 뜻한다. 맑스의 말처럼 공동성은 자유로운 개인들의 자유로운 집합체로 지속하기를 욕망한다. 동일한 의미에서 코뮨주의는 역사적 공산주의와 무관하다. 거대 이념과 사상으로 삶을 포착하여 조형하려는 시도에 수유너머는 분명한 반대 의사를 표명해 왔다. 코뮨주의는 다만 공동의 삶, 공동적 삶의 집합체를 구성하려는 욕망의 운동일 따름이다. 이런 점들을 십분 살려 고미숙은 수유너머 초기의 성취에 관해 '아무도 기획하지 않은 자유'라는 제목의 책을 출간했다.[7] 그렇다. 매월, 매년마다 우리는 연구실을 어떤 방향으로 재조직하고 끌어갈 것인가에 대해 토론하고 행동했지만, 그로써 어떤 사회적 성취나 성공을 거두어야 한다는 목적의식은 갖고 있지 않았다. 공동체를 내세웠으되 그것을 사회적 발언권이나 권력을 가진 집단으로 성장시키고자 애쓰지 않았다. 어떻게 보면 수유너머는 그때그때마다 수행할 수 있는 활동을 통해 필요를 채우고, 그것으로 앎과 함의 즐거움을 누리려는 무계획적인 모임에 가까웠다.

인문학을 대중과 함께 공부한다는 발상은 수유너머의 가장 중요한 존립 근거 중 하나였다. 문·사·철로 대변되는 인문학의 전통은 오랜 기

---

7 고미숙, 『아무도 기획하지 않은 자유』, 휴머니스트, 2004.

간 도제식 수업으로만 전수된 아카데미의 산물이 아니던가? 하지만 그것은 동시에 사회로부터 유리된 지식, 전문가들이 독점하고 학위라는 내부 메커니즘을 통해 교환되는 '값비싼' 지식이었다. 대중을 경멸하지 않고 함께 호흡하며 살아내는 인문학이야말로 수유너머가 내세우던 유일한 지적 이념이었다. 애초에 전공 영역을 구별하지 말고 '욕망이 이끄는' 공부를 해야 한다고 외치던 구성원들은 그 욕망의 주체가 다름 아닌 대중이라 선언했고, 대중과의 접속만이 연구의 저변을 넓히고 깊이를 확보하는 길이라 믿었다. 강의는 일방적으로 교육을 전달하는 교실이 아니었고, 세미나는 누군가의 지도를 받기 위한 현장이 아니었다. 때로 마구잡이에 가깝게 난상토론이 이어지던 그 자리에서는 누구도 독점적인 권위를 행사할 수 없었다. 모든 것은 토론을 통해 결정되고, 공유되어야 했다. 물론 보다 앞선 동료가 '한 수 거들어 주는' 것마저 부정할 수는 없다. 하지만 누가 어떤 자격과 지위를 갖든 타인에게 배우고자 하는 태도만 정확하다면 동료의 도움을 받거나 주는 것은 평등한 관계 속에서 이루어지는 평상의 일이었다. 이렇게 수유너머의 실험은 공동체적 노력과 인문학적 기획이 맞물려 최선의 결과를 만들려는 시도였다. 수유너머가 갖는 독특한 지식의 구상과 공동체적 지향은 분리할 수 없는 일체를 이루었고, 잦은 분쟁과 갈등에도 불구하고 수유너머가 지속할 수 있던 강력한 토대를 만들어 주었다.

이러한 '성공'이 갑작스레 일어난 충격으로 갑자기 무너지고, '실패'의 역사 속에 기록되리란 사실은 당시에는 아무도 상상하지 못했을 것이다. 성공이 예기치 못했던 것인 만큼, 실패 역시 전혀 기대되지 않은 미래였으니까. 일단 그 이야기로 넘어가기 전에, 먼저 지식 공동체 수유너머에 대한 소개를 조금 더 해야 할 듯하다. 앞서 언급한 것처럼, 연구실에서 삶의 생산과 지식의 생산은 앎과 함의 일치라는 모토 속에 새겨져 있었고, 그런 의미에서 공동성을 담보하는 다양하지만 일관된 활동 양상들에 대해 진술할 필요가 있다. 실로 이런 점들을 누락시키고서 수유너머의 성공과 실패에 관해 이야기하는 것은, 그 자체가 성공만을 중시하고 실패에 눈감으려는 우리 시대의 편견에 편승하는 일일 것이다. 다만 짧은 문맥 속에 담아내야 하므로, 아래에서 풀어 나갈 일상과 공부, 지식 생산과 삶의 활동에 대한 서술이 다소 강령적 어조를 띠는 것에 대해 양해를 부탁드린다.

2-2. 규칙을 넘어선 규칙

'지식 공동체'라는 세칭과 더불어, 연구실은 처음부터 줄곧 '생활 공동체'를 자임해 왔다. 책 읽고 강의만 듣다 가는 곳이 아니라, 일상생활을 담보하는 장소라는 의미다. 이러한 생활의 필요가 초기부터 수유너머를 규정지었기에 연구실은 늘 넓은 공간을 찾아 빌려 써 왔다. 언젠가 수유너머의 공간을 두고 공동체 혹은 코뮨을 지향한다는 집단이 꽤 넓은 부지를 임대해서 호의호식하며 산다는 비판을 들은 적이 있다. 그러나 이는 수유너머가 지식과 함께 생활을 중요한 화두로 갖고 실천하는 집합이라는 점을 전혀 이해하지 못한 탓이라 생각한다. 수시로 많은 사람들이 드나들고, 그들에게 강의나 세미나를 제공한 뒤 사용료만 물고 떠나게 한다면야 넓은 공간이 필요 없을 일이다. 하지만 공동체로서 수유너머는 그들이 정해진 날짜가 아니어도 항상 찾아오고, 강의실에 앉아 수업만 듣고 떠나는 게 아니라 자신이 읽고 싶은 책을 읽고 쉴 수도 있는 장소이길 원했기에 그만한 여유 공간을 확보하려 했을 따름이다. 대학을 비롯해 다른 비제도적 연구단체들과 수유너머가 구별되는 지점이 바로 여기다.

일상을 공유하고 함께 운영한다는 것, 그것이 수유너머가 지식을 공동체적 일상 속에서 만들어야 한다고 주장하는 본질적인 근거가 된다. 일상이 없다면 지식도 없고, 혁명도 불가능하다. 그렇다면 공동체의 일상이란 대체 어떤 것인가?

연구실에서는 '신체를 바꿔야 한다'란 표현을 자주 주고받는다. 이는 공부든 일이든 우리에게 익숙한 정신과 신체의 운동 형식을 다양하게 변주시켜 새로 조직해야 한다는 의미다. 공부할 때나 일할 때나 우리는 대개 특정한 행위의 패턴을 고집하고, 다른 방식을 거부하는 경향이 있다. 자신을 자신으로 만들어 준 활동 형식이 그것이기 때문이다. 정신과 육체의 관념적 대립이 보여 주듯, 우리는 부지불식간에 활동 사이에 위계를 세우고 자기에게 익숙한 것만을 선호하며 거기에 고착된다. 우리가 스스로의 능력을 불신하고 더 나은 전환에 도달하지 못하는 까닭도 상당 부분 그런 점에서 기인했을 것이다. 사고의 무의식적 구조에 의해 조직된 정신 활동은 여간해서는 그 패턴을 바꾸기 어렵지만, 신체는 힘겨운 과정을 통해서일지라도 어느 정도 변화를 일구어 낼 수 있다. 아침잠이 많던 학창 시절을 보낸 사람이 취업 이후로는 새벽형 인간이 되는 '기적'을 보라. 물론 몸에 익은 태도나 습관을 고치기란 불가능에 가까운 점도 있으나, 결정적인 관건은 리듬에 있다. 신체적 리듬이란 신체가 자리한 장소와 시간에 영향을 강하게 받으며 변화되기 마련이다. 그런 점에서 인간은 리듬을 통해 살고, 리듬을 통해 다르게 살 수 있다. 따라서 우선 신체를 바꾸어야 한다는 것이다.

공동체는 신체를 변형시키고 훈련시키는 최적의 장소다. 공동체는 독서실이 아니라 삶의 공간이며 일상을 영위하는 무대이다. 먹고 청소하고 소통하며 관계를 형성하는 일상의 여러 가지 문제들을 해결하는 방법을 익히지 않으면 공동체는 고사하고 개인 삶도 제대로 살 수 없다. 연구자를 자임하며 자기의 소임을 책 보며 공부하는 데 붙들어 매는 것은 정신과 육체에 있어 스스로를 감옥에 구속하는 것과 다르지 않다. 스피노자가 말했듯, 우리는 아직 우리의 신체가 무엇을 할 수 있는지 다 알지 못한다. 신체의 잠재성을 현실화하기 위해서는 다양한 활동에 뛰어들어야 하고, 공동체는 그 같은 활동의 다양성을 제시하는 장소다. 혼자 산다면 자신에게 필요하고 익숙한 일만 하겠으나, 공동체는 필연코 타자와 부딪히고 충돌하며 갈등을 껴안은 채 공동의 활동에 임해야 하는 공간이기 때문이다. 그럴 때 비로소 지식은 종이 위의 글자가 아니라, 삶의 기예로 변모하게 된다.

수유너머가 초기부터 공동 식사준비를 참여의 주요 규칙으로 삼았던 이유가 그에 있다. 학교나 직장이라면 식사는 집에서 하거나 식당에서 하면 끝날 문제다. 그 경우 식사 준비는 가족이나 남이 대신해 주는 게 대부분일 것이다. 특히 후자에서 우리는 돈만 내면 된다. 일상의 동력원을 화폐로 교환하는 것이다. 그만큼 나는 내 일에만 집중하고 몰두할 수 있다고 생각하겠지만, 오산이다. 거꾸로, 거기 갇혀 버린다. 밥 먹고 잠자는 시간 빼고 공부만 하면 오죽 좋겠느냐는 반문도 나오겠지만, 그 누구도 그렇게 살지 않는다. 공부한답시고 불필요하게 소모해 버리는 시간을 떠올려 보자. 그 시간은 나의 신체가 다른 것을 시도해 보고, 다른 활동으로 전환해 볼 수 있는 기회의 상실에 다르지 않다. 그런 점에서 공동의 식사 준비는 공동체의 구성 활동에 마땅히 포함된다. 남성과 학생의 경우 평소에는 해 보지 않던 신체의 활동을 통해 자신을 바꾸고, 그 과정에서 공동체의 지식 또한 바뀔 수 있다. 공부란 비단 책 읽고 글 쓰는 것만이 아니라 생활의 발견이자 발명인 까닭이다. 더구나 혁명을 모토로 삼는 집합이라면 더 물어볼 나위도 없다. 신체적 변용이라는 문제는 단지 식사 준비에만 국한되지 않는다. 정기적으로 요가에 참여한다든지, 틈틈이 탁구를 치고, 식사 후 동네를 한 바퀴 도는 산책길에 나서거나, 여러 가지 생활 워크숍에 참여하는 것도 유사한 의미를 갖는다. 각자마다 취향과 흥미가 다르기에 비누나 화장품 만들기, 빵 만들기 같은 활동도 해 보고, 소량의 술을 직접 빚어 보기도 한다. 또한 등산이나 서예 등도 그저 심심파적이나 친목 모임으로 치부할 수 없다. 지식 공동체로서 수유너머를 유지시키고 지속적인 활력을 불어넣는 것은 책 읽고 세미나하는 틈새마다 있는 이런 신체적 활동들이다.

일본의 시인이자 운동가였던 다니가와 간谷川雁, 1923~95에 따르면, 공동체는 이념과 강령만으로 만들어지지 않는다. 오히려 공동체는 일종의 '서클' 같은 것으로서, 진지함과 유머, 노동과 지식이 여흥과 어우러지지 않으면 성립하지 않는다. 사뭇 대립적으로 보이는 이 두 항들은 서로가 서로를 보충하면서 구별과 혼합을 반복하며 이어져 있다는 게 핵심이다. 쉽게 말해, 노동이든 공부든 한쪽은 다른 한쪽에 대해 더욱 본질적 위상을 갖는다. 이 관계의 반복과 확장, 심화가 비로소 공동체를 공동체로서 만들어 낸다. 그러므로 '지식'의 공동체로서 수유너머가 존속할 수 있는 것도, 역설적으로 '비지식'의 영역, 신체적으로 서로 유대를 맺고 참여함으로써 공동의 리듬을 형성하는 활동이 있기 때문이다. 반복하건대 지식 하나만으로는 공동체를 구성할 수 없다. 지식의 외부에서 지식을 공유하고 연대할 수 있게 만들어 주는 일상 활동이 있기에 공동체는 생겨날 수 있다. 그런 의미에서 공동체는 사건의 과정, 그 관계의 지속적 구성에 다름 아니다.

지식은 그러한 일상을 구분짓고, 새롭고 다른 방식으로 이어지도록 견인하는 규칙들이다. 그렇다고 규칙이 삶을 지배하도록 방기해서는 안된다. 오히려 삶이 규칙을 이끌 때, 그 집단은 진정 삶을 일구어 가는 공동체라 할 만하다. 규칙은 존중되고 준수되어야 하지만, 삶을 새롭게 구성하기 위해 공동체는 항상 이전의 규칙을 폐기하고 새로운 규칙을 만들 수 있어야 한다. 당연하게도, 그것은 태도나 관점뿐만 아니라 능력의 문제이기도 하다. 마음먹는 것 이상으로 활동하기, 실제로 수행해 보기야말로 머릿속 지식과 결기 어린 태도를 넘어서는 신체의 힘이다. 그와 같은 능력을 갖는다면 어떤 규칙도 절대적일 수 없다. 모든 규칙은 폐지될 수 있는 만큼, 만들어질 수도 있다. 수유너머의 '흔한 일상'이 규칙으로 가득 찬 듯 보임에도 불구하고, 때로는 그 어떤 규칙도 제대로 지켜지지 않는 것처럼 보이는 이유가 여기 있다.

수유너머는 '전통'을 내세우지 않는다. 전통은 그 말이 위압적으로 전시하듯, 변화시킬 수 없는 절대 명령이 되어 삶 위에 군림하기 십상이다. 공동체를 꾸리기 위해서는 규칙이 필요하고 그것을 지켜야 하지만, 공동체가 진정 공동체가 될 수 있는 것은 또한 규칙을 넘어선 규칙을 항상 새로이 만들 수 있기 때문이다. 신체와 활동을 떠난 전통은 추상의 이념일 뿐이고 삶을 억압하는 굴레일 따름이다. 신체가 요구하고 욕망이 명령하는 대로 규칙을 바꾸고 또 바꿀 수 있는 능력, 공동체에 관한 수유너머의 지식은 이로부터 생겨난다.

2-3. 삶을 생산하는 공부

생활 공동체라는 자의식과 더불어 수유너머를 지켜 온 것은 '연구 공동체'라는 자부심이다. 공부가 삶을 위한 것이듯, 삶은 또한 공부와 연계되고 공부를 통해 표현되어야 한다. 온갖 일상의 사무들 속에서 연구 활동을 조직하고, 그것을 통해 수유너머라는 공동체의 미래를 구상해 왔던 것도 모두 이런 믿음에서 비롯되었다.

연구실의 누군가는 서정주의 시를 빗대 "내 공부의 팔 할은 세미나였다"고 농담을 던지곤 했다. 식상할 정도로 자주 언급되는 비유인데, 실제로도 '수유+너머' 시절부터 공부의 핵심은 언제나 세미나에서 시작되었음을 부인할 수 없다. 거창한 목표나 심각한 각오 없이, 공부하고 싶은 주제나 읽고 싶은 책만 정해지면 누구라도 세미나의 문을 두드릴 수 있다. 매 시간마다 정해진 분량을 읽어 오고, 발제자가 몇 쪽 정도의 요약문이나 비평문을 작성해 오면, 그것을 토대로 두어 시간 동안 열심히 떠들면 된다. 때로 제대로 못 읽어 왔을 경우는 경청하는 것만으로도 크게 도움이 될 것이다. 연구실 세미나의 최대 장점은 학력이나 전공, 신분, 나이 등에 아무런 제한도 두지 않는다는 점이다. 공간 사용료로 매월 소액의 세미나 회비를 걷는 것 이외에는 그 어떤 진입장벽도 없다. 당신이 대학에서 무엇을 전공했든 여기서는 그것이 권리가 되지 않는다. 설령 대학을 다니지 않았더라도 문제는 없다. 교수든 주부든 백수든 사정은 마찬가지다. 모두가 한 테이블에 동등하게 앉는다는 것, 거기서 모든 게 시작된다. 단 하나의 유일한 권리가 있다면 그것은 정해진 텍스트를 충실히 읽어 오고, 읽어 온 만큼 더 자세히 이야기를 펼치고 주장할 수 있다는 점이다.

출발점은 평등하고 공평하되, 답안을 찾아나서는 과정에서는 더 많은 경험과 실험을 해 본 친구가 한 걸음 앞서서 이끌어 줄 수 있다. 그게 마음에 안 든다면, 온당한 이유를 통해 반박하고 다른 방식의 답안을 도출하려 함께 노력하면 되는 것이다. 여기도 사람이 모이는 곳이기에 세미나를 하다 보면 서로 싸우기도 하고, 감정이 상하고 끝내 결렬의 아픔을 맛보기도 한다. 하지만 합의든 갈등이든 화해든, 이 모든 것은 공동적으로 지식을 생산하는 과정을 뜻한다는 점에서 공통적이다. 수유너머가 지식을 생산하는 공동체라 할 수 있다면, 이는 그 같은 충돌과 결렬마저 앎의 한 요소로 받아들여야 한다고 믿기 때문이다.

개인적으로 수유너머에 처음 와서 놀랐던 사실이 하나 있다. 사람들이 쉽게 자신의 무지를 인정한다는 점이었다. 어떤 책에 관해 읽어 보았는지 질문했을 때, 여기서는 너무나 쉽게 '아니'라는 답변이 나왔다. 서로를 경쟁자로 여기고 자신의 학덕을 과시해야 하는 학교에서는 꽤 드문 광경이었다. '무지에 대한 인정'이 가능한 것은, 모든 지식은 공유재이기에, 언제든 나는 타인과의 접속을 통해 그것을 건네받을 수 있다는 확신이 있어서다. 대학교수와 학생들이 '그들만의 리그'를 형성하는 까닭은 배우고 익힌 지식을 공유하지 않은 채 자기들끼리 사유화하기 때문이다. 그런 이들에게 지식의 공유는 곧 자기 능력과 권리의 박탈로 여겨진다. 그래서 남에게 배우겠다는 말도, 아는 지식을 나눠 주겠다는 말도 쉽게 하지 않는다. '표절'이나 '절취'는 지식을 사유화하기 위한 딱지로 악용된다. 당연히 남의 것을 함부로 가져오는 것은 용인될 수 없는 일이다. 그러나 지식은 본질적으로 공유재다. 공동의 관계를 통해 경험된 것들이 지식으로 형성되고 인식되기 때문이다. 온전히 자신만의 것이라 여겨지는 앎의 편린을 자세히 들여다본다면 거기에는 무수한 타자의 흔적들이 새겨져 있다. '나'라는 지식의 주체는 그와 같은 타자의 지식을 특정하게 가공하고 편집한 사람일 뿐이다. 그 경우에도 전적인 권한이란 있을 수 없다. 지식의 공유를 거부하고 사유만을 고집할 때, 그것이 제아무리 대단해도 공동성을 낳을 수 없는 불임의 지식에 불과할 것이다. 지식과 공동체가 연관되어 있다면, 이는 지식이 얼마든지 공유될 수 있다는, 공동체와 마찬가지로 근본적으로 공유된 것이란 점을 받아들일 때만 가능하다. 공동의 지식이 지식의 공동체를 만든다.

다른 한편, 삶에 지식을 과도하게 연결시키려 든다면, 그것은 실용주의의 미명하에 근시안적 관점을 못 벗어날 수도 있다. 지식과 삶은 분리 불가능하되, 구별해서 연마할 필요가 있다. 수유너머가 무엇보다도 공부를 강조하며, 때로 공부의 강도가 제도적 수준을 넘어설 정도로 강해야 한다고 주장하는 것도 그런 까닭이다.

출발점에서부터 수유너머는 인문학의 대중화에 주력해 왔다. 대학이 울상을 지을 때, 수유너머는 대중과 함께 인문학을 어떻게 만들어 갈 것인지 고민했고 실험했다. 어느 정도 성과를 거두었다고 자부한 적도 있다. 그런데 복병처럼 마주친 것은 인문학이 인문학을 배반하는 사태다. 예컨대 우리는 연구실에서 열리는 강좌나 강의를 위해 파견 나간 지역 도서관 및 문화센터 등에서 뜻밖의 곤혹에 마주치곤 했다. 대중이 인문학에서 원하는 것은 삶의 변화나 구성이 아니라 현재의 모든 것을 완고하게 지키는 것, 관습적 일상을 보존하는 것이란 사실이다. 경제적으로 살 만해진 한국 사회에서 인문학은 삶을 윤택하고 아름답게 만들어 주는 교양이 되어야 한다는 요구가 거기 있다. 일상은 지금 이대로 유지되어야 하며, 변화의 위험을 감수할 필요가 없다. 겉으로는 혁명과 변혁을 외치더라도 궁극적으로는 현재의 삶을 그럴듯하게 꾸며 주는 인문학적 소양을 달라! 인문학이여, 트위터나 페이스북, 인스타그램의 한 꼭지를 치장하는 데 필요한 데코레이션이 되어 달라! 그렇다면 수유너머가 하나의 상품으로서 지식을 생산하고 판매하는 시장과 무엇이 다를까? 그럴 때 수유너머의 지식은 모든 것을 교환가치의 매개물로 탈바꿈시키는 자본의 일부가 아니고 무엇이란 말인가?

'불온한 인문학'은 이 같은 문제의식에서 수유너머가 지식 생산의 방향성을 전환하기 위해 내세운 모토였다. 당신의 비위를 맞춰 주고, 기분을 풀어 주며 '눈물을 닦아 주는' 인문학은 하지 않겠다. 우리가 만들려는 지식은 당신을 깜짝 놀라게 하고, 분노하게 만들며, 책을 덮고 거리로 나가 대중의 무리 속으로 뛰어들도록 촉구하는, 그래서 함께 함성을 지르고 더불어 행진하도록 격려하는 인문학이다. 비뚜름한 자세로 영화 한 편 보듯 즐길 수 있는 인문학은 이제 집어치우자. 도무지 이해가 가지 않아 식은땀을 흘리며 자세를 고쳐 잡고 두 번 세 번 고민하며 읽고 이해를 요청하게 만드는 인문학이 필요하다.[8] 삶을 바꾼다는 것은, 유머를 잃지 않으면서도 어려움과 진지함을 한켠에 제쳐 두지 않을 때 비로소 가능하지 않을까? 이런 취지로 설계된 '인문사회과학연구원'(인사원)은 다소 딱딱한 느낌을 줄 수도 있는 연구 프로그램이다. 제도를 넘어서는 공부를 해 보자는 게 그 목표다. 대학을 졸업한 사람 이상만 들어올 수 있다는 뜻이 아니다. 대학생도, 직장인도, 백수도, 고졸도 누구라도 얼마든지 들어올 수 있다. 다만 한 학기 내내 앉아서 듣는 둥 마는 둥 시간만 때우는 것은 사절이다. 자신의 존재감을 드러내도록, 읽고 쓰고 토론해 보자는 게 이 프로그램의 유일무이한 강령이다. 같이 공부하는 내용을 지금 자신의 상황 속에 대입하고, 그로부터 하나의 결과물을 조형해 보자는 것.

오랫동안 계속하던 대중 강좌의 일부를 포기하고, 인사원을 시작한 것은 삶과 타협하지 않는 지식을 만들기 위해서다. 지식이 삶을 바꾸는 원리가 되는 것은 지금-현재라는 삶의 타성과 대결하는 순간부터다. 강좌가 강사의 일방적 설명으로 채워져 있기에 그만큼 참여가 용이할 수는

---

8 최진석 외, 『불온한 인문학. 인문학과 싸우는 인문학』, 휴머니스트, 2011, 5~9쪽.

있어도, 대중은 수동적 자리로 밀려나게 되고 결국 어렵고 재미없는 부분은 생략하거나 포기하게 된다. 소위 '장사를 하려면' 쉽고 재미있는 강의만 계발하고 즐거움과 위로를 선사하는 강사로 거듭나야 할 것이다. 인사원을 통해 그런 지식의 생산과 분배를 그만두겠다고 선언한 것은, 수유너머가 공부를 삶에 대한 앎이요 앎을 통한 삶이라는 실천지로서 수행하겠다는 의지를 담는다. 바꿔 말해, 지식의 발명과 공유를 통해 공동체를 구성하자는 것이다.

2-4. 인터 코뮤넷, 외부를 향한 욕망

아무리 열린 집단이라 자부해도 내부화의 경향은 피할 수 없다. 아니, 그것은 어쩌면 '자연스런' 경향인 듯싶다. 하나의 공동체가 성립하고 자체의 규칙을 통해 운영되며 구성원들 간의 내적 연대를 꾀하려면 '외부'와의 차별성이 있어야 하지 않을까? 바깥과 안을 구분하고, 그로써 '안'에 속해 있다는 귀속감은 심리적 안정을 제공하며, 전반적으로는 공동체의 활동적 순환을 이루는 데도 보탬이 될 것이다. 마치 유기체적 동물로서 인간이 자기를 보호하기 위해 보수적 성향을 띠는 것처럼.

수유너머의 경험을 거듭하면서, 언제나 주력했던 것은 연구실 구성원 사이의 단합과 상호 신뢰였다. 몇 차례의 분열을 겪는 가운데 서로가 서로에 대해 이해하고 믿지 않는다면, 아무리 훌륭한 이념과 의식을 갖고 있어도 언제든 파열할 수 있음을 깨달아서다. 그런 의미에서 '내부'를 만드는 게 반드시 나쁘다고 할 순 없다. 그것은 나 아닌 타인으로서 다른 성원에 대한 배려를 함축한다. 먼 친척보다 가까운 이웃에게 더 정을 붙이고, 더 많은 도움을 주는 것은 관계 형성의 자연스런 태도일 것이다. 공동체도 인간의 집합인 이상, 그 같은 인간(학)적 관계로부터 출발하지 않을 수 없다. 가령 세미나나 강좌를 통해 연구실과 맨 처음 접속한 사람들을 일정한 절차를 통해 회원으로 받고 나면, 적어도 경제적 곤궁으로 인해 공부를 그만두는 일이 없도록 여러 가지 조치를 취해 왔다. 회원에게는 무료 수강의 기회를 준다든지, 장학금을 통해 수강료의 일정 부분을 반환해 준다든지, 경우에 따라서는 활동비를 지급함으로써 약간이나마 금전적 도움을 주기도 했다. 비단 외적인 부분만이 아니다. 갈등이 발생하면 합리적이면서도 감정적인 우호를 최우선적으로 돌보며 풀도록 중재했고, '놀 줄 모르는' 사람들도 소외되지 않고 함께 어울릴 수 있도록 부추기는 것도 중요하게 여겼다. 조금 후에 상술하겠지만, 적어도 공동체가 원활히 작동할 때는 그런 노력을 일종의 미덕이라 생각했다.

외부와의 연대는 그 연장선에서 파생되었다. 공동체의 울타리 바깥에 있던 사람이 안으로 들어와 회원이 되듯, 도대체 외부가 없이는 수유너머라는 내부도 존재하지 않을 일이다. 이때 내부가 외부를 적대시하고 그 어떤 협력이나 연대도 거부한다면, 그런 내부는 '고인 물'이 되어 썩는 게 당연하다. 더구나 내부성의 울타리는 일단 설치되면 견고한 방벽처럼 작용하여 안온한 자족주의를 형성하고, 그로써 불편하고 낯선 자극은 밀어내기 십상이다. 외적인 것에 대해 위협을 느끼고 거절하고 배척하는 경향을 띠게 된다. 하지만 공동체를 파열에 이르도록 재촉하는 것은 외부적인 것이 아니라 오히려 내적인 것이며, 그 최초의 균열은 외부성을 견디지 못할 때 시작된다.

외부는 내부화의 문제에서 더욱 첨예하게 부각되곤 한다. 가령 함께 어울리지 못하는 사람을 따돌리거나 배제하고, '함께'를 명분으로 자주 어울리는 사람들끼리만 파당을 이루어 목소리를 일치시키며, 일색一色의 정치를 가동시켜 공동체를 좌지우지하는 경우가 그렇다. 외부에 대해 열려 있다는 것은 남한테 친절하게 대하라는 뜻이 아니다. 오히려 내부에서 생겨나는 이질적 견해를 직시하고, 이견과 갈등하면서도 공존할 수 있으며, 파당화의 위험을 스스로 되물어 경계함으로써 도달할 수 있는 능력이 그것이다. 관건은 내부화에 잠식당하지 않도록 늘 자신을 살피는 것, 내부의 외부와 끊임없이 만나며 소통함으로써 자기 변용의 힘으로 전환시키는 데 있다. 마치 규칙을 지배함으로써 삶의 변형을 이끌 수 있듯, 내부와 외부를 가르는 경계선을 주어진 조건에 따라 유연하게 옮길 수 있는 능력이 중요하다. 내부인가 외부인가, 형식적 경계선을 탓하거나 따지지 말자. 진정 반대해야 할 것은 내부가 아니라 내부화의 경향이다.

이와 같은 외부성의 문제는 공동체들 사이의 연대라는 차원에서도 진지하게 숙고되어 왔다. 지향과 활동이 전혀 다른 공동체와 만나고 교섭하지 않는다면, 그 어떤 공동체라도 내부의 벽에 갇히고 내부화의 구멍에 함몰될 것이다. 결국 우리는 필사적으로 다른 공동체를 발견하고 마주치며 소통해야 한다. 수유너머의 지식은 그와 같은 탐색의 방법에 바쳐진 것이라 해도 과하지 않을 듯하다.

우리는 공동체주의의 고독을 결코 원하지 않는다. 모든 생명이 생태적 환경 속에서만 자기를 유지하듯, 공동체도 공동체들의 생태계를 통해 존속하며 활기를 잃지 않을 수 있다. 그런 점에서 연구실은 외부와의 만남을 적극적으로 지향하며 활동을 진행해 왔다. 큰 것만 추린다면, 2000년대 수유+너머 시절에는 평택 대추리 미군기지 건설 반대 투쟁이나 새만금 사업 저지 운동, 한미 FTA 반대 운동 등 한국 사회의 굵직굵직한 싸움의 현장에 늘 함께 서고자 했다. 그 같은 활동은 꾸준히 이어져, '이명박근혜'의 시기에도 그치지 않았는데, 쌍용차와 강정마을 투쟁, 용산참사 등의 사회적 의제마다 연대의 힘을 싣고자 했고, 2015년 한일 위안부 합의 후에는 연구실 명의의 성명서를 발표하고 이 문제에 관해 공동의 연구와 활동을 가동시키기도 했다. 과거의 활동을 자랑하려고 꺼낸 이야기가 아니다. 수유너머뿐만 아니라 연구 및 학술단체, 지식인 공동체에 대해 흔히 던져지는 비난은 몸을 움직이지 않고 마음으로 혹은 머리로 때우려 한다는 것이다. 실천 없는 이론가들에 대한 비판이라면 얼마든지 수긍할 수 있는 말이다. 하지만 반드시 하던 일을 작파하고 구호를 외치며 거리를 질주하는 것만이 실천의 전부는 아닐 것이다. 거꾸로, 할 수 있는 것을 최대한 하도록 전력을 기울이는 것이 중요하다. 타인들의 시선이 두려워 동의와 동참의 표찰을 붙이는 것이 왜 유일한 실천의 방법이겠는가? 분명 팔 걷어붙이고 함께 소리쳐야 할 시간이 있다. 또한 동시에 견고한 진지를 구축하고 차후의 공격을 견디며 반격의 계기를 계산해야할 때도 있다. 지금-여기서 벌어지는 사건을 예의주시하며, 정세를 분석함으로써 앞으로 나아가는 것, 여기에 수유너머의 실천적 지혜가 있다고 믿는다.

역설적인 이야기지만, 수유너머가 일상생활과 연구 활동 모두에서 눈에 띄는 성과를 거두고 안정적인 운영을 담보할수록, 우리는 외부의 출현을, 갑작스런 사건의 돌발을 참아 내지 못하는 광경을 자주 보아 왔다. 기존의 규칙들과 화합하지 못하는 새로운 요소들에 경계와 적의를 품기도 하고, 연대를 위해 조직된 활동이 '내부'의 일상을 방해할 때 저도 모르게 그 끈을 놓아 버리는 일도 자주 벌어졌다. 내부자 공동체의 '유토피아'는 외부로부터 차단된, 자족적 환상의 '폐허'로 돌변할 수 있음을 수유너머는 계속해서 경험해 왔다. 공동체는 매끈하게 이어지는 조화의 코스모스가 아니다.

3. 분열을 내장한 유토피아

과장을 섞은 칭찬이 분명하지만, 수유너머에 대한 소문을 듣고 찾아온 사람들 중에는 "여기는 유토피아적인 공간인 것 같다"며 감탄하는 이들이 있다. 그도 그럴 법한 게, 온통 자본주의적 일상에 찌들어 있는 현대 사회에서 '코뮨주의'를 기치로 내걸고 공동적 삶의 창안을 모토로 삼아 활동하는 집단이 흔치 않기 때문이다. 하지만 그때마다 난감함을 무릅쓰고 "그렇지 않다"를 연발하는 나로서는 실제로 여기가 그런 곳이었으면 좋겠다는 바람과 함께, 이전에 유토피아의 환상이 깨져 나가던 기억들을 뿌리치기 힘들다.

다양성을 인정하되 공동의 이념을 추구한다고 자부하던 수유너머에 첫번째 '돌발'이 발생했던 것은 2009년 무렵이었다. 십여 년 이상을 성장하다 보니 문득 조직이 지나치게 비대해졌고, 그로 인해 공부와 일상에 관료화와 기업화가 스며들어 있음을 직감했던 것까지는 좋았다. 아니, 그 수습책도 나쁘지 않았다. 초심으로 돌아간다는 취지에서 거대해진 몸집을 스스로 분할하여 독립적인 수유너머'들'을 만들어 보자는 제안이 적극 검토되었다. '수유+너머'라는 오랜 이름을 대신해 '수유너머'를 그때부터 사용하기 시작했고, 그 출발은 제법 순조로워 보였다. 자발적으로 의기투합한 몇몇이 뭉쳐 독립적인 공동체를 따로 만들겠다는 의견을 내놓았다. 의도는 순수했고 모두는 흡족해했다. 수유너머의 이름을 단 일종의 '지회'가 여럿 생겨 구경 다니는 재미도 쏠쏠했다. 공룡이 되지 않겠다는 명분도 맘에 들뿐더러, 지방에까지 세워진 지회는 오히려 수유너머의 한결 진전된 성공을 입증하는 것처럼 여겨졌다. 하지만 아무도 진짜 문제는 보지 못한 상태였고, 사달은 그해 여름에 터지고야 말았다.

일상생활을 조율하는 가운데 선후배 간의 위계에 관한 문제가 제기되었다. 후일 자조적인 어조로 이를 '파전 사태'라 부르곤 했는데, 카페의 술안주로 파전을 뒤집을 때 그것을 선배가 하는가 후배가 하는가가 논란의 도화선이었다. 여러 가지 이유로 불평등함을 느꼈던 후배가 이를 문제화했고, 그 봉합의 과정에서 강제와 폭력적 언사가 동원된 게 사태를 악화시켰다. 우리는 여기서 새로운 삶을 위해 수행을 하고 있는데, 겸허히 자신의 일을 도맡고 타인의 일까지 껴안지 못하면서 무슨 공동체 운동을 하겠느냐는 질책이 쏟아졌다. 처음에는 '따끔하게' 혼난 후배가 자신의 '얕은 판단'을 시인하고 달게 벌칙을 받는 것으로 끝나는가 싶었지만, 그 일을 계기로 연구실 내부에 잠복해 있던 갖가지 분열의 싹들이 돋아나기 시작한 것이다. 평소에는 눈에 띄지도 않았고 전혀 감조차 잡을 수 없던 서로의 관계가 일시에 눈앞에 펼쳐졌다. '친한' 관계로 비치던 사람들이 '파벌'이라 불러도 좋을 만큼 단단한 결속을 이룬 상태였고, 다만 '불편한' 정도로 보이던 관계는 돌이킬 수 없을 정도로 '적대'의 전선을 긋고 있었다. 어느 집단, 공동체라도 갖게 마련인 내부적 상호 몰이해와 파당 관계가 순식간에 전면화되어 폭발해 버린 것이다.

설왕설래를 거듭하며 서로의 계파를 묻고, 갈등과 반목의 소용돌이에 휩싸였던 그 시간을 온전히 기술하기는 쉽지 않다. 그럴 필요도 없을 듯하다. 그해 여름이 지나자 수유너머는 사실상 몇 개로 쪼개지고 더러 통합되었으며, 해산되기도 했다. 구성원들 중에는 분할된 지회들 중 어딘가로 합류하기도 했으나, 실망과 환멸 또는 종잡을 수 없는 당혹에 빠져 떠나 버린 이들도 적지 않다. 대중 앞에 알려진 '유토피아' 수유너머는 사실상 무너졌으며, 정말 이대로 모든 것이 사라지는가 하루에도 서너 번씩 반문할 정도로 끔찍한 '실패'를 맛보았다. 어디서부터 문제였던 것일까? 우리는 이미 답을 알고 있지 않을까?

　어쩌면 우리는 공동체의 환상에 사로잡혀 진작부터 내장되어 있던 분열의 소지를 보지 못했거나, 또는 보고서도 인정하지 않았던 것이리라. 겉으로는 화기애애한 학문적 동료요 선후배로 지냈으나, 실제로는 완전한 몰이해 속에서 그저 '자기만의 공동체'를 몽상하고 있던 것이리라. 고작 '파전 몇 장'에 뒤집어질 리 없는 공고한 집단이었으나, 고작 '파전 몇 장'에 완전히 전복되어 버릴 정도로 취약한 집단이었던 것. 지식 공동체로서 수유너머는 함께 나눈 지식을 통해 서로를 단단히 다지고, 그렇게 만들어진 공동체를 통해 또 다른 지식을 생산해 갈 것이란 전망은 망상에 불과했던 걸까?

　아마 이 같은 반성과 통찰을 통해 쓰라린 시련을 소중한 교훈으로 바꾸었다고 고백한다면, 이 글을 읽는 당신도 적지 않게 위안과 즐거움을 느낄 것이다. 그러나 삶은 나쁘게 반복된다. 2017년, 수유+너머 이후에 결성되었던 수유너머N 또한 그와 유사한 과정을 거치며 해체되고 말았다. 다른 방식으로 그러나 똑같은 이유로. 상호 간의 이해와 배려의 폭을 넓히고 조금 더 서로를 위해 힘을 보태 주자는 취지는 '자연스럽게' 내부화를 낳았으며, 마침내 파벌을 만들고 파당을 통해 연구실을 '통치'하는 결과를 빚고 말았다. 이해하지 못하는 것보다 이해하지 않겠다는 의지, 존중을 핑계로 타자화시켜 버리는 태도 속에 공동체는 '자연스레' 몰락의 운명을 맞이하게 된다. 또 다시 실패인가? 공동체는 정녕 불가능한가?

　공동체는 타인들과 함께 만드는 삶의 관계라 믿는다. 타인이 타인인 것은 그가 나와 다르기 때문이며, 제아무리 공동성을 지향하고 공동체적 지식을 함께 나눈다 해도 근본적인 타자성은 제거할 수 없다. 근대 국가, 자본주의 체제에 대한 비판적 입장을 견지해 온 수유너머가 타자성에 각별한 관심을 보였던 것도 타자가 국가와 자본에 흡수되지 않는 본질적인 외부성을 갖기 때문이다. 외부성이 바로 타자성이며, 이를 옹호하고 사유하는 공동체에서 그것은 활동의 근원적인 출발점이지 않을 수 없다. 놀랍게도, 외부성과 타자성의 다른 이름은 바로 분열에 다름 아니다. 공동체적 삶을 그토록 강조하고 공동성을 가장 긴박한 의제로 내세울 때, 눈앞에서 놓치기 쉬운 것은 공동성이 곧잘 동일성으로 치환될 수 있다는 사실이다. 항상 화합과 조화 속에 안정적으로 지속되는 공동체는 동일체의 위험에 가장 가까이 와 있을지 모른다. 공동성共同性은 동일성同一性과 그리 멀지 않다. 그럼 다시, 공동체는 불가능할까?

외부성과 타자성을 본질적으로 포함하는 공동체. 그것은 동일체가 될 수 없다. 동시에 이는 공동체가 함께-하는 운동을 본원적으로 내포하는 집합체임을 가리킨다. 공동성은 같은 속성을 공유하는 것이 아니라 함께-움직임을-만드는 리듬의 연대에 다름 아니다.[9] 공동성은 공-동성共-動性으로 전환되어야 하며, 특정한 조건 속에서 특정한 리듬에 맞춰 추는 춤 이상도 이하도 아니다. 이질성의 연대란 바로 그런 게 아닐까? 타자와 함께 출 수 있는 춤, 전혀 들어 보지 못한 생소한 가락이어도 몸이 가는 대로, 손과 손을 부여잡은 몸짓으로 서로의 움직임에 호응하여 어설프게나마 리듬과 박자를 맞추어 가는 과정, 그로부터 생겨나는 미묘한 감응의 공-동성. 어려운 철학책을 읽고 토론하면서도 정작 수유너머에서 우리가 보지 못했던 것은 공동성이란 분열 자체이며, 이질성의 연대로서 공-동체라는 사실이었다. 다르기 때문에 공동체를 이룰 수 있으며,

---

9 이진경, 『코뮨주의. 공동성과 평등성의 존재론』, 그린비, 2010, 95쪽; 최진석, 「코뮨주의와 타자: 사건의 공동체를 위하여」, 이진경·고병권 외, 『코뮨주의 선언』, 교양인, 2007, 272~277쪽.

거꾸로 공동체의 구성 근거에는 필연적으로 분열이 있게 마련이다. 분열의 공-동체, 우리는 여기서부터 다시 시작해야 한다.

당연하게도, 공-동성은 '좋은 게 좋은 것'이란 식의 생각 없는 낙관주의나 대충 타협하여 결론을 내자는 절충주의를 뜻하지 않는다. 그런 태도야말로 분열을 강제와 억압으로 무화시키려는 동일성의 폭력에 다를 바 없다. 완벽히 봉합되거나 제거될 수 있는 분열은 존재하지 않는다. 전체주의나 파시즘은 언제나 분열 없는 코스모스의 제국, 조화롭고 아름다운 유토피아의 외관을 띠면서 우리에게 다가왔다. 감히 말하건대 수유너머의 실패는 '우리' 내부에 존재하는 분열과 타자, 외부를 인지하지 못했을 때 폭발한 사건의 진리였을 것이다.

공동체가 본래 이질적인 것들을 한데 묶어 성립하는 집합체라면, 분열은 공동체의 지울 수 없는 기원인 셈이다. 그렇다면 공동체를 묶어 주는 지식이란 온갖 화합과 통일에 대한 이론이 아니라 그 같은 분열에 대한 앎이 아닐까? 공동체를 만들 때 가장 알고 싶지 않고 인정하고 싶지 않은 지식, 그것은 바로 분열의 잠재성이기에 이에 관해 아는 것이야말로 공동체를 구성하고 지속시킬 수 있는 동력이 될 것이다. 이를 바로 보지 못할 때, 공동체는 봉합과 통합의 환상에 젖어 허공 위로 뜨고, 작은 균열에도 견딜 수 없을 만큼 허약해진다. 앎과 삶의 일치로서 공동체의 가능성이란 결국 이러한 분열을 공동체의 현실과 함께 사유할 수 있느냐 없느냐에 달려 있다.

분열을 발생의 진리로서 포함하는 공동체, 그것은 동시에 분열을 감내하고 껴안을 수 있는 공-동체다. 언제든지 어떤 형식으로든 분열이 자라날 수 있는 토양을 간직해야만 그 집합의 또 다른 변형도 가능해진다. 수유너머의 실험은 실패로 끝났지만, 다른 이름과 다른 방식으로 그 실험을 이어가는 것은 동일한 것의 반복이 아니라 '다른 것의 시작'으로서 의미를 지닌다. 예컨대 수유너머N은 수유+너머의 경험을 이어받고 실험을 지속해 왔으나 동일한 굴레에 빠져 와해되고 말았다. 수유너머104는 어떨까? 유사한 이름을 가졌으나 결코 같지 않고, 다름을 자처하지만 언제든 똑같은 실패를 거듭할 수 있는 위태로움에 노출되어 있다. 외부성과 타자성이 그것이며, 분열은 그 이름이다. 분열이 빚어내는 충돌과 갈등, 불화는 조화와 통합 이상의 의미를 가지며, 공동체를 구성할 때 항상 염두에 두어야 할 '맹점'이다. 변형은 분열의 타자성과 외부성을 자기 변용의 결정적 계기로 수용할 수 있어야 비로소 현실이 될 것이다. 분열이라는 폭탄을 내장한 공-동체, 그 폭발의 계기를 예민하게 감지하며 전화의 계기로 삼을 수 있을 때 공동체는 자신이면서 동시에 다른 것이 될 수 있으리라. 궁극적으로 수유너머의 실험이란 공동체에서 공-동체로의 전환적 과정에 다르지 않다.

4. 코뮨, 실패의 실험을 넘어서

수유너머는 대학이나 연구소와 같은 제도의 한계를 극복하려는 취지에서 출발했다. 하지만 '공동체'에 대한 지향이 보여 주듯 교육과 연구의 틀에 스스로를 규정짓고 국한시키려는 시도는 아니었다. '앎과 함의 일치'라는 모토는 지식을 상품으로 간주해 소비하려는 패턴에 반대하면서, 공동성을 삶의 토대로 확보하려는 욕망임을 강조해 왔다. 여러 차례 실패를 거듭해 왔고, 지금도 또 다른 실패를 통과하고 있는 수유너머의 실험은 다른 공동체와 마찬가지로 나름의 의미를 가질 것이다. 이 글의 서두에서 나는 그것을 '사례적 의미'라 불렀다. 앞으로 5년 뒤, 10년 뒤 더 이상 수유너머라는 이름이 실존하지 않더라도 수유너머는 국가와 자본에 내재하는 외부로서, 공동의 삶을 형성하는 실험의 사례로서 분석되고 연구될 가치를 지닐 것이다. 지금 우리의 실험은 바로 그 같은 선례를 만들어 보는 것, 자본주의와 국가의 내부에서 외부로서 작동하는 경험의 형식을 창안하려는 노력이다.

누군가는 이 글에서 섣부른 낙관樂觀의 흔적을 발견했을 수도 있다. 정말 그럴지도 모른다. 오랜 시간 수유너머에서 활동하는 가운데 공동체의 운명을 희망적으로 욕망하지 않기도 어려울 테니까. 적극적인 목적의식이나 이념을 설정하진 않더라도, 지금-여기의 활동에 대한 긍정과 전망 없이 공동체 운동을 계속하기란 쉽지 않을 듯싶다. 다만 이런 관점과 태도가 공동체주의적 자기만족, 외부를 밀어내어 내적 결속에만 몰두하는 내부화의 경향에 함몰되지 않으려면 자기 변용의 기회를 놓쳐서는 안 될 것이다. 분열이 더 나쁜 쪽으로 향하지 않도록, 차라리 좋은 관계의 분화로 이어지도록 세심하게 살펴야 한다. 차이와 다름의 계기를 잘 갈무리하는 노고야말로 공-동체의 능력이자 자산이 되리라 믿는다. 이를 위해서는 실패의 위험이 언제나 상존하는 이 실험이 '지속'되도록, 결코 통일과 조화의 성공으로 '종결'되지 않도록 역설의 노력이 투여되어야 할 것이다.

공동체에서 공-동체로, 그리고 코뮨으로. 이 명제에 얼마간 불안감이 서리는 것은 불가피한 노릇이다. 애초에 성공을 기대하거나 확신하지 못한 채 출발한 여정 가운데 우리가 아직 서 있기 때문이다. 삶이 종결되지 않는 생명의 과정이듯, 공-동체의 운동 또한 완결될 수 없는 리듬으로 채워져야 한다. 그런 의미에서 지금-여기를 떠나 다른 시공간으로 나아가기 위해서라도 과감히 욕망하기를 멈출 수 없다. 또 다른 실패를 기약하며, 그러나 실패를 언제나 감수하고 넘어서는 실험으로서 이 춤이 지속되기를 나는 진정 바란다. 코뮌주의, 그 불가능한 시도를 다시 한번!

'정동'은 우리를 어디로 인도할 것인가?

브라이언 마수미의 『정동정치』에 관한 리뷰

1. 정동과 그 운명

철학의 과제는 개념의 창안에 있다는 말은 자주 언급되는 들뢰즈의 금언 중 하나다. 물론 이는 완벽히 새로운 개념을 세상에 선보여야만 철학이란 소리는 아닐 게다. 차라리 낯선 구상과 이질적인 상상력을 발휘해 기왕의 문제틀을 변형함으로써 이전까지는 보이지 않던 문제의 지형을 드러내고, 문제를 새롭게 구축할 수 있도록 개념이 놓인 자리를 변경해야 한다는 뜻에 가깝다. 바꿔 말해, 철학의 목표는 유일무이한 진리를 발견하거나 공평무사한 원리를 찾는 게 아니라 이전과는 다른 방식으로 문제틀을 새로이 설정하는 데 있다는 것이다. 그럼으로써 종래의 구조 속에

---

* 이 글은 계간 『문학동네』 2018년 겨울호에 게재된 동명의 서평을 약간 수정한 것이다. 한국어로 번역된 『정동정치』(조성훈 옮김, 갈무리, 2018)에 대한 서평인 만큼 '정동'이라는 용어를 사용했고, 본래의 맥락을 살려 읽기 위해 '감응'으로 바꾸지 않았다. 이 책의 인용 및 출처는 본문에 괄호로 쪽수만 표시했다.

서는 맞아떨어지지 않던 질문과 답변의 짝은 문제성을 잃고 또 다른 방식으로 재설정된다. 해결 없이 맴돌기만 하던 질문-답변의 회로는 이렇게 돌연한 변곡점에 도달하고, 우리는 여기서부터 모든 것을 새로이 시작해야 한다.

문제설정의 새로움이야말로 철학의 과제라 할 때, 정동情動, affectus/affect의 문제의식이 최근 몇 년간 한국 인문사회과학의 지형을 재구축하는 데 적지 않은 기여를 했음은 누구나 인정할 듯싶다. 철학 자체는 물론이고, 문학비평과 문화연구, 사회 및 정치와 경제 분석 등에서 첨예한 개념적 화두로 제시된 정동이 이제 문제의 장場을 새롭게 조직하는 현장을 우리는 목도하고 있다. 가령 한 논문검색 사이트에 이 단어를 넣고 조회해 본 결과, 최근 5년간 정동을 주제어로 삼아 작성된 글은 벌써 삼백 편을 상회한다. 1990년대 포스트모던 논쟁 이래 인문사회과학의 문제 지형을 뒤흔들고 결정짓는 핵심적 구성인자로 정동이 부상하고 있다는 인상은 실로 과장된 것이 아니다. 맑스의 저 유명한 문구를 빌린다면, 오늘날 한국 지식사회를 배회하는 유령은 바로 정동에 다름 아니다. 그럼 이제 정동이 탈근대의 지성사적 전환의 문을 여는 열쇠가 될 것인가?

유명세를 안고 태어난 모든 개념이 그러하듯, 정동 역시 그다지 순탄한 운명을 밟아 가는 듯 보이진 않는다. 심리학의 전문용어로 한국어 사전에 진작부터 등재되어 있던 단어임에도 흡사 일본식 한자어가 아닐까 싶을 정도로 어감이 낯설기 때문에, 정동이 과연 'affect'의 적절한 번역어인지는 지속적으로 논란이 되고 있다. 나아가 개념적 내용 또한 문제적인데, 매년 정동을 주제로 논문과 평론이 끊임없이 쏟아져 나오고 있지만 도대체 정동이 무엇을 가리키는지, 그것이 실증할 수 있고 유효하게 현실에 적용될 만한 실체성 있는 용어인지에 대해서도 긍정과 부정이

엇갈리는 중이다. 무엇보다도 철학과 문학비평에서 정동이 이전까지의 문제틀을 급변시켜 다른 구도로 바꿔 놓을 수 있을 만큼 개념적 하중을 차지하는가에 대해 합의된 담론이 마련되어 있지 않다. 이를 극명히 보여 주는 한 가지 사례가 있다. 몇 해 전 월간『현대시학』에서 불붙은 정동 논쟁은 번역어의 적절성과 개념의 적합성을 두고 벌어진 치열한 지상논전이었다.[1] 그 경과를 이 자리에서 상세히 보고할 수는 없으나, 논쟁을 지켜본 사람이라면 적어도 한 가지 논점에 대해서는 엇비슷한 느낌을 받았을 성싶다. 현재 정동은 개념적 성장의 임계점에 근접했으며, 향후 지식사회에서 얼마나 유의미한 역할을 맡을 수 있을지는 아직 불확실한 상태에 놓여 있다는 것.

관건은 정동이 '판'을 바꿀 만큼 파괴력 있는, 진정 유의미한 개념인가에 있다. 만일 정동이 인문사회과학에서 기존의 연구 관점과 분석 방법 및 비평적 태도 등을 전위시킬 충분한 동력을 갖고 있다면, 필시 이전세기와는 구별되는 사유의 언어로서 앞으로 기능할 것이다. 이를 위해서는 정동의 의미론적 내용과 작동형식에 대한 세밀한 탐구가 불가피하며, 그것이 얼마나 설득력 있게 펼쳐지는지에 따라 그 개념적 운명 역시 결정될 듯싶다. 마침 번역되어 나온 브라이언 마수미의『정동정치』*Politics of Affect*, 2015는 이 과정을 톺아보기 위한 한 가지 실증사례가 될 만하다. 정동을 이론적 지평으로 끌어올린 주요한 당사자로서 마수미는 이 책에서

---

1 조강석, 「정동적 동요와 시 이미지」, 『현대시학』 2016년 1월호; 진태원, 「정동인가 정서인가? 스피노자 철학에 대한 초보적 논의」, 『현대시학』 2016년 4월호; 조강석, 「'정동'에 대한 생산적 논의를 위하여」, 『현대시학』 2016년 5월호; 이성혁, 「'정동-정치'의 장과 시의 정치적 위상」, 『현대시학』 2016년 8월호. 같은 해 『문화/과학』 여름호 역시 '정동과 이데올로기'라는 특집으로 정동에 대한 다양한 쟁점들을 다룬 바 있다.

주요한 논점들을 지루한 논증적 절차 없이 곧장 주파하고 있다. 더구나 그것이 우리 시대의 가장 첨예한 논제인 정치를 내걸고 진행된다면 더욱 흥미롭지 않겠는가? 정동에 관심을 두고, 정동의 정치를 통해 문학과 문화, 사회의 문제들을 돌파해 보고 싶은 사람이라면 누구든 주의를 기울여 읽기에 도전해 보지 않을 수 없다.

2. 정동정치, 또는 비인간주의 생태학

이 책은 마수미와 그의 철학적 반려인 에린 매닝이 참여한 총 여섯 편의 대담 모음집이다. '미시지각과 미시정치학', '이데올로기와 탈출'이라는 정치철학적 논제도 있고, '파국 장에서의 정동적 조율'이나 '즉접'과 같은 생소한 표현도 눈에 띠며, '몸은 무엇을 할 수 있는가?'라는 전형적인 스피노자적 문제의식도 포함되어 있다. 목차만 훑어본다면 무언가 흥미로운 대화가 이어질 듯한 기대감이 들 법하다. 하지만 이런 논의에 익숙지 않은 독자라면 첫 장인 '항해 운동'을 펼치자마자 이내 당혹감에 빠져들 것이다. 마수미는 정동과 정치에 관한 자신의 주장을 차근차근 논리적 계단을 밟아 가며 설명해 주기보다, 대담자가 던진 질문에 곧바로 핵심적인 답안을 내놓는 방식으로 이야기를 끌어간다. 즉 '전문가 대담'의 형식을 취하는 탓에 이러한 문답은 초심자에게는 거의 외계어처럼 난해하게 들릴 수밖에 없다. 안타깝게도, 그 같은 논조가 이 책의 전반적인 분위기를 이끌기에 어지간한 배경 지식이 없는 사람이라면 완독하기가 쉽지 않다.

실상 이론적 복잡성은 정동을 둘러싸고 펼쳐지는 거의 모든 담론에서 동일하게 발생하는 난점이다. 스피노자와 들뢰즈를 철학적 근간으로 삼아 구축된 정동의 논리는 근대 사상의 범주 바깥에서 틈입해 들어온 낯선 사유의 운동이며, 따라서 교과서가 가르치는 대개의 근대 철학적 범주에는 생소할 수밖에 없는 문맥들로 짜여 있다. 이를 개념화하려는 고육지책에서인지 마수미는 여러 가지 신조어들을 '남발'하는데, 예를 들어 '존재력'ontopower이나 '내-형성'in-formed, '내-태세'in-bracing, '맨 활동'bare activity, '권능화 제약'enabling constraints, '바이오그램'biogram, '즉접'immediation 등은 한국어 번역만 들어도 주눅이 들 만큼 생경한 단어들이다.[2] 물론 새로운 개념을 예전의 언어로 설명하는 일에는 의미론적 축소가 동반되기 때문에 새로운 용어를 창조하는 모험은 불가피할 수도 있다. 하지만 정동이 진정 발본적인 개념으로 도입되려면, 그 의미와 논리가 이론적 유효성뿐 아니라 직관적 타당성도 갖추어야 할 것이다. 번역자 또한 이런 점들을 염두에 둔 듯 상당한 분량의 옮긴이 해제를 덧붙여 놓음으로써 대담 전체의 맥락과 요점 및 용어해설을 시도하는 형편이다. 그러니 우리는 정동정치의 전반적인 이미지를 그려 봄으로써 대략적인 이해를 도모해 보도록 하자.

　　마수미가 제시하는 정동의 스피노자적 기원이란 『에티카』*Ethica*, 1677

2　번역어 '정동'을 채택하여 스피노자-들뢰즈적 해석의 기반을 마련하는 작업은 한국의 자율주의 그룹인 '다중지성의 정원'(다지원)과 그 출판사인 갈무리에서 이루어지고 있다. 조성훈은 『정동정치』 이외에도 마수미의 『가상계』(2011; *Parables for the Virtual: Movement, Affect, Sensation*, 2002)를 번역하고, 『들뢰즈의 잠재론』(2010)과 『들뢰즈의 씨네마톨로지』(2012)를 집필함으로써 논의의 한 축을 조성하는 중이다. 들뢰즈 등의 『비물질노동과 다중』(서창현 외 옮김, 2005), 마수미 등의 『정동 이론』(최성희 외 옮김, 2015)과 『가상과 사건』(정유경 옮김, 2016)도 갈무리에서 나왔다. 동일 역자나 출판사가 같은 계열의 저작들을 번역·출간하는 일은 용어와 맥락의 일관성을 가질 수는 있으나, 일반적 통용성 면에서는 약점이 될 수도 있음을 지적해 두자.

의 제3부 정의 3에 나타난 "정동이란 신체의 변용으로 이해되는바, 이 변용을 통해 신체의 활동능력은 증가하거나 감소하고, 촉진되거나 저해된다"라는 진술에 있다. 이를 마수미는 "정동하고 정동되는to affect and be affected 힘"이라 요약하는 데(12쪽), 들뢰즈에 따르면 그것은 곧 이행하는 힘에 대한 사유라 할 만하다(31, 83쪽). 정동은 구체적 형태나 모양을 갖춘 실체로서 존재하는 무엇이 아니라 대상들 사이의 관계를 통해서만 드러나고, 그 관계 속에서 사건적으로 발생하는 힘의 변용affection이라는 뜻이다. 이 책에는 더 이상 구체적인 예시가 없으니, 들뢰즈가 1978년 뱅센 대학에서 강연한 내용을 사례로 들어 보겠다. 저기 멀찍이서 사람의 그림자가 어른거린다. 그게 누구인지, 행색을 보고 얼굴을 인지하기도 전에 나는 퍼뜩 그가 피에르란 낌새를 채고 대충 고개를 끄덕인 채 재빨리 지나간다. 피에르는 '재수없는 녀석'인 탓이다. 반면 다른 어딘가에서는 누군가를 마주치자마자 저도 모르게 미소부터 짓는다. '다정한 벗' 폴이기 때문이다. 사리를 추구하며 우호적으로 반응할지, 혹은 적대적으로 반응할지 계산하기 이전에 무의식적으로 맺는 관계가 바로 '정동하고 정동되는' 관계다. 여기서는 마치 본능처럼, 즉흥적으로 수행되는 행동과 태도가 연속적으로 펼쳐진다. 당연하게도, 나의 이런 모습은 피에르나 폴에게 영향을 끼쳐 그들이 나에 대해 취하는 반응으로 되돌아올 것이다. 다른 모든 사람들도 피에르나 폴과 유사한 관계를 맺을 수 있겠지만, 두 사람에 대한 태도와 행동은 필경 저마다 다를 것이다. 이와 같은 차이의 관계들, 사람마다 그리고 같은 사람을 대할 때조차 시시때때로 변화할 수밖에 없는 관계들을 우리는 이행하는 정동의 풍경이라 부를 수 있다.

그렇다면 정동은 인간관계의 심리학에 해당되는 비정치적 관심사일까? 혹은 비합리적인 정서에 관련된 일상 경험의 사안인가? 정동이 화두로 제시된 이래 그런 물음들이 너무 자주 쏟아져 나왔는지, 이 책의 말미에는 '자주 묻는 질문'에 대한 답변이 제공되어 있다. 그중 몇 가지를 참조하면서 정동정치의 함의를 파악해 보자. 일단 정동은 심리학적이기보다는 동물행동학적ethological 고찰의 대상이고, 근본적으로 사회적인 동시에 정치적인 문제이다. 알다시피 사회는 항상적인 재구조화와 자기-구조화를 통해 이루어지는 관계들의 구성체다. '토대'로 정식화되는 물질적 관계도 이에 포함되지만, 무엇보다도 인간의 사유와 행위로 구축되는 집합적 관계가 중요하다(전자는 후자에 연동되며 상호 촉발적이다). '인지적'으로 형성되고 작동하는 이 관계는 인간과 인간, 인간과 사물, 사물과 사물 사이의 다양한 관계들이 중첩되어 만들어지는 '초개체적'trans-individual인 '사이'의 '생성'이라는 사건성을 표현하기 때문이다(146~147쪽). 사건이란 정동하고 정동되는 이행의 현실을 지시하는 바, 물리적 접착 없이도 만들어지고 유지되며 변환되는 힘의 결합관계에 다름 아니다.

들뢰즈와 가타리가 『철학이란 무엇인가?』*Qu'est-ce que la philosophie?*, 1991에서 언급한 돌담을 예거해 보자. 시멘트를 한 층씩 발라서 만든 벽돌담과 달리 울퉁불퉁한 돌멩이들로 쌓아 올린 돌담은 아슬아슬하게 서 있다. 난폭한 바람에도 돌담이 지탱되는 이유는, 역설적이게도 그것이 단단하게 접착되어 있지 않기 때문이다. 분명 하나의 벽을 형성한다는 점에서 돌담은 일관성을 갖지만, 그 일관성은 여러 방향으로 분기된 힘들이 절묘하게 성립시킨 평형의 효과이다.[3] 이렇게 구심력과 원심력이 맞물려 획득한 차이적 균형을 마수미는 정동적 조율이라 부른다(94, 174~177

---

3 Gilles Deleuze and Félix Guattari, *What Is Philosophy?*, trans. H. Tomlinson and G. Burchell, New York: Columbia University Press, 1994, pp. 22~23.

쪽). 사회는 법과 제도, 계급의 피라미드를 견고하게 쌓아 올린 것이 아니라 갖가지 구성 요소들이 불균등하게 어울려 역설적인 평형에 도달한 (비)가시적 구성체이며, 그 원리가 바로 정동적 조율이란 뜻이다. 언제든 이러한 조율이 깨진다면 혁명과 같은 변혁적 사태가 야기되겠지만, 사회의 형태적 구조가 유지되는 한 우리는 거기서 비가시적 정동이 일정한 조율관계를 이루었다고 짐작해 볼 수 있다(135~136쪽).

이러한 과정은 그 자체로 정치적이다. 랑시에르를 참조하자면, 정치적인 것이란 제도나 법, 규범이 아니라 불투명하고 불일치하는 관계로부터 생겨나는 감각의 분배와 전환을 뜻한다.[4] 존재하는 것들이 정동적 조율을 벗어나 또 다른 정동적 관계로 이행해 갈 때, 거기서 현존하는 정치는 비틀려 파열을 맞이하고 새로운 정치성의 무대가 열리게 된다. 이는 '유사-공공영역'이라 부를 만한 장으로서(197쪽), 공적인 것과 사적인 것, 개인과 집단, 정치와 비정치의 공식적 경계가 허물어지고 다른 방식으로 절합하는 과정이 일어나는 현장이다. 우리가 '실패'라는 말로 지시하는 사태는 실상 그 같은 정동적 생성을 의미한다. "왜냐하면 실패는 사건을 알 수 없는 것 쪽으로 해방시켜서, 사건을 통해 목전에 있는 조건들의 재조율을 초래하기 때문"이다(200쪽). 따라서 정동은 언제나 정치적인데, "본질적으로 자유롭거나 진보적인" 것도 "파시즘적인" 것도 아니라 얼마든지 혁명적인 동시에 파시즘적으로 흘러갈 수 있는 힘의 유동인 까닭이다(156, 296쪽). 무의식적 욕망과 미시파시즘에 대한 들뢰즈·가타리의 분석을 연상시키는 대목이다. 정동은 "모든 사건의 어떤 차원"으

---

4 Jacques Rancière, *The Politics of Aesthetics: The Distribution of the Sensible*, trans. G. Rockhill, London: Continuum, 2004, p. 13.

로서(82쪽), "우리가 정동 안에 있는 것이지 정동이 우리 안에 있는 게 아니"라는 것(186쪽). 어떤 방식으로 흐르고 넘치는가에 따라 자유와 진보를 위해서도, 폭력적 억압을 위해서도 복무할 수 있는 눈먼 힘의 이름이 정동인 셈이다.

정동을 일반적인 합리성의 잣대로 판단해서는 안 되지만, 반대로 비합리적인 맹목이라 부르는 것도 곤란하다. 여기에는 근대적 이성을 넘어서는 비근대적이고 반근대적인 합리성 이상의 것이 존재한다. 부모는 아이가 자폐증이 아닌지 의심한다. '정상적'으로 자라던 아이가 점차 말을 잃고, 이해할 수 없는 행동을 보이기 때문이다. 불안이나 시선기피, 어른이 지시하는 대상에 무관심한 양상 등은 의학적인 치료를 요구하는 심각한 병증으로 간주된다. 의사는 단언한다. "이 아이는 공감 능력이 없고 소통 능력도 부족하군요. 죄송합니다만 아이는 장애를 벗어나지 못할 것입니다." 하지만 어른들은 아이가 마주친 다른 관계들을 못 보고 있을 뿐이다. 그것은 "완전히 생태학적이고 비인간-중심적인" 관계이다. 아이는 진료실에서 "마술처럼 빛이 거울에 반사되고, 거울은 다시 벽으로 반사된 모습을" 보았다. "커튼이 빛과 상호작용하는 모습과 문이 그것을 반사하는 모습, 그리고 이 모든 것이 방 전체와 아이의 관계 그리고 아이와 방 전체의 관계에 정동을 촉발했던 모습"에 매료되었기에 의사의 말에 반응하지 않았던 것이다(189~190쪽). '자폐증'이란 틀에 박힌 일상을 거부한 아이에게 내려진 어른들의 처벌에 불과하다. 아이는 소통 능력이 부족한 것도, 공감 능력이 결여된 것도 아니다. 오히려 "과잉-관계성"에 충만해 있는데, 이는 아이가 인간적 현실 너머의 비인간적인 세계조차 지각하고 반응할 수 있는 정동에 열려 있기에 가능한 일이다. 그것은 전적으로 객관적인 사건이며, "새로운 인간"을 낳는 "새로운 합리성"의 문제라 할 수 있다(136쪽).

정동정치란 근대 사회의 인간중심적 논리와 이데올로기적 지배관계, 물질과 정신의 순진한 이원론을 극복하여 새로운 방식으로 세계의 변화를 인지하고 조형하기 위한 활동이다. 이 점에서 매닝은 정동정치가 자연과 문화의 근대적 분리를 넘어서고 인간과 비인간의 경계조차 허무는 "실천의 생태학"임을 설파한다(208쪽). 인간이 아니라 정동적 조율을 통해 작동하는 사건만이 이 세계의 운명을 변형시킬 것이다. 인간의 자유가 아니라 정동의 자유, 특정한 조건들의 연속을 통해 발생하는 정동의 사건들만이 유일하게 실재적이다. 이를 긍정할 때 비로소 우리 또한 궁극적으로 자유로울 수 있다.

3. Whither Affect? ― 논쟁과 결과들

정동을 두고 벌어진 논란 가운데 대표적인 것 두 가지만 예시한다면, 번역어와 개념적 의미에 대한 입장 차이를 꼽을 만하다. 우선 '정동'이라는 번역은 과연 적절한가? 내가 알기로 현재 인문사회과학에서 'affect'의 역어는 세 가지로 나뉜다. 첫번째는 '정동'으로서 정서나 감정 등의 '느낌'을 나타내는 '정'情을 공유하면서도 그 이행을 표시하는 '동'動을 사용하여 의미론적 충실성을 갖추고 있다. 하지만 역시 생소한 어감은 어쩔 수 없어서 대중적으로는 크게 호응을 받지 못한다는 단점을 갖는다. 두번째는 '정서'情緒인데 정동이 갖는 이질감을 훨씬 친근하게 바꾸어 주고 의미상으로도 충분한 포괄성을 지닌다는 장점이 있다. 가령 '대중의 정서'라는 표현을 쓸 때, 여기에는 대중이 갖는 의식적인 판단뿐만 아니라 무의식적인 경향성도 포함되므로 'affect'가 지시하는 의미론적 스펙트

럼이 잘 포착되어 있다. 그러나 너무 일상적인 용어이기에 이전과는 다른 논의의 지형을 구축할 만한 개념적 파괴력이 구현될 수 있을지 의심스럽다. 세번째는 '감응'感應이다. 이는 직관적인 이해의 깊이와 넓이를 두루 포괄하며, '느끼고 호응한다'는 의미에서 이행을 통해 생겨나는 상호 변용의 과정성을 잘 나타내는 단어이다. 하지만 이 역시 충분해 보이지는 않는데, 서양철학의 번역어로서 감응이라는 어감이 별반 익숙하지도 않고 지나치게 소수적으로만 사용되는 탓이다. 이런 이유들로 현재 지식사회에서 통용되는 'affect'의 다수적 번역어는 아직까지는 정동이지만, 향후 사유의 지평을 더 멀리 밀어 가기 위해서는 지난한 논의가 계속되어야 할 듯싶다.

번역 논쟁보다 정동의 개념적 운명을 더욱 치명적으로 뒤흔드는 비판은 그 '노림수'가 무엇이냐는 이론적 공박에 있다. 정동이 진정 인문사회과학이 앞으로 나아가야 할 침로를 개척하는 개념이라면 우리가 훨씬 주의 깊게 눈여겨보아야 할 부분은 여기다. 비판의 맥락을 간단히 정리하면서 정동에 관련된 논의의 향방을 점쳐 보도록 하자.

감정은 온전히 인간의 것이지만 정동은 인간을 초과하고 인간을 앞서며, 인간을 초월하는 대기와 같다. 마수미는 우리의 생명과 신체를 정동이 드나들면서 변용의 충격을 생산해 내는 "공명상자"에 비유한다(173쪽). 정동은 대상에 대해 나-주체가 느끼는 주관적인 느낌이 아니라 내 바깥에서 유동하는 객관적인 힘이기 때문이다. 그래서 인간은 감정의 동물이지만, 인간을 포함한 동물과 사물은 정동적 존재라 할 수 있다. 쉽게 말해, 감정보다 정동의 범위가 더욱 크다. 요컨대 정동이 움직이는 장은 인간적인 것과 비인간적인 것이 공동으로 구성하는 "생태환경"인 셈이다(219쪽). 자연은 이 같은 정동적 장에 대한 근사한 유비일지 모른다.

예술과 사회 등 온갖 문화적인 것은 자연으로부터 파생된 결과이고, 자연이라는 환경에 둘러싸여서만 존속할 수 있다. 생명이자 삶인 자연의 근본성.[5] 화이트헤드에 기대면서 마수미는 "몸은 무엇을 할 수 있는가?"라는 질문에 대한 답은 생명의 자기 초월적 능력에 있노라고 단언한다 (263~264쪽).

이른바 '정동적 전환'은 20세기의 언어적 전환과 대칭적으로 수립된 명제이다. 소쉬르와 구조주의를 통해 이론적 자양분을 흡수한 라캉에 따르면 우리는 언어 없이 이 세계와 사물의 질서를 인식할 수 없다. 언어로 구성된 상징계는 곧 문화의 기초이며, 오직 문화적 프리즘을 통해서만 우리는 비문화적인 것 즉 자연을 알아보게 된다. 이는 언어가 차이의 체계라는 20세기 사상의 출발점에서부터 전제된 공리로서, 인식의 대상이란 우리가 이미 아는 것, 다시 말해 상징계에 포함되어 있는 것이란 사실을 가리킨다. 순수한 자연, 인식과 논리 바깥의 실재는 그 자체로 우리 앞에 나타나지 않는다. 언어를 포함한 문화 일반이 자연으로부터 탄생하는 게 아니라 거꾸로 문화가 자연을 산출하는 것이다. 문화적인 모든 것의 '이전'과 '외부'를 상정하는 정동 이론은 사회적 구성주의를 '생물학주의'로 복귀시키려는 시도가 아닐까? 그로써 기원에 대한 신화로 돌아가려는 '심리학주의'는 아닌가?[6] 정동의 철학이 자연 본질주의적인 발상에 은근히 의탁한다는 의심은 전혀 근거가 없는 게 아니다.

실제로 정동 이론의 주창자인 마수미는 "삶의 필연적 과정"으로서

---

5 "자연이 담론으로 구성되었다고 해서 반드시 담론 안에 있다는 말은 아니다." 브라이언 마수미, 『가상계』, 조성훈 옮김, 갈무리, 2011, 74쪽.

6 최원, 「'정동 이론' 비판」, 『라캉 또는 알튀세르』, 난장, 2016, 434~435쪽.

정동적 장에의 참여를 강조하며(254쪽), 그 과정이 "논리적 운용이 아니라 생명의 운용"으로서 "살아 있는 사건의 차원으로 살아진 것"이라 확언한다(278쪽). 삶 전체가 정동적 활동이며 정동이 곧 삶이란 점을 강조하는 진술이지만, 그럼으로써 정동이 어쩐지 만병통치약인 양 취급받는 느낌을 지울 수 없다. 이렇게 삶과 동일시된 정동은 자연 그 자체가 그러하듯 우리의 문화적 현실 전부를 지탱하는 원천으로 간주된다. 정동 이론의 노림수가 '문화에서 자연으로'라는 현대적 사유를 '자연에서 문화로'라는 역방향으로 전치시키는 데 있다는 의혹은 더욱 증폭될 수밖에 없다. 하지만 이 비판이 나름의 논거를 갖고 있음을 인정하는 것과는 별개로, 여기에는 상당한 오해가 있는 듯하다. 지성사적으로 정동이 부각된 이유는 자연과 생명 같은 기원 혹은 본질이 필요하기 때문이 아니었다. 탈근대의 조류와 어울려, 정동은 비가시적인 것의 타자성과 외부성에 주목하고 그에 접속하기 위해 안출된 '개념적 창안'에 가깝다. 핵심은 '접속'에 있다.

레비나스에 의해 천명된 타자의 철학은 주체의 외부에 있는 타자를 절대적인 존재로 격상시켜 감히 '범접할 수 없는' 초월성을 부여하는 실수를 저질렀다. 예컨대 타자는 '고아이자 과부'로서 나-주체의 동정과 연민의 대상이지만, 동시에 '신과 닮은' 존재로서 어떠한 접촉의 가능성으로부터도 차단되어 있다.[7] 전자는 그 유명한 얼굴론이며, 후자는 근대의 주체중심주의로부터 타자를 보호하기 위한 이론적 차폐막에 다름 아

---

7 에마뉘엘 레비나스, 『시간과 타자』, 강영안 옮김, 문예출판사, 1996, 101쪽: Jacques Derrida, *Writing and Difference*, trans. A. Bass, Chicago: The University of Chicago Press, 1978, p. 108.

니다. 어쩌면 이로써 타자는 폭력적인 근대로부터 평온을 찾을지 모르지만, 우리는 타자와 아무것도 함께 할 수 없는 완전한 분리 상태에 놓이고 만다.[8] 주체와 타자 사이의 절단선, 시멘트를 꾹꾹 발라서 단단히 결착시켜 놓은 금지의 벽이 문제다. 이로써 명석판명을 자랑하는 근대적 관념으로서 주체와 타자는 혼성 불가능한 개념적 정체성을 확보할 수는 있어도 주인과 노예의 인정투쟁을 벗어날 수는 없게 된다. 제아무리 도덕적인 타자철학이라 할지라도, 그것은 재도입된 초월성이자 더 높은 관념적 장벽의 축성술에 지나지 않는다. 비가시적 사건성, 곧 정동적 관계가 요청되는 지점이 이곳이다. 접착제가 사용되지 않은 돌담은 단지 돌과 돌 사이의 장력만으로 지탱되는 게 아니다. 구멍 사이사이로 넘나드는 바람 또한 담벽의 평형을 이루는 요소로서 작용하기 때문이다. 각각의 개체인 돌과 바람은 서로에게 타자이지만, 보이지 않는 관계를 맺음으로써 정동적 힘의 장을 형성하게 된다. 접속의 일반적 가능성이 여기에 있다.

타자성 혹은 외부성은 초월성과 다르다. 그것은 내재적인 이웃관계이며, 사건의 지형 위에 놓인 잠재적 요소들이다. 외따로 떨어져 있을 때는 아무런 의미도 발생시키지 않는 전적인 타자들이지만, 마치 "해부대 위에서 우연히 만난 재봉틀과 우산"처럼[9] 일단 이웃관계에 놓이게 되면 언제든 시화詩化할 수 있는 잠재적 의미 생성기로서 그것들은 현존한다. 의미란 그와 같은 이웃관계의 배치로부터 우연하게 파생되는 사건의 효과다. 동일자들끼리의 만남은 무차별한 합성을 이루지만, 타자들 사이의 만남은 충돌과 협상, 변주와 변형, n개의 의미 생산적 이행으로 이어

---

8 최진석, 「코뮨주의와 타자」, 고병권·이진경 외, 『코뮨주의 선언』, 교양인, 2007, 246~248쪽.
9 로트레아몽, 『말도로르의 노래』, 황현산 옮김, 문학동네, 2018, 248쪽.

진다. 그러므로 정동 이론은 자연이든 생명이든 혹은 삶이든, 기원이나 본질에 대한 회귀적 반동을 지향하지 않는다. 거꾸로 그것은 사건의 지속에 강제된다는 점에서 미-래futurity, future to-come를 향해 달려 나간다 (227쪽). 인과적 순차성으로서의 미래가 아니라 절단적 순간들의 접속으로서 미-래는 목적지를 갖지 않는다. 미-래 자체가 정동이 사건 속에서 응결되어 나타나는 결과이기 때문이다.

푸코가 지적했듯 사물을 명석판명한 범주의 체계로 분할하고, 기호들의 차이를 통해 배치하는 근대성은 철저히 가시성의 논리에 입각해 있다. 정동은 보이지 않던 것, 현실 가운데 실현되지 않던 것들을 가시화하고 감각화하는 감수성의 촉발에 다름 아니다. 시쳇말로 '느낌적 느낌'이라고도 할 만한 그것은 법과 제도로 충분히 개념화하기 이전의 불분명한 기분 속에서 성장하며, 누구나 지각하지만 명료히 언어로 싣지 못하는 감성의 미분화된 상태로 주어져 있다. 요 몇 년간 여성과 소수자, 외국인에 대한 혐오를 공론장으로 끌어올리기 위해 분투하는 우리는 바로 그 같은 '느낌적 느낌'이 허상이 아님을, 실재하는 힘이란 사실을 잘 알고 있다. 정동이 정말 실존하는지, 의미 있는 실체인지, 정동정치가 과연 실제적인지 반문하는 이들보다 앞서 정동이 펼쳐 놓는 현실의 운동이 엄존하는 것이다.

정동은 믿음의 문제가 아니다(155쪽). 단지 믿고 말고가 관건이라면 '유리천장'을 철폐하라는 주장은 그저 일면의 주장으로 강등될 것이다. 믿을 수 없다고 강변하는 사람들을 설득하는 것은 무익한 노릇이기 때문이다. 하지만 차별과 거부, 혐오의 정동은 공식적인 언어와 관념으로 포장되진 않았어도, 지금 여기서 대중의 생각과 행동을 추동하는 객관적 폭력임이 분명하다. 정동은 그것이 문제화되기 이전에도 작동하는 힘이었고, 지금도 그러하며, 앞으로도 다르지 않을 것이다. 그렇기에 오늘날 다시 돌아오고 있는 맑스의 유령처럼, 우리는 정동이 생성하는 사건들에 언제나 휘말려 또 다른 미-래로 끌려갈 수밖에 없다. 그것이 정동과 우리의 공-동적共-動的 운명이다.

출전

이 책에 실린 대부분의 글은 여러 지면에서 발표되었던 원고를 전면적으로 수정한 것이다.

1장 「감응의 이미지」
　『Position』 2017년 겨울호와 『문학동네』 2017년 봄호에 부분적으로 게재되었다.
2장 「아나키와 문화」
　『교양학연구』 2017년 제5호에 처음 게재되었다.
3장 「우리 시대의 욕망과 분열분석」
　『문학동네』 2017년 봄호에 처음 게재되었다.
4장 「진보에 대한 반(反)시대적 고찰」
　『서정시학』 2017년 가을호에 처음 게재되었다.
5장 「혁명과 반복, 혹은 마음의 정치학」
　『진보평론』 2017년 봄호에 처음 게재되었다.
6장 「프롤레타리아 문화는 불가능한가?」
　『슬라브연구』 2017년 제33권 제3호에 처음 게재되었다.
7장 「'새로운 인간'과 무의식의 혁명」
　『마르크스주의 연구』 2015년 제12권 제4호에 처음 게재되었다.
8장 「건축이냐 혁명이냐?」
　『러시아 연구』 2016년 제26권 제2호에 처음 게재되었다.
9장 「분열적 감응의 미시정치학」
　『신생』 2016년 여름호에 처음 게재되었다.
10장 「도래할 코뮨, 또는 '가장 작은 것'과의 연대」
　『혁명과 이행』(한울, 2017)에 처음 게재되었다.
11장 「공동체에서 공-동체로」
　『황해문화』 2013년 가을호에 처음 게재되었다.
보론 「'정동'은 우리를 어디로 인도할 것인가?」
　『문학동네』 2018년 겨울호에 게재되었다.

참고문헌

Aleshkin, Petr & Jurij Vasil'ev, *Krest'janskaja vojna za Sovety protiv kommunistov* (1918-1922 gg.), Izdatel'skie reshenija, 2016[『공산주의자들에 대항하여 소비에트를 방어하기 위한 농민들의 전쟁(1918-1922)』].

Althusser, Louis, *Politics and History*, New Left Books, 1972.

Attwood, Lynne & Catriona Kelly, "Programmes for Identity: The 'New man' and the 'New Woman'", C. Kelly & D. Shepherd(ed.), *Constructing Russian Culture in the Age of Revolution: 1881-1940*, Oxford University Press, 1998.

Avrich, Paul, *Kronstadt 1921*, Princeton University Press, 1991.

Bakhtin, Mikhail, "K filosofii postupka", *Sobranie sochinenij*, T. 1[「행위의 철학을 향하여」, 『저작집 1』], M., 2003.

Barnett, Vincent, "The Russian Obshchina as an Economic Institution", *Journal of Economic Issues*, 38(4), 2004.

Biggart, John, et al., *Bogdanov and His Work*, Ashgate, 1998.

Bogdanov, Aleksandr, *Empiriomonizm*, Respublika, 2003[『경험일원론』].

_____, *Filosofija zhivogo opyta*, 2-e, Pb., 1914[『살아 있는 경험의 철학』].

_____, *Kul'turnye zadachi nashego vremeni*, 1911[『우리 시대의 문화적 과제들』].

_____, *Novyj mir / Voprosy sotsializma*, M., 2014[『새로운 세계 / 사회주의의 제문제』].

_____, *Padenie velikogo fetishizma*, M.: Krasand, 2010[『거대한 물신주의의 몰락』].

_____, "1918", *O proletarskoj kul'ture*, Kniga, 1925[「1918」, 『프롤레타리아 문화에 관하여』].

Chamberlain, Lesley, *Lenin's Private War. The Voyage of the Philosophy Steamer and the Exile of the Intelligentsia*, St. Martin's Press, 2006(Picador, 2008).

Claudin-Urondo, Carmen, *Lenin and the Cultural Revolution*, The Harvester Press, 1977.

Cooke, Catherine, "'Form is a Fuction X': The Development of the Constructivist Architect's Design Method", C. Cooke(ed.), *Russian Avant-Garde Art and*

Architecture, St Martins Pr, 1984.

Deleuze, Gilles, *The Logic of Sense*, trans. Mark Lester, The Athlone Press, 1993.

Deleuze, Gilles & Félix Guattari, *A Thousand Plateaus. Capitalism and Schizophrenia,* trans. B. Massumi, University of Minnesota Press, 2002.

_____, *L'Anti-Œdipe: Capitalisme et Schizophrénie*, Les Éditions de Minuit, 1972.

_____, *What Is Philosophy?*, trans. H. Tomlinson and G. Burchell, New York: Columbia University Press, 1994.

Derrida, Jacques, *Writing and Difference*, trans. A. Bass, Chicago: The University of Chicago Press, 1978.

Draper, Hal, "Marx and the Dictatorship of Proletariat", Bob Jessop & Russel Wheatley(ed), *Karl Marx's Social and Political Thoughts: Critical Assessment III*, Routledge, 1999.

Etkind, Alexander, *Eros of the Impossible*, trans. by Noah & Maria Rubins, Westview Press, 1997.

Farber, Samuel, *Before Stalinism. The Rise and Fall of Soviet Democracy*, Polity Press, 1990.

Fer, Briony, "The Language of Construction", D. Batchelor et al.(ed.), *Realism, Rationalism, Surrealism: Art Between the Wars*, Yale University Press, 1993.

Fitzpatrick, Sheila(ed.), *Cultural Revolution in Russia*, Bloomington, 1978.

Fitzpatrick, Sheila, *Tear Off the Masks! Identity and Imposture in Twentieth-Century Russia*, Princeton University Press, 2005.

_____, *The Commissariat of Enlightenment. Soviet Organization of Education and the Arts under Lunacharsky*, Cambridge University Press, 1970.

_____, *The Cultural Front. Power and Culture in Revolutionary Russia*, Cornell University Press, 1992.

_____, "Class, Culture and Politics in the Early Soviet Years", *Slavic Review*, Vol. 47, No. 4, 1988.

_____, "Cultural Revolution as Class War", *Cultural Revolution in Russia, 1928-1931*, Indiana University Press, 1984.

Foucault, Michel, *The Archaeology of Knowledge*, Tavistock Publications, 1972.

Getzler, Israel, *Kronstadt 1917-1921. The Fate of a Soviet Democracy*, Cambridge University Press, 1983.

Gough, Maria, *The Artist as Producer. Russian Constructivism in Revolution*,

University of California Press, 2005.

Groys, Boris, *Iskusstvo utopii*, Khudozhestvennyj zhurnal, 2003[『유토피아의 예술』].

_____, "O novom," *Utopija i obmen*, Znak, 1993[「새로움에 관하여」, 『유토피아와 교환』].

_____, "the Birth of Socialist Realism from the Spirit of the Russian Avant-Garde", J. Bowlt(ed.), *Laboratory of Dreams. The Russian Avant-Garde and Cultural Experiment*, Stanford: Stanford University Press, 1996.

Gusev, Stanislav(ed.), "Padadoks pozitivizma", *Russkij pozitivizm*, Nauka, 1995[「실증주의의 역설」, 『러시아 실증주의』].

Haimson, Leopold, *The Russian Marxists and the Origins of Bolshevism*, Beacon Press, 1966.

Hegel, Georg, *The Philosophy of History*, trans. J. Sibree, Prometheus Books, 1991.

Hough, Jerry, "The Cultural Revolution and Western Understanding of the Soviet System", S. Fitzpatrick(ed.), *Cultural Revolution in Russia, 1928-1931*, Indiana University Press, 1984.

Kenez, Peter, *The Birth of the Propaganda State: Soviet Methods of Mass Mobilization, 1917-1929*, Cambridge University Press, 1985.

Khan-Magomedov, Selim O., *Moisej Ginzburg*, Arkhitektura-S, 2007.

_____, *Pioneers of Soviet Architecture. The Search for New Solutions in the 1920s and 1930s*, Rizzoli, 1987.

_____, *Suprematizm i arkhitectura*, Arkhitektura-S, 2007[『절대주의와 건축』].

Khmel'nitskij, Dmitrij, *Arkhitektura Stalina. Psikhologija i stil'*, Progress-Traditsija, 2007[『스탈린 건축. 심리학과 스타일』].

Kruzhkov, Nikolaj, *Vysotnye zdanija v Moskve. Fakty iz istorii proektirovanija i stroitel'stva 1947-1956*, Samara: Izdatel'skij dom, 2007.

Kul'seeva, Tat'jana, *Teoreticheskie osnovanija empiriomonizma A.A. Bagdanova*, Dissertation in Ph.D., SPb, 1995[『A. A. 보그다노프 경험일원론의 이론적 기반』].

Lacan, Jacques, *Écrits*, trans. B. Fink, W.W. Norton & Company, 2006.

Lavrent'ev, Aleksandr, *Laboratorija konstruktivizma*, Grant, 2000.

Lejkina-Sivirskaja, Vera, *Intelligentsija v Rossii vo vtoroj polovine XIX veka*, Mysl', 1971[『19세기 후반의 러시아 인텔리겐치아』].

Lenin, "Detskaja bolezn' 'Levizny' v kommunizme", *Sochinenija*, Tom 31, Polizidat, 1950[「공산주의에서의 '좌익' 소아병」(1920), 『저작집』 제31권].

_____, "Dve Taktiki sotsial-demokratii v demokraticheskoj revoljutsii", *Sochinenija*, T. 9, OGIZ, 1947[「민주주의 혁명에서 사회민주주의의 두 가지 전술」, 『저작집』제9권].

_____, "Iz proshlogo rabochej pechati v Rossii"(1914), *Sochinenija*, Tom 20[「러시아 노동자 출판의 지난 역사로부터」, 『저작집』20권].

_____, "Materializm i empiriokrititsizm", *Sochinenija*, T. 14, OGIZ, 1947[「유물론과 경험비판론」, 『저작집』].

_____, "O kooperatsii", *Sochinenija*, Tom 33, Gosudarstvennoe izdatel'stvo politicheskoi literatury, 1951[「협동조합에 관하여」(1923), 『저작집』제33권].

_____, "O proletarskoj kul'ture", *Sochinenija*, Tom 31, OGIZ, 1950[「프롤레타리아 문화에 관하여」, 『저작집』제31권].

_____, "O zadachakh proletariata v dannoj revoljutsii", *Sochinenija*, Tom 24, Gosudarstvennoe izdatel'stvo politicheskoj literatury, 1949[「당면한 혁명에 있어서 프롤레타리아트의 과제에 대하여」(1917, 이른바 '4월 테제'), 『저작집』24권].

_____, "O 'levom' rebjachestve i o melkoburzhuaznosti", *Sochinenija*, Tom 27, Gosudarstvennoe izdatel'stvo politicheskoi literatury, 1950[「'좌익' 소아병과 소부르주아지에 관하여」(1918), 『저작집』제27권].

_____, "Ocherednye zadachi sovetskoj vlasti", *Sochinenija*, Tom 27, Polizidat, 1950[「소비에트 권력의 당면 과제」(1918), 『저작집』제27권].

_____, "Peresmotr agrarnoj programmy rabochej partii"(1906), *Sochinenija*, Tom 10[「[사회민주]노동당의 농업강령에 관한 재검토」, 『저작집』10권].

_____, "Pervonachal'nye variant ctat'i 'Ocherednye zadachi sovetskoj vlasti'", *Polnoe sobranie sochinenija*, Tom 36, Izdatel'stvo politicheskoi literatury, 1974[「소비에트 권력의 당면 과제」 초안」(1918), 『저작집』제36권].

_____, "Sistema Tejlora—poraboshchenie cheloveka mashinoj", *Sochinenija*, Tom 20, Gosudarstvennoe izdatel'stvo politicheskoi literatury, 1948[「테일러 시스템—기계에 대한 인간의 노예화」(1914), 『저작집』제20권].

_____, "Tezis ob Uchreditel'nom sobranii", *Sochinenija*, Tom 26[「헌법제정의회에 관한 테제들」, 『저작집』26권].

Lichtheim, George, *Marxism. An Historical and Critical Study*, Praeger, 1961.

Lodder, Christina, *Russian Constructivism*, Yale University Press, 1987.

Malevich, Kazimir, *Sobranie sochinenij v 5 tomakh*, T.2, Gileja, 1998[『저작선집』].

Mandel, Ernest, *Trotsky as Alternative*, Verso, 1995.

Marx & Engels, *The German Ideology*, Progress Publishers, 1976.

Massumi, Brian, *Parables for the Virtual: Movement, Affect, Sensation*, Duke University Press, 2002.

Mawdsley, Evan, *The Russian Civil War*, Allen & Unwin, 1987.

McLellan, David, *Karl Marx: His Life and Thought*, Palgrave Macmillan, 1973.

Miller, Martin, *Freud and the Bolsheviks*, Yale University Press, 1998.

_____, *Kropotkin*, The University of Chicago Press, 1976.

Naumov, V.(ed.), *Kronshtadt 1921*, Fond Demokratija, 1997.

Paperno, Irina, et al., *Creating Life: The Aesthetic Utopia of Russian Modernism*, Stanford University Press, 1994.

Planametz, John, *German Marxism and Russian Communism*, Prentice Hall Press, 1965.

Plimak, Evgenij, *Lenin's Political Testament*, Progress Publishers, 1988.

Rancière, Jacques, *The Politics of Aesthetics. the Distribution of the Sensible*, trans. G. Rockhill, Continuum, 2004.

Sakwa, Richard, "The Commune State in Moscow in 1918", *Slavic Review*, Vol. 46, No. 3/4(Autumn-Winter, 1987).

Service, *Trotsky. A Biography*, The Belknap Press, 2009.

Sidorina, Elena, *Russkij konstruktivizm: istoki, idei, praktika*, Moskva, 1995[『러시아 구축주의: 원천, 이념, 실천』].

Siegelbaum, Lewis H., *Soviet State and Society between Revolutions, 1918-1929*, Cambridge University Press, 1992.

_____, *Stakhanovism and the Politics of Productivity in the USSR, 1935-1941*, Cambridge University Press, 1988.

Simonov, Konstantin, "Zadachi sovetskoj dramaturgii i teatral'naja kritika", *Novyj mir*, No. 3, 1949[「소비에트 극작술의 과제와 연극비평」, 『신세계』].

Sochor, Zenovia A., *Revolutions and Culture. The Bogdanov-Lenin Controversy*, Cornell University Press, 1988.

Spinoza, *Political Treatise*, trans. S. Shirley, Hackett Publishing Company, Inc., 2000.

_____, *The Collected Works of Spinoza I*, trans. E. Curley, Princeton University Press, 1988.

_____, "Ethics", *The Collected Works of Spinoza*, Vol. 1, trans. Edwin Curley, Princeton University Press, 1988.

Stalin, Iosif, "Marksizm i voprosy jazykoznanija", *Sochinenija*, Tom. 16, Pisatel',

1997[「마르크스주의와 언어학의 문제들」(1950), 『저작집 제16권』].

_____, "O Lenine", *Sochinenija*, Tom. 6, OGIZ. 1947[「레닌에 관하여」(1924), 『저작집 제6권』].

_____, "Organizujte massovuju kritiku snizu", *Sochinenija*, Tom. 11, OGIZ, 1949[「아래로부터의 비판을 조직하시오」(1928), 『저작집 제11권』].

_____, "Po povodu smerti Lenina", *Sochinenija*, Tom. 6, OGIZ, 1947[「레닌의 죽음에 관하여」(1924), 『저작집 제6권』].

_____, *The Essential Stalin. Major Theoretical Writings 1905-52*, Croom Helm, 1973.

Synyavsky, Andrei, *Soviet Civilization. A Cultural History*, Arcade Publishing, 1990.

Trotsky, Lev, *Literatura i revoljutsija*, Izdatel'stvo politicheskoj literatury, 1991[『문학과 혁명』(1923)].

_____, *Problemy kul'tury. Kul'tura perekhodnogo perioda*, Kniga po Trebovaniyu, 2012[『문화의 문제들. 이행기의 문화』(1927)].

_____, *Problems of Everyday Life*, Pathfinder, 1973.

_____, *The Russian Revolution*, Doubleday Anchor Books, 1959.

_____, *Trotsky's Notebooks, 1933-1935*, P. Pomper(ed. & trans.), Columbia University Press, 1998.

_____, *Women and the Family*, Pathfinder, 1986.

Williams, Raymond, *Marxism and Literature*, Oxford University Press, 1977.

가라타니 고진, 『은유로서의 건축』, 김재희 옮김, 한나래, 1999.

가타리, 펠릭스, 『분자혁명』, 윤수종 옮김, 푸른숲, 1998.

강준만, 『감정독재』, 인물과사상사, 2013.

_____, 『박근혜의 권력중독: '의전 대통령'의 재앙』, 인물과사상사, 2016.

_____, 『싸가지 없는 진보』, 인물과사상사, 2014.

고미숙, 『아무도 기획하지 않은 자유』, 휴머니스트, 2004.

권세은, 『'Soviet'의 비판적 고찰: 프롤레타리아 독재의 러시아적 권력형태와 적용의 한계』, 경희대 석사학위 논문, 1993.

그레이, 캐밀러, 『위대한 실험. 러시아 미술 1863-1922』, 전혜숙 옮김, 시공사, 2001.

그레이버, 데이비드, 『우리만 모르는 민주주의』, 정호영 옮김, 이책, 2015.

기계형, 「1920년대 소비에트러시아의 사회주의 건축 실험: 구성주의 건축가 모이세이 긴즈부르크와 '코뮌의 집'」, 『러시아연구』 23(2), 2013.

김상봉, 『호모 에티쿠스. 윤리적 인간의 탄생』, 한길사, 1999.

김어준, 『닥치고 정치』, 푸른숲, 2011.

김종욱 외, 『박근혜 현상. 진보논객, 대중 속의 박근혜를 해명하다』, 위즈덤하우스, 2010.

김헌태, 『분노한 대중의 사회』, 후마니타스, 2009.

김홍중, 『마음의 사회학』, 문학동네, 2009,

_____, 『사회학적 파상력』, 문학동네, 2016.

나이첼, 죙케 외, 『나치의 병사들. 평범했던 그들은 어떻게 괴물이 되었나』, 김태희 옮김,
　　　민음사, 2015.

낭시, 장-뤽, 『무위의 공동체』, 박준상 옮김, 인간사랑, 2010.

노르베르그-슐츠, 크리스티안, 『서양건축의 본질적 의미』, 정영수 외 옮김, 세진사, 1987.

노명식, 『프랑스 혁명에서 파리 코뮌까지, 1789-1871』, 책과함께, 2011.

니체, 프리드리히, 『선악의 저편 · 도덕의 계보』, 김정현 옮김, 책세상, 2002.

다카시 후지타니, 『화려한 군주 : 근대 일본의 권력과 국가의례』, 한석정 옮김, 이산,
　　　2003.

도미야마 이치로, 『전장의 기억』, 임성모 옮김, 이산, 2002.

_____, 『폭력의 예감』, 손지연 외 옮김, 그린비, 2009.

도이처, 아이작, 『비무장의 예언자 트로츠키. 1921-1929』, 한지영 옮김, 필맥, 2007.

드보르, 기, 『스펙타클의 사회』, 이경숙 옮김, 현실문화연구, 1996.

들뢰즈, 질, 「정동(affect)이란 무엇인가?」, 질 들뢰즈 외, 『비물질노동과 다중』, 서창현 외
　　　옮김, 갈무리, 2005.

_____, 『스피노자의 철학』, 박기순 옮김, 민음사, 1999.

_____, 『푸코』, 허경 옮김, 동문선, 2003.

라이히, 빌헬름, 『파시즘의 대중심리』, 황선길 옮김, 그린비, 2006.

라캉, 자크, 『세미나 11. 정신분석의 네 가지 근본 개념』, 맹정현 외 옮김, 새물결, 2008.

라클라우, 에르네스토 · 샹탈 무페, 『헤게모니와 사회주의 전략』, 이승원 옮김, 후마니타
　　　스, 2012.

라포포트, 아모스, 『주거형태와 문화』, 이규목 옮김, 열화당, 1985.

랑시에르, 자크, 『미학 안의 불편함』, 주형일 옮김, 인간사랑, 2008.

_____, 『불화. 정치와 철학』, 진태원 옮김, 길, 2015.

_____, 『정치적인 것의 가장자리에서』, 양창렬 옮김, 길, 2013.

랴자놉스키, 니콜라스 · 마크 스타인버그, 『러시아의 역사 (하)』, 조호연 옮김, 까치, 2011.

레닌, 블라디미르, 『국가와 혁명』(1917), 김영철 옮김, 논장, 1988.

_____, 『러시아에 있어서 자본주의의 발전 II』(1899/1908), 김진수 옮김, 태백, 1988.

_____, 『무엇을 할 것인가? 우리 운동의 긴급한 문제』, 김민호 옮김, 백두, 1988.

_____, 『민주주의 혁명에서의 사회민주주의의 두 가지 전술』(1905), 이채욱 외 옮김, 돌베개, 1992.

_____, 『유물론과 경험비판론』, 정광희 옮김, 아침, 1988.

_____, 『프롤레타리아 혁명과 배신자 카우츠키』(1918), 허교진 옮김, 소나무, 1988.

레비나스, 에마뉘엘, 『시간과 타자』, 강영안 옮김, 문예출판사, 1996.

로렌쯔, 리하르트, 『소련 사회사 I. 1917-1945』, 윤근식 외 옮김, 성균관대출판부, 1987.

로트레아몽, 『말도로르의 노래』, 황현산 옮김, 문학동네, 2018.

루소, 장-자크, 『사회계약론(외)』, 이태일 옮김, 범우사, 1990.

_____, 『인간불평등기원론』, 주경복 외 옮김, 책세상, 2003.

르 코르뷔지에, 『건축을 향하여』, 이관석 옮김, 동녘, 2002.

_____, 『도시계획』, 정성현 옮김, 동녘, 2007.

르쿠르, 도미니크 외, 『유물론 반영론 리얼리즘』, 이성훈 편역, 백의, 1995.

리들리, 매트, 『이타적 유전자』, 신좌섭 옮김, 사이언스북스, 2001.

리브만, 마르셀, 『레닌주의 연구』, 안택원 옮김, 미래사, 1985.

리시츠키, 엘, 『세계혁명을 위한 건축』, 김원갑 옮김, 세진사, 2006.

리오타르, 장-프랑수아, 『포스트모던의 조건』, 유정완 외 옮김, 민음사, 1992.

마르크스, 칼, 『자본론 I (하)』, 김수행 옮김, 비봉출판사, 1989.

_____, 『정치경제학 비판을 위하여』, 김호균 옮김, 중원문화, 1988.

마수미, 브라이언, 『가상계』, 조성훈 옮김, 갈무리, 2011.

마야코프스키, 블라디미르 외, 『대중의 취향에 따귀를 때려라』, 김성일 옮김, 책세상, 2005.

맑스, 칼, 「『프랑스에서의 내전』 첫번째 초고」(1871), 『맑스 엥겔스 저작선집 4』, 최인호 외 옮김, 박종철출판사, 1995.

_____, 「고타 강령 초안 비판」(1875), 『맑스 엥겔스 저작선집 4』.

_____, 「프랑스에서의 내전」(1871), 『맑스 엥겔스 저작선집 4』.

_____, 『자본론 I(하)』, 김수행 옮김, 비봉출판사, 1989.

맑스, 칼 · 프리드리히 엥겔스, 「공산주의당 선언」, 『맑스 엥겔스 저작선집 1』, 최인호 외 옮김, 박종철출판사, 1991.

_____, 「독일 이데올로기」, 『맑스 엥겔스 저작선집 1』, 최인호 외 옮김, 박종철출판사, 1991.

_____, 『맑스 엥겔스 저작선집 1』, 최인호 외 옮김, 박종철출판사, 1994.

메드베데프, 로이, 『역사가 판단하게 하라 1』, 황성준 옮김, 새물결, 1991.

모레티, 프랑코, 『세상의 이치』, 성은애 옮김, 문학동네, 2005.

모스, 조지, 『대중의 국민화』, 임지현 외 옮김, 소나무, 2008.

몬티피오리, 사이먼, 『젊은 스탈린』, 김병화 옮김, 시공사, 2015.

밀너, 존, 『타틀린: 문화정치가의 초상화』, 조권섭 옮김, 현실비평연구소, 1996.

밀리반드, 랠프, 「공산주의 정권의 위기에 관한 성찰」, 로빈 블랙번 편저, 『몰락 이후. 공산권의 패배와 사회주의의 미래』, 김영희 외 옮김, 창작과비평사, 1994.

바르트, 롤랑, 『현대의 신화』, 이화여대 기호학연구소 옮김, 동문선, 1997.

바바렛, 잭 엮음, 「서론」, 『감정과 사회학』, 박형신 옮김, 이학사, 2009.

바흐친, 미하일, 『말의 미학』, 김희숙 · 박종소 옮김, 길, 2006.

박근혜, 『절망은 나를 단련시키고 희망은 나를 움직인다』, 위즈덤하우스, 2007.

발리바르, 에티엔, 『민주주의와 독재』, 최인락 옮김, 연구사, 1988.

버틀러, 주디스, 「우리, 인민―집회의 자유에 관한 생각들」, 알랭 바디우 외, 『인민이란 무엇인가』, 서용순 외 옮김, 현실문화, 2014.

벅-모스, 수전, 『꿈의 세계와 파국. 대중 유토피아의 소멸』, 윤일성 외 옮김, 경성대출판부, 2008.

번스타인, 리처드, 『우리는 왜 한나 아렌트를 읽는가』, 김선욱 옮김, 한길사, 2018.

베네볼로, 레오나르도, 『근대도시계획의 기원과 유토피아』, 장성수 외 옮김, 태림문화사, 1996.

베레진, 마벨, 「안전국가: 감정의 정치사회학을 향하여」, 『감정과 사회학』, 박형신 옮김, 이학사, 2009.

베버, 막스, 『'탈주술화' 과정과 근대: 학문, 종교, 정치』, 전성우 옮김, 나남출판, 2002.

벤야민, 발터, 『발터 벤야민 선집 2』, 최성만 옮김, 길, 2009.

봉일범, 『구축실험실』, 스페이스타임, 2002.

부르디외, 피에르, 『언어와 상징권력』, 김현경 옮김, 나남, 2014.

뷔젱, 세바스티앙 외, 「서문. 레닌을 반복하기」, 슬라보예 지젝 외, 『레닌 재장전』, 이현우 외 옮김, 마티, 2010.

비데, 자크 · 제라르 뒤메닐, 『대안 마르크스주의』, 김덕민 옮김, 그린비, 2014.

샤피로, 레오나르드, 『소련공산당사』, 양흥모 옮김, 문학예술사, 1982.

서비스, 로버트, 『스탈린: 공포의 정치학, 권력의 심리학』, 윤길순 옮김, 교양인, 2010.

서영표, 「황무지 위에 선 진보좌파, '무엇'이 되어야 하는가」, 『문화/과학』, 2013년 봄호.

소부울, 알베르, 『프랑스 혁명. 1789-1799』, 전풍자 옮김, 종로서적, 1981.

손봉균 외, 「1920년대 러시아 건축상황에 관한 연구 ― OSA를 중심으로」, 『대한건축학회 학술발표대회 논문집』 24(2), 2004.

손택, 수전, 『타인의 고통』, 이재원 옮김, 이후, 2004.

수딕, 데얀, 『거대건축이라는 욕망』, 안진이 옮김, 작가정신, 2011.

슈미트, 칼, 『독재론』, 김효전 옮김, 법원사, 1996.

_____, 『정치신학』, 김항 옮김, 그린비, 2010.

슐긴, 블라디미르 외, 『러시아 문화사』, 김정훈 외 옮김, 후마니타스, 2002.

스미스, 스티브, 『러시아혁명. 1917년에서 네프까지』, 류한수 옮김, 박종철출판사, 2007.

스코치폴, 테다, 『국가와 사회혁명』, 한창수 외 옮김, 까치, 1993.

스피노자, 베데딕트 데, 『정치론』, 김호경 옮김, 갈무리, 2008.

시냐프스키, 안드레이, 「사회주의 리얼리즘이란 무엇인가」, 김학수 엮고 옮김, 『러시아문
학과 저항정신』, 을유문화사, 1986.

신형철, 「감정의 윤리학을 위한 서설 1」, 『문학동네』 2015년 봄호.

심광현, 「혁명기 예술의 과제: 1920년대 초반 러시아 아방가르드의 사례를 중심으로」,
『시대와 철학』 26(4), 2015.

_____, 『맑스와 마음의 정치학』, 문화과학사, 2014.

심광현 대표집필, 「세대의 정치학과 한국현대사의 재해석」, 『문화/과학』 62호, 2010 여
름.

아감벤, 조르조, 『예외상태』, 김항 옮김, 새물결, 2009.

아널드, 매슈, 『교양과 무질서』, 윤지관 옮김, 한길사, 2006.

아렌트, 한나, 『예루살렘의 아이히만. 악의 평범성에 대한 보고서』, 김선욱 옮김, 한길사,
2006.

_____, 『전체주의의 기원 1』, 이진우 외 옮김, 한길사, 2009.

_____, 『혁명론』, 홍원표 옮김, 한길사, 2007.

안바일러, 오스카, 『노동자 농민 병사 소비에트』, 박경옥 옮김, 지양사, 1986.

알튀세르, 루이, 「이데올로기와 이데올로기적 국가장치」, 『재생산에 대하여』, 김웅권 옮
김, 동문선, 2007.

_____, 『재생산에 대하여』, 김웅권 옮김, 동문선, 2007.

앤더슨, 베네딕트, 『상상의 공동체』, 윤형숙 옮김, 나남출판, 2002.

양기만, 「일베는 반-사회적인가?」, 『문화/과학』, 80호, 2014 겨울.

엄기호, 『이것은 왜 청춘이 아니란 말인가』, 푸른숲, 2010.

엥겔스, 프리드리히, 「유토피아에서 과학으로의 사회주의의 발전」, 『맑스 엥겔스 저작선
집 5』, 최인호 외 옮김, 박종철출판사, 1990.

_____, 『영국 노동자계급의 상태』, 박준식 외 옮김, 두리, 1988.

오찬호, 『우리는 차별에 찬성합니다』, 개마고원, 2013.

위트코워, 루돌프, 『르네상스 건축의 원리』, 이대암 옮김, 대우출판사, 1997.

윌리엄스, 레이먼드, 『이념과 문학』, 이일환 옮김, 문학과지성사, 1982.

_____, 『키워드』, 김성기 외 옮김, 민음사, 2010.

이글턴, 테리, 『문학이론입문』, 김명환 외 옮김, 창작과비평사, 1986.

_____, 『미학사상』, 방대원 옮김, 한신문화사, 1995.

이노 류이치(井野隆一), 『레닌의 농업이론』, 편집부 옮김, 미래사, 1986.

이득재, 「레닌과 보그다노프」, 『현대사상』 제4호, 현대사상연구소, 2009.

이성혁, 「'정동-정치'의 장과 시의 정치적 위상」, 『현대시학』 2016년 8월호.

이와사부로 코소, 『뉴욕열전』, 김향수 옮김, 갈무리, 2010.

_____, 『유체도시를 구축하라!』, 서울리다리티 옮김, 갈무리, 2012.

이종훈, 「모로조프, 스타하노프, 슈미트」, 권형진 외 엮음, 『대중독재의 영웅만들기』, 휴머
    니스트, 2005.

이진경, 「대중운동과 정치적 감수성의 몇 가지 체제」, 『마르크스주의연구』, 2014년 11권
    3호.

_____, 「러시아 구축주의 건축과 감각의 혁명」, 『시대와 철학』 25(3), 2014.

_____, 「지식코뮨의 실험실: '수유+너머'와 그 이후」, 『진보평론』 2019년 봄호.

_____, 『근대적 주거공간의 탄생』, 그린비, 2007.

_____, 『맑스주의와 근대성』, 그린비, 2014.

_____, 『코뮨주의. 공동성과 평등성의 존재론』, 그린비, 2010.

이진경·신지영 엮고 씀, 『만국의 프레카리아트여, 공모하라!』, 그린비, 2012.

이택광, 『박근혜는 무엇의 이름인가』, 시대의창, 2014.

이한화 엮음, 『러시아 프로문학운동론 I』, 화다, 1988.

일루즈, 에바, 『감정 자본주의』, 김정아 옮김, 돌베개, 2010.

장대익, 『다윈의 정원』, 바다출판사, 2017.

장덕진, 「박근혜 정부 지지율의 비밀」, 『황해문화』 2014년 봄호.

장지연 외, 「1920년대 러시아 아방가르드 건축의 형태특성에 관한 연구 — ASNOVA와
    OSA 작품 비교를 중심으로」, 『대한건축학회 학술발표대회 논문집』 25(1), 2005.

정명환 외, 『프랑스 지식인들과 한국전쟁』, 민음사, 2004.

정성진, 「트로츠키의 정치경제학 체계」, 『마르크스와 트로츠키』, 한울아카데미, 2006.

정재원·최진석 엮음, 『다시 돌아보는 러시아 혁명 100년 1』, 문학과지성사, 2017.

정철운, 『박근혜 무너지다. #한국_명예혁명을_이끈_기자와_시민들의_이야기』, 메디치,
    2016.

조강석, 「'정동'에 대한 생산적 논의를 위하여」, 『현대시학』 2016년 5월호.

_____, 「정동적 동요와 시 이미지」, 『현대시학』 2016년 1월호.

조남주, 『82년생 김지영』, 민음사, 2016.

조승래, 『공화국을 위하여』, 길, 2010.

조정환, 「레닌의 카이로스」, 『마르크스주의연구』 1(2), 2004.

조해진, 「빛의 호위」, 『겨울의 눈빛. 제4회 문지문학상 수상작품집』, 문학과지성사, 2014,

303~325쪽.

지젝, 슬라보예, 「서문」, 레프 트로츠키, 『테러리즘과 공산주의』, 노승영 옮김, 프레시안
북, 2009.

_____, 「오늘날 레닌주의적 제스처란 무엇인가: 포퓰리즘의 유혹에 맞서」, 『레닌 재장
전』, 이현우 외 옮김, 마티, 2010.

_____, 『분명 여기에 뼈 하나가 있다』, 정혁현 옮김, 인간사랑, 2016.

_____, 『폭력이란 무엇인가』, 이현우 외 옮김, 난장이, 2011.

지젝, 슬라보예 · 레닌, 『지젝이 만난 레닌』, 정영목 옮김, 교양인, 2008.

진관타오 외, 『관념사란 무엇인가 2』, 양일모 외 옮김, 푸른역사, 2010.

진중권, 『진중권의 서양 미술사. 모더니즘편』, 휴머니스트, 2011.

진태원, 「정동인가 정서인가? 스피노자 철학에 대한 초보적 논의」, 『현대시학』 2016년 4
월호.

찌모쉬나, 따찌야나 미하일로브나, 『러시아 경제사』, 이재영 옮김, 한길사, 2006.

천호강, 「레닌과 보그다노프」, 『현대사상』 제10호, 현대사상연구소, 2012.

최원, 「'정동 이론' 비판」, 『라캉 또는 알튀세르』, 난장, 2016.

최진석, 「"가장 뜨거운 현대": 포르노그라피의 문화정치학」, 『진보평론』 67, 2016년 봄호.

_____, 「난민의 정치철학적 쟁점들: 아감벤, 발리바르, 지젝을 경유하여」, 『난민/기민/
시민: 국경선의 안과 밖』, 2019년 조선대학교 이미지연구소 학술대회 자료집.

_____, 「문학과 공감의 미래」, 『내일을 여는 작가』 2016년 상반기호.

_____, 「슬라보예 지젝과 공산주의의 (불)가능성: 가설과 이념의 정치적 동력학」, 『마르
크스주의 연구』 11(3), 2014.

_____, 「인텔리겐치아와 문화, 지식-권력의 문제설정」, 『진보평론』 69, 2016.

_____, 「코뮤주의와 타자」, 고병권 · 이진경 외, 『코뮤주의 선언』, 교양인, 2007.

_____, 「혁명, 혹은 배반의 유토피아: 보그다노프의 『붉은 별』에 나타난 정치적 무의식」,
『인문논총』 74(4), 2017.

_____, 『민중과 그로테스크의 문화정치학: 미하일 바흐친과 생성의 사유』, 그린비, 2017.

최진석 외, 『불온한 인문학. 인문학과 싸우는 인문학』, 휴머니스트, 2011.

카갈리츠키, 보리스, 「레닌과 러시아 자본주의의 문제」, 박노자 외, 『레닌과 미래의 혁
명』, 최진석 옮김, 그린비, 2008.

칸트, 임마누엘, 『실천이성비판』, 백종현 옮김, 아카넷, 2009.

칼라일, 토머스, 『영웅숭배론』, 박상익 옮김, 한길사, 2003.

칼리니스쿠, 마테이, 『모더니티의 다섯 얼굴』, 이영욱 외 옮김, 시각과언어, 1998.

코젤렉, 라인하르트, 『지나간 미래』, 한철 옮김, 문학동네, 1998.

콥, 아나톨, 『소비에트 건축』, 건축운동연구회 옮김, 발언, 1993.

쿠르츠, 로베르트 엮음, 『마르크스를 읽다』, 강신준 외 옮김, 창비, 2014.

크로포트킨, 표트르, 「아나키의 철학과 이상」, 『아나키즘』, 백용식 옮김, CBNU Press, 2009.

_____ 『만물은 서로 돕는다』, 김영범 옮김, 르네상스, 2005.

_____ 『크로포트킨 자서전』, 김유곤 옮김, 우물이있는집, 2003.

크루프스카야, 나데쥬다, 『크루프스카야의 국민교육론』, 한신대제3세계문화연구소 옮김, 돌베개, 1988.

클라크, 카테리나, 「스탈린이즘 문학의 핵심으로서의 이상향적 인류학」, 김광삼 옮김, 로버트 터커 엮음, 『스탈린이즘』, 문학예술사, 1982.

클락, 사이먼, 「레닌은 마르크스주의자였는가? 마르크스-레닌주의의 인민주의적 뿌리」, 사이먼 클락 외, 『"레닌에 대해 말하지 않기"』, 김정한 외 옮김, 이후, 2000.

킹스턴-만, 에스더, 『레닌과 농민혁명』, 고광재 옮김, 녹두, 1986.

타마뉴, 플로랑스, 『동성애의 역사』, 이상빈 옮김, 이마고, 2007.

톰슨, 존, 『20세기 러시아 현대사』, 김남섭 옮김, 사회평론, 2004.

_____ 『영국 노동계급의 형성 상·하』, 나종일 외 옮김, 창작과비평사, 2000.

튜린, 세르게이, 『러시아 노동운동사』, 강철훈 옮김, 녹두, 1986.

트로츠키, 레온, 『나의 생애 (상)』, 박광순 옮김, 범우사, 2001.

_____ 『문학과 혁명』, 공지영 외 옮김, 한겨레, 1989.

_____ 『배반당한 혁명』, 김성훈 옮김, 갈무리, 1995.

파머, 피터, 『비통한 자들을 위한 정치학』, 김찬호 옮김, 글항아리, 2012.

파이지스, 올랜도, 『속삭이는 사회 1』, 김남섭 옮김, 교양인, 2013.

페리, 뤽, 『미학적 인간』, 방미경 옮김, 고려원, 1997.

포지올리, 레나토, 『아방가르드 예술론』, 박상진 옮김, 문예출판사, 1996.

푸리에, 샤를, 『사랑이 넘치는 신세계 외』, 변기찬 옮김, 책세상, 2007.

푸코, 미셸, 『감시와 처벌』, 오생근 옮김, 나남출판, 2000.

_____ 『사회를 보호해야 한다』, 김상운 옮김, 난장, 2015.

_____ 『성의 역사 2』, 문경자 외 옮김, 나남, 2004.

_____ 『안전, 영토, 인구』, 오트르망 옮김, 난장, 2011.

퓌마롤리, 마르크, 『문화국가. 문화라는 현대의 종교에 관하여』, 박형섭 옮김, 경성대출판부, 2004.

프로이트, 지그문트, 「억압에 관하여」, 『정신분석학의 근본 개념』, 윤희기 외 옮김, 열린책들, 2003.

_____ 「집단심리학과 자아분석」, 『문명 속의 불만』, 김석희 옮김, 열린책들, 2004.

_____ 『새로운 정신분석 강의』, 임홍빈 외 옮김, 열린책들, 2003.

_____, 『성욕에 관한 세 편의 에세이』, 김정일 옮김, 열린책들, 2003.

_____, 『히스테리 연구』, 김미리혜 옮김, 열린책들, 2003.

플라톤, 『국가·정체』, 박종현 옮김, 서광사, 2000.

피들러, 프랑크 『변증법적 유물론』, 문성화 옮김, 계명대학교출판부, 2009.

피쉬, 외르크, 『문명과 문화』(코젤렉의 개념사 사전 1), 안삼환 옮김, 푸른역사, 2010.

피시만, 로버트, 『부르주아 유토피아』, 박영한 외 옮김, 한울, 2000.

피츠패트릭, 쉴라, 『러시아 혁명 1917~1932』, 김부기 옮김, 대왕사, 1990.

하비, 데이비드, 『자본이라는 수수께끼』, 이강국 옮김, 창비, 2012.

하영준, 『레온 트로츠키와 러시아 일상생활의 변혁』, 한양대 석사학위논문, 2002.

한정숙, 「'세계를 뒤흔든 혁명'에 대한 열광, 비판, 성찰: 러시아 혁명 100년, 해석의 역사」, 『다시 돌아보는 러시아 혁명 100년 1』, 정재원·최진석 엮음, 문학과지성사, 2017.

_____, 「레닌의 사상적 변천: 인민주의 비판에서 볼셰비즘의 형성으로」, 『마르크스주의 연구』 2(1), 한울, 2005.

한홍구, 『장물바구니. 정수장학회의 진실』, 돌아온산, 2012.

해리슨, 존, 『영국민중사』, 이영석 옮김, 소나무, 1989.

헌트, 린, 『포르노그라피의 발명』, 조한욱 옮김, 책세상, 1996.

헬러, 미셸 외, 『권력의 유토피아 I. 소비에트 러시아사 1917-1940』, 김영식 외 옮김, 청계연구소, 1988.

호가트, 리처드, 『교양의 효용』, 이규탁 옮김, 오월의봄, 2016.

홉스봄, 에릭, 『산업과 제국』, 전철환 외 옮김, 한벗, 1984.

황정은, 「양의 미래」, 『양의 미래. 2014년 제59회 현대문학상 수상소설집』, 현대문학, 2013, 11~33쪽.

_____, 「웃는 남자」, 『문학과사회』 2014년 가을호, 105~126쪽.

황종연, 「문학의 묵시록 이후―가라타니 고진의 「근대 문학의 종언」을 읽고」, 『탕아를 위한 비평』, 문학동네, 2012.

찾아보기